Wolfgang Liebig
Desktop-GIS mit ArcView GIS

Wolfgang Liebig

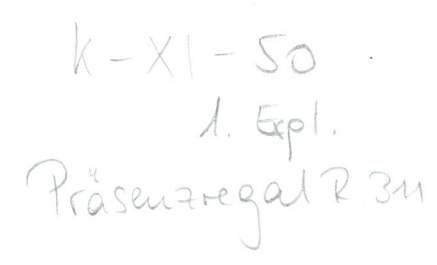

Desktop-GIS mit ArcView GIS

Leitfaden für Anwender

3., überarbeitete Auflage

Herbert Wichmann Verlag · Heidelberg

Alle in diesem Buch enthaltenen Angaben, Daten, Ergebnisse usw. wurden vom Autor nach bestem Wissen erstellt und von ihm und dem Verlag mit größtmöglicher Sorgfalt überprüft. Dennoch sind inhaltliche Fehler nicht völlig auszuschließen. Daher erfolgen die Angaben usw. ohne jegliche Verpflichtung oder Garantie des Verlags oder des Autors. Sie übernehmen deshalb keinerlei Verantwortung und Haftung für etwa vorhandene inhaltliche Unrichtigkeiten.

Die Deutsche Bibliothek – CIP-Einheitsaufnahme

Liebig, Wolfgang:
Desktop-GIS mit ArcView GIS : Leitfaden für Anwender / Wolfgang Liebig. – 3., überarbeitete Auflage. – Heidelberg : Wichmann, 2001
ISBN 3-87907-358-9

Dieses Werk einschließlich aller seiner Teile ist urheberrechtlich geschützt. Jede Verwertung außerhalb der engen Grenzen des Urheberrechtsgesetzes ist ohne Zustimmung des Verlags unzulässig und strafbar. Das gilt insbesondere für Vervielfältigungen, Übersetzungen, Mikroverfilmungen und die Einspeicherung und Verarbeitung in elektronischen Systemen.

ARC/INFO, ArcView GIS und ESRI sind eingetragene Warenzeichen; 3D Analyst, AML, ARC GRID, ARC TIN, ArcPress, Avenue, das ArcView GIS Logo, www.esri.com und @esri.com sind Warenzeichen von Environmental Systems Research Institute, Inc. 'ArcView GIS Image Analysis Extension' ist ein Warenzeichen; ERDAS und ERDAS IMAGINE sind eingetragene Warenzeichen von ERDAS, Inc.
Das deutsche ESRI Logo ist eingetragenes Warenzeichen der ESRI Geoinformatik GmbH.
Das ESRI Logo ist Warenzeichen von Environmental Systems Research Institute, Inc.
Die Abbildungen aus ArcView GIS wurden mit Genehmigung von ESRI Geoinformatik GmbH, Kranzberg, in das Buch eingefügt.

3. Auflage 2001
© Herbert Wichmann Verlag, Hüthig GmbH & Co. KG, Heidelberg
Druck: Präzis-Druck, Karlsruhe
Printed in Germany

ISBN 3-87907-358-9

Vorwort zur 3. Auflage

Für die dritte Auflage wurde das Buch überarbeitet und dadurch auf den Stand der zur Zeit aktuellen ArcView GIS-Version 3.2a gebracht. Es ist damit für alle Versionen von ArcView GIS von der Version 3.0 bis 3.2a geeignet. Weiterhin wurden Fehler korrigiert und die Qualität der Abbildungen wesentlich verbessert.

Norden, im Januar 2001   Wolfgang Liebig

Vorwort zur 2. Auflage

Diese zweite Auflage wurde neu bearbeitet und erweitert. Neu hinzugekommen ist ein Kapitel über die zur Zeit wichtigsten Extensions (Erweiterungen) von ArcView GIS. Der Inhalt des Buches bezieht sich auf die neuste Version von ArcView GIS. Dementsprechend angeglichen sind alle Abbildungen (Screenshots), die nun auf Windows 95/NT basieren. Das erschien sinnvoll, da ArcView GIS hauptsächlich auf diesen Systemen eingesetzt wird. Eine weitere Neuerung stellen Übungen dar, die sich am Ende einiger Kapitel befinden. Diese können selbständig oder mit Hilfe von Lösungshinweisen bearbeitet werden.

Norden, im März 1999   Wolfgang Liebig

Vorwort zur 1. Auflage

Anlass zu diesem Buch war das Fehlen einer vollständigen Beschreibung von ArcView GIS in deutscher Sprache. Die zum Programm mitgelieferten Handbücher sind relativ kurz gefasst und beschreiben daher das Programm nur einführend. Für eine intensive Nutzung von ArcView GIS sind gute Kenntnisse über die Bedienung der ArcView GIS-Benutzeroberfläche notwendig. Solide Grundkenntnisse über Geo-Informationssysteme sind ebenso wichtig wie Kenntnisse über das Programmieren mit ArcView GIS. Aus diesem Grunde wurden diese beiden Themen zusätzlich in das Buch aufgenommen. Das Buch wendet sich an alle Benutzer von ArcView GIS mit dem Ziel einer intensiven Einweisung, um für fortgeschrittene Anwendungen gerüstet zu sein. Ich habe versucht, eine leicht verständliche Beschreibung zu geben, was aber manchmal, wegen der Komplexität des Themas, auf Kosten einer Vertiefung geht. Der ArcView GIS-Anwender wünscht aber in der Regel eine schnelle und leichtverständliche Anleitung, um möglichst rasch eigene Anwendungen bearbeiten zu können.

Bedanken möchte ich mich bei allen, die mir bei der Erstellung des Buches geholfen oder mich unterstützt haben. Insbesondere bedanke ich mich bei der Firma ESRI in Kranzberg für die

Bereitstellung des Programms und dort speziell bei Prof. Dr. Jörg Schaller für die hilfreiche Unterstützung und Beratung. Ebenso bedanke ich mich bei der Firma *büro & service* in Emden für die Bereitstellung des Textprogramms zur Erstellung dieses Buches. Das gesamte Layout, die Textkorrekturen sowie wichtige Textformulierungen hat meine Lebensgefährtin Marita Steinwender übernommen und somit einen beträchtlichen Anteil zur Erstellung des Buches beigetragen.

Norden, im März 1997   Wolfgang Liebig

Inhalt

1 **Einleitung** 1

2 **Geo-Informationssysteme (GIS)** 2
    2.1   Einführung 2
    2.2   Aufbau von Geo-Informationssystemen 5
    2.3   Daten 7
    2.4   Hard- und Software 13
    2.5   Beispiele für Bearbeitungs- und Analysewerkzeuge 17

3 **ArcView GIS-Einführung** 24
    3.1   ArcView GIS-Programmkomponenten 24
    3.2   Aufbau von ArcView GIS 26
    3.3   Bedienung der ArcView GIS-Fenster 29
    3.4   ArcView GIS-Einführungsbeispiel 31

4 **Projekte** 44
    4.1   Allgemeines über ArcView GIS-Projekte 44
    4.2   Projektleisten und -fenster 45
    4.3   Hilfe für ArcView GIS 46
    4.4   Verwaltung eines ArcView GIS-Projektes 48
    4.5   Zeichensatztabellen 50
    4.6   Beispiel zu Projekten 52
    4.7   Projekt-Eigenschaften 54

5 **Views und Themen** 58
    5.1   Views 58
    5.2   Verwaltung von Views 65
    5.3   Themen 79
    5.4   Objekte in einem Thema auswählen 90
    5.5   Objekte in Themen bearbeiten 100
    5.6   Legende für Objektthemen erstellen 124
    5.7   Grafiken und Text in einem View bearbeiten 140
    5.8   Beschriften von Objekten 152
    5.9   Rasterdaten 164
    5.10 Adressen-Geocodierung 169
    5.11 Erzeugen von Pufferzonen um Objekte 175

6 **Tabellen** 178
    6.1   Allgemeines über Tabellen 178
    6.2   Verwalten von Tabellen 181

6.3	Arbeiten mit Datensätzen und Tabellenwerten	184
6.4	Arbeiten mit Tabellen	194
6.5	Tabellen und Projekte hinzufügen	201
6.6	Beispiel und Übungen zu Tabellen	205

7 Diagramme ... 213
- 7.1 Allgemeines über Diagramme ... 213
- 7.2 Verwalten von Diagrammen ... 216
- 7.3 Arbeiten mit unterschiedlichen Diagrammen ... 219
- 7.4 Diagramme bearbeiten ... 225
- 7.5 Diagrammelemente bearbeiten ... 228
- 7.6 Beispiel und Übung zu Diagrammen ... 232

8 Layouts ... 240
- 8.1 Allgemeines über Layouts ... 240
- 8.2 Öffnen und Voreinstellungen eines Layouts ... 244
- 8.3 Einfügen von Layout-Elementen ... 247
- 8.4 Verwaltung und Bearbeitung von Layouts ... 256
- 8.5 Beispiel und Übung zu Layouts ... 262

9 ArcView GIS-Programmierung ... 270
- 9.1 Programmiersprache Avenue ... 270
- 9.2 Der Script-Editor ... 275
- 9.3 Einführungsbeispiel ... 286
- 9.4 Beispiel zu Dateien und Tabellen ... 293
- 9.5 Beispiel zu Views und Themen ... 298
- 9.6 Integration von ArcView GIS ... 302
- 9.7 Anpassen der Benutzeroberfläche ... 312

10 Erweiterungen für ArcView GIS ... 327
- 10.1 Allgemeines über Erweiterungen ... 327
- 10.2 Unterstützte Erweiterungen ... 331
- 10.3 Zusätzliche Erweiterungen ... 348
- 10.4 Optionale Erweiterungen ... 373

Anhang: Übersicht über die ArcView GIS-Funktionen ... 390

Index ... 409

1 Einleitung

Dieses Buch beschreibt die Bedienung des Desktop-GIS 'ArcView GIS' der Firma ESRI. Das Programm findet in der letzten Zeit eine starke Verbreitung. Es erschien daher sinnvoll, eine detaillierte Beschreibung des Programms mit Hintergrund-Informationen, die weit über das vom Hersteller mitgelieferte Handbuch hinausgehen, in deutscher Sprache herauszugeben. Das Programm hat zwar eine ausführliche Online-Hilfe, aber viele Anwender ziehen heute noch die Benutzung eines Buches vor. Ein Buch hat den Vorteil, dass es auch unabhängig vom Rechner, etwa in einer entspannten Umgebung, gelesen werden kann. Im Unterschied zu dem Handbuch des Herstellers und der Online-Hilfe enthält dieses Buch:

- eine allgemeine Einführung in die GIS-Problematik
- die Beschreibung der Hintergründe zu den GIS-Funktionalitäten von ArcView GIS
- eine Einführung in die Programmierung von ArcView GIS
- eine Auflistung zum schnellen Auffinden aller Funktionen von ArcView GIS
- eine Beschreibung der zur Zeit wichtigsten Erweiterungen für ArcView GIS.

Für die Benutzung von ArcView GIS sind GIS-Grundkenntnisse erforderlich. Es werden daher im ersten Teil dieses Buches einige wichtige Grundlagen der Geo-Informationssysteme erläutert. Wer sich ausführlich über einzelne Komponenten eines GIS informieren möchte, sollte sich eines der GIS-Grundlagenbücher besorgen (z. B. Bill: Grundlagen der Geo-Informationssysteme, Band I und II; Wichmann-Verlag, Heidelberg). Die Bedienung aller ArcView GIS-Dokumente (Views, Tabellen, Diagramme und Layouts) wird ausführlich erläutert. Ich habe versucht alle Möglichkeiten, die ArcView GIS bietet, darzustellen, so dass Sie eine vollständige Beschreibung des Programms vorliegen haben. Methoden zur Bearbeitung der raumbezogenen Daten werden ausführlich dargestellt. Einzelne Methoden, die mir besonders wichtig erschienen, werden anhand von Beispielen erläutert. Ein Kapitel über die zur Zeit existierenden Extensions (Erweiterungen) von ArcView GIS zeigt, wie ArcView GIS schrittweise zu einem professionellen GIS ausgebaut werden kann. Am Ende eines jeden Kapitels sind Übungen angegeben, die Sie selbständig oder mit Hilfe von Hinweisen lösen können. Wer ArcView GIS eine Zeit lang benutzt hat, wird bald den Wunsch haben, eigene Anwendungen für sich oder seine Kunden zu entwickeln. ArcView GIS bietet dafür die Makro-Sprache 'Avenue'. Aus diesem Grund enthält das Buch auch eine Einführung in die Programmierung mit 'Avenue'.

Das Buch dient dem Anfänger als Einstieg in ArcView GIS und in die Welt der Geo-Informationssysteme, kann aber auch von fortgeschrittenen Anwendern als Nachschlagewerk oder als Einführung in die Programmierung benutzt werden. Als Anfänger sollten Sie zunächst den einführenden Abschnitt über Geo-Informationssysteme lesen und dann das Einführungsbeispiel in Kapitel 3 bearbeiten. Die Kapitel sind so gestaltet, dass zuerst die Themen erläutert werden und dann Beispiele und Übungen folgen. Es ist jedoch auch möglich und sinnvoll, zuerst die Beispiele eines Kapitels zu bearbeiten und sich dann mit den Funktionen des Themas zu beschäftigen. Die Übungen sollten natürlich zuletzt erfolgen. Wenn Sie die Beispiele zuerst bearbeiten, werden Sie eher ein Gefühl für das Thema bekommen, das im Kapitel behandelt wird.

2 Geo-Informationssysteme (GIS)

2.1 Einführung

Betrachten Sie einmal Ihre Datenbestände genauer, so werden Sie feststellen, dass ein großer Teil davon raumbezogene Daten sind. Raumbezogene oder geografische Daten setzen sich aus der Geometrie von Objekten und ihrer Beschreibung den Attributen (Sachdaten) zusammen. Die Objekte beziehen sich dabei immer auf die Erdoberfläche, d. h. sie werden in einem Koordinatensystem (geografische Koordinaten oder eine Projektion auf ein ebenes Koordinatensystem) oder auch durch Adressen auf die Erdoberfläche bezogen. Die Geometrie der Objekte besteht aus Grafiken mit ihren Grafik-Attributen. Die Geometrie eines Objekts 'Straße' besteht z. B. aus einer Grafik vom Typ 'Linie' mit den Grafik-Attributen 'Linienstärke' und 'Linienfarbe'. Dieser Straße werden Sachdaten (Attribute) zugeordnet, die die Straße beschreiben (z. B. Einbahnstr., Bundesstr., Teerbelag, ...). Will man Daten mit einem Computer bearbeiten, so wird man dies normalerweise mit einem digitalen Informationssystem (Datenbank) tun, um die Daten effektiv zu speichern, zu verwalten und auszuwerten. Ein Informationssystem stellt eine Anwendung dar, die Daten erfasst, verwaltet (in einer Datenbank vorhält und analysiert) und sie z. B. auf einen Bildschirm oder Drucker ausgeben kann.

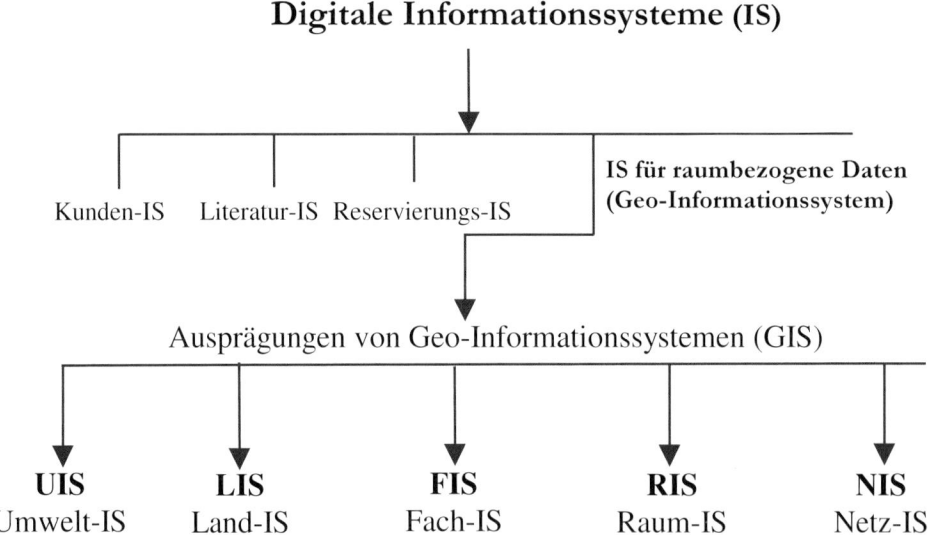

Da bei raumbezogenen Daten eine räumliche Komponente vorhanden ist, ergibt sich eine Vielzahl neuer Auswertungsmöglichkeiten, für die neue Werkzeuge zur Verfügung gestellt werden müssen. Unter diesem Gesichtspunkt haben sich in den letzten 30 Jahren digitale Informationssysteme entwickelt, die raumbezogene Daten verarbeiten können. Erste Entwicklungen waren sogenannte Land-Informationssysteme (LIS), die sich hauptsächlich mit der Verarbeitung von Daten aus dem Vermessungswesen und der Verwaltung von Grund und Boden befassten. Neben verschiedenen anderen Ausprägungen, wie z. B. Raum (RIS)-, Umwelt

(UIS)-, Netz (NIS)- und Fachinformationssysteme (FIS), entwickelten sich diese Vorläufer zu den heutigen mehr allgemeinen Geografischen Informationssystemen (Geo-Informationssysteme, GIS). Das automatische Erfassen und Bearbeiten von raumbezogenen Daten wurde mit der Möglichkeit, Vektorgrafiken auf einem Computer zu bearbeiten, in den 60er Jahren vorangetrieben. Man war damit in der Lage, Karten, die zuvor per Hand auf Papier konstruiert und dann gedruckt werden mussten, jetzt auch automatisch mit einem Computer auszugeben. Diese Ausgabe war zwar in der Ausgabequalität nicht mit handgezeichneten Karten zu vergleichen, aber ein erster Anfang.

Räumliche Daten und ihre Nutzung findet man in den geologischen Wissenschaften, bei der Landschafts- und Stadtplanung (siehe z. B. Schaller (1995): Geographische Informationssysteme. In: Buchwald/Engelhard: Bewertung und Planung im Umweltschutz, Economica Verlag, Heidelberg), in Katasterämtern, im Straßenbau, bei der Polizei und den Notdiensten. Versorgungsunternehmen wie Wasser-, Strom- und Gaswerke oder Telefongesellschaften haben enorme Mengen von räumlichen Daten (Leitungsnetze) zu verwalten.

Geo-Informationssysteme werden u. a. in folgenden Bereichen eingesetzt:

- Umweltschutz (Biotop- und Nutzungstypen, UVP, Altlastenkataster, Nationalpark)
- Notdienste (Polizei, Feuerwehr, Rettungswesen)
- Stadt- und Raumplanung (Deponiestandortsuche, Kanalnetze, Lärmuntersuchungen)
- Versorgungsunternehmen (Wasser, Strom, Gas, Kommunikation)
- Militär (Logistik)
- Vermessungswesen (Erstellung von Karten, Straßenbau, GPS)
- Katasterämter (Liegenschaften)
- Land- und Forstwirtschaft (Waldschäden)
- Wissenschaft und Technik (Geologie, Geographie, Biologie, Hydrographie, Bergbau)
- FH, Universitäten, Software- und Hardwarefirmen (Informatik, Mathematik).

Große Geo-Informationssysteme sind z.B.: ATKIS, ALK, ALB, TOPIS, STABIS.

Reale Beispiele für die oben genannten Anwendungen finden Sie in Liebig/Schaller (2000): ArcView GIS (GIS-Arbeitsbuch. Wichmann Verlag, Heidelberg). Unter einem GIS versteht man heute ganz generell ein Informationssystem für raumbezogene Daten. Es verarbeitet Objekte und ihre Beziehung zu anderen Objekten der realen Welt. Das bedeutet, dass der Einsatz eines GIS nur dann einen Sinn hat, wenn raumbezogene Daten verarbeitet werden sollen. Geo-Informationssysteme dürfen nicht mit Präsentations- oder CAD (computer-aided design)-Programmen verwechselt werden. Präsentationsprogramme werten z. B. keine Sachdaten aus. Präsentations- oder Zeichenprogramme sind wichtig für die Ausgabe und Darstellung der raumbezogenen Daten, jedoch ist die Präsentation nur eine von vielen Aufgaben, die ein Geo-Informationssystem erfüllen soll. Ebenso sind CAD-Systeme keine Geo-Informationssysteme, da die dort zu verarbeitenden Daten nicht unbedingt einen Raumbezug im oben definierten Sinne haben. Die Sachdatenverarbeitung spielt eine untergeordnete Rolle. Ein CAD dient hauptsächlich der Konstruktion technischer Objekte (Autos, Häuser) und ist darauf speziell ausgelegt. Da ein CAD-System und ein GIS jeweils Vorteile haben, die sich gegenseitig ergänzen können, gibt es Programme, die beide koppeln. Kombinationen von GIS und anderen Anwendungen (z. B. Statistikprogramme) sind ebenfalls auf dem Markt und ergänzen Geo-Informationssysteme. Der Trend geht jedoch dahin, dass Geo-Informationssysteme immer umfangreicher werden und die Hersteller bemüht sind, die wichtigsten Analyse- und Präsentationswerkzeuge in ihren Geo-Informationssystemen zu integrieren. Auf der anderen Seite ist jedoch wegen der einfachen Handhabung und der Preise auch eine Tendenz zu kleineren 'Desktop-GIS' zu beobachten. Diese Systeme sind sehr leicht zu bedienen und beinhalten wichtige GIS-Funktionalitäten für die Dateneingabe, -auswertung und -präsentation. Sie können je nach Bedarf durch Zusatzmodule erweitert und damit individuell auf die Bedürfnisse des Anwenders zugeschnitten werden.

ArcView GIS ist ein solches 'Desktop-GIS'. Es gibt Zusatzmodule für die Dateneingabe, Raster- und Netzverarbeitung. 'Desktop-GIS'-Programme finden wegen der oben genannten Vorteile zur Zeit starke Verbreitung. Es sollte jedoch beachtet werden, dass sie nicht die gesamte Funktionalität von professionellen Geo-Informationssystemen besitzen und vor allem nur begrenzte Möglichkeiten zur Analyse von raumbezogenen Daten haben. Eine Kombination oder gleichzeitige Nutzung von GIS und 'Desktop-GIS' erscheint für größere Projekte zur Zeit sinnvoll, wobei das GIS seine umfangreichen Analysewerkzeuge zur Verfügung stellt und das 'Desktop-GIS' wegen der einfachen Handhabung z. B. die Präsentationsaufgabe übernehmen kann. Eine solche Kombination kann mit dem GIS 'ARC/INFO' und dem Desktop-GIS 'ArcView GIS' realisiert werden.

Die rasche Entwicklung und Verbreitung von Geo-Informationssystemen in den letzten Jahren hängt stark mit der schnellen Entwicklung der Hardware und Rechnersoftware (Betriebssysteme) zusammen. Geo-Informationssysteme sind äußerst komplexe Software-Pakete, die sich relativ schnell an die neueste Hard- und Softwareentwicklung anpassen. Geo-Informationssysteme können sehr umfangreich sein und sind dann nur mit großem Zeitaufwand zu erlernen.

Geo-Informationssysteme haben zur Zeit extreme Zuwachsraten; dies liegt sicher nicht nur daran, dass es heute mehr raumbezogene Daten gibt als früher, sondern auch daran, dass der Anwender erkannt hat, dass seine Daten einen Raumbezug haben und ihre Auswertung mit einem GIS sehr große Vorteile für seine Arbeit bringt. Die Vorteile ein GIS einzusetzen liegen auf der Hand:

- Räumliche Daten werden in einer Datenbank effektiv (schneller Zugriff, Sicherheit) vorgehalten.
- Die Verfügbarkeit der Daten auf einem Rechner erlaubt eine sofortige Anwendung der Analysewerkzeuge für umfangreiche Auswertungen.
- Räumliche Daten können schneller und billiger ausgegeben werden (Erstellen von Karten, Bildschirmausgabe).

2.2 Aufbau von Geo-Informationssystemen

Definition

Obwohl Geo-Informationssysteme häufig nur als große und komplexe Software-Pakete aufgefasst werden, gibt es verschiedene Definitionen, die über diese reine Softwaredefinition hinausgehen. Sicher liegt die Notwendigkeit für eine Definition darin, dass Geo-Informationssysteme sich mit komplexen Themen aus unterschiedlichen Disziplinen beschäftigen. Der Einsatz in so unterschiedlichen Gebieten erfordert eine exakte Definition dieses Werkzeuges, damit es richtig eingesetzt werden kann. Bei einem Textprogramm ist z. B. so ziemlich jedem klar, was dieses leistet oder leisten könnte. Eine Definition ist hier nicht unbedingt nötig.

Damit der Begriff 'GIS' also nicht in der Luft hängen bleibt und ein solches System auch richtig eingesetzt wird, sollen zunächst zwei übliche Definitionen für ein GIS gegeben und dann die wichtigsten Begriffe und Komponenten erläutert werden.

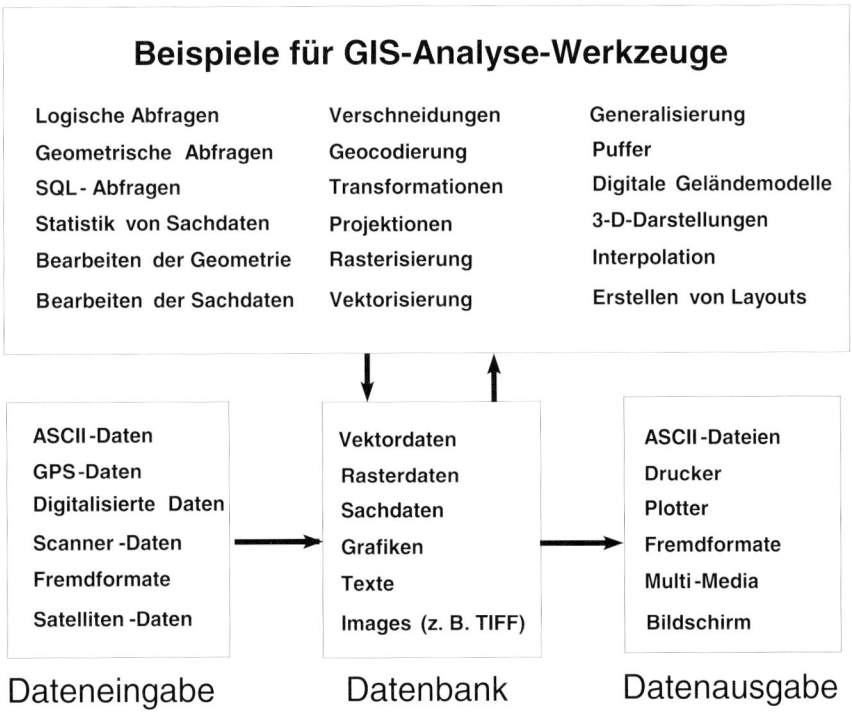

Eine erste Definition ist nach den GIS-Funktionen (Aufgaben) möglich. Die Hauptfunktionen eines GIS sind die **Dateneingabe** (GPS, Digitalisierer, Scanner), die **Verwaltung der Daten** (Datenbank, Filesystem), die **Analyse** (Datenauswertung, logische Abfragen, Verschneidungen, Interpolation, Statistiken) und letztlich die **Ausgabe** (Präsentation auf Bildschirm, Drucker) von raumbezogenen Daten. Ein GIS wird daher als ein System dieser vier Komponenten bezeichnet, wobei die Komponenten, je nach Anwendung, unterschiedlichen Stellenwert haben können.

Eine weitere Definition ist nach den Komponenten eines Geo-Informationssystems möglich. Die Komponenten sind die **Software** mit der zugehörigen **Hardware**, die **Daten,** die den größten Teil der Kosten bei der Realisierung eines GIS ausmachen können, und der **Anwender** bzw. die von ihm erstellten **Anwendungen**. Mit der Aufzählung der Komponenten ist erkennbar, dass die Software nicht unbedingt der wichtigste Teil eines GIS sein muss, wie dies oft dargestellt wird. Vielmehr sind alle Komponenten als gleichwertig zu betrachten, wobei die Anwendungen mit ihren Daten als ein Endergebnis anzusehen sind und letztlich den Nutzen eines GIS aufzeigen. Investitionen in ein Geo-Informationssystem sind daher mehr als eine Anschaffung von Hard- und Software. Die Investitionen für die Erhebung der Daten können erheblich sein und sollten nicht außer acht gelassen werden. Nicht vergessen werden sollte auch der Anwender (Anwendungsentwickler) mit seinen Fachkenntnissen im GIS-Bereich, in der Computer-Technologie und seiner Kreativität, mit denen die Entwicklung einer Anwendung steht oder fällt. Die an der Entwicklung einer GIS-Anwendung beteiligten Personen sind neben den *Fachanwendern* (z. B. Geologen, Biologen), die die GIS-Anwendungen für ihre Arbeit benötigen, ein *GIS-Manager* und die *GIS-Programmierer*. Der GIS-Manager koordiniert die Arbeit der Fachanwender und der GIS-Programmierer. Die Programmierer erstellen mit Hilfe von Makrosprachen die Anwendungen. In der Praxis sind jedoch oft alle hier aufgeführten Personen in einer einzigen vereinigt. Ein Fachanwender versucht, sich GIS- und Programmierkenntnisse anzueignen und damit ein Projekt allein durchzuziehen. Für kleinere Projekte ist das sicher auch möglich.

Objekt-GIS

Neuere Ansätze in der GIS-Entwicklung fassen die Geometrien (Punkte, Linien, Flächen) und Sachdaten als eine Einheit, den sogenannten Objekten, zusammen. Sie haben bestimmte Eigenschaften. Dies führt zum Begriff eines Objekt-GIS. Die Objekte sind in 'Objektklassen' zusammengefasst und deren Eigenschaften können mit Hilfe von 'Methoden' beeinflusst werden. Solche 'GIS-Objekte' sind z. B. Häuser, Straßen, Grundstücke oder Höhenlinien, können aber auch Grafiken, Texte oder z. B. Legenden sein. Die Objekte werden in Klassen definiert, die hierarchisch angeordnet sind. Die Eigenschaften von Klassen können an ihre Unterklassen weitergegeben (vererbt) werden.

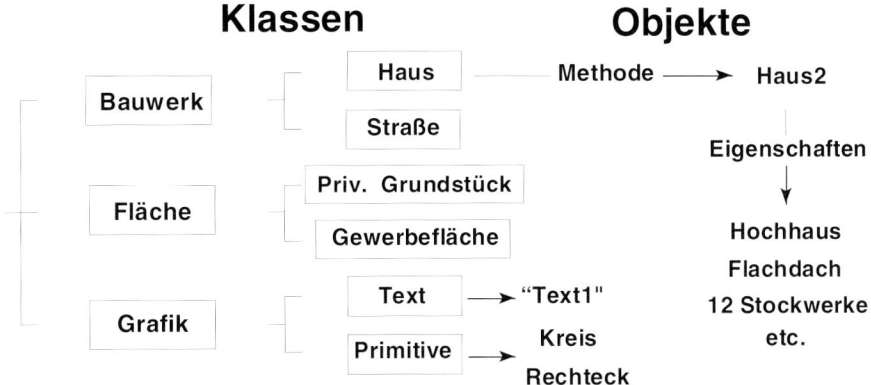

Ein Objekt 'Haus2' besteht z. B. aus Linien und Flächen, dem Attribute (Sachdaten) zugeordnet sind. Dieses Objekt gehört zu einer Klasse 'Haus', die wiederum eine Unterklasse der Klasse 'Bauwerk' sein kann. Die Objekte haben 'Eigenschaften', die mit 'Methoden' abgefragt oder beeinflusst werden können. So hat ein Haus z. B. eine bestimmte Lage, eine Nummer oder andere typische Eigenschaften (Hochhaus, Doppelhaus usw.). Mit der Anwendung einer 'Methode' auf ein 'Objekt' können diese Eigenschaften eingestellt oder abgefragt werden.

Objekt-GIS-Anwendungen werden mit Hilfe einer objektorientierten Programmiersprache erstellt. Die dafür nötigen Objektklassen und Objekte müssen jeweils für ein bestimmtes Fachgebiet (hier GIS) entwickelt werden. Der Aufwand zur Erstellung eines Objekt-GIS ist daher erheblich. Für den GIS-Anwender ergeben sich jedoch große Erleichterungen bezüglich der Entwicklung von GIS-Anwendungen. Bisher sind nur wenige Objekt-GIS realisiert worden. Der Trend scheint jedoch in diese Richtung zu gehen, da sich diese Technik für ein GIS nahezu anbietet. Sie ist abhängig von der Weiterentwicklung und Festlegung von Standards bei Objekt-Datenbanken. ArcView GIS folgt mit der Programmiersprache 'Avenue' diesem objektorientierten Ansatz, obwohl ArcView GIS im strengen Sinne nicht als Objekt-GIS anzusehen ist. Alle ArcView GIS-Elemente (Views, Tabellen, Diagramme usw.) werden als Objekte mit bestimmten Eigenschaften aufgefasst. Beispiele zur objektorientierten Programmierung mit ArcView GIS finden Sie im Kap. 9 'ArcView GIS-Programmierung' in diesem Buch.

2.3 Daten

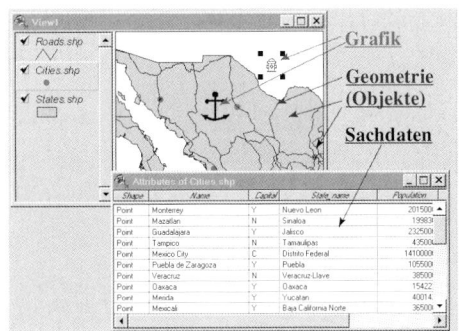

Ein GIS enthält Daten, die sich auf die Erdoberfläche beziehen. Die raumbezogenen Daten setzen sich zusammen aus der Geometrie, die aus Grafiken und beschreibenden Attributen (Farbe, Strichstärke, ...) bestehen und den Sachdaten für ein reales Objekt (Straße, Grundstück, ...). Reale Objekte werden in einem GIS in thematischen Karten (Layer) verwaltet. Die Layer können nach Bedarf miteinander kombiniert werden, um Zusammenhänge festzustellen. Wenn Sie sich solche thematischen Karten als Folien vorstellen, die je nach Thema entweder Straßen oder Gewässer enthalten, und Sie diese Folien übereinander legen, so können Sie z. B. feststellen, ob eine Straße zu einem See führt. Der Vorteil einer Automatisierung ist hier offensichtlich, da durch das Überlagern der Layer am Bildschirm z. B. das Zeichnen der Folien per Hand entfällt.

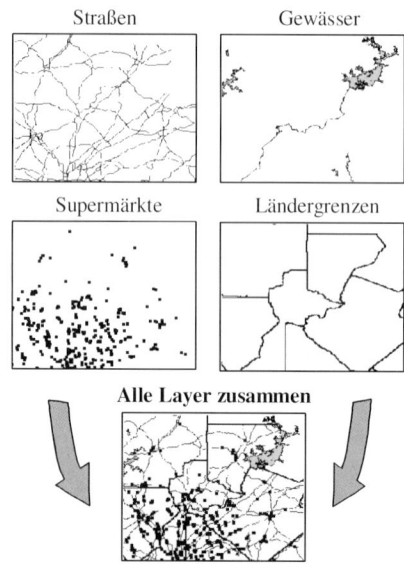

Die Daten werden im allgemeinen in einer Datenbank verwaltet. Die Geometrie und die Sachdaten können entweder getrennt oder gemeinsam in einer Datenbank enthalten sein. Sie können auch in Dateien (Filesystemen) gespeichert werden. Das Vorhalten in einer Datenbank bringt Vorteile bezüglich der Datensicherheit und optimalen Datenverwaltung.

Während Sachdaten als Tabellen definiert werden können, kann die Geometrie als Vektor- oder Rasterdaten gespeichert werden. Der Datentyp führt zur Bezeichnung Vektor- bzw. Raster-GIS. Kann ein GIS beide Datentypen verarbeiten, so spricht man von einem hybriden System. Im Folgenden werden diese beiden Datentypen genauer erläutert. Anschließend finden Sie einige Bemerkungen zur Datenqualität und zu möglichen Fehlern von raumbezogenen Daten. Zunächst wird jedoch erläutert, was eine Datenbank ist.

Datenverwaltung

Raumbezogene Daten werden meistens in einer Datenbank verwaltet. Darin werden Informationen über Objekte und ihre Beziehung zueinander gespeichert. Datenbanken lassen sich mit Hilfe von Management-Systemen bearbeiten, die eine einheitliche Bedienung der Datenbank möglich machen und keine Kenntnisse über die interne physikalische Datenstruktur erfordern. Abgefragt werden Daten aus einer Datenbank mit Abfragesprachen. SQL (Standard-Query-Language) ist eine solche Sprache, die unabhängig für jede Datenbank arbeitet, wenn diese sie unterstützt. Die Benutzung von Datenbanken bringt eine Menge Vorteile, aber auch Nachteile mit sich. Die Vorteile sind:

- Der Zugriff auf die Daten kann durch Sicherungsmaßnahmen geregelt werden.
- Der Zugriff auf die Daten ist unter Umständen - je nach Datentyp und verwendeter Datenbank - schneller.
- Das mehrfache Vorhalten von Daten (Redundanz) kann kontrolliert werden.

2.3 Daten

Als Nachteile sind die höheren Kosten für die Anschaffung und Wartung sowie ein gewisses Verlustrisiko durch die Konzentration der Daten zu nennen. Die Vorteile einer Datenbank überwiegen jedoch die Nachteile so stark, dass ein Einsatz insbesondere auch bei Geo-Informationssystemen sinnvoll ist.

Es gibt drei klassische Typen von Datenbankmodellen. Bei dem **hierarchischen** Modell sind die Daten in einer Baumstruktur, ähnlich der Verzeichnisstruktur auf einem PC, angeordnet. Bei einer Baumstruktur können von jedem Zweig mehrere Abzweigungen ausgehen. Der Zugriff auf Daten in diesem Modell ist - bei einer Anpassung der Hierarchie an die zu bearbeitenden Probleme - sehr schnell. Für diese Optimierung sind Kenntnisse über die Art der Abfragen im Voraus nötig. Beim Arbeiten mit Geo-Informationssystemen ist die Art der Abfragen von vornherein meistens unbekannt. Hierarchische Datenbanken werden daher nur bei speziellen Informationssystem eingesetzt.

Das **Netzmodell** stellt eine Verallgemeinerung des hierarchischen Datenmodells dar. Die Beziehungen an den Verzweigungen sind hier nicht auf die 1:n-Beziehung beschränkt, sondern es können auch n:1- und n:m-Beziehungen zugelassen werden. Dies ergibt eine Vernetzung der hierarchischen Struktur, was den Zugriff auf die Daten erleichtert. Ein Netzmodel ist redundanzfrei. Bei der Fortführung der Daten müssen jedoch die Verzweigungen mit nachgeführt werden, was einen gewissen Aufwand darstellt.

In einem **relationalen** Datenmodell gibt es keine Hierarchie. Vielmehr sind die Daten in Tabellen gespeichert und können untereinander über die Spalten der Tabellen in Beziehung gesetzt werden. Diese Form des Datenmodells eignet sich daher gut zur Verwaltung der Sachdaten aus einem GIS, da die Struktur der Sachdaten einer Tabellenstruktur sehr ähnlich ist. Jede Spalte in einer Tabelle kann als 'key' benutzt werden, um die Tabellen in Beziehung zu setzen. Daraus ergibt sich für relationale Datenbanken eine größere Flexibilität bei der Erstellung von Anwendungen. Ein Problem ist jedoch z. B. die Antwortzeit bei komplexen Abfragen.

Alle drei Datenbankmodelle und Kombinationen davon werden in Geo-Informationssystemen eingesetzt. Welche Datenbank zu welchem GIS verwendet wird, hängt immer von der Art der Daten und der Anwendung ab.

Vektor-, Raster- und Sachdaten

Vektor- und Sachdaten

Grafiken werden auf einem Computer mit Hilfe der 'Vektorgrafik' dargestellt. Dabei geht man von dem Basiselement 'Punkt' aus, dessen Lage in einem kartesischen Koordinatensystem durch eine x-, y- und evtl. zusätzlich durch eine z-Komponente beschrieben wird. Mit Hilfe von Punkten lassen sich Objekte konstruieren, die aus Linien und Flächen (Polygone) bestehen. Linien entstehen aus Punkten, die durch eine Gerade miteinander verbunden werden. Polygone sind geschlossene Linienzüge. Mit diesen Grundelementen lassen sich beliebige Grafiken, aber auch z. B. Legenden, Maßstäbe und Texte konstruieren. Die mit den Grundelementen erzeugten Grafiken werden Vektorgrafiken genannt. Sie haben eigene Attribute. Dies sind z. B. bei einer Linie deren Stärke oder Farbe. Bei Polygonen kann ein Attribut z. B. das Füllmuster oder die Füllfarbe sein. Den Grafiken können außerdem beschreibende Sachdaten zugeordnet werden. Vektordaten werden mit Hilfe eines Digitalisierers eingegeben, Sachdaten mit Hilfe von Programmen durch den Benutzer.

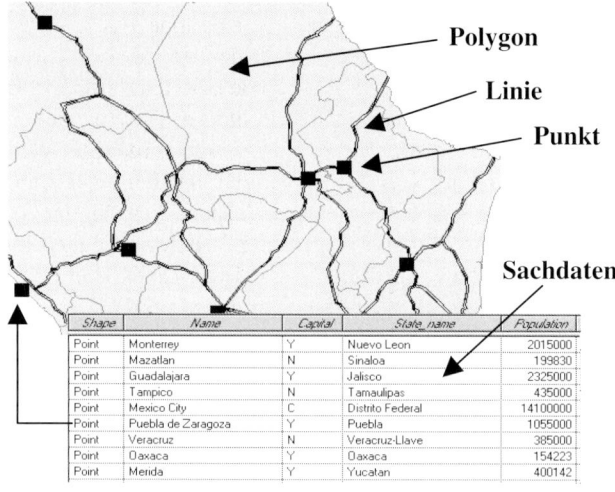

Die Beschreibung der räumlichen Zusammenhänge zwischen den einzelnen Geometrien wird als Topologie bezeichnet. So wird beispielsweise die Lage aller Polygone links und rechts einer Linie in einer Tabelle festgehalten. Topologische Beziehungen bleiben bei der Anwendung bestimmter mathematischer Operationen (z. B. Projektionen) erhalten.

Raster- und Sachdaten

Rasterdaten bestehen, ähnlich wie Fotos, aus einer Serie von Punkten mit unterschiedlichen Farb- oder Grauwerten. Sie sind eine gleichmäßige Anordnung von rechteckigen Zellen oder Pixeln, die eine quasi-kontinuierliche Wiedergabe eines Gebietes erlauben. Die Zellen sind in einer Matrix angeordnet, organisiert nach Zeilen und Spalten. Mit Hilfe von Rasterdaten lassen

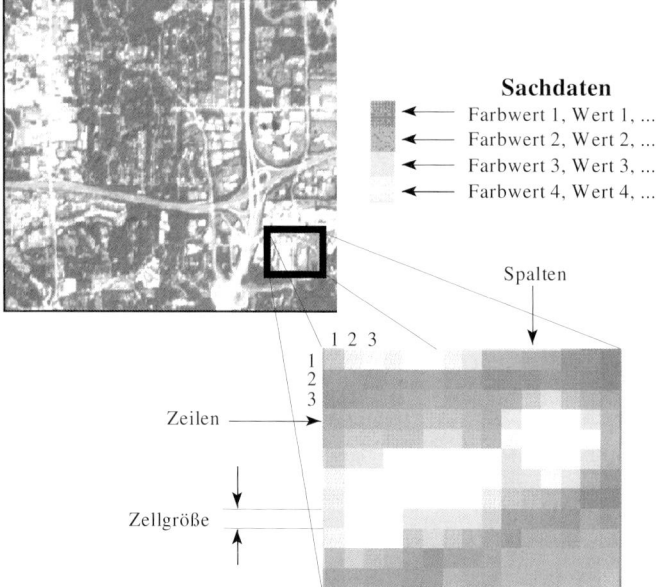

sich ebenfalls Geometrien (Punkt, Linie, Polygon, Text, ...) darstellen. Ein Punkt wird durch eine Zelle dargestellt, während eine Linie oder ein Polygon durch eine Gruppe von zusammenhängenden Zellen dargestellt werden kann. Mit Hilfe von Farb- bzw. Grauwerten können Objekte identifiziert werden. Jeder Gruppe von Zellen mit gleichen Grau- oder Farbwerten können Sachdaten zugeordnet werden. Je kleiner die Zellgröße gewählt wird, desto kontinuierlicher erscheint die darzustellende Oberfläche. Damit wächst jedoch der Speicherplatzbedarf an. Rasterdaten können durch Abtasten (Scannen) von Fotos (z. B. Luftbilder) oder der Erdoberfläche (Satellitendaten) erzeugt werden. Sollen Rasterdaten zusammen mit anderen räumlichen Daten dargestellt werden, müssen sie georeferenziert werden. Dabei werden den Zeilen- und Spaltennummern der Zellen z. B. geografische Koordinaten zugeordnet. Räumliche Zusammenhänge (Topologien) bei Rasterdaten sind natürlicherweise gegeben und brauchen nicht gesondert gespeichert zu werden, da z. B. jede Zelle acht Nachbarn hat, die mit Hilfe der Zeilen- und Spaltennummer identifiziert werden können.

Vergleich Vektor- und Rasterdaten

Vektor- und Rasterdaten haben jeweils ihre speziellen Vor- und Nachteile. Rasterdaten benötigen viel Speicherplatz, da jede einzelne Rasterzelle gespeichert werden muss, unabhängig davon, ob sie wichtige Informationen enthält oder nicht. Es gibt jedoch Verfahren zur Reduktion des Speicherplatzes. Vergrößert man die Zellgröße, verringert sich zwar der Speicherplatzbedarf, Detailinformationen gehen aber verloren. Der Vorteil von Rasterdaten liegt in der einfachen Verarbeitung von kontinuierlich verteilten, raumbezogenen Daten. Rasterdaten haben eine einfache Datenstruktur. Manchmal ist diese nur eine Aneinanderreihung von Zahlen in einer ASCII-Datei. Die einfache Datenstruktur erlaubt eine äußerst effiziente Bearbeitung der Daten mit einem Rechner. Die Berechnungen von Verschneidungen oder das Erstellen von Modellen sind mit dieser Datenform besonders einfach zu realisieren. Für die Bearbeitung von Rasterdaten stehen, insbesondere wegen des hohen Entwicklungsstandes bei der Verarbeitung von Satellitendaten, umfangreiche Bearbeitungsalgorithmen zur Verfügung.

Die Verarbeitung von kontinuierlich verteilten räumlichen Daten ist mit Vektordaten schwieriger als mit Rasterdaten. Vektordaten benötigen jedoch weniger Speicherplatz. Die Datenstruktur ist komplizierter. Geografische Abfragen sind einfacher zu realisieren. Vektordaten werden oft bevorzugt, da die Darstellung den herkömmlichen 'Karten' sehr ähnlich ist.

Vektordaten (Vor- und Nachteile):

- geringer Speicherplatzbedarf
- einfacher Zugriff auf die Objekte (Selektion)
- komplexe Datenstruktur
- Analysen von kontinuierlich verteilten räumlichen Daten erfordern komplexe Auswerteprogramme.

Rasterdaten (Vor- und Nachteile):

- großer Speicherplatzbedarf
- Zugriff auf Objekte schwierig, auf einzelne Rasterzellen jedoch einfach
- einfache Datenstruktur
- Analyse von kontinuierlich verteilten räumlichen Daten ist einfach.

Es sollte je nach Anwendung unter Berücksichtigung der oben genannten Vor- und Nachteile entschieden werden, mit welchem Datentyp gearbeitet wird. In der Praxis ist eine freie Auswahl aber oft nicht möglich, da der gewünschte Datentyp nicht zur Verfügung steht. Sie werden daher oft gezwungen sein, mit beiden Datentypen gleichzeitig zu arbeiten. Hybride Geo-Informationssysteme sind in der Lage, Raster- und Vektordaten gleichzeitig zu bearbeiten. Vektor- und Rasterdaten können auch jeweils in den anderen Datentyp umgewandelt werden. Für die Vektorisierung (Umwandlung von Raster- in Vektordaten) und die Rasterisierung (Umwandlung von Vektor- in Rasterdaten) stehen Umwandlungsprogramme zur Verfügung.

Datenqualität und Fehler

Keine Messung ist ohne Fehler. Die Daten für ein Geo-Informationssystem entstehen aber aus Messungen. Die Qualität der Daten in einem GIS ist somit von den Fehlern, die sie enthalten, abhängig. Um die Datenqualität beurteilen zu können, ist es notwendig, evtl. Fehler zu erkennen und ihre Größenordnung abzuschätzen. In manchen Fällen ist dieses ein schwieriges oder auch unlösbares Problem. So ist es z. B. in der Praxis manchmal unmöglich, den Weg zur Erstellung einer analogen Karte zurückzuverfolgen und somit eine Fehleranalyse zu machen. Fehlerursachen werden oft nicht angegeben, z. B. nach welcher Methode Höhenlinien geglättet wurden oder mit welchen Fehlern die Rohdaten aus den Messungen behaftet sind. Geben Sie eine solche Karte in ein GIS ein, ist die Qualität der Daten völlig unklar, es sei denn, man kennt Fehlerursachen aus der Erfahrung. Die Datenqualität kann durch das GIS weiter beeinflusst werden, und zwar bei der Dateneingabe (Digitalisieren) oder der weiteren Bearbeitung im GIS. Mit welchen Fehlern Sie beim Arbeiten mit einem GIS zu rechnen haben, soll im folgenden kurz skizziert werden. Fehler können entstehen:

- bei der **Erfassung** (Messung) der Daten
- bei der **Eingabe** der Daten in das GIS
- durch das **Speichern** der Daten in einem Rechner
- bei der **Auswertung** (Analyse) der Daten mit dem GIS
- bei der **Ausgabe** auf Drucker und Plotter.

Die **Erfassung** von Daten birgt eine Menge Fehlermöglichkeiten in sich. Neben defekten oder falsch geeichten Messgeräten treten in diesem Bereich hauptsächlich Fehler durch menschliche Unzulänglichkeiten auf. Die Messgeräte können falsch bedient oder - bei komplizierten Messungen - z. B. Zwischenschritte vergessen werden. Falsch eingestellte Messwertauflösung oder Interpretationsfehler fallen ebenfalls in diesen Bereich. Auch bei der Erfassung der Position von Objekten und ihrer Zuordnung zu den Attributen (Sachdaten) sind Fehler möglich.

Fehler bei der Erfassung von Daten können durch Erstellung von Messplänen verringert, jedoch nicht ganz vermieden werden. Weitere Fehlerquellen liegen im unterschiedlichen Alter von Daten, wenn ihre Erfassung sich z. B. über einen längeren Zeitraum (Jahre) hinzieht.

Die **Eingabe** von Daten in ein GIS erfolgt im allgemeinen über einen Digitalisierer, einen Scanner oder über Dateien. Sind die Geräte fehlerhaft oder werden sie falsch bedient, so entstehen Fehler in der Position der Daten. Beim Digitalisieren entstehen die meisten Fehler, da hier der menschliche Einfluss am größten ist. Das Digitalisieren erfordert höchste Konzentration. Fehler entstehen durch Ablenkung, fehlende Konzentration oder auch Gleichgültigkeit. Beim Digitalisieren können Fehler in der Position sowie in der Form des zu digitalisierenden Objektes gemacht werden. So werden etwa Polygone nicht geschlossen oder Linien werden zu lang oder zu kurz digitalisiert. Oft ist beim Digitalisieren nicht klar, wo eine bestimmte Linie (z. B. Waldgrenze) zu ziehen ist. Es bleibt dann dem Benutzer überlassen, wo er die Grenze festlegt. Er bestimmt damit einen Fehler. Die theoretische Behandlung solcher Unbestimmtheiten erfolgt mit Hilfe der 'Fuzzy-Theorie'. Die Eingabe von Daten aus Karten mit unterschiedlichen Maßstäben kann ebenfalls zu Fehlern führen. Die Kosten für die Datenerfassung spielen für die Datenqualität eine wesentliche Rolle. Große Datendichten lassen sich nur mit großem finanziellen Aufwand erstellen. Mit geringerem Kosteneinsatz ist die zu erfassende Datendichte begrenzt, was zwangsläufig zu höheren Fehlerquoten führt.

Die **Auswertung** und **Speicherung** von Daten in einem GIS bringt eine Reihe von Fehlerursachen mit sich, die sehr umfangreich sind. Die häufigsten Fehler treten auf:

- durch Kodierung der Datenformate im Rechner (einfache oder doppelte Genauigkeit und damit die Entstehung von Rundungs- und numerischen Fehlern bei der Anwendung von mathematischen Methoden)
- durch Generalisierung und Glättungsmethoden
- bei der Berechnung von Verschneidungen
- durch Interpolationsmethoden
- bei der Umwandlung von Raster- in Vektordaten und umgekehrt.

Bei der **Datenausgabe** entstehen Fehler durch ungenaue oder defekte Ausgabegeräte (Drucker, Plotter). Fehler werden auch verursacht durch das Ausgabemedium (Papier, Folie, Bildschirm), z. B. durch Umwelteinwirkung auf Papier (Verziehen).

2.4 Hard- und Software

Rechner

Geo-Informationssysteme gibt es heute für alle üblichen Rechner-Plattformen und für unterschiedliche Betriebssysteme. Wegen der Teilung gemeinsamer Ressourcen (Plattenspeicher, Streamer) sowie der gemeinsamen Nutzung von Eingabe- und Ausgabegeräten sind Rechner normalerweise in heterogenen Netzwerken (LAN = Local-Area-Network) zusammengeschaltet.

Heterogene Netze sind Netze mit unterschiedlichen Rechnertypen und Betriebssystemen. Solche LANs sind auch für Geo-Informationssysteme von großem Vorteil, da die verschiedenen Aufgaben eines GIS im Netz verteilt werden können. So kann die GIS-Software z. B. auf einer UNIX-Workstation laufen, die Daten befinden sich aber auf einem anderen Rechner, der über einen großen Plattenspeicher verfügt. Für Geo-Informationssysteme werden Großrechner, Workstations und PCs eingesetzt. Großrechner (Mainframe) sind für Mehrbenutzerbetrieb ausgelegt, aber für Geo-Informationssysteme heute etwas 'aus der Mode' gekommen. Die Verteilung der Rechner-Ressourcen auf kleinere, schnelle Einheiten (Workstations) ist eine üblichere Technik und bringt, bezogen auf die Rechnerleistung und Unabhängigkeit, Vorteile gegenüber dem Mainframe. Workstations sind jedoch relativ teure Rechner. Dieser Umstand steht einer schnellen Verbreitung von Geo-Informationssystemen etwas im Wege. Eine Lösung scheint sich im PC-Bereich abzuzeichnen. Heutige PCs haben genügend Rechnerleistung und sind damit auch für professionelle GIS einsetzbar. PCs können auch gut für einzelne GIS-Komponenten eingesetzt werden, die eine nicht zu große Rechnerleistung benötigen. So kann ein PC z. B. die Eingabe (Digitalisieren, Scannen, ...) der GIS-Daten übernehmen. Desktop-GIS sind für den Einsatz auf einem PC ebenfalls gut geeignet, da sie (noch) keine rechenintensive Analysewerkzeuge enthalten.

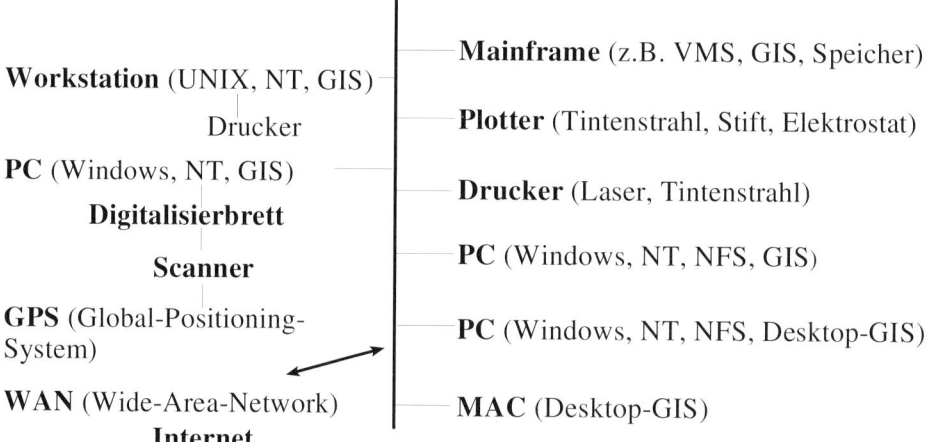

LAN (Local-Area-Network)

Workstation (UNIX, NT, GIS)
Drucker
PC (Windows, NT, GIS)
Digitalisierbrett
Scanner
GPS (Global-Positioning-System)
WAN (Wide-Area-Network)

Mainframe (z.B. VMS, GIS, Speicher)
Plotter (Tintenstrahl, Stift, Elektrostat)
Drucker (Laser, Tintenstrahl)
PC (Windows, NT, NFS, GIS)
PC (Windows, NT, NFS, Desktop-GIS)
MAC (Desktop-GIS)

Internet

Allgemeine Informationen, aber auch Daten für Geo-Informationssysteme, finden Sie im Internet. Ihr LAN sollte daher über eine geeignete Schnittstelle (etwa ein Modem) mit einem WAN (Wide-Area-Network) verbunden werden. Das ist heute sicher kein Problem mehr, da eine große Zahl von Anbietern einen Internet-Zugang für geringe Kosten möglich macht.

Software

GIS-Software wird für alle üblichen Betriebssysteme angeboten. UNIX kann als das meist benutzte Betriebssystem für Workstation-GIS angesehen werden. Im PC-Bereich sind Windows oder auch noch DOS die Betriebssysteme für GIS. Mit der Entwicklung von Windows-NT scheint die GIS-Software eine gemeinsame Betriebssystem-Plattform sowohl für Workstations als auch für PCs zu bekommen. Die Entwicklung geht zur Zeit in diese Richtung.

Neben dem Betriebssystem spielt die verwendete Netzwerksoftware eine wichtige Rolle. Die wichtigsten Netzwerk-Dienste, die benötigt werden, sind 'Remote-Login', 'Network-File-Service' und die Dienste, die den Zugriff auf die Ein- und Ausgabegeräte erlauben. Der Netzwerk-Dienst 'Remote-Login' erlaubt die Anmeldung eines Benutzers auf einer Workstation oder einem Großrechner von jedem Rechner im Netz aus. Ist das GIS auf einer Workstation installiert, so kann z. B. jeder PC-Benutzer das GIS von seinem PC-Platz aus benutzen. Der 'Network-File-Service' erlaubt den Zugriff auf Plattenspeicher von einem beliebigen Rechner im Netz auf jeden anderen. Ein PC-Desktop-GIS z. B. hat damit Zugriff auf eine GIS-Datenbank, die auf einer Workstation liegt. Für Client/Server-Lösungen sind RPC (Remote-Procedure Call) und DDE (Dynamic-Data-Exchange) wichtige Module.

Die GIS-Software selbst enthält Module für die Datenein- und ausgabe, Datenverwaltung (Datenbank und Datenbank-Management-System) sowie Bearbeitungs- und Analyse-Werkzeuge. Oft werden für Geo-Informationssysteme Makro-Programmiermodule angeboten, die eine Programmierung und somit eine automatische Steuerung der GIS-Module erlauben. Die zur Verfügung gestellten GIS-Software-Module können je nach GIS sehr umfangreich sein. Nicht selten haben Geo-Informationssysteme mehr als 1000 Module (Kommandos). Aus dieser großen Anzahl seien hier einige aufgezeigt.

Module für die Verwaltung sowie Ein - und Ausgabe von Daten:

- Datenbankverwaltung
- Benutzeroberflächen für die Bedienung des GIS
- Einlesen von Fremdformaten (Importieren)
- Digitalisieren und Scannen für die Dateneingabe
- Erstellen von Karten und Layouts
- Ausgabe in Fremdformate (Exportieren)
- Ausgabe auf Drucker und Plotter (Treiber).

Module zur Bearbeitung und Analyse:

- Logische und geometrische Abfragen (Selektionen)
- Verschneidungen
- Generalisierung und Glättung
- Projektionen und Transformationen
- Interpolationen und digitale Geländemodelle

- Geocodierung
- Bearbeiten von Vektor-, Raster- und Sachdaten
- 3-D-Darstellungen.

Dateneingabe

Erfassungsmethoden für raumbezogene Daten stammen vorwiegend aus dem Vermessungswesen. Typische Methoden sind die Tachymetrie, Funk- oder Satelliten-Verfahren (GPS). Die Photogrammetrie und Fernerkundung sind Methoden, Informationen aus flächenhaften Fotoaufnahmen auszuwerten. Eine räumliche Auswertung erfolgt mit photogrammetrischen Stereoaufnahmen. Handskizzen und Feldbücher sind ebenso wichtige Erfassungsmethoden.

Vektordaten werden in den meisten Fällen aus einer Karte digitalisiert. Typische Datenquellen für Vektordaten sind z. B. Karten, Dokumente, Dateien (erstellt aus Aufzeichnungen oder GPS-Messungen) sowie Dateien, deren Einträge Positionen von Punkten, Linien oder Flächen beschreiben. Vektordaten können auch durch Scannen und anschließende Vektorisierung in ein GIS eingegeben werden. Für die Vektorisierung gibt es halbautomatische Software, die interaktiv die Umwandlung der Raster- in die Vektorinformation vornimmt. Mathematische Modelle aus der Geologie, Biologie, Hydrologie oder anderen Wissenschaften können innerhalb kurzer Zeit eine große Menge von raumbezogenen Daten zur Verfügung stellen. Diese Daten werden direkt oder über Dateien zwischen den Modellen und dem GIS ausgetauscht.

Die Erstellung und Eingabe von Rasterdaten in das GIS erfolgt mit Hilfe eines Scanners. Rasterdaten entstehen aus Luftbildern, Satellitendaten oder Scanner-Befliegungen (Laser-Befliegungen). Rasterdaten können auch aus Vektordaten durch Rasterisierung erzeugt werden. Dies ist z. B. dann nötig, wenn Daten nur in Vektorform vorliegen und für eine Analyse in Rasterform benötigt werden.

Die Sachdaten (Attribute) für die Objekte können mit Editoren, Text- oder Tabellenkalkulations-Programmen zusammengestellt und in das GIS eingegeben werden. Sachdaten werden den Vektor- bzw. den Rasterdaten, die diese beschreiben, angehängt.

Eingegebene Daten sollten überprüft werden. Das geht am einfachsten durch Ausgabe und Vergleich mit den Quelldaten. Für die Wartung und Manipulation der GIS-Daten stellt ein GIS eine Reihe von Werkzeugen zur Verfügung. So können mit einem Grafik-Editor z. B. Korrekturen an der Lage von Objekten durch Verschieben oder Drehen vorgenommen werden. Objekte können gelöscht oder hinzugefügt werden. Projektionen und Transformationen passen die Koordinaten an ein neues Bezugssystem an.

Datenausgabe

Die Datenausgabe in einem GIS ist die Darstellung von raumbezogenen Daten in Form von Karten, Diagrammen und Tabellen auf Bildschirm, Papier oder in elektronischer Form (Magnetbänder, Videos, Multimedia, Kommunikationsnetze). Für die Kartenausgabe und Präsentation hat ein GIS Präsentationsmodule, die neben den üblichen Zeichenfunktionen auch die Möglichkeit haben, Legenden, Maßstäbe, Nordpfeile und andere typische Kartenelemente zu erstellen.

Für die Ausgabe auf den Bildschirm kann unter Umständen eine teure Grafikkarte mit viel Speicherplatz erforderlich sein. Dies ist der Fall, wenn wegen hoher Datendichte die Auflösung oder die Zeichengeschwindigkeit groß sein muss. Die Größe des Bildschirms sollte ausreichend gewählt werden. Im Allgemeinen sind GIS-Bildschirme mindestens 20 Zoll groß.

Die Ausgabe (Präsentation, Karten-Layout) auf großformatigem Papier erfolgt mit Stift-, Tintenstrahl- oder Elektrostatic-Plotter. Stift-Plotter sind nur in begrenzter Weise für die Ausgabe von GIS-Ergebnissen geeignet. Sie eignen sich nicht für die Ausgabe von Rasterdaten oder vollflächigen Vektordaten (ausgefüllte Polygone), da im allgemeinen die Stifte oder das Papier dabei zerstört werden. Elektrostatische Plotter sind sehr teuer. Sie eignen sich jedoch gut für die Ausgabe von Rasterdaten. Ein Kompromiss bezüglich Qualität und Preis sind Tintenstrahl-Plotter. Diese gibt es auch für große Papierformate, und sie werden, besonders wegen des günstigen Preises, oft eingesetzt. Für kleinere Papierformate werden Laser- oder Tintenstrahldrucker verwendet.

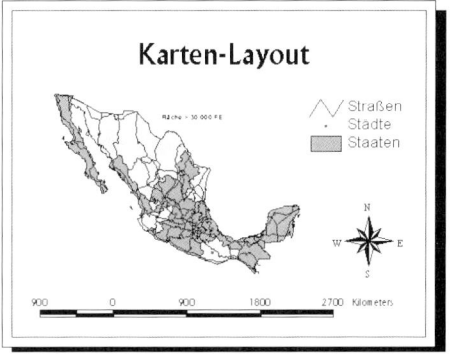

Laserdrucker liefern eine bessere Ausgabequalität für die Schwarzweiß-Ausgabe. Tintenstrahldrucker sind preisgünstiger als Laserdrucker und eignen sich besonders für die farbige Ausgabe.

2.5 Beispiele für Bearbeitungs- und Analysewerkzeuge

Neben der Dateneingabe, Datenverwaltung und Präsentation (Ausgabe) ist die Bearbeitung und Auswertung (Analyse) der GIS-Daten ein wesentlicher Punkt. So können Sie z. B. den Abstand zweier Objekte messen. Die Berechnung der Flächengröße oder des Umfangs eines Grundstückes ist ebenso möglich wie die Berechnung von Volumen bei digitalen Höhenmodellen (Geländemodell).

Die Selektion von Objekten (Abfragen) kann sowohl nach geometrischen Gesichtspunkten als auch nach Kriterien, die sich auf die Sachdaten beziehen, vorgenommen werden.

Mit den Sachdaten können statistische Berechnungen, wie Mittelwerte, Standardabweichungen, Histogramme, Korrelationen oder Regressionen vorgenommen werden.

Soll der Einfluss eines Objekts auf andere Objekte in einer Umgebung (Puffer) ermittelt werden, können Puffergenerierungs-Werkzeuge benutzt werden. Eine typische Fragestellung dazu ist z. B. 'wie viele und welche Objekte (z. B. Häuser) liegen in einem Streifen (z. B. Breite 100 m) an einer Straße?'

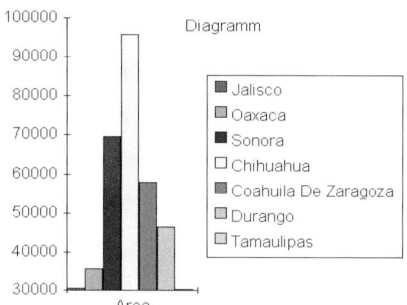

Für Netze (Leitungsnetze der Versorgungsbetriebe, Straßennetze) kann nach der kürzesten Verbindung oder z. B. nach einem nächsten Abzweig gefragt werden.

Verschneidung (Flächenverschneidung) ist die geometrische Überlagerung von Flächen mit Flächen, Flächen mit Linien oder Flächen mit Punkten. Flächenverschneidung ist eine GIS-Grundfunktion und wurde aus Fragestellungen entwickelt wie: 'Welche und wie viele Punkte (z. B. Supermärkte) liegen in einer Fläche (z. B. Ortsteil)?'

Die Interpolation von raumbezogenen Daten berechnet für beliebige Punkte (meistens auf einem regelmäßig verteilten Gitter liegend) Zwischenwerte aus Punkten, die in der Nachbarschaft liegen. Damit lassen sich z. B. mit einem durch Höhenlinien beschriebenen, digitalen Höhenmodell Werte für die Punkte, die zwischen den Höhenlinien liegen, berechnen. Volumen (z. B. Massenermittlung), Geländeneigung, Höhenlinien oder Sichtbarkeit (welche Punkte sind von einem Standpunkt aus sichtbar?) sind ebenfalls berechenbar.

Bei Rasterdaten können die Werte einzelner Zellen mit Hilfe eines Editors verändert werden. Rasterzellen lassen sich außerdem aus Zellen, die z. B. in der Nachbarschaft liegen, berechnen (Map-Algebra).

Im Rahmen dieses Buches ist es sicher nicht möglich, alle Bearbeitungs- und Analysewerkzeuge, die die verschiedenen GIS bieten, aufzuzählen oder zu beschreiben. Manche Methoden sind so umfangreich, dass über sie alleine ein Buch geschrieben werden könnte. Die meisten Methoden benötigen zu ihrer Entwicklung Ergebnisse aus mathematischen Forschungen. Dies trifft, um nur einige zu nennen, für Projektionen, Interpolationsmethoden, aber auch für Verschneidungen, Abstandsmessungen und Statistiken zu.

Im folgenden werden einige ausgesuchte typische Bearbeitungs- und Analysewerkzeuge beschrieben. Für tiefergehende Informationen zu diesen Methoden sei auf die umfangreiche Literatur zu diesem Thema verwiesen.

Abfragen

Selektiert (abgefragt) werden raumbezogene Daten in einem GIS mit Abfrage-Methoden. Sie erlauben mit Hilfe eines logischen Ausdrucks auf die Sachdaten (Attributtabelle) oder einer geometrischen Bedingung, Objekte auszuwählen. Diese können dann ausgegeben oder weiterverarbeitet werden. Haben die Sachdaten eines Objekts (Land) z. B. ein Attribut 'Flächengröße', so erhalten Sie durch den logischen Ausdruck:

'Flächengröße >= 30 000'

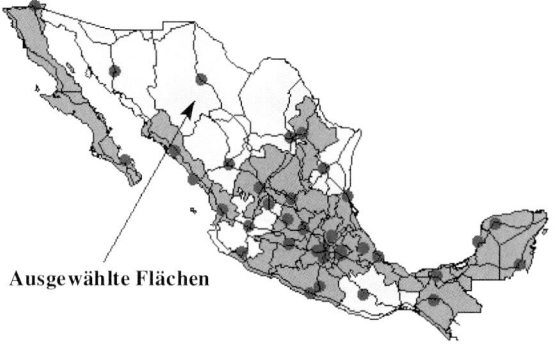

Ausgewählte Flächen

alle Länder mit einer Mindestfläche von 30 000 qm. Ein logischer Ausdruck ist zusammengesetzt aus Operanten und Operatoren. Die Operanten können Attribute oder auch zusammengesetzte arithmetische Ausdrücke sein. Operatoren sind z. B. 'kleiner', 'größer', 'gleich', 'AND', 'OR' usw.

Mit der geometrischen Bedingung 'Sollen in einem vorgegebenen Gebiet (hier Kreis) liegen', erhalten Sie dann alle Länder in diesem Gebiet.

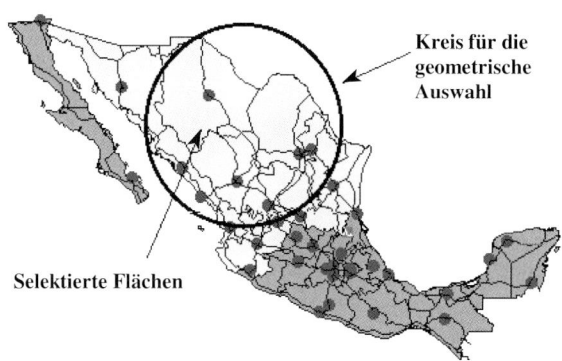

Kreis für die geometrische Auswahl

Selektierte Flächen

Flächenüberlagerung und -verschneidung

Geometrische Überlagerungen sind neben Abfragen die wichtigsten Werkzeuge zur Untersuchung raumbezogener Daten. Sie können sich eine solche Überlagerung als ein Übereinanderlegen von Karten vorstellen, die auf Folien gezeichnet sind. Zusammenhänge zwischen den Objekten auf den unterschiedlichen Folien werden so leicht erkannt. Bei einer Verschneidung von Punkt- und Flächenobjekten erkennen Sie z. B., ob sich bestimmte Bauwerke (Punkte) inner- oder außerhalb einer Stadt (Fläche) befinden. Ob eine Straße durch einen Ort führt, erkennen Sie durch eine Überlagerung einer Straßenkarte (Linien) mit einer Ortskarte (Flächen). Die Realisierung von geometrischen Überlagerungen mit einem Rechner bringt offensichtlich große Vorteile, vor allem aber eine wesentliche Zeitersparnis gegenüber der 'Folienmethode'.

Verschneidungen können sowohl mit Vektor- als auch mit Rasterdaten durchgeführt werden. Dabei ist der Rechenaufwand bei Rasterdaten wesentlich niedriger als bei Vektordaten.

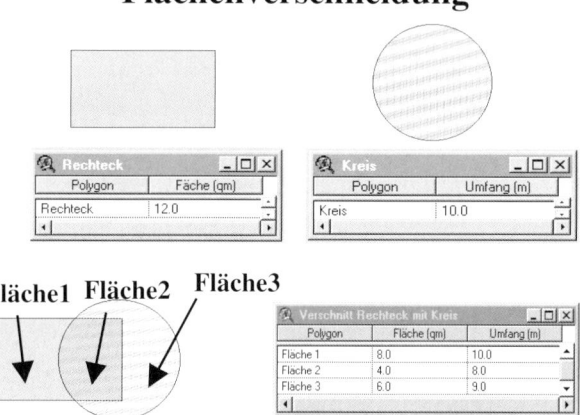

Bei der Verschneidung von geometrischen Objekten entstehen durch das Schneiden der Objektlinien neue geometrische Objekte. Verschneiden Sie z. B. ein Rechteck mit einem Kreis, so entstehen neue Verschnittflächen (siehe Abbildung). Die Attribute dieser neuen Flächen werden aus den Attributen der Ausgangsflächen zusammengesetzt. Mit Hilfe dieser Attribute können z. B. Abfragen über die Veränderung der Flächenattribute gemacht werden.

Karten-Projektionen

Um die Erdoberfläche oder einen Teil davon auf eine Karte zu zeichnen, müssen Sie die gekrümmte Erdoberfläche auf eine flache Oberfläche (Karte) abbilden. Dies ist ebenso nötig, wenn Sie ein GIS benutzen, denn die Darstellung auf einem Bildschirm ist genauso flach. Die Abbildung wird mittels einer mathematischen Transformation, die auch Karten-Projektion genannt wird, in einem Rechner vorgenommen. Transformiert werden auf diese Weise z. B. geografische Koordinaten (Grad, Minuten, Sekunden) in ein rechtwinkliges Koordinatensystem (z. B. Gauß-Krüger). Es gibt unterschiedliche Projektionen, die für verschiedene

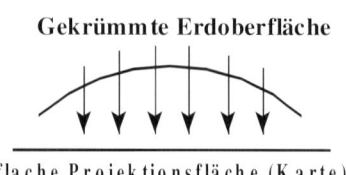

Anwendungen gebraucht werden. Bei der Transformation können die Eigenschaften von Objekten, wie die Form eines Gebietes, Längen, Flächengrößen oder Winkel, erhalten bleiben oder verändert werden. So wird man sicher für die Projektion einer Karte für nautische Zwecke eine Projektion wählen, die die Winkel erhält, damit z. B. ein Kompass benutzt werden kann.

Arbeiten Sie im GIS mit Karten, die aus unterschiedlichen Projektionen stammen, so sind genaue Kenntnisse über diese von großer Wichtigkeit. Ein und dasselbe Gebiet mit unterschiedlichen Projektionen abgebildet, kann enorme Abweichungen erzeugen. In der Praxis ist es oft schwierig festzustellen, mit welcher Projektion die Daten oder eine Karte erzeugt worden sind. Es fehlt oft gerade diese Angabe oder die Angabe ist zu global. So unterscheiden sich die Projektionen auch dann noch, wenn nur der Name der Projektion angegeben wird. Die Aussage, dass eine Karte z. B. durch eine Transverse/Mercator-Projektion (Gauß-Krüger) entstanden ist, hat ohne die Abgabe weiterer Parameter (Ellipsoid z. B. Bessel) nicht viel Sinn und führt zu Ungenauigkeiten.

Bearbeitung von Objekten

Objekte, wie Punkte, Linien, Flächen, Symbole und Texte, können im GIS bearbeitet werden. Die Korrekturen werden an den Koordinaten und somit auch an der Form eines Objektes vorgenommen. Neben einem grafischen Editor verfügt ein GIS noch über weitere Werkzeuge zur Bearbeitung seiner Objekte. Im folgenden werden einige wichtige vorgestellt.

Beim automatischen Digitalisieren entstehen oft mehr Punkte, als für die Darstellung oder Auswertung nötig sind. Beim Wechseln von einem großen zu einem kleinen Maßstab (große Maßstabszahlen) reichen weniger Punkte zur Darstellung aus. Ein GIS stellt Werkzeuge zur Verfügung um eine **Ausdünnung** der Punkte vorzunehmen. Dabei geben Sie eine Toleranz an, die z. B. den maximal erlaubten Abstand zweier Punkte festlegt.

Einige Objekte können bei einer Verkleinerung des Maßstabes zu winzig werden und sind daher nicht mehr richtig darstell- oder erkennbar. Das Entfernen solcher Objekte wird als

Generalisierung bezeichnet und kann im GIS mit entsprechenden Werkzeugen vorgenommen werden.

Beim Digitalisieren werden Linien oft zu lang oder zu kurz bzw. Polygone nicht geschlossen. Punkte liegen z. B. neben Objekten, obwohl sie aufliegen sollten. Polygone mit gemeinsamer Grenze haben doppelte Linien. Solche **Fehler** kann ein GIS halb- oder vollautomatisch mit Hilfe von vorgegebenen Toleranzen beseitigen.

Bestimmte Linien, wie z. B. Höhenlinien, sollten natürlicherweise einen kontinuierlichen (glatten) Verlauf aufweisen. Sie liegen jedoch oft nicht in dieser Weise vor, sondern haben z. B. durch falsche Eingabe an manchen Stellen eine eckige Form. Das Glätten kann mit **Splines** erfolgen. Splines sind kontinuierliche (glatte) Kurven, die abschnittsweise von Punkt zu Punkt definiert werden. Zum Beispiel kann ein Kurvenstück von einem Punkt A zu einem Punkt B durch ein Polygon dritten Grades ersetzt werden. Alle Polygone werden so berechnet, dass die Übergangsbereiche an den Punkten kontinuierlich bleiben und damit die gesamte Kurve glatt erscheint.

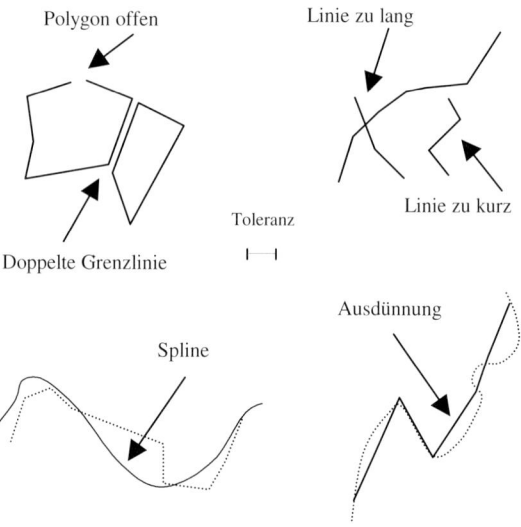

Interpolation

Raumbezogene Daten, die einen Teil der Erdoberfläche (Digitales Höhenmodell) oder andere Parameter (z. B. Luftdruck) beschreiben, liegen normalerweise punktmäßig in unregelmäßig verteilter Form vor. Durch Messungen bekommt man eine relativ geringe Anzahl (hauptsächlich wegen der Kosten) von unregelmäßig verteilten Werten (x-, y-Koordinate und z-Wert). Für eine kontinuierliche Darstellung müssen Zwischenwerte auf einem mehr oder weniger dichten Gitternetz berechnet werden. Die Berechnung der Zwischenwerte erfolgt meistens mit Werten, die in der Nachbarschaft des zu interpolierenden Wertes liegen. Dafür stehen verschiedene Interpolationsmethoden zur Verfügung. Eine einfache Methode ist z. B. die Berechnung des Mittelwertes aus umliegenden Werten. Ebenfalls möglich ist die Wahl des Wertes, der dem zu interpolierenden Wert am nächsten liegt. Die Wahl der Interpolationsmethode hängt stark von der jeweiligen Anwendung ab. Dabei spielt die Variation und Verteilung der 'z-Werte' eine wesentliche Rolle.

Eine andere übliche Methode ist die Berechnung des zu interpolierenden Wertes aus Werten, die in einer festdefinierten Umgebung liegen. Diese Umgebung wird z. B. durch einen Ab-

2.5 Beispiele für Bearbeitungs- und Analysewerkzeuge

standskreis festgelegt. Der zu interpolierende Wert wird mit allen Werten, die sich im Abstandskreis befinden, als Mittelwert berechnet. Dabei erhalten die Werte eine Gewichtung, so dass der Einfluss weiter entfernter Punkte weniger und näherliegender höher in die Mittelwertbildung eingeht.

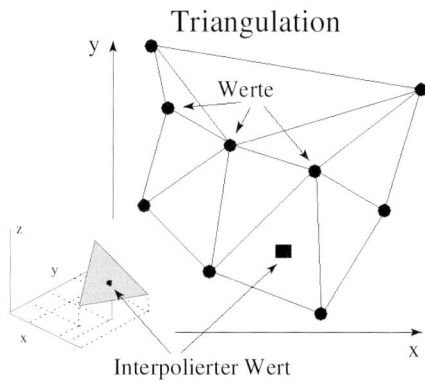

Eine weitere Methode konstruiert aus den unregelmäßig verteilten Werten ein Dreiecksnetzwerk (Triangulation). Der interpolierte Wert liegt auf der Oberfläche eines Dreiecks und kann damit berechnet werden. Die Dreiecke können z. B. so konstruiert werden, dass alle Winkel so nahe wie möglich 60 Grad betragen (gleichseitige Dreiecke). Die Interpolation ist umso genauer je besser diese Bedingung erfüllt werden kann. Die Entwicklung von Interpolationsmethoden ist ein komplexes Thema und Gegenstand moderner Forschung. Für weitergehende Informationen verweise ich auf die entsprechende Literatur.

3 ArcView GIS-Einführung

Von ArcView GIS als einem Desktop-GIS kann man sicher nicht die Leistungen eines professionellen GIS (ARC/INFO) erwarten, jedoch in der Darstellung von raumbezogenen Daten ist ArcView GIS den oft schwerfälligen, aber natürlich leistungsfähigeren GIS überlegen (Unterschiede siehe Kapitel 2 'Geo-Informationssysteme (GIS)'). Das trifft besonders auf die Bedienung und Handhabung des Programms zu. ArcView GIS ist, wie jedes moderne Software-Produkt, das unter Windows oder ähnlichen Fenster-orientierten Betriebssystemen läuft, für den geübten Windows-Benutzer leicht zu bedienen. Die Schwierigkeit liegt jedoch in der Vielfältigkeit der möglichen Funktionen und Anwendungen. Es wird in diesem einführenden Kapitel zunächst erläutert, wie ArcView GIS arbeitet und aufgebaut ist. Es werden die wesentlichen Dinge gezeigt, die für den Anwender von Bedeutung sind, um seine ArcView GIS-Projekte schnell und zuverlässig durchführen zu können.

Woher bekommt der ArcView GIS-Benutzer Daten für ArcView? Für die Beispiele in diesem Buch wurden Daten, die zu ArcView GIS mitgeliefert werden, verwendet. Eigene Daten müssen mit Hilfe geeigneter Geräte (Scanner, Digitalisierer) und Programme in ein für ArcView GIS verständliches Format gebracht werden. Es lassen sich alle Coverages, die von ARC/INFO erzeugt wurden, mit ArcView GIS bearbeiten. Ist die Anschaffung eines GIS wie ARC/INFO nicht vorgesehen, lassen sich Daten auch von Firmen, die darauf spezialisiert sind, digitalisieren und in ArcView GIS-Format ausgeben. Rasterdaten der verschiedenen Formate lassen sich mit ArcView GIS unmittelbar einlesen. Die folgende Aufzählung zeigt Beispiele von Daten, mit denen ArcView GIS arbeiten kann: **Vektordaten:** ARC/INFO-Coverages, ArcView GIS-Shapes, AutoCAD-Dateien; **Rasterdaten:** ARC/INFO-Rasterdaten (Grids), TIFF-Rasterdaten, BIL- und BIP-Rasterdaten, ERDAS-Rasterdaten, JPEG; **Tabellendaten:** dBase-Dateien, Info-Dateien, Text-Dateien. Eine genaue Beschreibung aller Daten, die ArcView GIS benutzen kann, finden Sie in den nächsten Kapiteln.

In den folgenden Abschnitten werden der generelle Aufbau, grundlegende Begriffe sowie die Bedienung der Fenster in ArcView GIS erläutert. Um ein Gefühl für einen Einstieg in ArcView GIS zu bekommen, werden wichtige Funktionen anhand einer typischen ArcView GIS-Sitzung vorgeführt.

3.1 ArcView GIS-Programmkomponenten

ArcView GIS wird auf Compact-Disk geliefert. Bei der Installation entsteht eine Windows Programmgruppe mit einigen Programmsymbolen. Das Symbol 'ArcView GIS' ist das Hauptsymbol und startet das Programm ArcView GIS.

3.1 ArcView GIS-Programmkomponenten

Auf der Windowsoberfläche finden Sie unter **'Start: Programme: Esri: ArcView GIS 3.2a'** die in nebenstehender Abbildung aufgeführten Programme, die nach der Installation vorhanden sind. Die wichtigsten werden im Folgenden kurz beschrieben.

Das Programm 'ArcView 3.2a Help' startet die Online-Hilfe mit dem Inhaltsverzeichnis. Hier finden Sie eine Einführung und Hinweise zur Bedienung und Programmierung von ArcView GIS.

Das Programm 'ArcView Readme File' zeigt aktuelle Informationen zu ArcView GIS, die erst eingebracht wurden, nachdem Programm und Handbücher erstellt waren.

Mit den Progammen 'Import' und 'Import71' werden Export-Dateien (*.e00) eingelesen, die von anderen ARC/INFO-Plattformen kommen (z. B. UNIX-Workstation). Diese Export-Dateien ermöglichen den Austausch von ARC/INFO-Daten - wie Coverages, Grids usw. - zwischen verschiedenen Rechnern und Betriebssystemen.

Das Programm 'MIF To Shape' wandelt eine MapInfo-Austausch-Datei (MIF-Datei) in eine ArcView GIS-Shapedatei um, so dass MapInfo-Daten mit ArcView GIS bearbeitet werden können. Dabei können Texte, Punkte, Linien und Polygone als Shapedateien erstellt werden.

Das Programm 'Projection Utility' (nur in Version 3.2) wechselt die Projektion und das Datum von Shapedateien. Eine große Auswahl von Projektionen steht zur Verfügung, inkl. Gauß-Krüger in unterschiedlichen Streifen.

Das Programm 'Shape DXF Converter' (nur in Version 3.2) konvertiert das Shape- in das DXF-Format. Da ArcView GIS auch DXF-Formate lesen kann, ist somit ein Datenaustausch für DXF in beide Richtungen möglich.

Bei der Installation von ArcView GIS wird, wenn nichts anderes angegeben wird, die nebenstehende Verzeichnis-Struktur angelegt. Alle ArcView-Programm- und Dienstleistungsdateien werden dort abgelegt. Unter dem Verzeichnis 'esri' legt das Installationsprogramm das Unterverzeichnis 'av_gis30' und das Verzeichnis 'esridata' an. 'esridata' enthält eine große Anzahl von ArcView GIS-Beispieldaten, mit denen viele ArcView GIS-Funktionen ausprobiert werden können. In dem Verzeichnis 'av_gis30' sind im wesentlichen die Programm-Module enthalten, als auch weitere Beispieldaten (CAD, Images) sowie Beispielprojekte.

3.2 Aufbau von ArcView GIS

ArcView GIS bearbeitet raumbezogene Daten. Dazu wird ein 'Projekt' eröffnet. Eine ArcView GIS-Sitzung bedeutet demnach nichts anderes, als ein Projekt zu bearbeiten. Was muss ein solches Projekt leisten? Es soll:

- die Geometrie (Objekte) von raumbezogenen Daten darstellen
- Tabellen (Sachdaten, Attribute) bearbeiten können
- mit den Sachdaten Diagramme und Statistiken für eine übersichtliche Darstellung oder Auswertung erstellen
- raumbezogene Daten in Layouts, z. B. als Karten, ausgeben können
- alle Funktionen leicht bedienbar und automatisch ausführen können.

Ein Projekt besteht aus **Views, Tabellen, Diagrammen, Layouts und Scripts**.

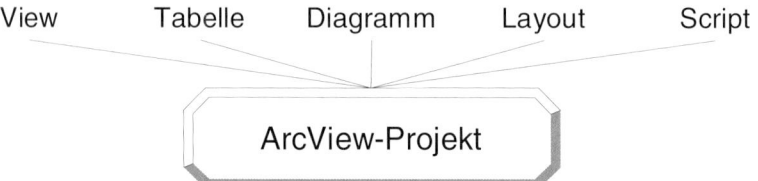

Diese Projekt-Elemente (ArcView GIS-Dokumente) werden in den folgenden Kapiteln genauer erläutert. Voran geht jedoch eine Erläuterung wichtiger Begriffe, die in den weiteren Ausführungen immer wieder vorkommen. Alle Begriffe beziehen sich auf die deutsche ArcView GIS-Version 3.2 für PC. Auf Unterschiede zur Workstation-Version geht der Verfasser hier nicht ein, da diese ohnehin gering sind. Eine deutsche Version des Workstation-ArcViews gibt es nicht und ist bisher auch nicht geplant.

Nach dem Start von ArcView GIS erscheint auf dem Bildschirm das ArcView GIS-Hauptfenster (ArcView GIS-Benutzeroberfläche). Diese besteht aus verschiedenen ArcView GIS-Elementen (ArcView GIS-Steuerelemente, ArcView GIS-Dokumente).

Für die Bearbeitung des ArcView GIS-Projekts gibt es das **Projektfenster**. Ein Projekt arbeitet mit unterschiedlichen Dokumenten, wobei jedes mehrfach geöffnet werden kann. Es gibt das View-Dokument, Tabellen-Dokument, Diagramm-Dokument, Layout-Dokument und Script-Dokument. Zu jedem dieser Dokumente gibt es jeweils eine eigene Menüleiste, Schaltflächenleiste, Werkzeugleiste und Statusleiste.

Wird ein bestimmtes ArcView GIS-Dokument aktiviert, so erscheint automatisch die zu diesem Dokument gehörige Menü-, Schaltflächen- sowie Werkzeugleiste. Aktivieren Sie z. B. das View-Dokument, so erhalten Sie sofort die zugehörige Menü-, Schaltflächen- und Werkzeugleiste für das View in der ArcView GIS-Benutzeroberfläche (siehe Abbildung). Die Menü-, Schaltflächen- und Werkzeugleisten lassen sich vom Benutzer für eigene Zwecke beliebig abändern und erweitern.

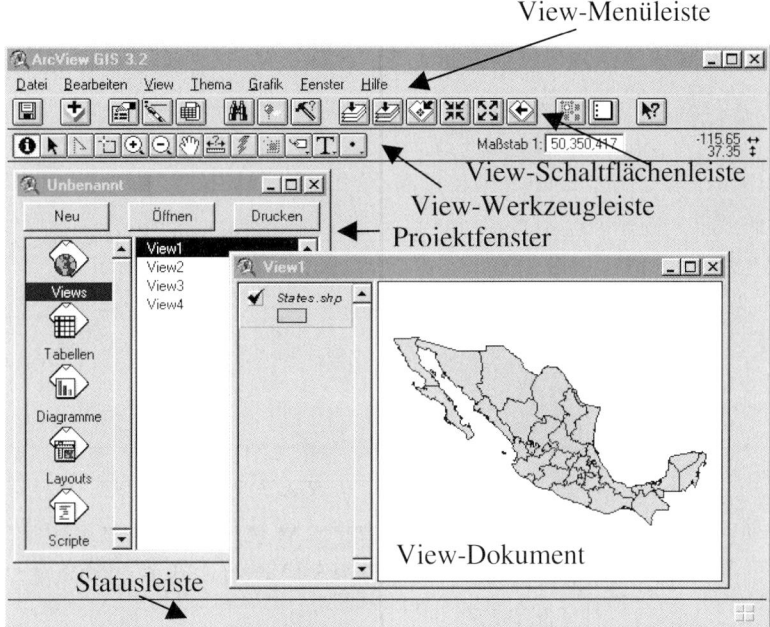

ArcView GIS-Dokumente

Das **Projektfenster** organisiert alle ArcView GIS-Dokumente. Hier werden neue ArcView GIS-Dokumente erstellt oder gelöscht. Projekte werden mit dem Projektfenster erstellt, geladen und gespeichert. Es ermöglicht außerdem die Anpassung der ArcView GIS-Steuerelemente für eigene Anwendungen.

Im **View-Dokument** werden die raumbezogenen Daten dargestellt. Unterschiedliche geografische Daten (Objekte) wie Flüsse, Städte, Messstationen usw. werden hier eingelesen und können z. B. mit einer Legende versehen werden.

Das **Tabellen-Dokument** enthält die Attribute (Sachdaten) der zugehörigen Objekte eines Views oder auch Werte aus Text- oder Datenbankdateien. Mit den Tabelleninhalten kann gerechnet oder sie können bearbeitet werden.

Mit Hilfe des **Diagramm-Dokuments** werden Tabellenwerte als Diagramme dargestellt, z. B. als Linien-, Balken- oder Tortendiagramme.

Im **Layout-Dokument** stellt der Anwender ArcView GIS-Dokumente (z. B. Views oder Tabellen) zu einem Layout (Karten) für die Ausgabe zusammen. Typische Karten-Elemente wie Nordpfeile, Maßstäbe, Legenden, können auch in das Layout eingefügt werden.

Im **Script-Dokument** wird der Programmcode für die Programmierung mit der ArcView GIS Programmiersprache 'Avenue' eingegeben. Hier wird auch der Programmcode übersetzt. Es können z. B. Breakpoints gesetzt und der Inhalt von Variablen überprüft werden.

ArcView GIS-Steuerelemente

Die **Menüleiste** ist die oberste Leiste der ArcView GIS-Benutzeroberfläche. Sie enthält je nach ausgewähltem ArcView GIS-Dokument verschiedene Einträge zur Bedienung des ArcView GIS-Dokuments. Gemeinsam sind allen ArcView GIS-Dokumenten die Menüleisten-Einträge zum Speichern, Drucken und zur Steuerung der ArcView-Fenster. Ein Menü mit Einträgen zur Online-Hilfe ist ebenfalls vorhanden.

Unterhalb der Menüleiste befindet sich die **Schaltflächenleiste.** Die einzelnen Schaltflächen starten jeweils eine bestimmte ArcView-Funktion, wie sie teilweise auch mit den Menüs realisiert werden. Der Zugriff über die Schaltflächen ist im allgemeinen jedoch etwas einfacher. Die Schaltflächen ermöglichen eine Vielzahl von Operationen, die je nach aktivem ArcView GIS-Dokument unterschiedlich sind. So ist die Schaltflächenleiste z. B. für das View-Dokument anders als die Schaltflächenleiste des Layout-Dokuments.

Die **Werkzeugleiste** enthält Werkzeuge. In der Werkzeugleiste für das View-Dokument werden auch der Maßstab des Views und die Koordinaten des Mauszeigers im View angezeigt. Der Unterschied zu der Schaltflächenleiste ist, dass beim Aktivieren einer Werkzeugfläche die Werkzeug-Funktion erhalten bleibt, bis eine andere Werkzeugfläche gedrückt wird. Dagegen ist die Schaltflächen-Operation eine einmalige (z. B. ein Thema einladen, das Projekt speichern...). Ein Werkzeug startet jedoch eine immer wiederkehrende Operation (z. B. Information von Objekten anzeigen lassen). Für das Projekt- und das Script-Dokument ist die Werkzeugleiste leer**.**

Unterer Abschluss der ArcView GIS-Benutzeroberfläche ist die **Statusleiste**. Hier wird beim Speichern, Laden oder Suchen die Zeitdauer (in Prozent der Gesamtdauer) der Operation angezeigt. Bringt man den Mauszeiger auf ein Menü, eine Schaltfläche oder eine Werkzeugfläche, so wird deren Bedeutung in der Statuszeile kurz erläutert. Hier lesen Sie auch die Ergebnisse von Messungen (z. B. Abstandsmessung) ab. Genauere Angaben, was die Statuszeile in Verbindung mit einem ArcView GIS-Dokument (View, Tabelle, Layout.....) anzeigt, wird in den Kapiteln über diese ArcView GIS-Dokumente speziell erklärt.

3.3 Bedienung der ArcView GIS-Fenster

Größere ArcView GIS-Projekte haben oft viele Fenster innerhalb einer ArcView GIS-Sitzung zu verwalten. Es werden hier kurz die Möglichkeiten, Fenster in ArcView GIS zu bedienen, beschrieben. Fenster können in ihrer Größe und ihrer Lage verändert werden. Speichern Sie ein Projekt, so wird die aktuelle Lage und Größe der Fenster einer ArcView GIS-Sitzung mit gespeichert und steht Ihnen somit beim nächsten Aufruf des Projektes wieder zur Verfügung. Sollten Sie mit der Bedienung der Fenster in 'Windows' vertraut sein, so können Sie diesen Abschnitt auslassen. Fenster lassen sich mit der Maus und teilweise über die Tastatur oder Menüs verändern. Die einfachste Möglichkeit bietet die Maus. Für einige häufig wiederkehrende oder komplexere Fensterfunktionen stellt ArcView GIS Menüs zur Verfügung. Im folgenden wird die Bedienung aller möglichen Fensterfunktionen mit der Maus, evtl. vorhandenen Tastaturfunktionen und Menüs beschrieben.

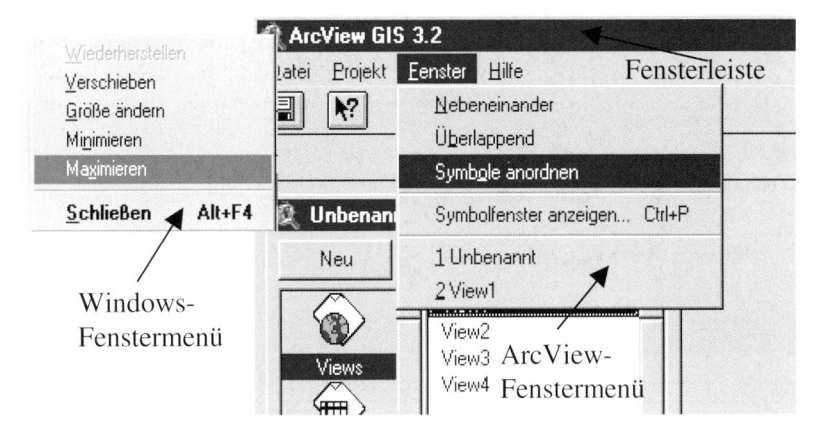

Fenster auswählen

Mit der Maus...
wird ein Fenster durch Anklicken der Fensterleiste (oberer Rand eines Fensters) mit der linken Maustaste ausgewählt (aktiviert). Ein anderes im Projekt enthaltenes ArcView GIS-Fenster kann auch durch den Menüeintrag 'Next' im Windows-Fenstermenü des gerade aktiven Fensters ausgewählt werden. Welches Fenster Sie aktivieren wollen, können Sie darüber hinaus im Menü 'Fenster' der ArcView GIS-Menüleiste auswählen.

Mit der Tastatur...
wird das Menü 'Fenster' von ArcView GIS über die Tastenkombination **ALT+F** aktiviert. Mit den Pfeiltasten wird dort das entsprechende Menü ausgewählt und mit der Eingabetaste bestätigt. **STRG+F6** bewirkt ebenso eine Fensterauswahl.

Fenster verkleinern und vergrößern

Mit der Maus...
lässt sich ein Fenster in seiner Größe folgendermaßen verändern. Sie fahren mit dem Mauszeiger auf die Fensterleiste des entsprechenden Fensters und aktivieren es mit der linken Maustaste. Bewegen Sie den Mauszeiger auf einen Fensterrand, so verändert sich seine Form in einen Nord/Süd-Doppelpfeil (oberer und unterer Rand), einen Ost/West-Pfeil (rechter und linker Rand) oder einen Diagonalpfeil (alle vier Ecken). Ziehen Sie den Rand mit gedrückter Maustaste auf die gewünschte Fenstergröße. Das Vergrößern auf maximale Größe, das Ablegen als Symbol in das ArcView GIS-Hauptfenster und das Schließen des Fensters erreicht man durch Klicken auf die Symbole in der rechten oberen Ecke eines jeden Fensters.

Weitere Möglichkeiten bietet das Windows-Fenstermenü des entsprechenden Fensters. Es befindet sich in der oberen linken Ecke eines jeden Fensters und lässt sich mit der linken Maustaste öffnen. Dort lässt sich über die Menüeinträge die Größe des Fensters verändern. 'Size' verändert die Größe des Fensters beliebig in beiden Richtungen mit den Pfeiltasten auf der Tastatur. 'Minimize' macht aus dem Fenster ein Symbol und legt es in der unteren linken Ecke des ArcView GIS-Hauptfensters ab. 'Maximize' vergrößert das Fenster auf maximale Größe innerhalb des ArcView GIS-Hauptfensters.

Fenster verschieben

Mit der Maus...
ist das zu verschiebende Fenster zu aktivieren, dazu den Mauspfeil auf die Fensterleiste bewegen und die linke Maustaste gedrückt halten. Mit gehaltener Maustaste kann das Fenster in jede beliebige Richtung verschoben werden. Das Fenster lässt sich auch mit Hilfe des Windows-Fenstermenüs (oben links) verschieben. Wenn Sie den Menüeintrag 'Move' auswählen, lässt sich das Fenster mit der Maus, aber auch mit den Pfeiltasten der Tastatur, bewegen. Ein Klick auf die linke Maustaste legt es an gewünschter Stelle ab.

Fenster und Symbole anordnen

Mit der Maus...
können ArcView GIS-Fenster nebeneinander, überlappend angeordnet sowie die Symbole im ArcView GIS-Hauptfenster angeordnet werden. Dazu wird

im Menü 'Fenster' der entsprechende Eintrag ausgewählt und die gewünschte Anordnung aktiviert.

Mit der Tastatur...
ALT + f, dann b drücken: Ordnet die ArcView-Fenster überlappend an.
ALT + f, dann n drücken: Ordnet die ArcView-Fenster nebeneinander an.
ALT + f, dann o drücken: Ordnet die ArcView-Symbole unten links an.

Fenster schließen

Mit der Maus...
das zu schließende Fenster auswählen. Im Windows-Fenstermenü den Menüeintrag 'Close' wählen. Doppelklick auf die obere linke Ecke des Fensters schließt das Fenster ebenfalls. Es erfolgt evtl. eine Abfrage, ob Änderungen gespeichert werden sollen.

Mit der Tastatur...
das zu schließende Fenster auswählen. **ALT+F4** schließt das Fenster. Es erfolgt evtl. eine Abfrage, ob Änderungen gespeichert werden sollen.

3.4 ArcView GIS-Einführungsbeispiel

Um einen Überblick zu geben was ArcView GIS leistet, soll jetzt anhand einer Beispiel-Sitzung das Programm vorgeführt werden. Wenn Sie folgende Anweisungen hintereinander ausführen und zu Ende bringen, werden Sie mit einigen Grundfunktionen von ArcView GIS vertraut sein.

Es werden folgende Schritte ausgeführt:

- ein Projekt erstellen und speichern
- ein View-Dokument öffnen und Themen laden
- eine Legende für ein Thema erstellen
- Attribute von Objekten in einem Thema anzeigen
- bestimmte Objekte in einem Thema auswählen
- mit der Attributtabelle eines Themas arbeiten
- ein Diagramm für ein Tabellenfeld erstellen
- ein Layout erstellen.

Nach der Installation von ArcView GIS existiert eine ArcView GIS-Programmgruppe unter Windows. Zum Start von ArcView GIS doppelklicken Sie auf das Symbol für das ArcView GIS-Programm. In dem erscheinenden Startfenster können Sie angeben, ob ein schon vorhandenes Projekt eingeladen oder ein neues Projekt gestartet werden soll. Die Option 'Mit einem neuen View' startet ein neues Projekt mit einem neuen leeren View. Für dieses Einführungsbeispiel wählen Sie die Option 'als leeres Projekt' und drücken den Schalter 'OK'.

Neues Projekt öffnen

Es erscheint das ArcView GIS-Hauptfenster (ArcView GIS-Benutzeroberfläche) mit dem Projektfenster. Es hat den Projektnamen 'Unbenannt' in der Projekt-Fensterleiste. Ein neues leeres Projekt ist damit geöffnet.

Neues View öffnen

Zum Öffnen eines View-Dokuments wird im Projektfenster zuerst das Viewsymbol aktiviert und der Schalter 'Neu' gedrückt. Es erscheint ein leeres View-Dokument.

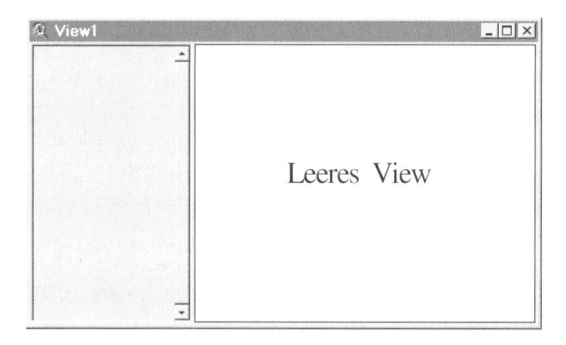

Die Daten (Themen), die in dieses View geladen werden sollen, haben dezimale geografische Koordinatenwerte (Grad, Minuten und Sekunden als Dezimalwert nach dem Komma, z. B. 7 Grad, 30 Minuten und 0 Sekunden entspricht 7.5). Um z. B. eine Abstandsmessung im View durchzuführen oder eine Maßstabsleiste im Layout zu erzeugen, müssen die Daten projiziert werden. Eine Projektion bezieht sich in ArcView GIS immer auf ein View und nicht auf ein bestimmtes Thema. Deshalb wird eine Projektion mit den View-Eigenschaften eingestellt. Aktivieren Sie das Viewfenster und dann folgendes Menü:

View-Menüleiste

View:
    Eigenschaften

3.4 ArcView GIS-Einführungsbeispiel 33

Drücken Sie in dem erscheinenden Fenster für die View-Eigenschaften den Schalter 'Projektion'. Im Fenster für die Projektion wählen Sie unter 'Kategorie' den Eintrag 'UTM-1983' und unter 'Typ' die Zone 14. Drücken Sie 'OK'. Im View-Eigenschaftenfenster werden noch die Abstandseinheiten auf 'Kilometer' gesetzt und 'OK' gedrückt. Alle Themen (mit dezimalen geografischen Koordinaten), die jetzt in das View geladen werden, bekommen UTM-Koordinaten.

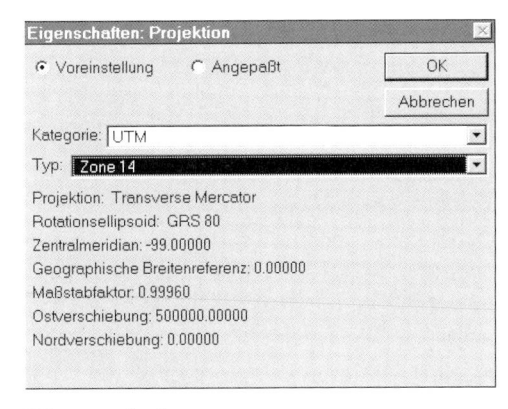

Thema laden

In das View-Dokument sollen nun Themen geladen werden. Bei der Installation von ArcView GIS sind Beispieldaten mitgeliefert worden. Diese befinden sich in dem Verzeichnis 'c:\esri\esridata'.

Um ein Thema zu laden, wird das Viewfenster aktiviert und dann die Schaltfläche in der View-Schaltflächenleiste benutzt oder in der View-Menüleiste der Menüeintrag:

View-Menüleiste

View:Thema hinzufügen (STRG+T)

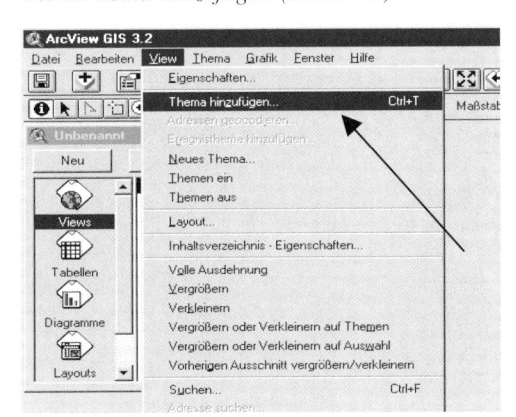

Es erscheint ein Dateiauswahlfenster für die Auswahl des Themas. Dort wird in der rechten Box das Verzeichnis 'c:\esri\esridata\mexico' durch Doppelklick mit Maus ausgewählt. In der linken Box erscheint eine Liste der verfügbaren Themen. Zunächst soll das Thema 'states.shp' ausgewählt werden.

Dazu das Symbol links neben 'states.shp' mit der linken Maustaste einmal anklicken und die Taste 'OK' drücken. Das Thema wird jetzt in das View geladen und erscheint im Inhaltsverzeichnis des Views, wird jedoch noch nicht gezeichnet. Die Objekte des Themas werden angezeigt (gezeichnet), wenn mit der Maus auf die Box links neben dem Themennamen geklickt wird. Ein zweiter Klick schaltet die Objekte wieder aus. Das Zeichnen kann z. B. bei großen Themen mit der 'Esc'-Taste unterbrochen werden.

Laden Sie jetzt noch die Themen:

c:\esri\esridata\mexico\cities.shp
c:\esri\esridata\mexico\roads.shp

Das View-Dokument hat jetzt drei Themen in seinem Inhaltsverzeichnis. Durch Klicken mit der linken Maustaste auf den Namen eines Themas wird es aktiviert. Die Aktivierung ist durch Hervorhebung des Themas ersichtlich.

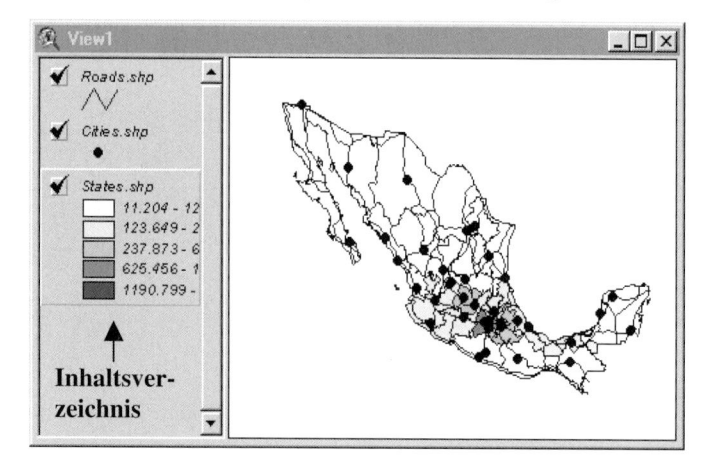

Legende erstellen und bearbeiten

Um die Legende eines Themas zu ändern, wird der Legenden-Editor aufgerufen. Dies geschieht durch Doppelklick mit der linken Maustaste auf das Thema im Viewfenster, für das die Legende erstellt werden soll. Doppelklicken Sie auf das Thema 'states.shp'. Es erscheint der Legenden-Editor.

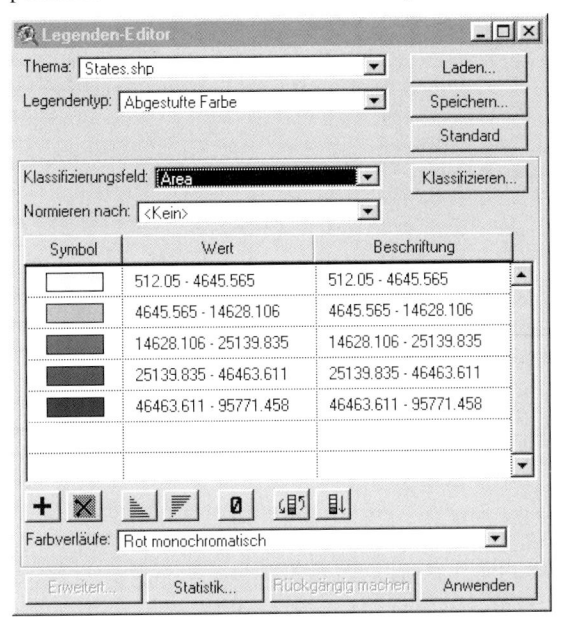

Dort wird unter 'Legendentyp' der Wert 'Einzelwert' ausgewählt. Stellen Sie unter 'Klassifizierungsfeld' das Attribut 'Name' ein und drücken Sie den Schalter 'Anwenden' im Legenden-Editor. Die Legende hat für jedes Objekt (Staat) ein eigenes Symbol. Stellen Sie die vorherige Legende wieder her. Wählen Sie dazu den Legendentyp 'Abgestufte Farbe' und drücken Sie 'Anwenden'. Schließen Sie jetzt den Legenden-Editor.

Mit dem Thema 'cities.shp' soll nun eine zweite Übung mit dem Legenden-Editor durchgeführt werden. Aktivieren Sie dazu das Thema 'cities.shp' im Inhaltsverzeichnis des Views (1x Klick auf 'cities.shp'). Um den Legenden-Editor für dieses Thema aufzurufen, klicken Sie zweimal auf das Thema. Es erscheint der Legenden-Editor. Hier soll das bestehende Punktsymbol durch ein anderes ersetzt werden. Klicken Sie zweimal mit der Maus auf das Punktsymbol im Legenden-Editor. Es erscheint die Punktsymbolpalette, aus der Sie ein neues Symbol für das Thema 'cities.shp' auswählen können. Das neue Symbol erscheint sofort in der Symbolliste des Legenden-Editors. Schließen Sie die Punktsymbolpalette und betätigen Sie die Taste 'Anwenden' im Legenden-Editor. Schließen Sie den Legenden-Editor. Wenn Sie jetzt das Thema 'cities.shp' im Viewfenster aktivieren und zeichnen, erscheinen die Punkte mit dem neuen Punktesymbol im View.

Attribute von Objekten anzeigen

Die Objekte der drei Themen 'states.shp', 'cities.shp' und 'roads.shp' haben Attribute (Sachdaten). Um die Attribute für ein Objekt anzusehen, kann die Informationstaste in der View-Werkzeugleiste benutzt werden. Führen Sie dazu folgende Schritte aus:

1. View-Fenster aktivieren (Klick auf die Fensterleiste).
2. Thema 'states.shp' aktivieren (Klick auf den Themennamen).
3. Drücken Sie in der Werkzeugleiste die Informationstaste.
4. Gehen Sie mit dem Cursor in das Viewfenster und klicken Sie mit der Maus auf ein Objekt des Themas.

Es erscheint dann ein Fenster mit den Attributen des Objekts. Der Vorgang kann für jedes beliebige Objekt wiederholt werden. Um die Abfrage zu beenden, wird das Abfrageergebnis-Fenster geschlossen.

Projekt speichern

Um die bisherige Arbeit mit diesem Projekt zu sichern, soll es gespeichert werden. Dazu wird das View-Dokument aktiviert und das folgende Menü betätigt:

View-Menüleiste

Datei:
 Projekt speichern ('STRG+S')

Es erscheint ein Fenster, in dem das Verzeichnis und der Name des Projektes angegeben werden müssen. Drücken Sie dort 'OK' und das Projekt wird gespeichert.

Bestimmte Objekte eines Themas auswählen

Interessieren in einem Thema nicht alle Objekte, sondern nur Objekte mit vorgegebenen Eigenschaften, so müssen aus allen Objekten eines Themas diese ausgewählt werden (selektieren). Dies soll jetzt mit dem Thema 'states.shp' geschehen. Es werden z. B. nur die Flächen des Themas 'states.shp' in das View geladen, deren Größe ein bestimmter Wert übersteigt. Führen Sie dazu bitte folgende Schritte aus:

- Aktivieren Sie das Thema 'states.shp' im Viewfenster.
- Wählen Sie das folgende Menü:

3.4 ArcView GIS-Einführungsbeispiel

View-Menüleiste

Thema:
  Eigenschaften

Es erscheint das Fenster 'Eigenschaften: Thema'.

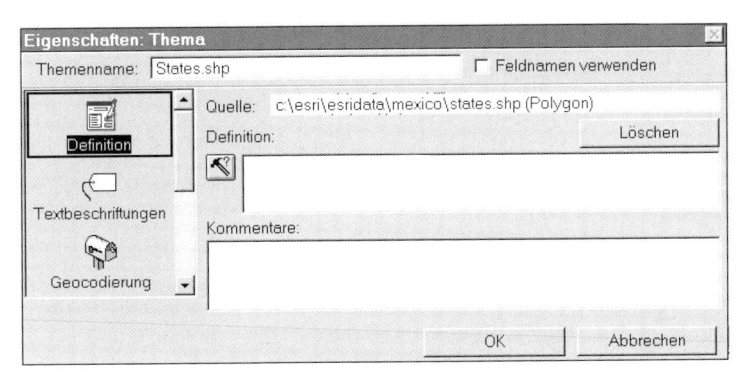

- In diesem wählen Sie das Symbol 'Definition' aus.
- Drücken Sie die Auswahltaste (Hammer) im Definitions-Fenster. Es erscheint der Abfragemanager, mit dem ein logischer Ausdruck für die Auswahl formuliert wird.
- Die Erstellung eines logischen Ausdruckes im Abfragemanager geschieht folgendermaßen: Aus dem Menü 'Felder' im Abfragemanager das Attribut 'Area' durch Doppelklick auswählen. Das Feld erscheint im Fenster für den logischen Ausdruck.

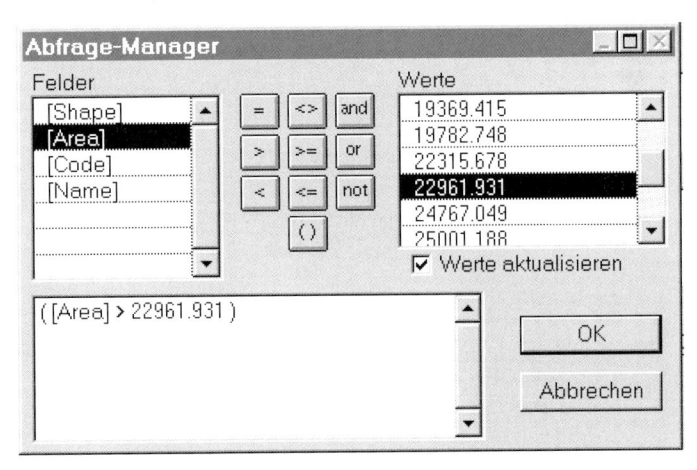

- Die Operation 'größer als' durch Drücken des Schalters '>' auswählen.
- Aus der Wertetabelle durch Doppelklick den Wert '22961.931' auswählen.

Im Fenster muss jetzt folgender logischer Ausdruck stehen:

([Area] > 22961.931)

Drücken Sie die 'OK'-Taste im Abfragemanager und im Eigenschaftenfenster.

Im View erscheinen jetzt nur die ausgewählten Flächen. Sie können die Selektion auch wieder aufheben. Gehen Sie dazu wieder in das Fenster für die Themen-Eigenschaften, wählen dort 'Definition' und löschen die Selektion mit der Taste 'Löschen'. Drücken Sie 'OK'. Die Selektion wird aufgehoben und alle Objekte stehen wieder zur Verfügung.

Mit der Attributtabelle eines Themas arbeiten

Die Sachdaten für die Themen werden in Tabellen abgelegt. Wir wollen als nächstes eine Tabelle zu einem Thema aufrufen und bearbeiten. Dazu führen Sie folgende Schritte aus:

Tabelle aufrufen
- Aktivieren Sie das Viewfenster.
- Aktivieren Sie das Thema 'states.shp'.
- Drücken Sie die Tabellentaste in der View-Schaltflächenleiste.

Es erscheint die Tabelle für das Thema 'states.shp' mit den Attributen 'Shape', 'Area', 'Code' und 'Name' usw.

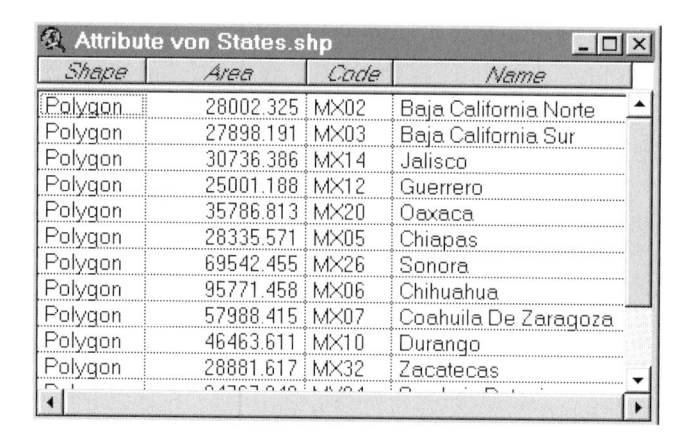

Shape	Area	Code	Name
Polygon	28002.325	MX02	Baja California Norte
Polygon	27898.191	MX03	Baja California Sur
Polygon	30736.386	MX14	Jalisco
Polygon	25001.188	MX12	Guerrero
Polygon	35786.813	MX20	Oaxaca
Polygon	28335.571	MX05	Chiapas
Polygon	69542.455	MX26	Sonora
Polygon	95771.458	MX06	Chihuahua
Polygon	57988.415	MX07	Coahuila De Zaragoza
Polygon	46463.611	MX10	Durango
Polygon	28881.617	MX32	Zacatecas

Tabellenwerte auswählen

Aktivieren Sie das Tabellenfenster und klicken Sie einmal auf eine Zeile in der Tabelle (Markieren). Die entsprechende Tabellenzeile erscheint in der Markierungsfarbe (standardmäßig ist sie gelb). Das zugehörige Objekt (Fläche) im View-Fenster wird automatisch mit markiert.

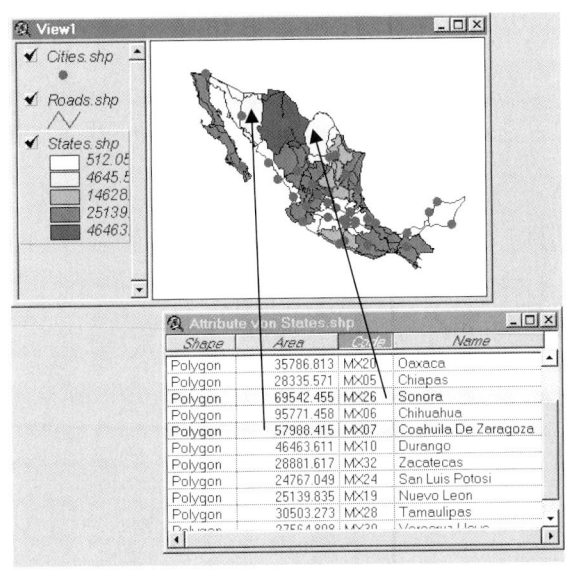

Aktivieren Sie das Viewfenster (Dokument) und dort das Thema 'states.shp'. Betätigen Sie die Auswahltaste in der Werkzeugleiste. Gehen Sie in das View-Dokument und markieren Sie dort eine Fläche. Die ausgewählte Fläche sowie der zugehörige Datensatz in der Tabelle werden markiert.

Tabelle bearbeiten

- Aktivieren Sie das Tabellenfenster.
- Entfernen Sie alle markierten Tabelleneinträge mit dem Menüeintrag:

Tabellen-Menüleiste

Bearbeiten:
  Nichts auswählen

Sie starten die Bearbeitung der Tabelle mit dem Menü:

Tabellen-Menüleiste

Tabelle:
  Bearbeitung starten

Es soll zuerst ein neues Feld in die Tabelle eingetragen werden. Betätigen Sie dazu das Menü:

Tabellen-Menüleiste

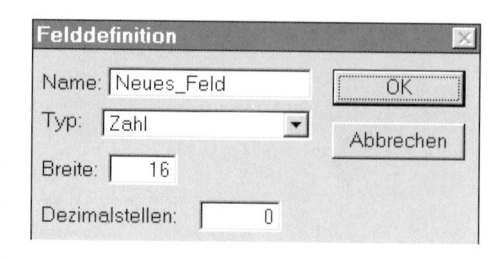

Bearbeiten:
 Feld hinzufügen

Es erscheint ein Fenster für die Definition des neuen Feldes. Drücken Sie die 'OK'-Taste. Wenn Sie jetzt das Tabellenfenster aktivieren, sehen Sie das neue Feld unter dem Namen 'Neues_Feld'. Alle Datensätze in diesem Feld sind leer.

Alle Werte im Feld 'Neues_Feld' sollen nun berechnet werden. Aktivieren Sie zuerst das Feld 'Neues_Feld' durch Klicken mit der Maus auf den Feldnamen in der Tabelle. Starten Sie die Feldberechnung mit:

Tabellen-Menüleiste

Feld:
 Berechnen

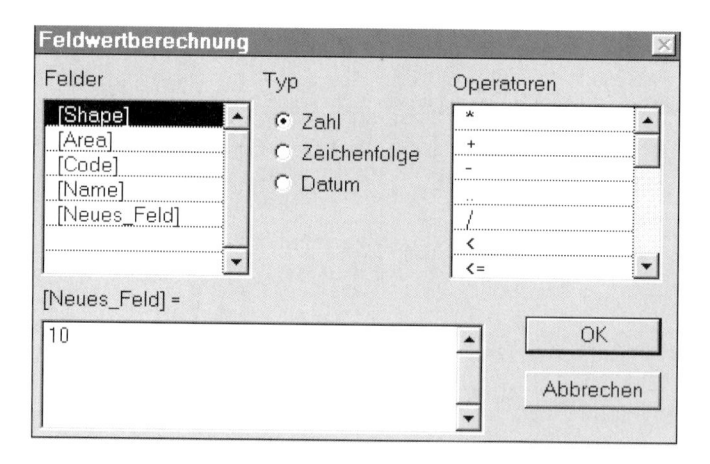

Es erscheint das Fenster für die Feldwertberechnung. Schreiben Sie jetzt nur den Wert 10 in die Box unten links und drücken Sie die 'OK'-Taste. Die Tabellenwerte haben dann alle den Wert '10' im Feld 'Neues_Feld'.

3.4 ArcView GIS-Einführungsbeispiel   41

Ein Feld lässt sich auch löschen. Dazu wollen wir das eben erzeugte Feld wieder aus der Tabelle entfernen. Aktivieren Sie zuerst das Feld 'Neues _Feld' in der Tabelle und betätigen Sie das Menü:

Tabellen-Menüleiste

Bearbeiten:
    Feld löschen

Das Feld wird nach einer Abfrage aus der Tabelle entfernt.

Beenden Sie die Bearbeitung der Tabelle mit dem Menü:

Tabellen-Menüleiste

Tabelle:
    Bearbeiten beenden

Drücken Sie auf den Schalter 'Ja', wenn die Änderungen an der Tabelle gespeichert werden sollen.

Ein Diagramm für ein Tabellenfeld erstellen

Es soll jetzt noch ein Diagramm aus den Werten eines Tabellenfeldes erstellt werden. Um aus Feldwerten ein Diagramm zu erstellen, betätigen Sie:

Tabellen-Menüleiste

Tabelle:
    Diagramm

Im Fenster für die Diagramm-Eigenschaften wählen Sie in der Box 'Felder' das Feld 'Area' und drücken Sie die Taste 'Hinzufügen'. Unter 'Reihen beschriften mit' geben Sie 'Name' ein. Drücken Sie jetzt 'OK' und ein Diagramm mit der Verteilung der Flächengrößen erscheint als Fenster.

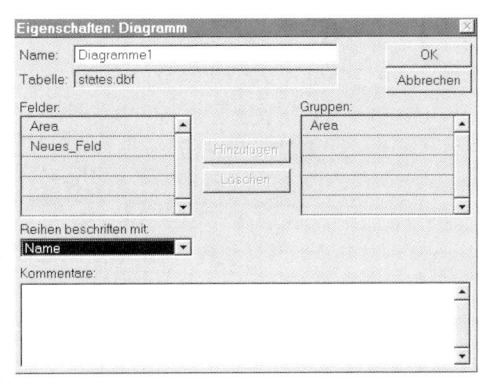

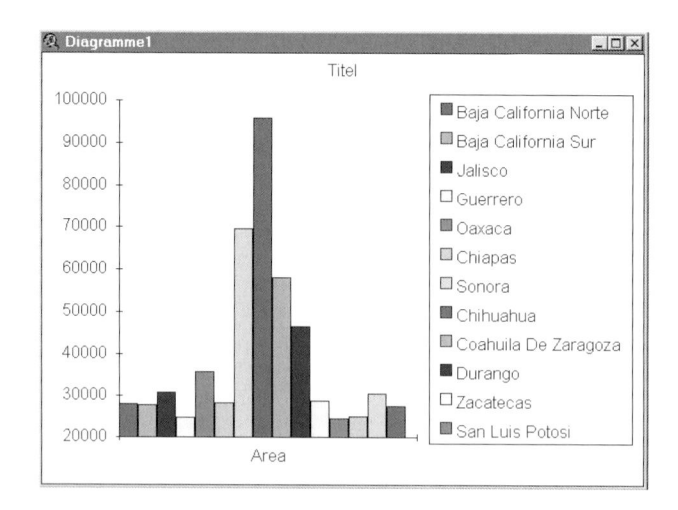

Ein Layout erstellen

Zum Schluss soll ein Layout (eine Karte zusammenstellen) für das View erzeugt werden. Dazu wird zunächst das Tabellenfenster geschlossen, das Viewfenster aktiviert und dort ein Layout erzeugt mit:

View-Menüleiste

View:
  Layout

Wählen Sie aus dem Schablonenmanager 'Landscape' und drücken Sie die 'OK'-Taste. Es entsteht ein Layout mit Legende, Nordpfeil, Text und Maßstabsleiste.

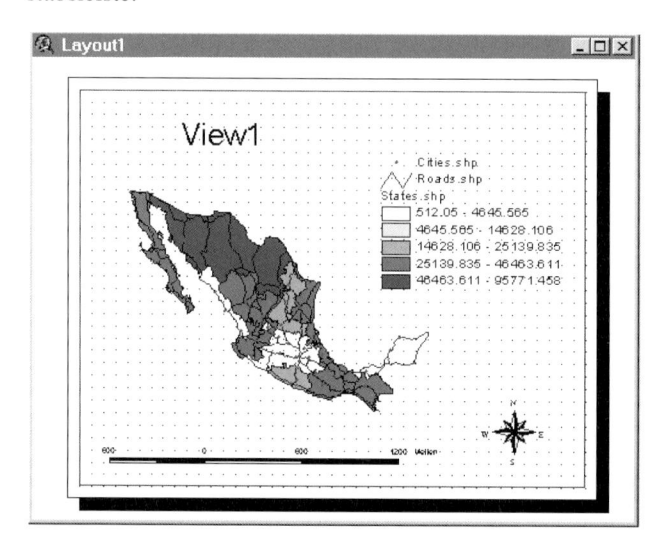

Alle Layout-Elemente können bearbeitet werden. Vergrößern Sie das Layoutfenster auf maximale Größe.

Stellen Sie zuerst sicher, dass in der Werkzeugleiste die Auswahltaste (siehe links) gedrückt ist. Wenn Sie mit der Maus in das Layout-Fenster fahren, können Sie alle Layout-Elemente (Text, Nordpfeil, Legende usw.) markieren und verändern (verschieben , vergrößern...).

Durch Doppelklick auf das Text-Element kann der Text geändert werden. Im Textfenster wird der Text neu eingegeben. Drücken Sie im Textfenster die Taste 'OK' und der neue Text erscheint im Layout.

Schließen Sie alle Fenster außer dem Projektfenster, speichern Sie das Projekt und beenden Sie ArcView GIS. Das Programm wird folgendermaßen beendet:

Projekt-Menüleiste

Datei:
  Beenden

4 Projekte

4.1 Allgemeines über ArcView GIS-Projekte

Eine ArcView GIS-Sitzung bedeutet immer, ein Projekt zu bearbeiten. Das Projekt organisiert die Arbeit mit ArcView GIS und verwaltet alle ArcView GIS-Dokumente wie Views, Tabellen, Layouts, Diagramme und Scripte. Eine Sicherung des Projektes durch Password-Schutz ist möglich. Was ArcView GIS-Dokumente sind, wird in den folgenden Kapiteln genauer erläutert. Hier wird jedoch zunächst gezeigt, wie ein Projekt diese Komponenten verwaltet.

Projekte werden mit der Dateierweiterung (*.apr) in Dateien gespeichert. Alle Aktivitäten, die während einer ArcView GIS-Sitzung getätigt werden, wie das Erstellen eines Layouts, das Öffnen von Fenstern inklusive ihrer Größeneinstellung, werden in dieser Datei festgehalten. Dabei werden jedoch z. B. bei Tabellen nicht die Daten selbst in der Projekt-Datei gespeichert, sondern nur Verweise zu den Daten. Dies macht eine ArcView GIS-Sitzung 'dynamisch'. D. h., wird z. B. ein Datensatz durch eine andere Anwendung geändert, so hat das Projekt beim nächsten Start die aktuellen Daten. Diese Dynamik hat aber den Nachteil, dass alle Daten beim Start eines Projektes nachgeladen werden müssen. Das beeinflusst z. B. die Geschwindigkeit beim Starten der ArcView GIS-Sitzung negativ. Beinhaltet ein Projekt logische Abfragen auf große Datensätze, so müssen diese beim Start ebenfalls vom Programm neu ausgeführt werden. Auch dies benötigt unter Umständen viel Zeit. Der Vorteil ist jedoch, dass z. B. eine Mehrfachhaltung der Daten vermieden wird, was sich bei vielen und großen Projekten äußerst negativ auf die Speicherkapazität des Speichermediums auswirken kann.

ArcView GIS-Projekt-Dateien sind ASCII-Dateien und deshalb unabhängig von der benutzten Plattform, auf der ArcView GIS läuft. Es kann daher ohne weiteres (ohne Übersetzung) ein unter UNIX-Rechnern entwickeltes Projekt auch auf einem PC oder einer VMS-Maschine laufen. Die zum Projekt gehörigen Daten müssen selbstverständlich auf die neue Plattform mit übertragen werden oder dort schon vorhanden sein. Dies entfällt in einem (auch heterogenen) Netzwerk. So können die Daten z. B. auf einer UNIX-Plattform liegen und ArcView GIS auf einem PC arbeiten. Dies wirkt sich insbesondere auf die Kosten bei der Anschaffung aus, da eine PC-ArcView GIS-Lizenz als auch ein PC im Vergleich zu einer Workstation kostengünstiger sind.

Im folgenden wird gezeigt, wie das Projektfenster aufgebaut ist, wie ein Projekt erstellt, ein schon vorhandenes geöffnet und schließlich gespeichert werden kann. Das Drucken von ArcView GIS-Dokumenten wird ebenfalls in diesem Kapitel erklärt. Die Einstellung der Projekt-Eigenschaften wird ausführlich erläutert.

4.2 Projektleisten und -fenster

Nach dem Start von ArcView GIS erscheint die ArcView GIS-Benutzeroberfläche. ArcView GIS startet, wenn nichts anderes veranlasst wurde, ein Standard-Projekt (default.apr) mit dem Projektnamen 'Unbenannt'. Die Projekt-Datei 'default.apr' befindet sich im Verzeichnis

ArcView GIS-Benutzeroberfläche

'...\arcview\etc' und darf nicht gelöscht werden. Sie kann jedoch im HOME-Verzeichnis durch eine andere, selbstentwickelte Datei ersetzt werden, so dass für alle ArcView GIS-Benutzer diese als Standard-Projekt gilt. Ein Projekt besteht aus Fenstern und den dazugehörigen Leisten.

Die **Projekt-Menüleiste** besteht aus vier Pulldown-Menüs, die Menü-Einträge zur Verwaltung des Projektes sowie zur Einstellung und Veränderung der Projekt-Eigenschaften enthalten.

Die Projekt-Schaltflächenleiste enthält eine Schaltfläche zum Speichern des Projektes und eine zum Aufruf der Online-Hilfe.

Die Projekt-Werkzeugleiste besitzt keine Einträge für das Standard-Projekt.

Das Projektfenster organisiert alle ArcView GIS-Dokumente. Diese befinden sich als Symbole im Projektfenster. Alle ArcView GIS-Dokumente können in die Liste des Projektfensters oder als Symbol in der ArcView GIS-Benutzeroberfläche abgelegt werden. Doppelklick mit der Maus auf ein

Symbol oder einen Listeneintrag im Projektfenster aktiviert das entsprechende ArcView GIS-Dokument.

Alle Fenster in einem Projekt können mit Hilfe von Pulldown-Menüs nebeneinander oder überlappend angeordnet werden. Auch befindet sich in dem Menüpunkt 'Fenster' eine Liste aller in ArcView GIS existierenden Fenster, die hier ausgewählt und geöffnet werden können. Weitere Hinweise zur Bedienung der Fenster finden Sie im Abschnitt 3.3 unter 'Bedienung der ArcView GIS-Fenster'.

4.3 Hilfe für ArcView GIS

Online-Hilfe

Hilfe für ArcView GIS finden Sie in der Projekt-Menüleiste oder in allen ArcView GIS-Dokument-Menüleisten (View, Tabellen...) unter:

Projekt-Menüleiste / ArcView-Dokument-Menüleiste

Hilfe:
   Hilfethemen

Es erscheint das Hauptinhaltsverzeichnis mit allen Themen zu ArcView GIS. Dort können Sie ein Thema aufrufen oder mit 'Index' oder 'Suchen' ein Stichwort eingeben.

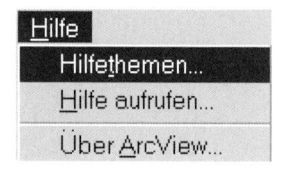

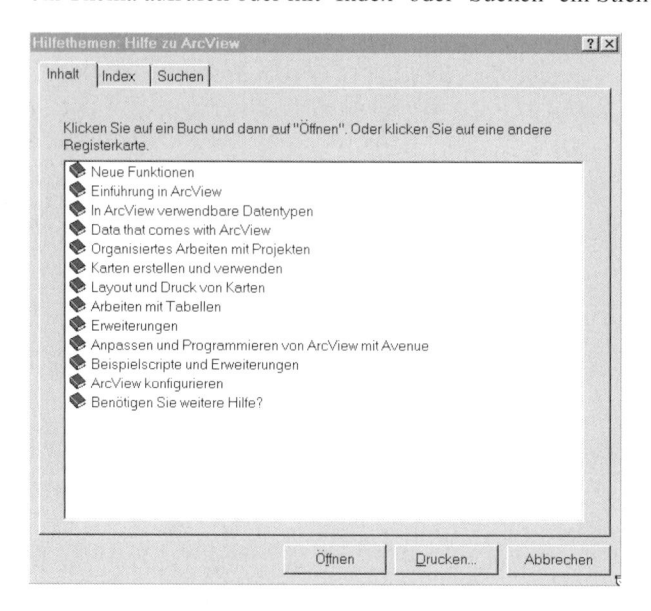

Die Bedeutung von Menüs, Schaltflächen und Werkzeugen erhalten Sie als Kurzbeschreibung in der Statusleiste, wenn Sie mit der Maus auf das betreffende Steuerelement fahren.

Mit der Schaltfläche für die kontextbezogene Hilfe, die sich in der Projekt-Schaltflächenleiste und in allen ArcView GIS-Dokument-Schaltflächenleisten befindet, erhalten Sie zu jedem Menü ausführliche Hilfe. Betätigen Sie die Schaltfläche für die kontextbezogene Hilfe und gehen Sie mit dem Mauszeiger auf das Menü oder den Menüeintrag, für das Sie die Hilfe benötigen.

Hilfe für aktive Fenster und Dialogboxen (z. B. Eigenschaften-Fenster...) erhalten Sie mit der Taste 'F1' auf der Tastatur.

Benötigen Sie beim Schreiben eines Scripts Hilfe für ein Wort im Scripttext, so markieren Sie dieses und drücken Sie die Schaltfläche in der Script-Schaltflächenleiste.

Wenn Sie Hilfe zur Online-Hilfe benötigen, so betätigen Sie im Menü 'Hilfe' den Menüeintrag 'Hilfe aufrufen' in der Projekt- oder in einer ArcView GIS-Dokument-Menüleiste.

ArcView GIS-Infos aus dem Internet

Es gibt eine deutsche ESRI-Homepage '**www.esri-germany.de**'. Dort gibt es Links zum Service und Support, die ESRI-Produkte werden erläutert und aktuelle Schulungstermine angeboten. Umfangreiche Informationen über ArcView GIS erhalten Sie im Internet auf der amerikanischen ESRI-Homepage '**www.esri.com**'. Da es sich um die amerikanische Homepage von ESRI handelt, sind hier alle Informationen in Englisch. Neben den Informationen über ArcView GIS, werden dort auch andere ESRI-Produkte vorgestellt. Für ArcView GIS gibt es z. B. folgende interessante Informationen:

- allgemeine Beschreibung von ArcView GIS
- technische Informationen, Hilfe und Kontakte zu ArcView-Benutzern
- Daten für ArcView GIS
- Avenue-Scripts und Erweiterungen für ArcView GIS
- Literatur über ArcView GIS
- Die 'Map Gallery' zeigt weltweite Anwendungen mit ArcView GIS.
- Der '**Virtual Campus**' ist ein Internet-Lehrgang über ArcView GIS in Englisch. Er gibt eine Einführung in die wichtigsten Funktionen von ArcView GIS wie das Erzeugen, Abfragen, Analysieren und Präsentieren raumbezogener Daten. Es gibt viele Übungen und auch Tests, um den Lernerfolg zu kontrollieren. Online-Treffs mit anderen Studenten und Dozenten sind möglich.

4.4 Verwaltung eines ArcView GIS-Projektes

Projekte öffnen, schließen und speichern

Ein Projekt zu verwalten heißt in erster Linie, die zugehörige Projektdatei zu öffnen, zu verändern und zu speichern. Diese Funktionen können mit Hilfe des Menüs 'Datei' und 'Projekt' in der Projekt-Menüleiste ausgeführt wer-

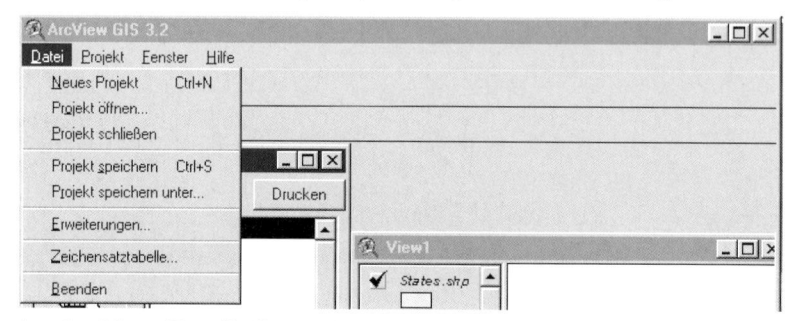

den. Im Menü 'Datei' gibt es Einträge für das Erstellen eines neuen, für das Öffnen eines schon vorhandenen und für das Schließen des aktuellen Projektes. Das Projekt kann unter seinem bestehenden oder unter einem neuen Namen gespeichert werden. Menü-Einträge für das Beenden von ArcView GIS und zum Aktivieren von Erweiterungen befinden sich ebenfalls hier.

Aktivieren Sie den Menüpunkt 'Neues Projekt' (STGR+N), so verschwindet das aktuelle Projekt und es erscheint die ArcView GIS-Benutzeroberfläche mit dem Standard-Projekt 'Unbenannt'. Zuvor kommt eine Abfrage, ob das aktuelle Projekt gesichert werden soll.

Soll ein vorhandenes (auf Datenträger) Projekt geladen werden, so wählen Sie dazu den Menüpunkt 'Projekt öffnen'. Es folgt die Abfrage, ob ein evtl. aktives Projekt gespeichert werden soll. Im Dateiauswahlfenster geben Sie den Namen des Projektes an. Es kann nur ein Projekt während einer ArcView GIS-Sitzung bearbeitet werden. Ein Projekt kann auch direkt von Windows (Dateimanager) gestartet werden, ohne vorher ArcView GIS zu aktivieren. Doppelklick im Windows Explorer auf die Projektdatei startet automatisch ArcView GIS mit dem Projekt. Können beim Starten eines Projektes irgendwelche Daten nicht gefunden werden, so fragt ArcView GIS danach. Mit Hilfe eines Fensters kann nach den Daten gesucht werden.

Schließen Sie das aktuelle Projekt mit 'Projekt schließen', so verschwindet es nach evtl. Abfrage und eine leere ArcView GIS-Benutzeroberfläche erscheint. In diesem Fall befinden sich nur zwei Einträge im Menü 'Datei', nämlich die Wahl, ein neues Projekt zu erstellen (STGR+N) (startet zunächst das ArcView GIS-Standardprojekt) oder ein vorhandenes zu öffnen (STGR+O).

4.4 Verwaltung eines ArcView GIS-Projektes

Wollen Sie ein aktuelles Projekt speichern, so wählen Sie den Menüpunkt 'Projekt speichern' (STGR+S) oder drücken Sie die nebenstehende Schaltfläche aus der Projekt-Schaltflächenleiste. Speichern ist jederzeit während der ArcView GIS-Sitzung möglich.

Soll das Projekt kopiert oder einfach nur mit neuem Namen versehen werden, so wählen Sie 'Projekt speichern unter...'. Sie werden dabei nach dem Verzeichnis und dem Namen befragt.

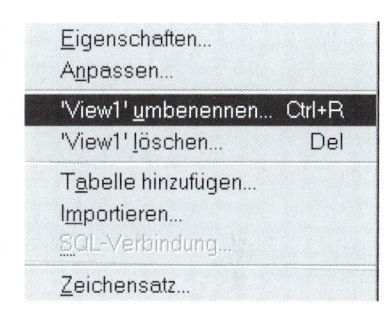

Unter dem Menü 'Projekt' befinden sich Einträge zum Umbenennen und Löschen von ArcView GIS-Dokumenten. Dazu wird ein ArcView GIS-Dokument (z. B. ein View, eine Tabelle etc.) in der Liste des Projektfensters markiert und der entsprechende Menü-Eintrag zum Löschen oder Umbenennen gewählt. Soll umbenannt werden, markieren Sie die Komponente mit der Maus (Projekt-Liste) und wählen Sie den Menüpunkt 'Umbenennen' (STGR+R). Sie löschen mit 'Löschen' oder der Löschtaste (Entf) auf der Tastatur. Eine Abfrage erfolgt, damit das ArcView GIS-Dokument nicht versehentlich gelöscht wird. Das ArcView GIS-Dokument verschwindet durch diesen Vorgang völlig aus dem Projekt. Dieser Schritt kann nicht rückgängig gemacht werden.

Drucken von ArcView GIS-Dokumenten

ArcView GIS-Dokumente können Sie direkt auf einen Drucker ausgeben oder Sie können den Druckercode für eine spätere Ausgabe in eine Datei schreiben. Aktivieren Sie das zu druckende ArcView GIS-Dokument und betätigen Sie das Menü:

ArcView-Dokument-Menüleiste

Datei:
  Drucken

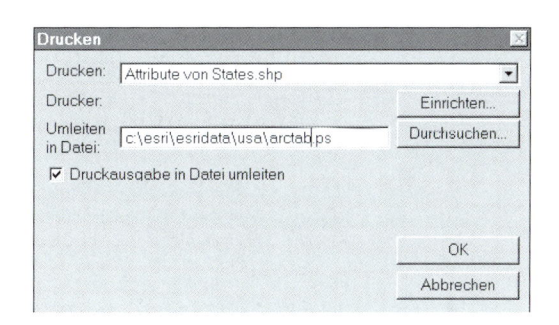

Sie drucken in eine Datei, wenn Sie in der Box 'Umleiten in Datei' einen Dateinamen eingeben. Bleibt die Box leer, so wird direkt auf den unter Windows eingestellten Drucker ausgegeben. Mit dem Schalter 'Einrichten' können Sie die Druckerparameter einstellen. Der Schalter 'Durchsuchen' aktiviert das Dateiauswahlfenster, in dem der Dateiname und das Verzeichnis zum Ablegen der Datei mit dem Druckercode eingegeben werden.

Die Einrichtung des Druckers kann auch vorgenommen werden mit dem Menü:

ArcView-Dokument-Menüleiste

Datei:
  Druckereinrichtung

4.5 Zeichensatztabellen

Unterschiedliche Betriebssysteme, aber auch Anwendungen benutzen unterschiedliche Kodierungen (Zeichensätze), um Informationen auf Datenträger (Festplatte) zu speichern. Dadurch können bei länderspezifischen Zeichen, wie z. B. den deutschen Umlauten, Schwierigkeiten auftreten. Die Umlaute werden dann falsch interpretiert und nicht richtig dargestellt. Das Problem tritt bei ArcView GIS z. B. beim Schreiben/Lesen von Tabellen und Scripts auf, wenn unterschiedliche Betriebssysteme oder auch unterschiedliche Anwendungen auf die Daten zugreifen. PC ARC/INFO benutzt z. B. für Tabellendateien eine DOS-, ArcView GIS unter NT aber eine Windows-Zeichensatztabelle, was zur falschen Interpretation der Umlaute führen kann.

ArcView GIS unterstützt zur Lösung des Problems verschiedene Zeichensatztabellen für gesamte Laufwerke oder auch einzelne Verzeichnisse. D. h. für ein solches Laufwerk/Verzeichnis kann ein bestimmter Zeichensatz, mit dem gelesen und geschrieben wird, eingestellt werden. Für den Standardzeichensatz des jeweiligen Betriebssystems werden keine Zeichensatzumwandlungen durchgeführt.

Die Zeichensatzumwandlung in ArcView GIS funktioniert nur, wenn in der Datei **'... \Arcview\etc\STARTUP'** die Zeile:

av.SetCodePageConvert(True)

gesetzt wird. Diese bewirkt, dass in den Menüleisten von ArcView GIS die entsprechenden Menüeinträge eingetragen werden.

Das Einstellen der Zeichensatztabellen kann von jeder ArcView GIS-Dokument (View, Tabelle, ...)-Menüleiste erfolgen, z. B.:

Tabellen-Menüleiste

Datei:
  Zeichensatztabelle

Im Fenster zum Einstellen der Zeichensätze für die Laufwerke/Verzeichnisse werden die Zuordnungen vorgenommen. ArcView liest und schreibt dann für die entsprechenden Laufwerke/Verzeichnisse im festgelegten Zeichensatz. Für alle anderen wird der Basiszeichensatz des Betriebsystems verwendet.

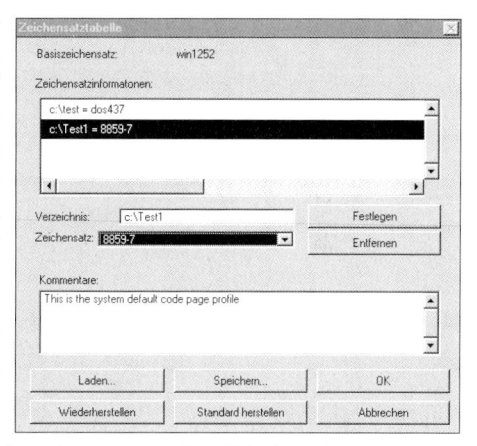

Zum Festlegen eines Zeichensatzes geben Sie im Feld 'Verzeichnis' das Laufwerk / Verzeichnis sowie den Zeichensatz ein und betätigen den Schalter 'Festlegen'. Mit 'Entfernen' löschen Sie für ein markiertes Verzeichnis in der Box 'Zeichensatzinformationen' die Zuordnung. Mit 'OK' werden alle Einstellungen akzeptiert und wirksam. Wenn Sie ArcView GIS beenden, gehen jedoch alle Einstellungen verloren, es sei denn, Sie betätigen zuvor den Schalter 'Standard herstellen'. Der Schalter 'Wiederherstellen' erzeugt die standardmäßige Einstellung von ArcView GIS. Mit 'Abbrechen' werden alle Einstellungen ignoriert und das Fenster geschlossen. Die Schaltflächen Laden/Speichern dienen zum Lesen und Schreiben einer Zeichensatztabelle auf Diskette.

Ist eine Tabelle oder ein Script aktiv, so kann mit dem Menüeintrag:

Tabellen (Script)-Menüleiste

Tabelle (Script):
  Zeichensatz

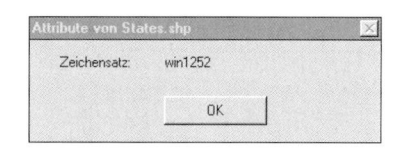

der zu diesem Dokument gehörige Zeichensatz (zugrundeliegendes Verzeichnis) angezeigt werden.

Folgendes Beispiel soll die Problematik nochmals erläutern:

Erzeugen Sie ein Script, in dem Umlaute enthalten sind.

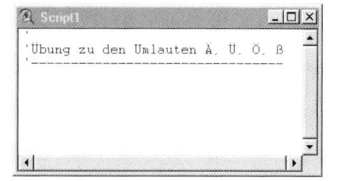

Erzeugen Sie ein neues Verzeichnis z. B. 'C:\test' und setzen Sie für dieses den Zeichensatz 'DOS437'.

Speichern Sie das Script in dieses Verzeichnis. Das Script wurde jetzt unter dem Zeichensatz 'DOS437' gespeichert und kann z. B. von dem Windows-Zeichensatz 'WIN1252' nicht mehr richtig interpretiert werden. Kopieren Sie dazu das Script von 'C:\test' nach 'C:\tmp' und lesen Sie das Script von dort in ArcView GIS ein. Die Umlaute werden falsch interpretiert, da für das Verzeichnis 'C:\tmp' der Standardzeichensatz 'WIN1252' festgelegt ist.

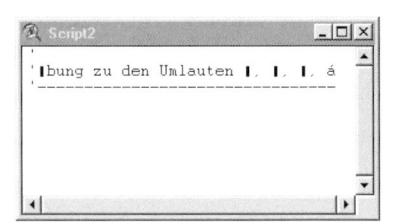

4.6 Beispiel zu Projekten

Um die bisher erklärten Funktionen zu verdeutlichen, soll anhand eines Beispiels gezeigt werden, wie sie arbeiten. Die Übung hat folgende Schritte:

- **Erstellen eines neuen Projektes**
- **Umbenennen und Löschen von ArcView GIS-Dokumenten**
- **Speichern eines Projektes.**

Erstellen eines neuen Projektes

Starten Sie ArcView GIS. Es erscheint das Standardprojekt. Aktivieren Sie das Projektfenster und dort das Viewsymbol. Drücken Sie den Schalter 'Neu' oder doppelklicken Sie auf das Viewsymbol. Ein neues View-Dokument wird geöffnet. Laden Sie das Thema **'c:\esri\esridata\usa\states.shp'** in das View:

View-Menüleiste

View:
   Thema hinzufügen ('STRG+T')

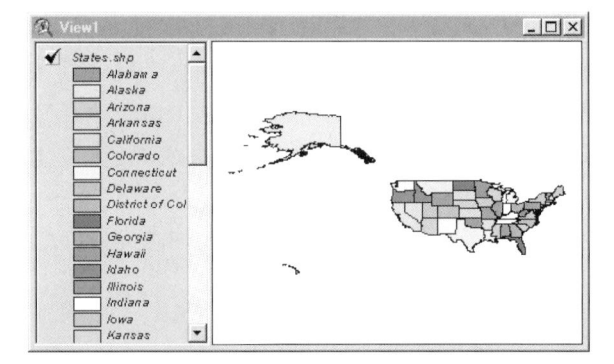

Aktivieren Sie das Thema und zeichnen Sie es. Dazu klicken Sie einmal mit der Maus in die Box neben dem Themennamen.

Das zweite zu erzeugende ArcView GIS-Dokument soll eine Tabelle sein. Aktivieren Sie das Viewfenster. Laden Sie die zugehörige Attributtabelle folgendermaßen:

View-Menüleiste

Thema:
  Tabelle

Die Tabelle erscheint als Projekt-Komponente. Legen Sie nun die Tabelle und das View als Symbole in der ArcView GIS-Benutzeroberfläche ab. Aktivieren Sie das entsprechende Dokument und betätigen Sie das entsprechende Symbol in der oberen rechten Ecke des Fensters. Tabelle und View erscheinen als Symbole. Um die Symbole zu sehen, müssen Sie das Projektfenster evtl. verschieben oder die ArcView GIS-Benutzeroberfläche vergrößern.

ArcView GIS-Dokumente umbenennen

Das View-Dokument soll jetzt einen neuen Namen erhalten. Aktivieren Sie das Projektfenster und dort das Viewsymbol. In der Liste des Projektfensters werden alle vorhandenen ArcView-Dokumente (egal ob sie als Symbol oder als Fenster existieren) angezeigt. Markieren Sie dort 'View1' mit der Maus und betätigen Sie das Menü:

Projekt-Menüleiste

Projekt:
  View1 umbenennen ('STRG+R')

Geben Sie den neuen Namen ein und drücken Sie 'OK'.

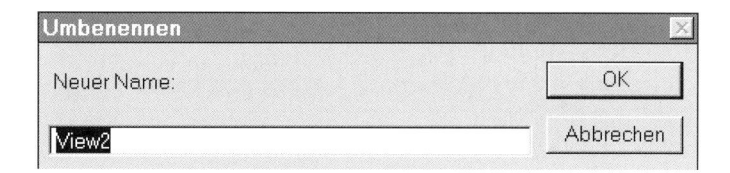

ArcView GIS-Dokumente löschen

Die Tabelle soll jetzt gelöscht werden. Aktivieren Sie das Tabellensymbol im Projektfenster und markieren Sie die Tabelle in der Projektliste. Sie löschen die Tabelle mit:

Projekt-Menüleiste

Projekt:
  'Attribute von States.shp' löschen

oder drücken Sie die Taste 'Entf'. Nach einer Bestätigung wird die Tabelle aus dem Projekt entfernt.

Projekt speichern

Das Projekt soll jetzt gespeichert werden. Aktivieren Sie dafür zuerst das Projektfenster und betätigen Sie:

Projekt-Menüleiste

Datei:
  Projekt speichern unter

Das Projekt wird jetzt unter dem von Ihnen angegebenen Namen gespeichert und kann jederzeit zur weiteren Bearbeitung wieder geladen werden. Zum Öffnen wählen Sie im Projekt-Menü unter 'Datei' den Menüpunkt 'Projekt öffnen'. Alle Projektkomponenten werden so geladen, wie sie vorher gespeichert worden sind.

Aktivieren Sie das Projektfenster und beenden Sie jetzt ArcView mit:

Projekt-Menüleiste

Datei:
  Beenden

4.7 Projekt-Eigenschaften

Jedes ArcView GIS-Dokument und auch das Projekt haben bestimmte Eigenschaften. Die Projekt-Eigenschaften werden in der Projekt-Menüleiste mit folgendem Menü aufgerufen:

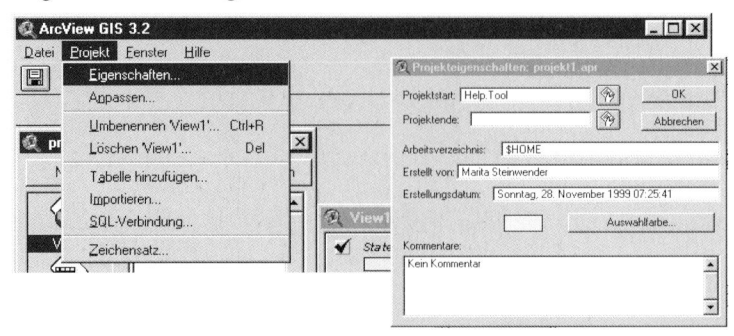

4.7 Projekt-Eigenschaften

Projekt-Menüleiste

Projekt:
  Eigenschaften

Starten eines Scripts beim Öffnen des Projektes (Projektstart)
Der Benutzer eines Projektes hat die Möglichkeit, beim Starten seines Projektes eine Startdatei zu lesen, um vor Beginn des Projektes gewisse Vorbereitungen zu treffen. So lässt sich z. B. beim Start des Projektes eine Password-Abfrage starten, um das Projekt zu schützen, oder es wird ein Arbeitsverzeichnis festgelegt, in dem die Projektdaten liegen. Der Name des Scripts für den Autostart wird im Eigenschaften-Fenster unter 'Projektstart' eingegeben oder mit dem Scriptmanager ausgewählt, der mit der Maus aufgerufen wird. Eigene Scripts können ebenfalls verwendet werden. Wie Sie eigene Scripts entwickeln, lesen Sie im Kapitel 9 'ArcView GIS-Programmierung'.

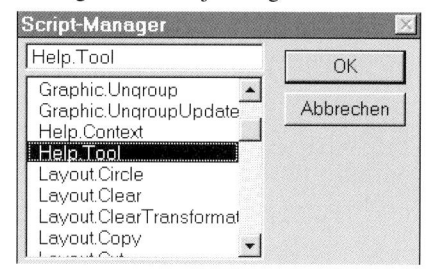

Starten eines Scripts beim Schließen des Projektes (Projektende)
Der Benutzer eines Projektes hat die Möglichkeit, beim Beenden seines Projektes eine Shutdown-Datei zu lesen, um zum Ende des Projektes gewisse Nachbereitungen zu treffen. Der Name des Scripts wird im Eigenschaften-Fenster unter 'Projektende' angegeben bzw. mit dem Scriptmanager ausgewählt und dann beim Schließen des Projektes ausgeführt. Eigene Scripts können ebenfalls benutzt werden. Scripts für das Projektende können z. B. dazu benutzt werden, beim Beenden des Projektes Verbindungen und Verknüpfungen von Tabellen zu lösen.

Das Arbeitsverzeichnis des Projektes
Im Arbeitsverzeichnis eines Projektes wird die Projektdatei und die zugehörigen Daten für das Projekt abgelegt. Es werden z. B. alle neu erzeugten Dateien (Ergebnisse von Analysen) in dieses Verzeichnis abgelegt.

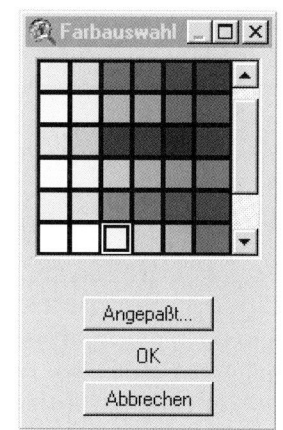

Die Farbe, in der ausgewählte Objekte gezeichnet werden
Beim Auswählen von Objekten in Views und Tabellen werden die selektierten Objekte in einer bestimmten Farbe hervorgehoben. Standardmäßig ist diese gelb. Mit den Projekt-Eigenschaften lässt sich diese Farbe beliebig ändern. Dies geschieht mit dem

Fenster 'Farbauswahl'. Dieses Fenster wird im Eigenschaften-Fenster mit dem Schalter 'Auswahlfarbe' aufgerufen. Darin kann der Farbton, die Farbsättigung und der Farbwert in Stufen von '0' bis '255' festgelegt werden. Die Änderung ist nach dem Drücken von 'OK' sofort wirksam.

Informationen über das Projekt
Zu den Informationen gehören der Name des Projektes, der Name des Erstellers sowie der Zeitpunkt der Projekterstellung und evtl. Kommentare, die das Projekt beschreiben.

Beispiel zu Projekt-Eigenschaften

Das folgende einfache Beispiel soll das Einstellen der Projekt-Eigenschaften demonstrieren.

Nach dem Neustart von ArcView GIS rufen Sie das Fenster für die Projekt-Eigenschaften auf mit dem Menü:

Projekt-Menüleiste

Projekt:
  Eigenschaften

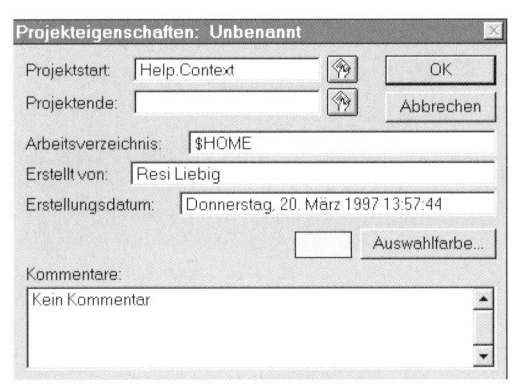

Wählen Sie aus dem Script-Manager für den Projektstart das Systemscript 'Help.Context'. Dieses Script startet das Fenster mit der Online-Hilfe für ArcView GIS, wenn das Projekt gestartet wird.

Tragen Sie einen Namen in die Box 'Erstellt von' ein sowie einen Kommentar in die Box 'Kommentare'.

Drücken Sie den Schalter 'Auswahlfarbe'. Es erscheint das Fenster 'Farbauswahl'. Wählen Sie dort eine Farbe aus. Wenn Sie 'OK' drücken, haben Sie eine neue

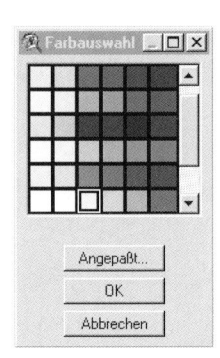

4.7 Projekt-Eigenschaften

Farbe für ausgewählte Objekte bestimmt. Um das zu überprüfen, schließen Sie das Fenster 'Eigenschaften' und drücken Sie 'OK'.

Aktivieren Sie das Projektfenster und öffnen Sie ein View durch Doppelklick auf das Viewsymbol.

Aktivieren Sie das Viewfenster und laden Sie folgendes Thema mit dem Menü:

View-Menüleiste

View:
 Thema hinzufügen

c:\esri\esridata\usa\states.shp

Aktivieren (Klick auf Themennamen) Sie das Thema und zeichnen (Klick auf die Box neben dem Themennamen) Sie es in das View.

Selektieren Sie jetzt ein Objekt im View mit dem Auswahlwerkzeug in der View-Werkzeugleiste. Drücken Sie dazu das Werkzeug, gehen Sie in das Viewfenster und selektieren Sie eine Fläche mit der Maus. Die ausgewählte Fläche erscheint in der neu eingestellten Farbe.

Rufen Sie die Tabelle zu diesem Thema mit der Tabellen-Schaltfläche in der View-Schaltflächenleiste auf. Es erscheint der zugehörige ausgewählte Tabellenwert ebenfalls in der neuen Farbe.

Um zu überprüfen, ob die 'Projektstart'-Einstellung funktioniert, beenden Sie ArcView GIS mit dem Menü:

View-Menüleiste

Datei:
 Beenden

Bestätigen Sie die folgende Frage mit 'Ja'.
Damit wird das Projekt gespeichert.

Starten Sie ArcView GIS erneut und laden Sie das eben gespeicherte Projekt. Neben dem Projekt muss jetzt auch das Fenster der Online-Hilfe auf dem Bildschirm erscheinen.

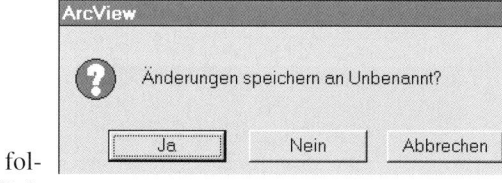

5 Views und Themen

5.1 Views

Raumbezogene Daten werden im allgemeinen mit Hilfe von Karten dargestellt. In ArcView GIS werden raumbezogene Daten in einem View wiedergegeben. In diesem Sinne ist ein View eine elektronische Karte mit all den Vorteilen der elektronischen Verarbeitungsmöglichkeiten. In einem View können raumbezogene Daten zusammengestellt, angezeigt und analysiert werden. Ein View ist dynamisch, d. h., die Daten sind nicht im zugehörigen ArcView GIS-Projekt gespeichert, sondern es existieren nur Verweise zu den Datenquellen. Das hat den Vorteil, dass bei einer Veränderung der Daten durch andere Programme das View auf die aktuellen Daten zugreift. Es lassen sich mehrere Views gleichzeitig öffnen und bearbeiten. Ein View setzt sich aus Grafiken und Themen zusammen.

Grafiken sind z. B. geometrische Grundstrukturen wie Punkte, Linien, Polygone, Kreise oder Rechtecke und dienen der Ergänzung oder Erläuterung der Objekte. Die Grafiken dürfen nicht mit den Objekten in einem View verwechselt werden. Grafiken sind keine Sachdaten zugeordnet. In einem View ist ein Text ebenfalls eine solche Grafik.

Ein **Thema** besteht immer aus Daten einer Objektklasse. Objektklassen bestehen aus geografischen Objekten eines bestimmten Typs denen Sachdaten zugeordnet werden können. Beispiele für Objektklassen sind:

- **Punkte** (z. B. Orte mit einer Koordinate)
- **Linien** (z. B. Straßen)
- **Polygone** (z. B. Länder, Orte als Flächen)
- **Bilddaten** (z. B. Satellitenbilder, gescannte Luftbilder).

Alle Themen sind im Inhaltsverzeichnis des Views aufgeführt und können dort zur Anzeige ein- und ausgeschaltet werden. Zu jedem Thema gehört eine Legende, deren Symbole und Farben sich einstellen lassen. Die Sachdaten (Attribute) zu einem Thema sind z. B. durch Aufruf einer Tabelle anzeigbar. Ein View lässt sich mit weiteren Kartenelementen wie Maßstabsleisten, Nordpfeile usw. in ein Layout einbinden und als Karte ausgeben.

Daten, die als Themen in ein View geladen werden können

ArcView GIS hat ein eigenes Datenformat (Shapes). Ein solches 'Shapethema' kann im Gegensatz zu anderen Themen in ArcView GIS bearbeitet werden. Sie können Themen aus anderen Datenquellen in ein solches Shapethema umwandeln. ArcView GIS-Shapedateien können zwischen unterschiedlichen Rechnerplattformen ausgetauscht werden.

Alle ARC/INFO-Kartenebenen (Cover, Layer, Map-Libraries, ArcStorm-Datenbank) und ARC/INFO-GRIDS können unmittelbar (auch über Netzwerk) in ArcView GIS eingelesen werden. ArcView GIS kann Exportdateien (*.e00) von ARC/INFO mit einem Zusatzprogramm lesen und importieren.

Computer-Aided-Design (CAD)-Zeichnungen und MapInfo-Interchange-Format (MIF) lassen sich ebenfalls in ArcView GIS als Themen einlesen.

Raumbezogene Daten, die mit Hilfe von SDE (Spatial Database Engine) in einer Datenbank verwaltet und gespeichert sind, können mit einer zu ArcView GIS mitgelieferten Erweiterung eingelesen werden.

Rasterdaten (Bildthemen) der folgenden Formate sind direkt oder mit einer entsprechenden Erweiterung in ArcView GIS einladbar:

- ARC/INFO-GRIDS
- Sun-Raster-Daten
- Erdas-IMAGINE
- TIFF-Daten
- RCL-Daten
- BMP-Daten
- JPEG-Daten
- BIL, BIP und BSQ-Daten.

Die Daten sind in den meisten Fällen die teuerste Komponente eines GIS. Die Erhebung und Eingabe der Daten erfordern einen großen Aufwand und müssen bei der Planung eines GIS entsprechend berücksichtigt werden.

Bevor Sie Daten selber erheben und in das GIS eingeben, sollten Sie prüfen, ob diese nicht schon möglicherweise in digitaler Form oder sogar im ArcView GIS-Format (Shape) irgendwo existieren. ESRI und andere Anbieter stellen ArcView GIS-Daten zur Verfügung. Sie können aber auch die Digitalisierung und Konvertierung Ihrer eigenen Daten dort in Auftrag geben.

Viele Unternehmen (z. B. Ingenieur-Büros), die sich auf die Erfassung von raumbezogenen Daten spezialisiert haben, oder auch öffentliche Dienststellen bieten Daten für GIS (z. B. ATKIS) zum Verkauf an.

Im **ArcData Katalog** von ESRI sind Hunderte von Datenbeständen aufgelistet, die mit ArcView GIS verwendet werden können. Mit **ArcData Deutschland/Schweiz** erhalten Sie viele raumbezogene Daten dieser beiden Länder. Die Daten stammen von ESRI und anderen Unternehmen, die sich am **ArcData Publishing Programm** von ESRI beteiligen.

Angebote für raumbezogene Daten finden Sie auch:

- in GIS-Fachzeitschriften (z. B. **GeoBIT**, Wichmann Verlag, Heidelberg)

- im Internet (z. B. **www.esri.com**)

- bei Bundes-, Landes-, und Kommunalbehörden sowie Universitäten. Diese stellen raumbezogene Daten unter bestimmten Voraussetzungen oft kostengünstig oder kostenfrei zur Verfügung.

Das View-Dokument

Nach dem Start eines Projektes kann ein View-Dokument zur Darstellung der raumbezogenen Daten geöffnet werden, und zwar durch Betätigen des Schalters 'Neu' im Projektfenster oder Doppelklick auf das Viewsymbol. Das zunächst leere Viewfenster hat ein Inhaltsverzeichnis, in dem die Themen eingetragen werden. Zu dem View-Dokument gehören eine Menü-, Schaltflächen- und Werkzeugleiste, mit denen das View und die zugehörigen Themen bearbeitet werden können.

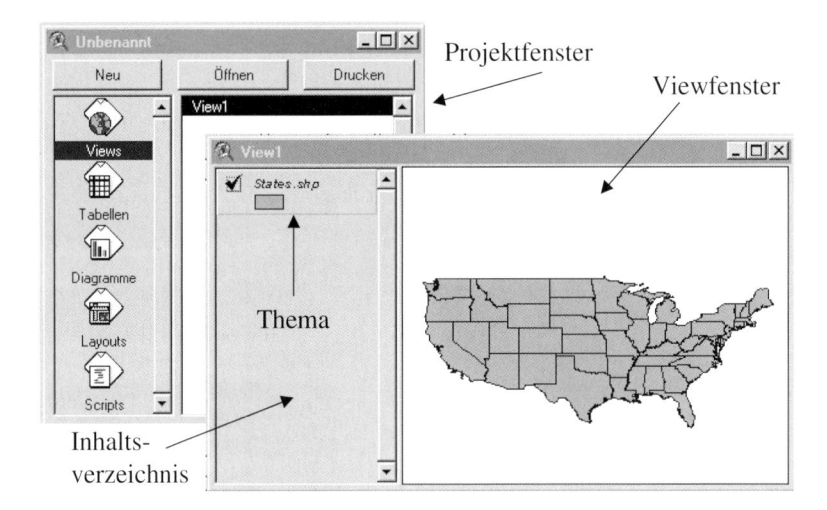

Das Projektfenster organisiert die ArcView GIS-Dokumente. In der Liste des Projektfensters werden alle Views eingetragen und können dort über den Schalter 'Öffnen' zur Bearbeitung aktiviert werden. Ein View-Dokument lässt sich direkt vom Projektfenster durch Betätigen des Schalters 'Drucken' ausdrucken.

Das View-Inhaltsverzeichnis

Alle im View enthaltenen Themen sind im Inhaltsverzeichnis aufgelistet, das sich links im Viewfenster befindet. Klicken Sie auf die Box neben dem Themennamen, so wird das Thema in das View-Dokument gezeichnet. Nochmaliges Klicken entfernt die Zeichnung aus dem View. Ein Thema wird aktiviert durch Klicken mit der Maus auf den Themennamen. Das Thema erscheint dann hervorgehoben. Die Reihenfolge, in der die Themen gezeichnet werden, lässt sich verändern. Soll ein Thema als oberstes gezeichnet werden, so muss es auch im Inhaltsverzeichnis oben stehen. Sie können die Reihenfolge der Themen im Inhaltsverzeichnis verändern, indem Sie ein Thema mit der Maus an die gewünschte Stelle des Inhaltsverzeichnisses ziehen. Dazu müssen Sie den Mauszeiger auf das Thema fahren und es mit festgehaltener Maustaste verschieben. Sie können auch die Breite des Inhaltsverzeichnisses verändern, indem Sie mit der Maus auf den rechten Rand des Inhaltsverzeichnisses fahren und diesen in die gewünschte Richtung ziehen.

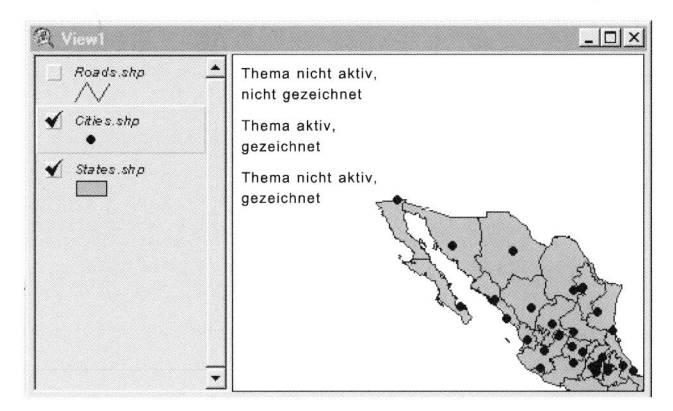

Der Stil des View-Inhaltsverzeichnisses lässt sich ändern.

Mit dem Menü:

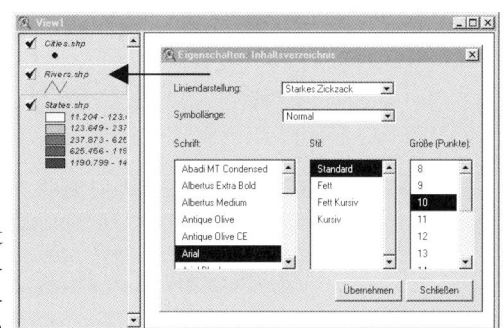

View-Menüleiste

View:
  Inhaltsverzeichnis

können Sie die Schriftart und Schriftgröße einstellen. Die Symbole (Rechtecke, Linien und Punkte) im Inhaltsverzeichnis lassen sich in ihrer Größe verändern. Für Linienthemen kann das Symbol 'Zickzack' oder als gerade Linie dargestellt werden. Die

Veränderungen wirken sich nur auf das Inhaltsverzeichnis und nicht auf die Objekte im View aus. Durch Betätigen des Schalters 'Anwenden' werden die Änderungen aktiv.

Die View-Menüleiste und Popup-Menüs

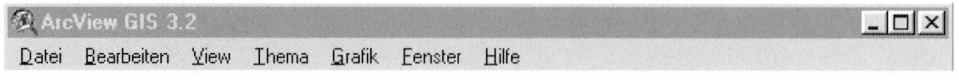

Menüleiste
Die View-Menüleiste besteht aus Pulldown-Menüs. Diese enthalten Menüeinträge zur Verwaltung und zur Bearbeitung der Views, Themen und Grafiken.

- Menüs zur Verwaltung von Views und Themen
- Menüs zur Bearbeitung von Views
- Menüs zur Bearbeitung von Themen
- Menüs zur Bearbeitung von Grafiken
- Menüs zur Organisation der Viewfenster
- Menüs zum Aufruf der Online-Hilfe.

Popup-Menüs
In einem View können Sie mit der rechten Maustaste Popup-Menüs aufrufen. Diese unterscheiden sich je nachdem, welches Thema (Punkt-, Linien- oder Polygonthema) aktiv ist und ob das Thema gerade bearbeitet wird oder nicht. Für ein aktives Linienthema, das sich im Bearbeitungsmodus befindet, erhalten Sie folgendes Popup-Menü:

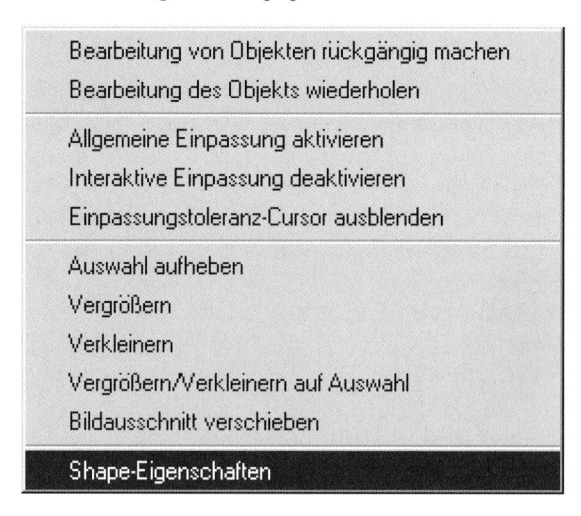

Die View-Schaltflächenleiste

Die Schaltflächenleiste enthält Schaltflächen zur Bearbeitung von Views, Themen und Grafiken.

- Sichern des aktuellen Projektes
- Laden eines neuen Themas
- Einstellen der Eigenschaften eines Themas
- Bearbeiten von Legenden eines Themas
- Öffnen der Attributtabelle eines Themas
- Suchen von Objekten mit Hilfe eines Textes
- Suchen von Adressen
- Aufrufen des Abfragemanagers
- Vergrößern des View-Inhaltes auf alle Themen
- Vergrößern oder Verkleinern des Views auf aktive Themen
- Vergrößern oder Verkleinern des Views auf selektierte Objekte
- Vergrößern des View-Inhaltes vom View-Mittelpunkt aus
- Verkleinern des View-Inhaltes vom View-Mittelpunkt aus
- Rückgängig machen der letzten Vergrößerung oder Verkleinerung
- Auswählen von Objekten mit Hilfe von Grafiken
- Aufheben der Selektion von Objekten
- Aufrufen der kontextbezogenen Hilfe.

Die View-Werkzeugleiste

Die View-Werkzeugleiste enthält Werkzeuge zur Bearbeitung der Views, der Themen und der Grafiken im Viewfenster. Sie enthält weiterhin eine Anzeige für den Maßstab und die Koordinaten der Mausposition.

- Anzeigen der Attribute eines Objektes
- Auswählen von Grafiken und Themen
- Bearbeiten der Stützpunkte von Grafiken und Objekten
- Auswählen von Objekten
- Vergrößern und Verkleinern des Views
- Verschieben des View-Inhaltes
- Messung von Längen in einem View
- Auslösung einer Aktion (Hot-Link)
- zum Festlegen des Interessenbereiches eines Views
- Beschriftung von Objekten
- Eingabe von Texten in einem View.

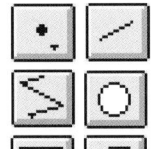

- Werkzeuge zur Eingabe von Grafiken und Objekten in ein View.

- Zerschneiden von Linienobjekten

- Zerschneiden von Polygonobjekten
- Anfügen von Polygonen an andere Polygone
- Festlegung der allgemeinen Einpasstoleranz
- Festlegung der interaktiven Einpasstoleranz.

5.2 Verwaltung von Views

Views bzw. View-Dokumente werden innerhalb eines Projektes verwaltet und bearbeitet. Es kann eine beliebige Anzahl von Views gleichzeitig geöffnet und bearbeitet werden. Möglich sind:

- Öffnen, Schließen, Umbenennen und Löschen von Views
- Arbeitsverzeichnis für ein View festlegen
- Eigenschaften eines Views einstellen
- View-Inhalt dem Viewfenster anpassen (Vergrößern, Verkleinern)
- Views exportieren.

Views öffnen, schließen, umbenennen und löschen

Ein View kann entweder neu erstellt oder ein schon vorhandenes geöffnet werden. Sie erstellen ein neues View durch Doppelklick auf das Symbol 'View' oder durch Drücken des Schalters 'Neu' im Projektfenster. Ist ein View schon im Projekt vorhanden, so ist entweder das Fenster zu diesem View offen oder geschlossen und das View steht als Eintrag in der Liste des Projektfensters. Wollen Sie ein Viewfenster öffnen, so markieren Sie das entsprechende View in der Projektliste und drücken Sie den Schalter 'Öffnen'. Ein Doppelklick auf den Eintrag in der Projektliste öffnet ebenfalls ein View. Sie schließen ein Viewfenster durch das Menü:

View-Menüleiste

Datei:
   Schließen ('ALT+F4')

Durch Drücken des entsprechenden Symbols in der rechten oberen Ecke des Viewfensters wird das View als Symbol in der ArcView GIS-Benutzeroberfläche abgelegt. Wollen Sie alle Views schließen, so betätigen Sie:

View-Menüleiste

Datei:
  Alles schließen

Ein View wird umbenannt oder Views werden ganz aus dem Projekt entfernt mit den nachfolgend beschriebenen Menüs. Die Views müssen vorher in der Projektliste des Projektfensters markiert werden.

Projekt-Menüleiste

Projekt:
  'View' umbenennen ('STRG+R')
  'View' löschen ('Entf')

Bevor Sie mit den Views arbeiten und Themen zufügen, sollten Sie das Arbeitsverzeichnis festlegen. Das geschieht mit dem Menü:

View-Menüleiste

Datei:
  Arbeitsverzeichnis festlegen

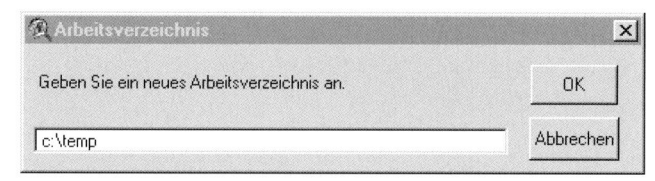

Das Arbeitsverzeichnis kann auch mit den Projekt-Eigenschaften festgelegt werden. Es werden dann alle neu erzeugten Dateien (z. B. aus Analysen) in dieses Verzeichnis geschrieben.

Eigenschaften eines Views

Allgemeine Eigenschaften
Für ein View können Eigenschaften eingestellt werden. Diese sind z. B. wichtig für eine maßstabsgerechte Darstellung oder für die Definition einer Maßstabsleiste im Layout. Der Name des Views, das Erstellungsdatum, der Name des Erstel-

5.2 Verwaltung von Views

lers, die Hintergrundfarbe des Views und Kommentare werden ebenfalls hier festgelegt. Es kann ein Bereich festgelegt werden, der für das Hinzufügen von Bibliotheksthemen wichtig ist (Interessenbereich). Für raumbezogene Daten, deren Karteneinheiten dezimale Gradeinheiten sind, kann eine Projektion vorgenommen werden. Um die Eigenschaften festzulegen, starten Sie das Menü:

View-Menüleiste

View:
   Eigenschaften

Geben Sie hier den Namen des Views, den Namen des Erstellers und evtl. einen Kommentar ein. Das Erstellungsdatum lässt sich nicht ändern.

Karten- und Abstandseinheiten

Für die Karteneinheiten geben Sie den Wert ein, der in der entsprechenden Karte (Objektdatenquelle) angegeben ist. Haben Sie z. B. eine Karte in Gauß-Krüger-Koordinaten vorliegen, so stellen Sie die 'Karteneinheiten' auf 'Meter' ein. Die Auswahl erfolgt mit den Pulldown-Menüs unter 'Karteneinheiten'.

Mit den Abstandseinheiten wird festgelegt, wie bestimmte Aktionen in ArcView GIS gemessen werden. Bevor Sie die Einstellung vornehmen, müssen Sie zuerst die Karteneinheiten einstellen. So wird z. B. der Abstand, der mit dem 'Werkzeug zum Messen' berechnet und in der Statuszeile angezeigt wird, in dieser Einheit ausgegeben. Weiter werden durch die Abstandseinheiten festgelegt:

- die Einheiten für die Länge von Grafiken
- die Einheit für die Auswahl von Objekten
- die Einheit für die Suchdistanz, die im Dialogfeld für 'Themen analysieren' angegeben wird
- die Einheit für die Einpass (Snap)-Toleranz bei der Bearbeitung.

Interessenbereich

Mit ArcView GIS haben Sie Zugriff auf ARC/INFO-Karten-Bibliotheken. Teilkarten können als Bibliotheksthemen einem View zugefügt werden. Wie viele Teilkarten einer Bibliothek Sie einem View zufügen möchten, legen Sie mit dem Interessenbereich fest. Es werden dann nur die Teilkarten der Bibliothek dargestellt, die innerhalb der festgelegten Grenzen liegen. Die Grenzen können auf die Größe der View-Ausdehnung (Anzeigen), des Views (View), eines Themas (Thema) oder vorgegebener Koordinaten (Angeben) eingestellt werden. Weiterhin ist es möglich, zum aktuellen Interessenbereich zurückzukehren (Aktuell). Den Interessenbereich bestimmen Sie mit dem Werkzeug in der View-Werkzeugleiste oder mit dem Menü:

View-Menüleiste

View:
   Eigenschaften

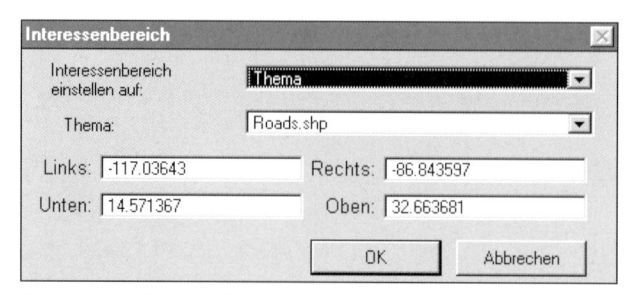

Im Eigenschaften-Fenster des Views drücken Sie den Schalter 'Interessenbereich'. Es erscheint ein Fenster, in dem Sie die erforderlichen Parameter eingeben können. Drücken Sie anschließend hier und im Fenster für die View-Eigenschaften 'OK'. Der Bereich ist damit festgelegt.

Projektionen
Alle Daten in einem View werden in ein rechtwinkliges Koordinatensystem gezeichnet. Für raumbezogene Daten, die aus unterschiedlichen Quellen stammen und in einem View zusammengefügt werden, ist es sehr wichtig, dass diese auf den gleichen geografischen Grundlagen beruhen. Es ist daher nötig zu wissen, welche Kartenprojektion zu welcher Datenquelle verwendet wurde. Sind die Projektionen unterschiedlich, so kann das unter Umständen zu gravierenden Abweichungen bei der Darstellung im View führen. Diese Abweichungen sind bei Karten mit einem großen Maßstab (kleine Maßstabszahlen, z. B. 1:500) geringer als bei Karten im kleineren Maßstab.

ArcView GIS ist ohne eine Erweiterung nicht in der Lage, raumbezogene Daten von einem beliebigen Bezugssystem in ein beliebig anderes umzurechnen. ArcView GIS bietet aber die Möglichkeit, raumbezogene Daten (mit dezimalen geografischen Koordinaten), die in ein View geladen werden sollen, in ein einheitliches Koordinatensystem umzurechnen. Hierzu werden alle Quelldaten, die in dezimalen Gradangaben angegeben werden müssen, auf das gleiche ebene Koordinatensystem projiziert. Dezimale Gradangaben sind Koordinaten in einem sphärischen Koordinatensystem, bei denen die Angabe der Koordinaten nicht in Grad, Minuten und Sekunden erfolgt, sondern als Dezimalzahl (z. B. 7 Grad 30 min 00 sec entspricht 7.5 Grad). ArcView GIS bietet eine Vielzahl von Projektionen, die mit den Eigenschaften eines Views eingestellt werden können.

Liegen alle Datenquellen in dezimalen Gradangaben vor, so lassen sie sich unter Auswahl einer Projektion in ein Viewfenster zeichnen. Festgelegt wird die Projektion für ein View im Menü:

View-Menüleiste

View:
  Eigenschaften

Es erscheint das Fenster für die View-Eigenschaften. Klicken Sie dort auf die Schaltfläche 'Projektion' und wählen Sie die gewünschte Kartenprojektion aus. Für 'Voreinstellungen' wählen Sie unter 'Kategorie' und 'Typ' Kartenprojektionen aus, die von ArcView GIS vordefiniert sind. Die zugehörigen und voreingestellten Parameter werden angezeigt. Klicken Sie in die Box 'Angepaßt', so können Sie Projektionen auswählen, deren Parameter von Ihnen eingestellt oder verändert werden können. Wollen Sie die Einstellung einer Projektion rückgängig machen, so stellen Sie die Karteneinheiten im Eigenschaften-Fenster auf 'Dezimale Gradeinheiten'. In diesem Fall werden die Daten unprojiziert mit den sphärischen Koordinaten in das View gezeichnet.

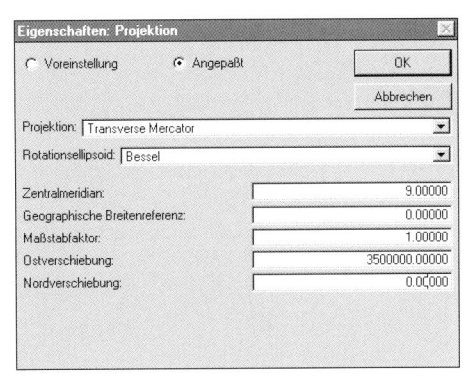

Ist eine Projektion eingestellt, drücken Sie im Eigenschaften-Fenster 'OK'. Das View wird unter der angegebenen Projektion neu gezeichnet. Zur Verdeutlichung beachten Sie das Beispiel in diesem Abschnitt.

Die Eigenschaft 'Projektion' braucht für das Arbeiten mit Views nicht unbedingt eingestellt werden. Haben alle Daten, die Sie dem View zufügen wollen, das gleiche Bezugssystem, so können Sie diese direkt in das View einladen. Dies ist oft der Fall, es muss jedoch sichergestellt sein, dass die verwendeten Karten die gleiche Projektion mit dem gleichen 'Geografischen Datum' haben. Leider werden solche Dinge oft außer acht gelassen und die dadurch hervorgerufenen Abweichungen einfach hingenommen oder auf andere Ursachen geschoben.

Views dem Viewfenster anpassen

Der Inhalt eines Views kann verschiedenartig dem Viewfenster angepasst werden. Wenn Sie das Viewfenster verkleinern oder vergrößern, so passt sich der Inhalt automatisch der Fenstergröße an. Sollen alle im View enthaltenen Themen in voller Größe dargestellt werden, so wählen Sie das Menü:

View-Menüleiste

View:
  Volle Ausdehnung

Sollen alle im View enthaltenen aktiven Themen in voller Größe dargestellt werden, so wählen Sie das Menü:

View-Menüleiste

View:
 Vergrößern oder Verkleinern auf Themen

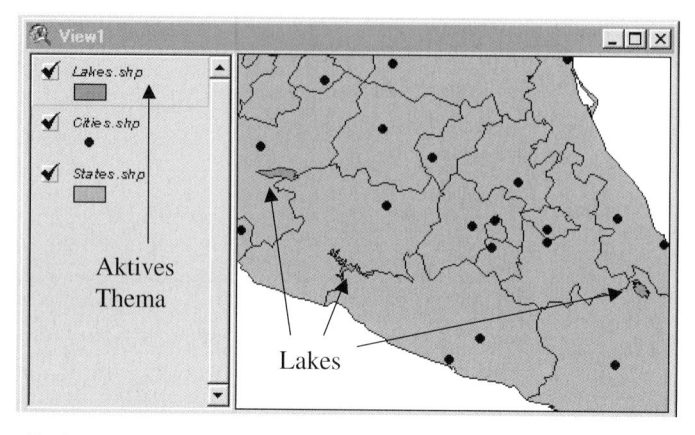

Sind bestimmte Objekte eines Themas selektiert (benutzen Sie dazu das Werkzeug zum Selektieren in der View-Werkzeugleiste) und soll die Anzeige auf diesen Bereich beschränkt werden, so wählen Sie:

View-Menüleiste

View:
 Vergrößern oder Verkleinern auf Auswahl

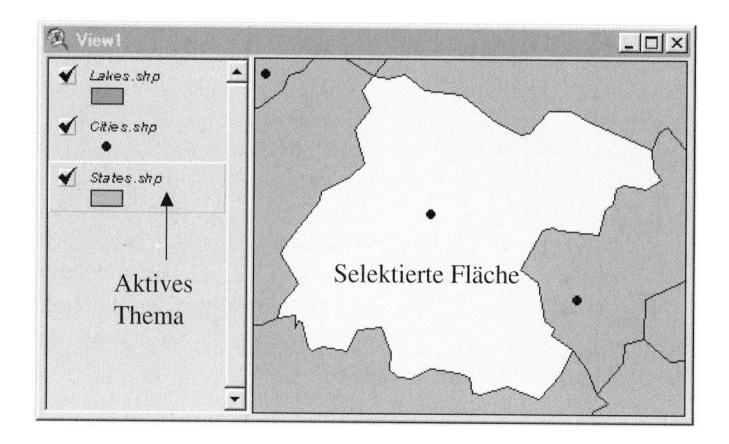

5.2 Verwaltung von Views

Das View kann in Stufen vom View-Mittelpunkt aus vergrößert oder verkleinert werden, und zwar über:

View-Menüleiste

View:
Vergrößern / Verkleinern

Wollen Sie nicht vom View-Mittelpunkt vergrößern oder verkleinern, sondern von einem beliebigen Punkt, den Sie mit dem Mauszeiger festlegen, so benutzen Sie die 'Werkzeuge zum Vergrößern oder Verkleinern'. Damit können Sie auch ein Rechteck aufspannen, um auf einen Ausschnitt zu vergrößern oder zu verkleinern.

Der Inhalt eines Views ist innerhalb des Viewfensters verschiebbar. Dafür gibt es ein Werkzeug in der View-Werkzeugleiste. Betätigen Sie das Werkzeug, gehen Sie mit dem Mauszeiger in das View und verschieben Sie mit festgehaltener Maustaste den Inhalt.

Sie können den vorherigen View-Ausschnitt mit einer Schaltfläche in der View-Schaltflächenleiste wieder zurückholen.

Wenn Sie mit der rechten Maustaste in das Viewfenster klicken, erscheint ein Popup-Menü. Mit den Menüeinträgen können Sie u. a. den Inhalt des Views vergrößern, verkleinern und verschieben.

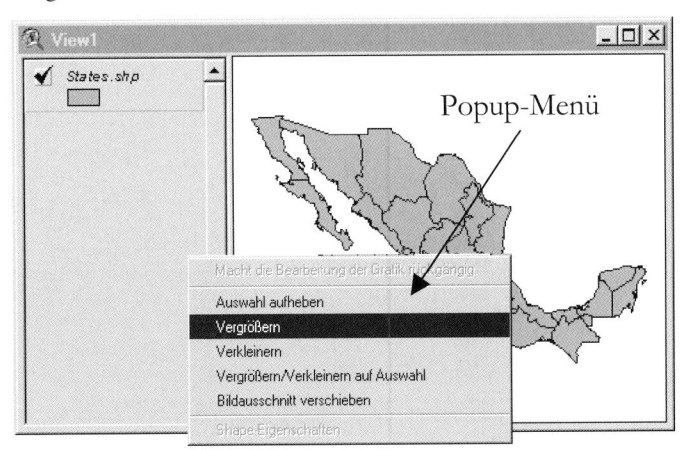

Views exportieren

Wollen Sie das View mit anderen Programmen austauschen, so bietet ArcView GIS die Möglichkeit, das View in folgende Grafik-Formate zu exportieren:

- Placeable WMF
- Windows Metafile
- Windows Bitmap
- Postscript New (EPS) und Postscript (EPS)
- Adobe Illustrator
- CGM
- JPEG.

Betätigen Sie für den Export folgendes Menü:

View-Menüleiste

Datei:
    Exportieren

Beispiel zu Views

In diesem Beispiel können Sie folgendes üben:

- **Öffnen von Views**
- **Einstellen der View-Eigenschaften**
- **Anpassen von Views (vergrößern, verkleinern und verschieben).**

Öffnen von Views

Starten Sie ArcView GIS und aktivieren Sie das Projektfenster und dort das Viewsymbol. Doppelklick auf das Symbol oder Drücken des Schalters 'Neu' öffnet ein neues View-Dokument.

Laden Sie folgendes Thema in das View:

c:\esri\esridata\mexico\states.shp

Ein Thema fügen Sie mit der Schaltfläche aus der View-Schaltflächenleiste hinzu. Drücken Sie dazu auf die Schaltfläche und stellen Sie im erscheinenden Dateiauswahlfenster folgendes Verzeichnis ein:

c:\esri\esridata\mexico

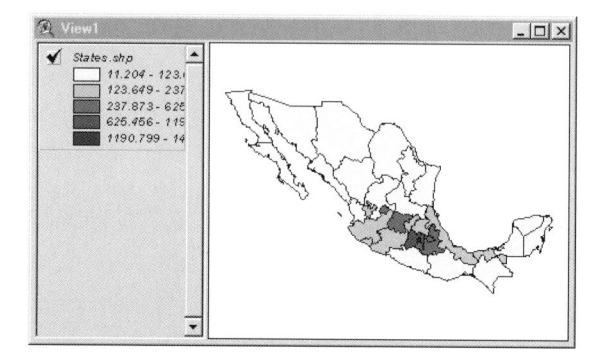

5.2 Verwaltung von Views

Laden Sie das Thema 'states.shp' durch Klicken mit der Maus auf den Namen 'states.shp'. Aktivieren Sie das Thema im Inhaltsverzeichnis des Views und zeichnen Sie es durch Klicken auf die Box links neben dem Themennamen.

Öffnen Sie jetzt auf die gleiche Weise ein weiteres View und laden Sie dort das Thema:

c:\esri\esridata\world\cntry92.shp

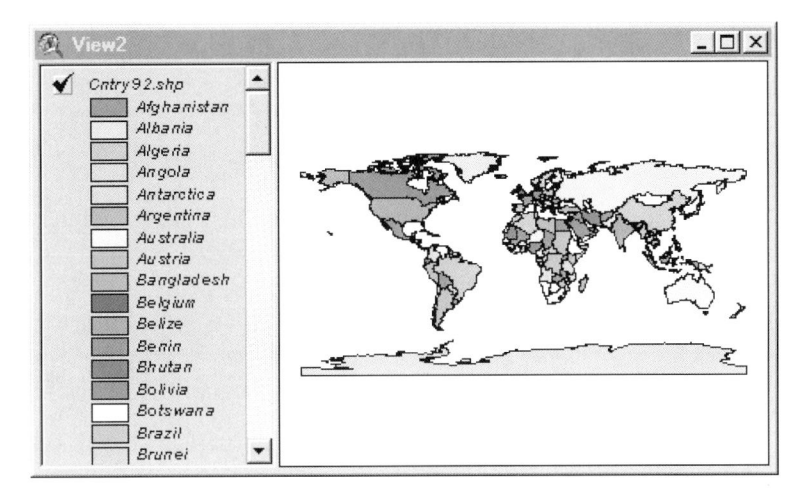

Aktivieren und zeichnen Sie das Thema im View2.

Schließen Sie zunächst View2 mit:

View-Menüleiste

Datei:
  Schließen ('ALT+F4')

Anpassen von Views

View1 soll nun umbenannt werden. Aktivieren Sie dazu das Projektfenster und markieren Sie dort View1 in der Projektliste. Zum Umbenennen betätigen Sie das Menü:

Projekt-Menüleiste

Projekt:
  Umbenennen

Der neue Name wird eingegeben und erscheint in der Fensterleiste des View1-Fensters.

Der Inhalt eines Views kann beliebig verkleinert, vergrößert und verschoben werden. Aktivieren Sie das View1-Fenster und betätigen Sie die Schaltflächen zum 'Vergrößern und Verkleinern vom View-Mittelpunkt'. Der Inhalt verändert sich entsprechend.

Betätigen Sie jetzt das 'Werkzeug zum Vergrößern'. Der Cursor wird zu einem '+'-Symbol, was anzeigt, dass dieses Werkzeug aktiv ist. Gehen Sie mit ihm auf eine Stelle im View und drücken die Maustaste. Das View wird jetzt von diesem Punkt aus vergrößert. Mit diesem Werkzeug können Sie auch ein Rechteck aufspannen und das View auf dieses Rechteck vergrößern.

Zum Verschieben des View-Inhaltes betätigen Sie das entsprechende Werkzeug. Gehen Sie in das Viewfenster und ziehen Sie (Maustaste festhalten) den Inhalt an eine beliebige Stelle.

Um wieder die volle Größe des Views zu erhalten, betätigen Sie in der View-Schaltflächenleiste die entsprechende Schaltfläche oder das Menü:

View-Menüleiste

View:
  Volle Ausdehnung

Das Vergrößern oder Verkleinern kann auch auf die selektierten Objekte eines Themas beschränkt werden. Selektieren Sie ein Objekt (Polygon) aus dem Thema 'states.shp' mit dem 'Werkzeug zum Markieren'. Das markierte Objekt wird in der Markierungsfarbe (gelb) gezeichnet. Achten Sie darauf, dass das Thema auch aktiv ist (Name hervorgehoben). Um auf das selektierte Objekt zu vergrößern, betätigen Sie die 'Schaltfläche zum Vergrößern und Verkleinern auf ausgewählte Objekte' aus der View-Schaltflächenleiste oder verwenden Sie das Menü:

View-Menüleiste

View:
  Vergrößern oder Verkleinern auf Auswahl

Das selektierte Objekt erscheint in voller Größe im Viewfenster. Schließen Sie das View1.

5.2 Verwaltung von Views

View-Eigenschaften

Für das View2 sollen jetzt die Eigenschaften eingestellt werden. Öffnen Sie View2 (Doppelklick in der Liste des Projektfensters auf 'View2') und vergrößern Sie das Thema auf die Größe von Deutschland. Die Daten liegen in dezimalen geografischen Koordinaten vor, wie Sie in der View-Werkzeugleiste an den Koordinatenwerten erkennen können. Um die Eigenschaften dieses Views anzusehen und einzustellen, öffnen Sie das Eigenschaften-Fenster mit dem Menü:

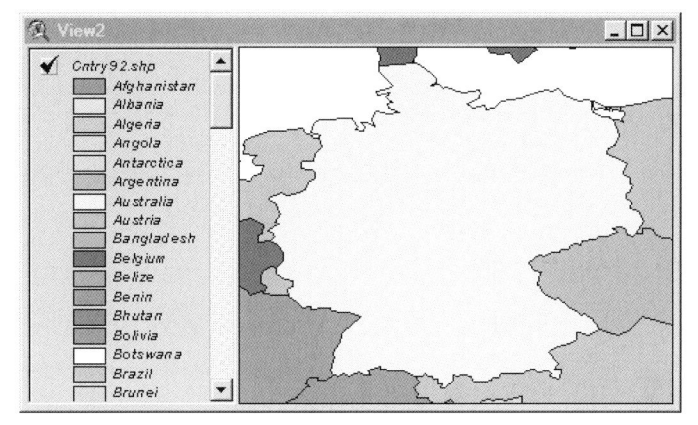

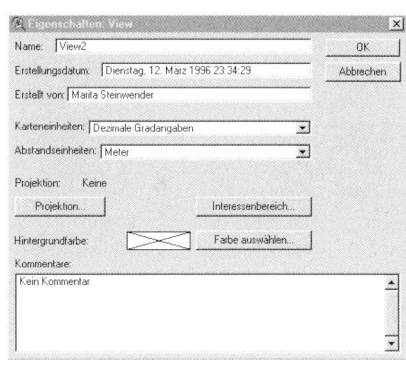

View-Menüleiste

View:
  Eigenschaften

Geben Sie (siehe Abbildung) einen neuen Namen für das View, den Namen des Erstellers, die Abstandseinheiten (Meter) und evtl. einen Kommentar ein. Um eine Darstellung in Gauß-Krüger- und nicht in geografischen Koordinaten zu erhalten, drücken Sie den Schalter 'Projektion'. Es erscheint das Fenster für die Eigenschaften der Projektion. Drücken Sie dort den Schalter 'Angepaßt' und wählen Sie unter Projektion den Wert 'Transverse Mercator'. Für den Ellipsoiden wählen Sie 'Bessel'. Als Zentralmeridian geben Sie den durch Deutschland verlaufenden Meridian '9' ein. Für die Ostverschiebung muss der Wert '3 500 000' gesetzt werden. Betätigen Sie die

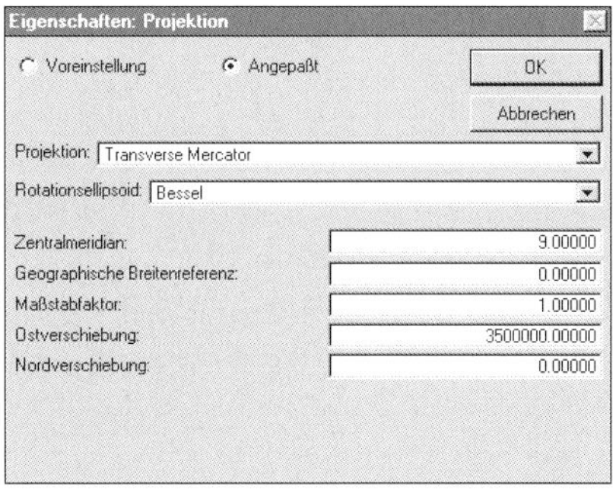

'OK'-Taste im Fenster für die Projektions-Eigenschaften und ebenfalls im Eigenschaften-Fenster für das View. Das View wird unter der eingestellten Projektion gezeichnet.

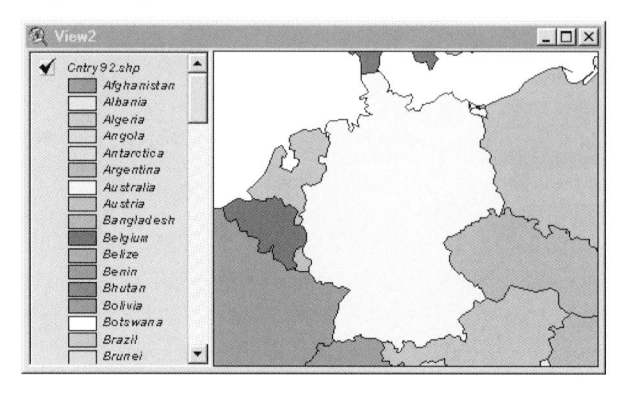

Wenn Sie die Projektion in einem neuen Thema speichern wollen, betätigen Sie das Menü:

View-Menüleiste

Thema:
  In Shapedatei umwandeln

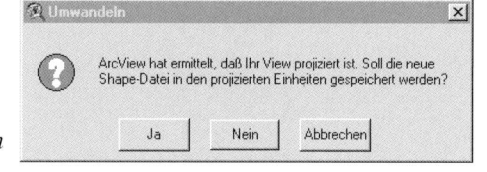

Sie werden dann gefragt, ob die neue Shapedatei in den projizierten Einheiten gespeichert werden soll.

Um zu demonstrieren, wie die 'Abstandseinheiten' arbeiten, die im View-Eigenschaften-Fenster auf den Wert 'Meter' eingestellt wurden, wird die Länge einer Strecke im View2 gemessen. Aktivieren Sie das soeben projizierte 'View2' (Deutschland) und drücken Sie das 'Werkzeug zum Messen' in der View-Werkzeugleiste. Gehen Sie mit dem Mauszeiger in das View2

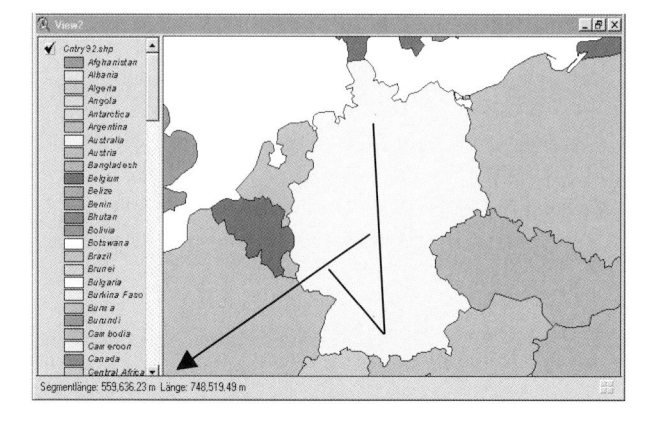

5.2 Verwaltung von Views

und klicken Sie auf den Anfangspunkt und die Stützpunkte (Zwischenpunkte) der zu messenden Strecke. Am Endpunkt klicken Sie zweimal. In der Statusleiste erscheinen die Länge der Segmente und der Gesamtstrecke in der Einheit, die Sie als Abstandseinheit angegeben haben (hier: Meter).

Übung: Views und Themen

1) Öffnen Sie ein neues View und laden Sie folgende Objektthemen:

c:\esri\esridata\mexico\states.shp
c:\esri\esridata\mexico\cities.shp
c:\esri\esridata\mexico\lakes.shp
c:\esri\esridata\mexico\rivers.shp
c:\esri\esridata\mexico\roads.shp

2) Öffnen Sie ein weiteres View und laden Sie das Bildthema:

c:\esri\av_gis30\avtutor\arcview\images\spotimg.bil

3) Aktivieren und zeichnen Sie die Themen im View.

4) Verkleinern, vergrößern und verschieben Sie die Themen im View.

5) Öffnen Sie ein neues View und kopieren Sie Themen in dieses View.

Hinweise zur Übung

zu 1) Zum Öffnen eines neuen Views betätigen Sie den Schalter 'Neu' im Projektfenster. Um ein Thema zu laden, benutzen Sie die Schaltfläche in der View-Schaltflächenleiste.

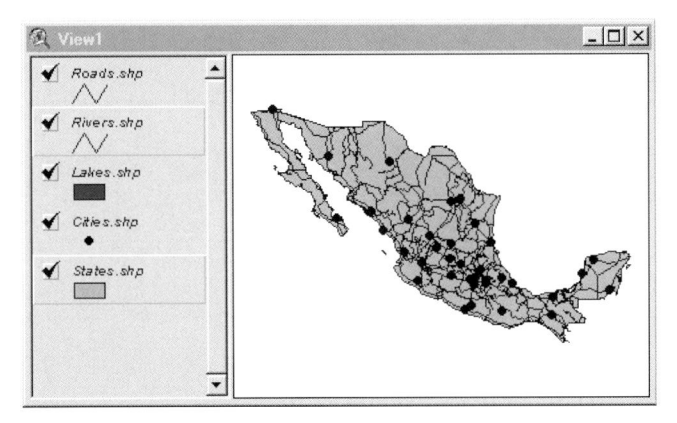

zu 2) Stellen Sie im Dateiauswahlfenster den 'Typ' auf 'Bilddatenquelle'.

zu 3) Benutzen Sie die Maus (Klick in die Box neben dem Themennamen), um die Themen zu zeichnen.

zu 4) Benutzen Sie die Schaltflächen und Werkzeuge in der View-Schaltflächenleiste und Werkzeugleiste. Sie können dazu auch die entsprechenden Menüeinträge in der View-Menüleiste verwenden.

zu 5) Aktivieren Sie die Themen im View, die Sie kopieren wollen, und benutzen Sie das Menü:

View-Menüleiste

Bearbeiten:
    Themen kopieren

Zum Einfügen können Sie die Tastenkombination 'STRG+V' benutzen.

5.3 Themen

Ein View enthält Themen, ein Thema raumbezogene Daten einer bestimmten Objektklasse. Objektklassen enthalten Objekte eines bestimmten Typs. Ein Thema, das z. B. ein Straßennetz repräsentiert, gehört zur Objektklasse 'Linien' mit den Objekten 'Straße'.

Themen werden in einem View dargestellt, verwaltet und bearbeitet. Sie können auch zwischen Views ausgetauscht werden. Zu einem Thema gehört eine Legende, die die Objekte beschreibt. Themen können ARC/INFO-Datensätze (Coverages, Grids), aber auch Shapethemen sein. Ein Shapethema ist ein ArcView-eigenes Datenformat für raumbezogene Daten. Die Themen von Shapedateien können in ArcView GIS bearbeitet, d. h., die Geometrie der Objekte kann editiert werden. Die Anzahl der einzulesenden Objekte eines Themas ist durch logische Abfragen (Definition) einschränkbar, so dass nur der Teil der Daten geladen wird, der für die anstehende Aufgabe benötigt wird. Zu einem Thema gibt es Attribute (Sachdaten), die die Objekte beschreiben. Die Objekte in einem Thema sind sowohl mit Hilfe der Attribute als auch geometrisch selektierbar. Objekte können ebenfalls beschriftet werden. Themen können mit Hilfe anderer Themen analysiert werden. Mit den Objekten in einem Thema können bestimmte Aktionen ausgelöst werden (Hot-Links). Eine Geocodierung ist mit einem Thema und einer Adressentabelle möglich.

Themen verwalten und bearbeiten

Ein Thema verwalten und bearbeiten heißt, es zu öffnen, neu zu erstellen, zu kopieren, zu löschen, zu zeichnen oder zu aktivieren.

Themen öffnen
Nachdem Sie ein View-Dokument geöffnet haben, können Sie Themen laden. Betätigen Sie dazu die Schaltfläche in der View-Schaltflächenleiste oder das Menü:

View-Menüleiste

View:
  Thema hinzufügen ('STRG+T')

Es erscheint das Dateiauswahlfenster, mit dem das Thema ausgewählt werden kann. Wählen Sie zuerst den Datentyp aus. Für Objektthemen (z. B. ARC/INFO-Cover, Shapethemen) wählen Sie 'Objektdatenquelle'. Für Rasterdaten (z. B. Images oder ARC/INFO-Grids) wählen Sie 'Bilddatenquelle'. Sie können das Durchsuchen der Verzeichnisse im Dateiauswahlfenster mit der 'ESC-Taste' abbrechen.

Ein Thema, das ein ARC/INFO-Cover ist, kann unterschiedliche Objekttypen (Arcs [Linien], Points [Punkte], Polygone) beinhalten. Klicken Sie auf das Symbol links neben dem Namen des zu ladenden ARC/INFO-Themas im Dateiauswahlfenster und wählen Sie dort die Objektklasse aus.

Das geladene Thema erscheint im Inhaltsverzeichnis des Views mit seinem Namen und einer Box. Klicken Sie in diese Box, so wird das Thema in das View gezeichnet. Das Zeichnen kann z. B. bei großen Themen mit der 'Esc'-Taste abgebrochen werden. Alle Themen im View werden ein- bzw. ausgeschaltet mit:

View-Menüleiste

View:
 Themen ein/aus

Um ein Thema z. B. zu bearbeiten, muss es aktiv sein. Benutzen Sie dazu das 'Werkzeug zum Auswählen von Shapes und Grafiken'. Aktivieren Sie das Werkzeug und klicken Sie mit der Maus auf einen Themennamen. Es erscheint hervorgehoben. Wollen Sie mehrere Themen gleichzeitig aktivieren, so betätigen Sie die 'SHIFT'-Taste zusammen mit der Maus. Soll ein aktives Thema deaktiviert werden, so klicken Sie auf das Thema mit der Maus und gedrückter 'SHIFT'-Taste.

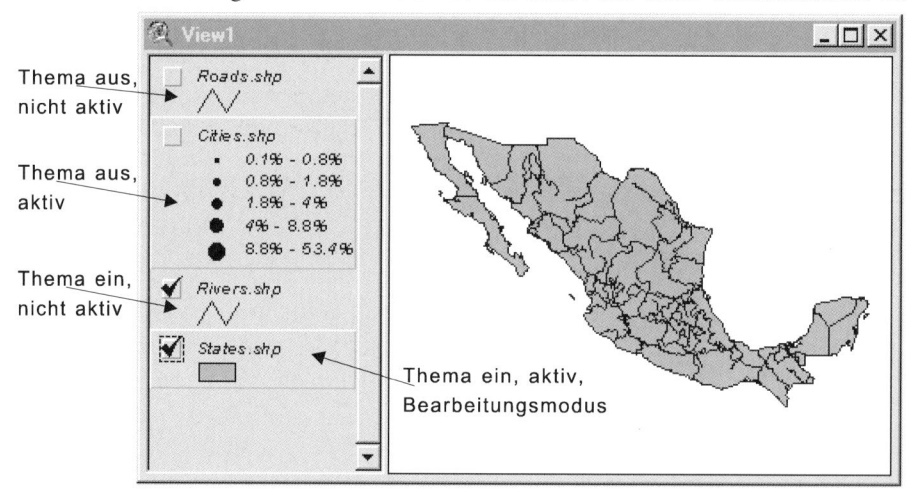

Neues Thema erstellen
Wollen Sie ein neues Thema, d. h. sowohl die Geometrie als auch die Attribute, neu erstellen, so starten Sie zunächst das Menü:

View-Menüleiste

View:
  Neues Thema

Es folgt die Eingabe des gewünschten Objekttyps für das neue Thema. Es kann ein Punkt-, Linien- oder Polygonthema ausgewählt werden.

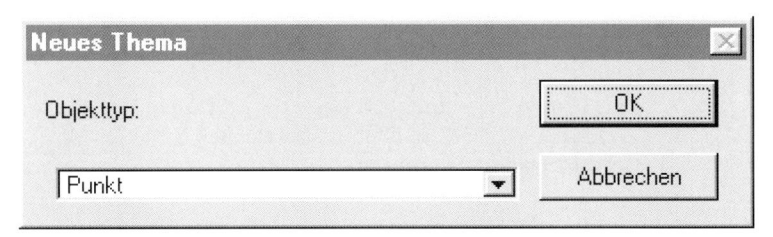

Nach der Objekttypauswahl muss der Name der zugehörigen Datei im Dateiauswahlfenster für das neue Thema eingegeben werden. Die Geometrie und die Attribute des neuen Themas werden in diese Shapedatei gespeichert. Der Name dieser Datei erscheint ebenfalls im Inhaltsverzeichnis des Views. Das Thema kann sofort bearbeitet werden, z. B. indem Grafiken und Objekte eingefügt werden.

Für die Objektklasse 'Punkte' können Punkte eingefügt werden. Das neue Thema befindet sich im Bearbeitungsmodus, was durch die gestrichelte Linie um die kleine Box neben dem Themennamen zu erkennen ist. Betätigen Sie das Objekt- Pulldown-Werkzeug in der Werkzeugleiste und bewegen Sie den Mauszeiger in das View. Klicken auf die gewünschte Stelle fügt einen Punkt ein. Im Objekt-Pulldown-Werkzeug sind alle Grafikelemente außer dem Punkt ausgeblendet. Andere Objekte (Linien, Polygone) können hier nicht eingefügt werden. Entsprechendes gilt auch für die anderen Objektklassen. Für Polygone sind nur Rechtecke, Kreise und Polygone auswählbar. Die Objekte in einem neuen Thema können verschoben, gelöscht, kopiert werden. Lesen Sie mehr zur Bearbeitung von Objekten im Abschnitt 5.5. Beenden Sie die Bearbeitung des Themas mit:

View-Menüleiste

Thema:
  Bearbeitung beenden

Das neue Thema hat zunächst nur das Attribut 'Shape', mit dem der Objekttyp (die Objektklasse) beschrieben wird. Sollen weitere Attribute an die Objekte angehängt werden, so müssen Sie diese in die Tabelle des Themas eingeben. Dazu muss das Thema zuerst aktiviert und die zugehörige Tabelle mit der Schaltfläche in der View-Schaltflächenleiste oder folgendem Menü aufgerufen werden:

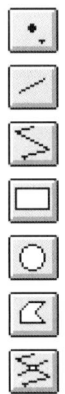

View-Menüleiste

Thema:
  Tabelle

An die Tabelle können beliebige Attribute (Felder) angehängt sowie Tabellenwerte (Datensätze) eingegeben oder eingelesen werden. Wie Tabellen bearbeitet werden, ist im Abschnitt 6.3 'Arbeiten mit Datensätzen und Tabellenwerten' beschrieben.

Themen ausschneiden, kopieren, einfügen und löschen
Ein oder mehrere aktive Themen können gelöscht werden. Markieren Sie die Themen und betätigen Sie das Menü:

View-Menüleiste

Bearbeiten:
  Themen löschen

Themen können zwischen Views kopiert werden. Aktivieren Sie die Themen und betätigen Sie das Menü:

View-Menüleiste

Bearbeiten:
  Themen kopieren

Aktivieren Sie jetzt ein anderes View und betätigen Sie 'STRG+V' oder das Menü:

View-Menüleiste

Bearbeiten:
  Einfügen

Die Themen werden in das View eingefügt.

Wollen Sie vorübergehend Themen in der Zwischenablage ablegen, um Sie später in ein anderes View einzufügen, markieren Sie die Themen und betätigen Sie das Menü:

View-Menüleiste

Bearbeiten:
  Themen ausschneiden

Oft spielt die Reihenfolge, in der Themen gezeichnet werden, eine Rolle. Soll in ein View z. B. ein Punktethema und ein Polygonthema (mit ausgefüllten Flächen) gezeichnet werden, so müssen die Polygone zuerst gezeichnet werden, damit diese die Punkte nicht verdecken. Die Reihenfolge wird durch die Position der Themen im Inhaltsverzeichnis des Views festgelegt. Ein Thema weiter unten im Inhaltsverzeichnis wird immer durch ein Thema weiter oben verdeckt. Sie können die Position eines Themas ändern, indem Sie es mit der Maus auf die gewünschte Position ziehen.

Eigenschaften eines Themas

Für Themen in einem View können Eigenschaften eingestellt werden. Folgendes ist festlegbar:

- eine Auswahl der Objekte, die in ein Thema geladen werden sollen
- die Beschriftungs-Eigenschaft für die Objekte eines Themas
- der minimale und maximale Maßstab zum Anzeigen eines Themas
- die Definition von Aktionen (Hot-Links) für Objekte eines Themas
- die Bearbeitung der Themen-Eigenschaften sperren
- die Eigenschaften für die Geocodierung eines Themas
- die Eigenschaften für die Einpassung (Snap) von Objekten.

Ist ein Thema in einem View geladen und aktiv, so werden die Eigenschaften mit der Schaltleiste in der View-Schaltflächenleiste oder über das folgende Menü eingestellt:

View-Menüleiste

Thema:
    Eigenschaften

Im Fenster für die Themen-Eigenschaften wird der Name des Themas unter 'Themenname' so festgelegt, wie er im Inhaltsverzeichnis des Views erscheinen soll. Ist im Legenden-Editor ein Feld (Klassifizierungsfeld) ausgewählt, so wird dieses im View-Inhaltsverzeichnis mitangezeigt, wenn Sie die Box unter 'Feldnamen verwenden' ankreuzen. Bemerkungen zum Thema können unter 'Kommentare' eingegeben werden.

Im linken Teil des Fensters für die Themen-Eigenschaften können folgende weitere Eigenschaften eingestellt werden.

Definition der Objekte in einem Thema

Themen werden z. B. aus Shapedateien oder ARC/INFO-Dateien vom Datenträger eingeladen. Interessieren nicht alle Objekte, sondern nur eine Auswahl, so kann diese hier definiert werden. Betätigen Sie dazu das Symbol 'Definition' im Eigenschaftenfenster und dort den Auswahlschalter

(Hammer). Es erscheint der Abfragemanager, mit dem die Auswahl der Objekte für dieses Thema formuliert wird. Hier können logische Abfragen

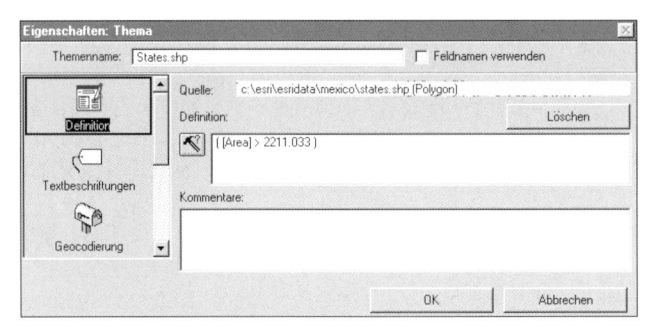

auf das Thema angewendet werden. Haben Sie eine Auswahl getroffen, so drücken Sie 'OK' und es erscheint im Fenster 'Definition' der logische Ausdruck für die Auswahl. Drücken Sie 'OK', um die Eigenschaft zu aktivieren.

Beschriftungs-Eigenschaften für ein Thema festlegen

Mit dem Symbol 'Textbeschriftung' wird festgelegt, wie die Objekte eines Themas beschriftet werden. Sie können hier das Attribut für die Beschriftung unter 'Beschriftungsfeld' auswählen.

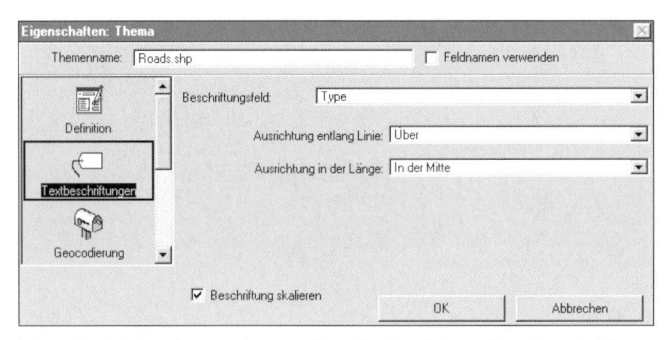

Für ein Linienthema legen Sie die Position der Beschriftung unter 'Ausrichtung entlang der Linie' fest. Es ist möglich, den Beschriftungstext unter, über oder auf der Linie zu positionieren. Unter 'Ausrichtung in der Länge' kann die Beschriftung vor, am Anfang, in der Mitte, am Ende oder hinter der Linie positioniert werden. Ein Kreuz in der Box 'Beschriftung skalieren' bewirkt, dass die Beschriftungsgröße der Größe der Objekte (View vergrößern, verkleinern) angepasst wird.

Für ein Punkte- oder Polygonthema wird neben dem zu verwendenden Attribut die Position der Beschriftung rund um das Objekt festgelegt. Dabei sind neun Positionen möglich. Wählen Sie mit der Maus eine davon aus und drücken Sie 'OK'. Lesen Sie für die Beschriftung den Abschnitt 5.8.

Anzeige-Maßstab festlegen

Mit dieser Eigenschaft wird ein Maßstabsbereich festgelegt, in dem das Thema in einem View angezeigt werden soll. Legen Sie z. B. den Bereich von 1:20 bis 1:30 fest, so wird das Thema nur in das Viewfenster gezeichnet, wenn der Maßstab im View zwischen 1:20 und 1:30 liegt. Sie können hiermit zu große oder zu kleine Maßstäbe für bestimmte Themen ausblenden, wenn diese zuviel Informationen beinhalten und das View dadurch mit Details überladen würde. Die Eigenschaft wird durch Betätigen des Symbols 'Anzeigen' eingestellt. Geben Sie zuerst unter View-Eigenschaften die Karteneinheiten an. Drücken Sie 'OK', um die Einstellung zu aktivieren.

Hot-Link (Aktion) definieren

Wollen Sie beim Anklicken eines Objektes in einem Thema eine Aktion auslösen (z. B. ein Bild oder ein View anzeigen, um das Objekt zu beschreiben), müssen Sie diese Aktion zunächst definieren. Dazu aktivieren Sie im Fenster für die Themeneigenschaften das Symbol 'Hot-Link'.

In 'Feld' wird der Name des Attributs angegeben, dessen Werte auf das Aktions-Element (Bilddatei, Tabelle...) zeigen. Jedem Objekt kann mit diesem Attribut z. B. der Name einer Bilddatei zugewiesen werden, die dann beim Auslösen der Aktion angezeigt wird.

Es lassen sich verschiedene Arten von Aktionen auslösen. Die gewünschte Aktion wird unter 'Vordefinierte Aktion' festgelegt. Die Objekte können mit einer Textdatei, einer Bilddatei, einem ArcView GIS-Dokument (View, Layout, Tabelle, Diagramm) aus dem aktiven Projekt oder mit einem anderen Projekt verknüpft (importiert) werden. Sie können auch unter 'Script' ein Script angeben, das ausgeführt werden soll. Drücken Sie 'OK', um die Definition festzulegen. Lesen Sie für die Hot-Link-Eigenschaften auch den Abschnitt 5.8.

Thema sperren

Wollen Sie verhindern, dass ein Projektbenutzer die Eigenschaften eines Themas verändern kann, so betätigen Sie im Fenster für die Themeneigenschaften das Symbol 'Sperrung' und klicken in die Box 'Gesperrt'. Es erscheint ein Fenster für die Eingabe eines Passwortes. Geben Sie ein Passwort ein und drücken sie 'OK'. Rufen Sie danach das Fenster für die Themeneigenschaften auf, so muss zuerst das Passwort eingegeben werden. Soll die Sperre wieder aufgehoben werden, entfernen Sie das Kreuz aus der Box

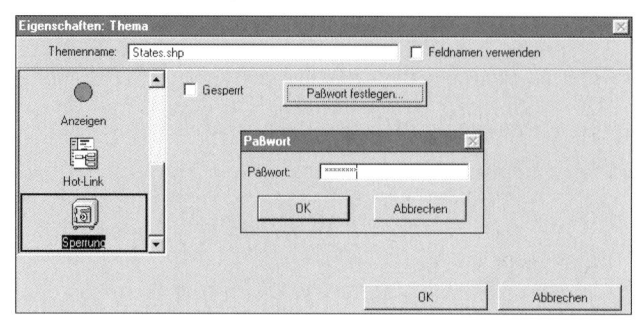

'Gesperrt'. Sie können auch ein Passwort festlegen, ohne das Thema zu sperren. Wollen Sie das Thema dann sperren, so muss nur das Kreuz in die Box 'Gesperrt' gesetzt werden.

Adressen-Geocodierung definieren
Für die Geocodierung eines Themas (z. B. Straßenthema) mit einer Adressentabelle müssen Eigenschaften eingestellt werden. Im wesentlichen werden dabei die im Thema und in der Adressentabelle enthaltenen Adressenformate eingestellt.

Für die Einstellung wählen Sie im Fenster für die Themeneigenschaften das Symbol 'Geocodierung' aus. Im Feld 'Adressenformat' wird die Form der Adresse angegeben, wie sie in der Adressentabelle und dem Adressenthema eingegeben wurden. Eine Alias-Tabelle (Zweitname) kann ebenfalls erstellt werden. Diese Tabelle legt z. B. für komplizierte Adressen einen Namen fest. Geben Sie hier die Adresse und den Alias in einer Zeile an.

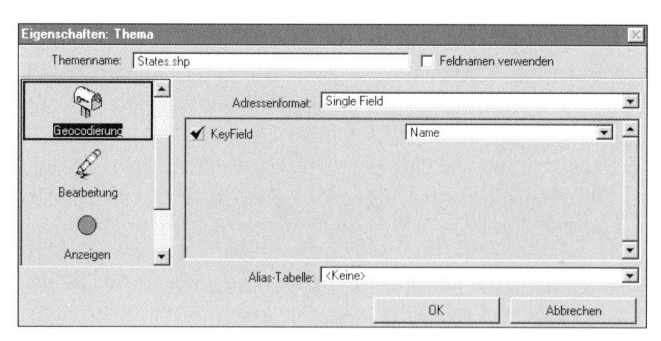

Einpassung von Objekten in einem Thema festlegen
Bearbeiten Sie ein Thema, so kann es erforderlich sein, Objekte an andere Objekte anzufügen (einzupassen). Wollen Sie z. B. eine neue Linie in ein Thema einfügen und sollen die Punkte dieser Linie mit einer im Thema

5.3 Themen

enthaltenen Linie fest verbunden (eingepasst) werden, müssen Sie eine Einpassungstoleranz einstellen. Kommt ein Punkt der neuen Linie in die Nähe eines Punktes einer bereits vorhandenen Linie innerhalb der Toleranzgrenze, so werden beide Linien an den Punkten zusammengezogen. Eine weitere Möglichkeit ist die Einpassung von Polygonen. Fügen Sie einem Thema Polygone zu, die gemeinsame Grenzen haben sollen, so werden nach Aktivierung der Einpassung und Einstellung einer Toleranz, die gemeinsamen Grenzen zusammengezogen.

Bearbeitung

Für die Aktivierung der Einpassung drücken Sie im Fenster für die Themeneigenschaften das Symbol 'Bearbeitung'. Die Einheit für die einzugebende Toleranz muss zuvor unter den View-Eigenschaften mit den 'Abstandseinheiten' festgelegt werden.

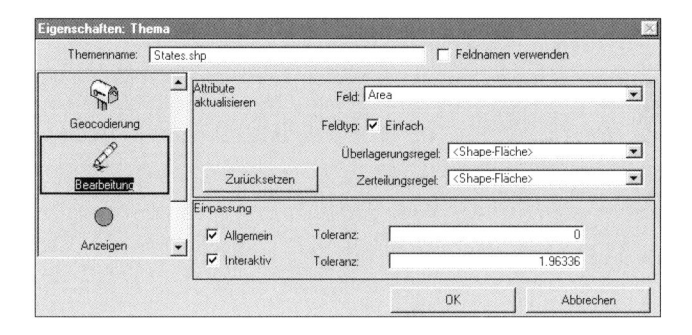

Allgemein

Interaktiv

Im Fenster für die Einpassung können Sie die Einpasstoleranz mit den Boxen 'Allgemein' und 'Interaktiv' einstellen. Die Option 'Allgemein' definiert mit der nebenstehenden Box 'Toleranz' eine Entfernung, innerhalb der ein neues Objekt mit einem anderen zusammengezogen wird. Mit dem Popup-Menü im View-Dokument lässt sich die allgemeine Einpassung auch einschalten. Die Option 'Allgemein' zieht Stützpunkte von Linien und Polygonen zusammen, solange die Bearbeitung des Themas eingeschaltet ist und sie innerhalb der vorgegebenen Toleranz liegen. Die Toleranz kann auch mit Hilfe eines in der View-Werkzeugleiste enthaltenen Werkzeugs festgelegt werden. Das Werkzeug ist nur dann in der Werkzeugleiste vorhanden, wenn die Bearbeitung des Themas eingeschaltet ist. Die Toleranz legen Sie mit der Maus durch Aufziehen eines Kreises im View fest.

Die Option 'Interaktiv' erlaubt die Festlegung von Einpass-Regeln während der Eingabe neuer Objekte für ein Thema. Die Einpass-Regel muss vor jeder neuen Eingabe eines Stützpunktes festgelegt werden. Aktivieren Sie die Box 'Interaktiv' und geben Sie einen Toleranzwert ein. Auch hier kann mit Hilfe eines Werkzeuges die Toleranz im View eingestellt werden. Die Einpaß-Regeln können Sie auch mit einem Popup-Menü (rechte Maustaste drücken) im View einstellen. Die Einpass-Regeln erscheinen im Popup-Menü nur dann, wenn Sie das Werkzeug für die Eingabe von Objekten und Grafiken aktiviert haben. Die Regeln müssen bei der interaktiven Einpassung jedes Mal vor der Eingabe eines neuen Punktes eingestellt werden. Folgende Einpass-Regeln sind z. B. für ein Linienthema möglich:

Am Stützpunkt anpassen
Der Stützpunkt einer neuen Linie wird mit dem nächstliegenden Stützpunkt einer anderen Linie innerhalb der eingestellten Toleranz zusammengezogen.

An Begrenzung anpassen
Der Stützpunkt einer neuen Linie wird direkt mit einer Linie innerhalb der eingestellten Toleranz zusammengezogen.

Am Schnittpunkt anpassen
Der Stützpunkt einer neuen Linie wird mit dem nächstliegenden Schnittpunkt anderer Linien innerhalb der eingestellten Toleranz zusammengezogen.

An Endpunkt anpassen
Der Stützpunkt einer neuen Linie wird mit dem nächstliegenden Ende einer anderen Linie innerhalb der eingestellten Toleranz zusammengezogen. Näheres zur Einpassung finden Sie im Abschnitt 5.5.

Im Fenster für die Bearbeitungseigenschaften können darüber hinaus Regeln gesetzt werden, wie die Attributwerte bei der Teilung oder Zusammenfügung von Objekten berechnet werden sollen. Für jedes Feld der Attributtabelle des Themas können diese Regeln für das Zusammenfügen ('Überlagerungsregel') und für eine Teilung der Objekte ('Zerteilungsregel') eingestellt werden. Lesen Sie mehr über die Teilung und das Zusammenfügen von Objekten im Abschnitt 5.5.

Attribute für die Objekte eines Themas aufrufen

Die Objekte in einem Thema haben Attribute. Die Attribute sind mit ArcView GIS abfragbar. Sie können die Attribute mit Hilfe der Maus für jedes Objekt einzeln aufrufen, ansehen und evtl. ausdrucken. Es kann aber auch die gesamte Attributtabelle zu einem Thema aufgerufen werden, um alle Attribute für alle Objekte gleichzeitig anzusehen und evtl. zu bearbeiten.

Um die Attribute für einzelne Objekte aufzurufen, benutzen Sie das 'Werkzeug zur Identifizierung' in der View-Werkzeugleiste. Aktivieren Sie zuerst ein oder mehrere Themen im View. Betätigen Sie das 'Werkzeug zur Identifizierung'. Der Mauszeiger wechselt daraufhin zu einem anderen Cursortyp, der den Identifizierungsmodus anzeigt. Gehen Sie mit dem Cursor auf ein Objekt und drücken Sie die Maustaste. Es erscheint ein Anzeige-Fenster, in dem die Attribute für diese Objekte angezeigt werden. Im linken Teil des Fensters sind die Objekte eingetragen, die abgefragt wurden. Durch

5.3 Themen

Doppelklick mit der Maus auf einen Objekteintrag im linken Teil des Abfragefensters blinkt das entsprechende Objekt im Viewfenster. Im rechten Teil werden die Attribute des Objektes angezeigt.

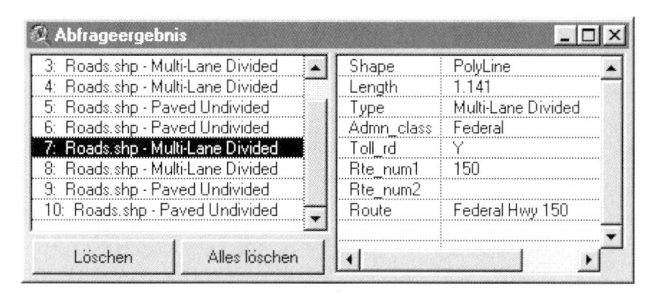

Abfrageergebnis	
3: Roads.shp - Multi-Lane Divided	Shape: PolyLine
4: Roads.shp - Multi-Lane Divided	Length: 1.141
5: Roads.shp - Paved Undivided	Type: Multi-Lane Divided
6: Roads.shp - Paved Undivided	Admn_class: Federal
7: Roads.shp - Multi-Lane Divided	Toll_rd: Y
8: Roads.shp - Multi-Lane Divided	Rte_num1: 150
9: Roads.shp - Paved Undivided	Rte_num2:
10: Roads.shp - Paved Undivided	Route: Federal Hwy 150

Überlappen sich bei der Identifizierung mehrere Objekte aus verschiedenen Themen und sind die dazugehörigen Themen aktiv, so werden die Attribute aller überlappenden Objekte angezeigt.

Ist für ein Attribut ein Aliasname festgelegt, so wird nicht der Name des Attributs, sondern der Aliasname angezeigt. Diese Festlegung und der Aliasname für ein Attribut werden mit den Eigenschaften für eine Tabelle festgelegt. Wie die Eigenschaften für eine Tabelle eingestellt werden, erfahren Sie im Abschnitt 6.2. Die Ergebnisse im Abfragefenster können einzeln oder auch alle gelöscht werden. Markieren Sie ein Objekt im linken Teil des Fensters und drücken Sie den Schalter 'Löschen' oder 'Alles löschen'.

Wenn Sie alle Attribute für alle Objekte eines Themas ansehen wollen, so aktivieren Sie das Thema und betätigen Sie die 'Schaltfläche für die Tabelle' in der View-Schaltflächenleiste. Es erscheint die Attributtabelle für dieses Thema, in der alle Objekte mit ihren Attributen aufgelistet sind.

Shape	Area	Code	Name
Polygon	28002.325	MX02	Baja California Norte
Polygon	27898.191	MX03	Baja California Sur
Polygon	10547.762	MX18	Nayarit
Polygon	30736.386	MX14	Jalisco
Polygon	2110.761	MX01	Aguascalientes
Polygon	11715.793	MX11	Guanajuato
Polygon	4645.565	MX22	Queretaro de Arteaga
Polygon	8198.684	MX13	Hidalgo
Polygon	22961.931	MX16	Michoacan de Ocampo

5.4 Objekte in einem Thema auswählen

Die Objekte eines Themas in einem View werden ausgewählt (selektiert), um:

- diese in einer Shapedatei zu speichern
- Objekte zu beschriften
- das View auf sie zu vergrößern oder verkleinern
- mit ihnen Berechnungen (Analysen) durchzuführen
- ihre Attribute anzusehen
- mit ihnen ein Diagramm zu erstellen.

Die Auswahl der Objekte kann in einem View, einer Tabelle oder einem Diagramm erfolgen. In diesem Abschnitt soll die Auswahl der Objekte im View gezeigt werden. Die Auswahl von Objekten in Tabellen und Diagrammen wird in den entsprechenden Kapiteln erläutert. Ausgewählt wird mit Hilfe von View-Menüs, View-Schaltflächen und View-Werkzeugen. Eine Auswahl kann mit der Maus, mit Grafiken, mit Texten und mit Hilfe von logischen Abfragen vorgenommen werden. Eine geometrische Auswahl ist ebenfalls möglich.

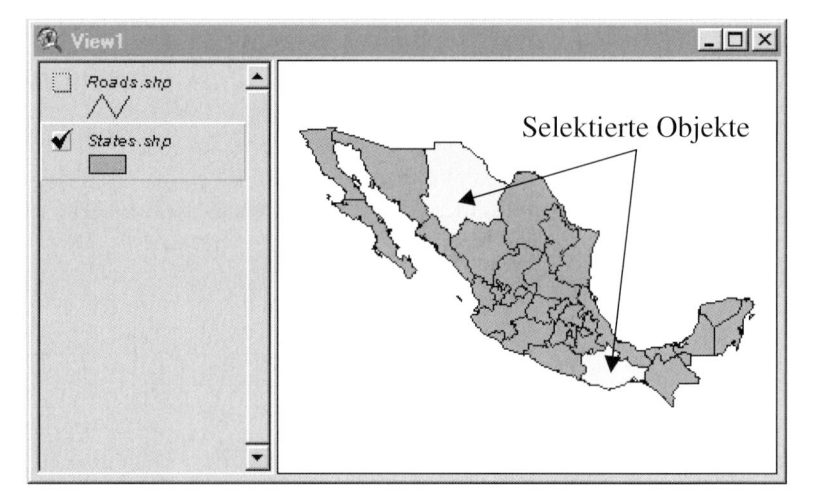

Die Farbe, in der die ausgewählten Objekte dargestellt werden, wird in der Projekt-Menüleiste unter 'Projekt: Eigenschaften' und 'Auswahlfarbe' eingestellt.

Objekte, die in einem View selektiert sind, werden gleichzeitig in der zu dem Thema gehörenden Tabelle ausgewählt. Umgekehrt werden bei der Auswahl von Objekten in einer Tabelle diese auch im zugehörigen View dargestellt.

Auswählen mit der Maus

Aktivieren Sie zunächst die Themen, aus denen Sie Objekte auswählen wollen. Klicken Sie dann mit der Maus auf das 'Auswahlwerkzeug' in der View-Werkzeugleiste und danach auf das auszuwählende Objekt im Viewfenster. Die ausgewählten Objekte erscheinen in der Wahlfarbe. Mit dem Werkzeug kann auch ein Bereich für die Objektauswahl angegeben werden. Klicken Sie in das Viewfenster und ziehen Sie dort einen rechteckigen Bereich auf. Alle Objekte, die in oder teilweise in diesem Bereich liegen, werden selektiert. Für die Auswahl zusätzlicher Objekte klicken Sie bei zugleich gedrückter Umschalttaste (SHIFT) auf die Objekte oder ziehen Sie mit gedrückter SHIFT-Taste einen rechteckigen Bereich auf. Sind mehrere Themen im View aktiv, so erfolgt die Auswahl aus allen Themen.

Auswahl aufheben

Um die Auswahl einzelner Objekte wieder aufzuheben, betätigen Sie das 'Auswahlwerkzeug' und klicken Sie auf ein ausgewähltes Objekt mit der Maus und gedrückter SHIFT-Taste. Wollen Sie die gesamte Auswahl wieder aufheben, so benutzen Sie die Schaltfläche 'Auswahl aufheben' in der View-Schaltflächenleiste. Ebenso können Sie die Auswahl aufheben mit:

<u>View-Menüleiste</u>

Thema:
    Auswahl aufheben

Auswählen mit Grafiken

Für die Auswahl mit Grafiken müssen die Themen aktiv sein, aus denen eine Objektauswahl getroffen werden soll. Die Grafiken können Linien, Rechtecke und Polygone sein.

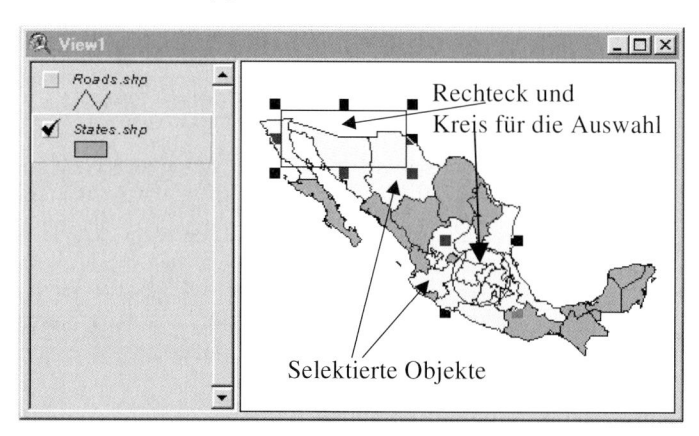

Für eine grafische Auswahl fügen Sie zunächst die Grafiken, mit denen ausgewählt werden soll, in das View ein. Dies geschieht mit dem Grafik-Pulldown-Werkzeug aus der View-Werkzeugleiste. Markieren Sie die Grafiken mit dem 'Werkzeug zum Auswählen von Grafiken' aus der View-Werkzeugleiste. Betätigen Sie dann die 'View-Schaltfläche zur grafischen Auswahl' in der View-Schaltflächenleiste. Alle Objekte, die innerhalb oder teilweise in den Grafiken liegen, werden ausgewählt. Sind mehrere Themen aktiv, so erfolgt die Auswahl aus allen aktiven Themen.

Auswählen mit logischen Abfragen

Die Auswahl von Objekten kann mit Hilfe von logischen Abfragen auf die Attribute eines Themas erfolgen. Dazu wird der 'Abfragemanager' mit der 'Schaltfläche zum Abfragen' aus der View-Schaltflächenleiste oder folgendes Menü aufgerufen:

View-Menüleiste

Thema:
    Abfragen ('STRG+Q')

Im Abfragemanager wird die logische Abfrage formuliert. Eine solche Abfrage ist eine Kombination von Operatoren, Feldern (Attributen) und Attributwerten. Mögliche Operatoren sind neben +, -, * , / auch:

'='   gleich
'<>'   ungleich
'>'   größer
'>='   größer gleich
'<'   kleiner
'<=' '   kleiner gleich
'and'   logisches UND
'or'   logisches ODER
'not'   logisches NICHT.

Ein logischer Ausdruck zur Auswahl aller Flächen in einem Polygonthema, deren Flächengrößen zwischen 2000 qm und 14000 qm liegen, lautet z. B.:

([Fläche] >= 2000) and ([Fläche] <= 14000)

Im Abfragemanager wird der logische Ausdruck zusammengestellt. Im linken Teil ('Felder') sind die Attribute des aktiven Themas aufgelistet, mit denen die Auswahl getroffen werden soll. Markieren Sie dort ein Feld durch Klicken mit der Maus. Das rechte Teilfenster ('Werte') zeigt alle möglichen Attributwerte an. Wechseln Sie ein Attribut unter 'Felder', so werden unter

'Werte' nur dann die neuen Attributwerte angezeigt, wenn in der Box 'Werte aktualisieren' ein Haken gesetzt wurde. In der Mitte des Abfragemanagers befinden sich die Schalter für die Operatoren. Ein logischer Ausdruck kann manuell oder mit der Maus in das Anzeigefenster eingegeben werden. Mit der Maus gehen Sie folgendermaßen vor:

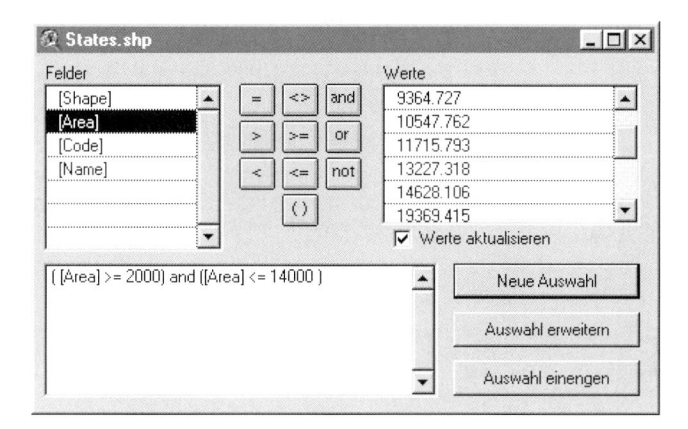

- Markieren Sie ein Attribut unter 'Felder' mit Doppelklick.
- Der Attributname erscheint im Anzeigefenster.
- Wählen Sie einen Operator durch Klicken (einfach) auf eine Schaltfläche.
- Wählen Sie einen Wert unter 'Werte' mit Doppelklick.

Der logische Ausdruck steht jetzt im Anzeigefenster. Die Abfrage kann mit dem Schalter 'Neue Auswahl' gestartet werden. Die ausgewählten Objekte erscheinen farbig markiert im Viewfenster. Sollen Objekte zusätzlich zu den schon ausgewählten selektiert werden, so drücken Sie nach der Definition des logischen Ausdrucks den Schalter 'Auswahl erweitern'. Um Objekte aus schon selektierten Objekten auszuwählen, wird der Schalter 'Auswahl einengen' betätigt.

Der Abfragemanager ist auf ein Thema bezogen. Das bedeutet, dass zu jedem aktiven Thema gleichzeitig je ein Abfragemanager aufgerufen wird. Es ist möglich, logische Ausdrücke von einem Fenster in ein anderes zu kopieren. Sie kopieren über die Zwischenablage. Markieren Sie den entsprechenden Text und kopieren Sie ihn mit 'STRG+C' in die Zwischenablage. Gehen Sie in ein anderes Fenster (z. B. in einen anderen Abfragemanager) und drücken Sie dort 'STRG+V'. Der Text wird eingefügt. Der Gebrauch des Abfragemanagers erfordert einige Übung. Insbesondere ist die Anwendung und die richtige Formulierung logischer Ausdrücke für einen Anfänger nicht immer einfach. Achten Sie auch auf den richtigen Gebrauch der Operatoren 'and' und 'or'. Sie werden oft verwechselt und führen dann zu falschen Ergebnissen.

Auswählen mit einem Text

Wollen Sie Objekte auswählen, von denen Sie nur einen bestimmten Attributwert (Text) kennen, so können Sie nach diesem suchen. Der Suchvorgang erstreckt sich auf alle Attribute und deren Textwerte in einem Thema.

Der Suchvorgang wird mit der Schaltfläche aus der View-Schaltflächenleiste gestartet. Es müssen alle Themen, in denen gesucht werden soll, aktiv sein. Sie können aber auch folgendes Menü verwenden:

View-Menüleiste

View:
 Suchen ('STRG+F')

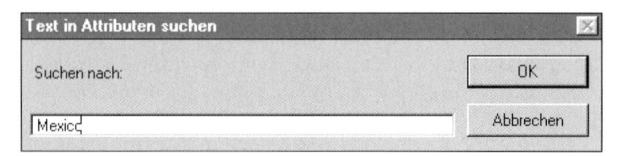

Zur Eingabe des Suchtextes erscheint ein Eingabefenster. Geben Sie dort den Text (oder einen Teil des Textes) ein und drücken Sie 'OK'. Der Text wird in allen aktiven Themen gesucht und das erste gefundene Objekt wird in der Tabelle und im View selektiert. Sind weitere Objekte vorhanden, so kann die Suche durch erneuten Aufruf des Suchvorganges weitergeführt werden. Es wird bei jedem Suchvorgang immer nur ein Objekt ausgewählt. Platzhalter für den Suchtext sind ebenso wie eine Unterscheidung nach Groß- und Kleinschreibung nicht möglich.

Auswählen mit Themen (Raumbezogene Abfragen)

Raumbezogene (geometrische) Abfragen selektieren Objekte mit Hilfe der Geometrie (Lage) der Objekte. Die raumbezogene Analyse (Auswertung der raumbezogenen Abfragen) wird dazu benutzt festzustellen, ob die Objekte von unterschiedlichen Themen (Punkte, Linien, Polygone) eine Beziehung zueinander haben, um damit Entscheidungsprozesse zu unterstützen. Diese Themenanalyse bedeutet in ArcView GIS im wesentlichen, Objekte eines Themas (**Zielthema**) anhand von selektierten Objekten eines anderen Themas (**Wahlthema**) auszuwählen. Auf diese Weise ist es z. B. möglich, Objekte zu finden, die sich in der Nähe oder innerhalb anderer Objekte befinden. Für ein Punktethema, dessen Objekte z. B. Einkaufszentren, und für ein Polygonthema, dessen Objekte z. B. Stadtgebiete sind, können Sie alle Einkaufszentren bestimmen, die innerhalb oder in einer bestimmten Entfernung der Städte liegen.

Weitere Beispiele für raumbezogene Abfragen sind:

- Welche Kunden sind in der Nähe meines Geschäftes? (**Auswahl von Punkten in der Nähe eines Punktes**)
- Liegen bestimmte Orte (z. B. Geschäfte, Hotels...) in einem bestimmten Abstand zu einer Straße? (**Auswahl von Punkten in der Nähe einer Linie**)
- Liegen bestimmte Objekte (z. B. Gefahrenobjekte eines bestimmten Typs) in bestimmten Naturschutzgebieten? (**Polygon in Polygon-Auswahl**)
- Es sollen alle Staaten eines Landes selektiert werden, die einen See oder einen Teil eines Sees enthalten. (**Polygon in Polygon-Auswahl**)
- Es sollen alle Staaten eines Landes selektiert werden, die einen See vollständig enthalten. (**Polygon in Polygon-Auswahl**)
- Selektiere alle Städte, in deren Nähe (z. B. 20 km) sich ein See befindet. (**Auswahl von Punkten in der Nähe eines Polygons**)
- Selektiere alle Städte, die sich in einem Umkreis von z. B. 700 km von einer anderen Stadt befinden. (**Auswahl von Punkten in der Nähe eines Punktes innerhalb eines Themas**)

Laden Sie alle für die Abfrage benötigten Themen in ein View und aktivieren Sie das Thema, für das die Abfrage durchgeführt werden soll (Zielthema). Die Abfrage wird gestartet mit dem Menü:

View-Menüleiste

Thema:
 Thema analysieren

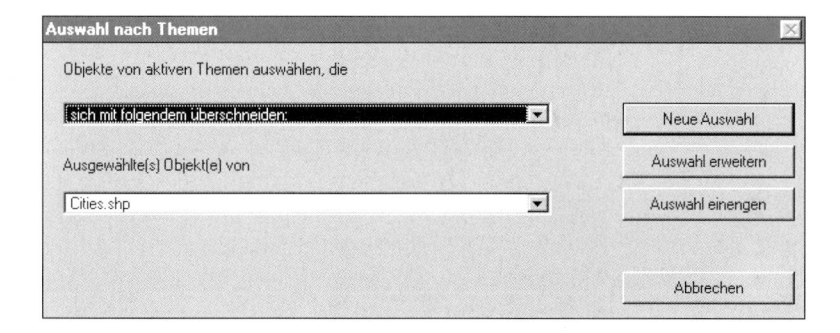

Im Fenster 'Auswahl nach Themen' wird die Art der Analyse für das Zielthema (aktives Thema im View) und das Wahlthema festgelegt. Die Abfrage wird mit den selektierten Objekten des Ziel- und des Wahlthemas durchgeführt.

Für die Auswahl können drei Methoden gewählt werden. '**Neue Auswahl**' erzeugt eine Auswahl aus allen Objekten des Zielthemas. Ist bereits eine Auswahl von Objekten vorhanden, so können Sie mit '**Auswahl erweitern**' zusätzliche Objekte auswählen, d. h., die vorherige Selektion wird nicht gelöscht. '**Auswahl einengen**' wählt aus den schon selektierten Objekten die aus, die die Bedingung erfüllen. Mit 'Abbrechen' schließen Sie das Fenster, ohne eine Analyse durchzuführen.

Folgende raumbezogenen Abfragen sind möglich:

'Vollständig enthalten sind'
Sie können Objekte von aktiven Zielthemen auswählen, die in den selektierten Objekten eines Wahlthemas vollständig enthalten sind. Beispielsweise selektiert diese Analyse Punkte (Einkaufszentren), die innerhalb von selektierten Flächen (Stadtgebiete) liegen.

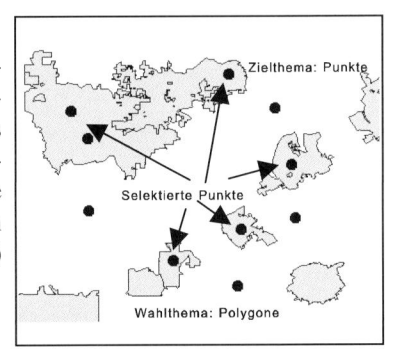

'Vollständig enthalten'
Sie können Objekte von aktiven Zielthemen auswählen, in denen selektierte Objekte des Wahlthemas vollständig enthalten sind. Damit werden z. B. alle Flächen selektiert, die Punkte (Einkaufszentren) enthalten.

'Ihren Mittelpunkt haben in'
Sie können Objekte von aktiven Zielthemen auswählen, die ihren Mittelpunkt in selektierten Objekten des Wahlthemas haben.

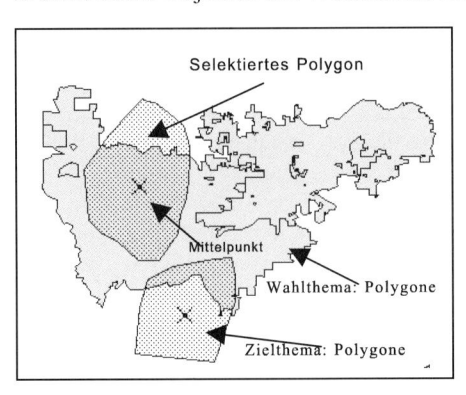

Damit können Sie Flächen (Gebiete) auswählen, deren Mittelpunkte in selektierten Flächen (Länder) eines anderen Themas liegen, um z. B. eine Zugehörigkeit festzulegen.

'Den Mittelpunkt enthalten'
Sie können Objekte von aktiven Zielthemen auswählen, die den Mittelpunkt von selektierten Objekten eines anderen Themas (Wahlthema) enthalten.

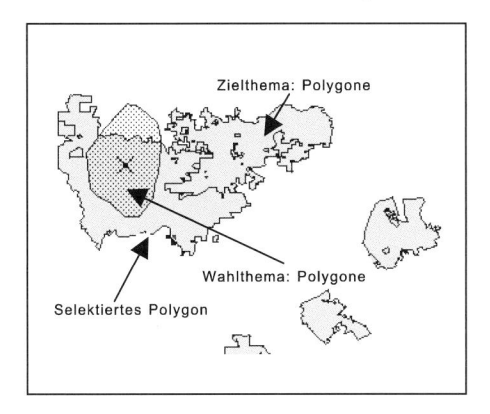

'Sich überschneiden mit'
Sie können Objekte von aktiven Zielthemen auswählen, die sich mit den selektierten Objekten eines Wahlthemas überschneiden.

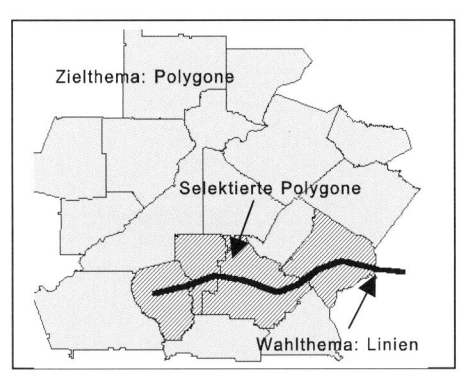

Diese Analyse selektiert z. B. alle Flächen (Länder), die von einer Linie (Straße) durchkreuzt werden.

'Sich in Reichweite befinden'
Sie können Objekte von aktiven Zielthemen auswählen, die sich in einer bestimmten Entfernung von selektierten Objekten eines Wahlthemas befinden. Wählen Sie 'Sich in der Reichweite befinden' und legen Sie eine

Suchdistanz fest. Mit dieser Analyse kann z. B. eine Zone um eine Straße oder eine Stadt gelegt werden. Die Einheit der Suchdistanz wird bei den Eigenschaften für das View unter 'Abstandseinheiten' eingestellt. Sind Ziel- und Wahlthema gleich, so können Sie für ausgewählte Objekte weitere suchen, die sich in ihrer Reichweite befinden.

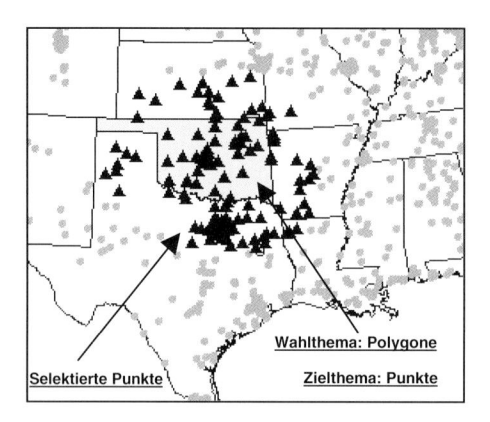

[Karte: Selektierte Punkte / Wahlthema: Polygone / Zielthema: Punkte]

Beispiel: Raumbezogene Abfragen

Als Übung wollen wir feststellen, durch welche Länder der Fluss 'Mississippi' fließt. Laden Sie dazu folgende Themen in ein View:

c:\esri\esridata\usa\rivers.shp
c:\esri\esridata\usa\states.shp

Aktivieren Sie das Thema (Wahlthema) 'rivers.shp' im View und zeichnen Sie es. Zeichnen Sie auch das Thema 'states.shp' (Zielthema). Im Thema 'rivers.shp' soll zunächst der Fluss 'Mississippi' selektiert werden. Aktivieren Sie dazu das Thema und rufen Sie den Abfragemanager auf mit dem Menü:

View-Menüleiste

Thema:
    Abfragen ('STRG+Q')

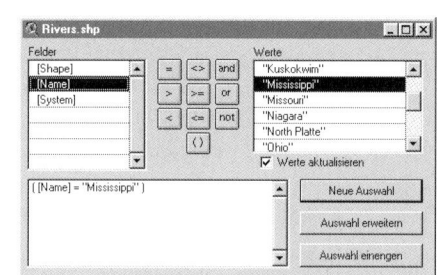

Formulieren Sie die Abfrage so, dass aus allen Linien nur diejenigen ausgewählt werden, die den Wert 'Mississippi' im Feld 'Name' haben. Doppelklick auf 'Name', Klick auf '=' und Doppelklick auf 'Mississippi' setzt den Ausdruck in den Abfragemanager. Drücken Sie die Taste 'Neue Auswahl'. Der Fluss ist jetzt aus-

5.4 Objekte in einem Thema auswählen 99

gewählt. Schließen Sie den Abfragemanager. Aktivieren Sie jetzt im View das Thema 'states.shp' (Zielthema). Sie starten die Abfrage mit dem Menü:

View-Menüleiste

Thema:
  Thema analysieren

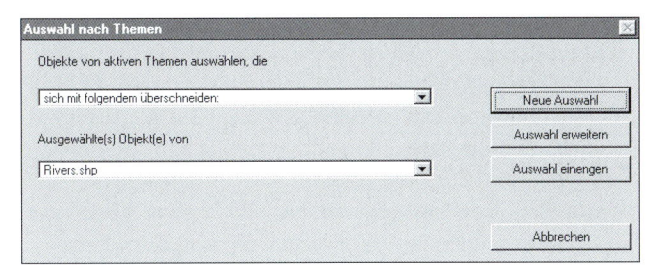

Im oberen Pulldown-Menü des Fensters 'Auswahl nach Themen' geben Sie 'sich mit folgendem überschneiden:' und darunter 'rivers.shp' ein. Betätigen Sie die Schaltfläche 'Neue Auswahl'.

Alle Polygone (Länder), die von der selektierten Linie (Mississippi) durchschnitten werden, sind damit ausgewählt.

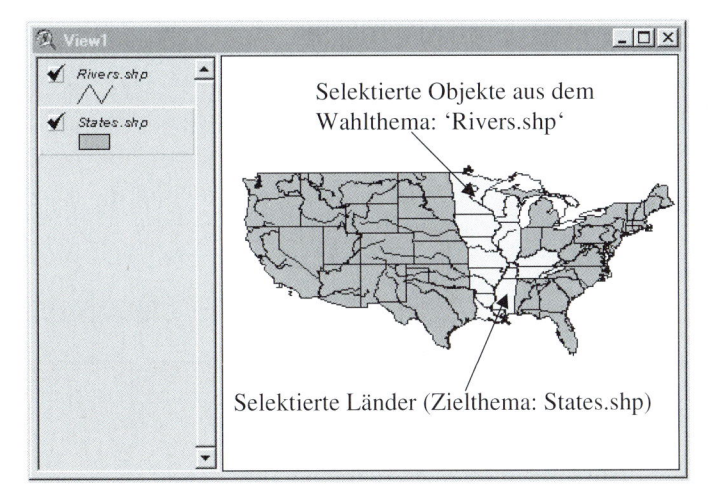

5.5 Objekte in Themen bearbeiten

Themen (Shapethemen) können in ArcView GIS bearbeitet werden. Es ist möglich, sowohl die Geometrie als auch die Attributwerte (Sachdaten) zu bearbeiten. Die Sachdaten zu den Themen sind in Tabellen enthalten. Die Bearbeitung der Attributwerte wird daher ausführlich in Kapitel 6 über Tabellen erläutert. In diesem Abschnitt wird gezeigt, wie die Geometrie eines Themas bearbeitet werden kann. Weiterhin wird erläutert, wie neue Objekte in ein Thema eingefügt und die Stützpunkte der Objekte bearbeitet werden, um deren Gestalt zu verändern. Linien und Polygone können mit Hilfe einer Linie zerteilt werden. Dazu wird erklärt, wie sich die Attributwerte der Objekte bei der Zerteilung verhalten und wie dieses zu beeinflussen ist. Selektierte Objekte können kombiniert, überlagert (zusammengefasst), subtrahiert und verschnitten (Durchschnitt) werden. Hierzu wird ebenfalls erläutert, wie sich die Attributwerte verhalten.

Shapethemen

Um die Geometrie eines Themas zu bearbeiten, muss es im ArcView GIS eigenen Datenformat (Shape) vorliegen. Dieses Datenformat (Shapethema) wird in sogenannten Shapedateien abgelegt. Die Dateien enthalten die Geometrie und die Sachdaten (Attribute) eines Themas, jedoch nicht die Topologie, wie es z. B. ein ARC/INFO-Coverage hat. Für Shapethemen gibt es in ArcView GIS keine Einschränkungen, d. h., Sie können alle ArcView GIS-Funktionen auf Shapethemen anwenden. Ein Shapethema hat folgende Eigenschaften und Vorteile gegenüber anderen Formaten:

- Die Geometrie von Shapedateien kann bearbeitet werden
- Shapethemen werden schneller in ein View gezeichnet
- Es können neue Shapethemen erzeugt werden. Haben Sie z. B. ein großes Thema mit vielen Objekten und benötigen Sie nur einen Teil davon, so können Sie die benötigten Objekte selektieren und als Shapethema speichern, um diese dann zu bearbeiten.
- ARC/INFO kann ArcView GIS-Shapedateien in ARC/INFO-Coverages umsetzen und umgekehrt.

Shapethema aus ARC/INFO-Cover erzeugen
Haben Sie z. B. in einem View ein Thema aus einem ARC/INFO-Coverage geladen und ist dieses Thema im View aktiv, so können Sie es unmittelbar in ein Shapethema umwandeln. Selektieren Sie aus dem aktiven Thema die Objekte, die Sie in ein Shapethema umwandeln wollen (ohne Selektion werden alle Objekte umgewandelt), und wählen Sie das Menü:

View-Menüleiste

Thema:
 In Shape-Datei umwandeln

Geben Sie Namen, Laufwerk und das Verzeichnis der neuen Shapedatei an. Eine Shapedatei hat die Dateierweiterung *.shp. Wurde für das View eine Projektion eingestellt, werden Sie gefragt, ob das Thema in den ursprünglichen oder den projizierten Einheiten gespeichert werden soll.

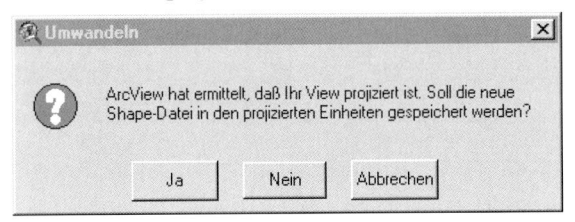

Es entstehen drei Dateien mit den Erweiterungen *.shp, *.dbf und *.shx. Wenn Sie ein Thema weitergeben wollen, müssen Sie alle drei Dateien kopieren. Die Datei mit der Erweiterung *.shp enthält die Geometrie, *.dbf die Sachdaten und *.shx einen Index für die Zuordnung der Objekte zu den Sachdaten.

Sie können das neue Shapethema sofort in ein vorhandenes View einfügen. Geben Sie in dem erscheinenden Dialogfenster 'Ja' ein, um das neue Thema in das View einzufügen. Auf diese Weise wird das Shapethema in das In-

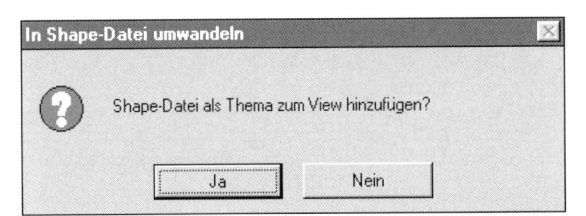

haltsverzeichnis des Views eingetragen und gleichzeitig in das angegebene Datei-Verzeichnis gespeichert. Für die Umwandlung eines Themas in eine Shapedatei muss in der zugehörigen Tabelle das Attribut 'Shape' sichtbar sein (siehe Kapitel 6, 'Tabellen-Eigenschaften').

Shapethemen speichern die Daten immer in doppelter Präzision auf dem Rechner. Beachten Sie aber, dass bei einem Thema mit einfacher Präzision (z. B. PC-ARC/INFO-Cover) dadurch nicht die Genauigkeit verdoppelt wird.

Verwalten von Shapedateien

Themen werden als Shapedateien auf Datenträger abgelegt. Soll ein Thema z. B. von einem Datenträger gelöscht werden, müssen alle zum Thema gehö-

rigen Dateien gelöscht werden. Der Shapedatei-Manager übernimmt diese
Aufgabe. Er wird aufgerufen mit dem Menü:

View-Menüleiste

Datei:
  Datenquellen verwalten

Sie können Themen (Shapedateien) auf dem Datenträger kopieren, löschen und umbenennen.

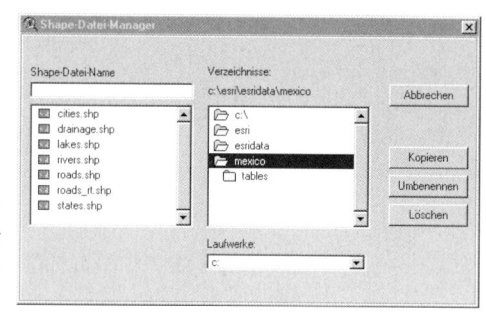

Bearbeitung eines Themas starten und beenden
Die Bearbeitung von Objekten verläuft ähnlich wie die Bearbeitung von Grafiken; jedoch ist hier zunächst die Bearbeitung des Themas zu starten und, wenn gewünscht, eine Einpassung der Objekte möglich. Außerdem können Regeln für die Zuordnung der Attribute festgelegt werden. Es kann immer nur ein Thema zur gleichen Zeit bearbeitet werden. Um die Bearbeitung zu starten, aktivieren Sie das Thema im View und wählen Sie das Menü:

View-Menüleiste

Thema:
  Bearbeitung starten

Im Inhaltsverzeichnis des Views wird die Box neben dem Themennamen gestrichelt umzeichnet. Dies zeigt an, dass der Bearbeitungsmodus eingeschaltet ist.

5.5 Objekte in Themen bearbeiten 103

Beenden Sie die Bearbeitung, so werden Sie gefragt, ob die Veränderungen gespeichert werden sollen. Bedenken Sie, dass bei der Eingabe 'Ja' die entsprechende Datei überschrieben wird. Sie beenden die Bearbeitung mit dem Menü:

View-Menüleiste

Thema:
  Bearbeitung beenden

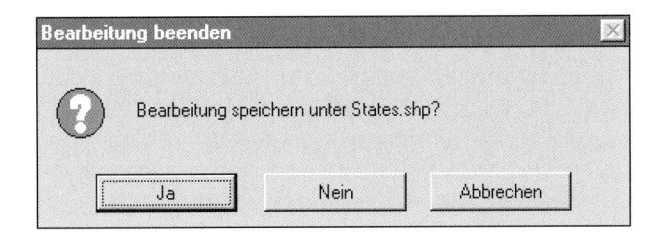

Bearbeitung speichern und rückgängig machen
Zur Speicherung der Bearbeitung von Objekten stehen Menüs zur Verfügung. Sie können während der Bearbeitung die Veränderungen speichern oder in eine neue Shapedatei speichern. Wenn Sie das gesamte Projekt speichern, werden Sie auch gefragt, ob Veränderungen an einem Thema gespeichert werden sollen. Benutzen Sie folgende Menüs:

View-Menüleiste

Thema:
  Änderungen speichern

View-Menüleiste

Thema:
  Änderungen speichern unter

Mit dem folgenden Menü können Sie mehrere Bearbeitungsschritte rückgängig machen. Dabei werden sowohl die Veränderungen in der Geometrie als auch die in den Attributen rückgängig gemacht:

View-Menüleiste

Bearbeiten:
  Bearbeitung von Objekten rückgängig machen ('STRG+Z')

Wollen Sie den letzten rückgängig gemachten Bearbeitungsschritt wieder aufheben, so betätigen sie das Menü:

View-Menüleiste

Bearbeiten:
  Bearbeitung des Objekts wiederherstellen ('STRG+Y')

Objekte in ein Thema einfügen

Zu den Themen eines Views können neue Objekte hinzugefügt werden, und zwar in ein schon vorhandenes Thema oder in ein zuvor neu erstelltes. Es können neue Punkt-, Linien- und Polygonobjekte eingegeben werden. Bedenken Sie, dass es einen Unterschied zwischen Grafiken und Objekten in einem View gibt. Sie fügen in ein View ein Objekt ein, wenn die Bearbeitung des Themas gestartet wurde, sonst fügen Sie eine Grafik ein. Einer Grafik können im Gegensatz zu einem Objekt keine Sachdaten (Attribute) zugeordnet werden.

Das Erzeugen eines neuen Objektes ist denkbar einfach. Dazu verwenden Sie die Pulldown-Werkzeuge in der View-Werkzeugleiste. Achten Sie darauf, dass die Bearbeitung des Themas eingeschaltet ist. Nur so können Sie Objekte einfügen und bearbeiten.

Für ein Punktethema können neue Punkte, für ein Linienthema neue Polygonlinien und für ein Polygonthema können Polygone, Rechtecke und Kreise eingefügt werden. Für jedes neue Objekt entsteht ein Eintrag (neuer Datensatz) in der zugehörigen Tabelle. Die Datensätze müssen aber noch mit Werten besetzt werden. Sehen Sie dazu im Abschnitt 6.3 unter 'Arbeiten mit Datensätzen und Tabellenwerten' nach. Für Linien- und Polygonthemen sollte vor der Eingabe der neuen Objekte die Einpassung definiert werden. Die Einpassung definiert das Zusammenfügen von Objekten so, dass keine Lücken entstehen (z. B. eine neue Linie wird an eine schon vorhandene fest angeschlossen). Lesen Sie dazu über die Einstellung der Eigenschaften eines Themas nach.

Punkte in ein Thema einfügen

Zur Eingabe neuer Punkte laden oder erzeugen Sie ein Punktethema und starten Sie die Bearbeitung, nachdem Sie das Thema im View aktiviert haben, mit dem Menü:

View-Menüleiste

Thema:
  Bearbeitung starten

Betätigen Sie das Werkzeug für die Eingabe von Punkten in der View-Werkzeugleiste und klicken Sie mit der Maus auf die Stelle im View, an der

5.5 Objekte in Themen bearbeiten

der neue Punkt eingefügt werden soll. Es können hier nur Punkte eingefügt werden.

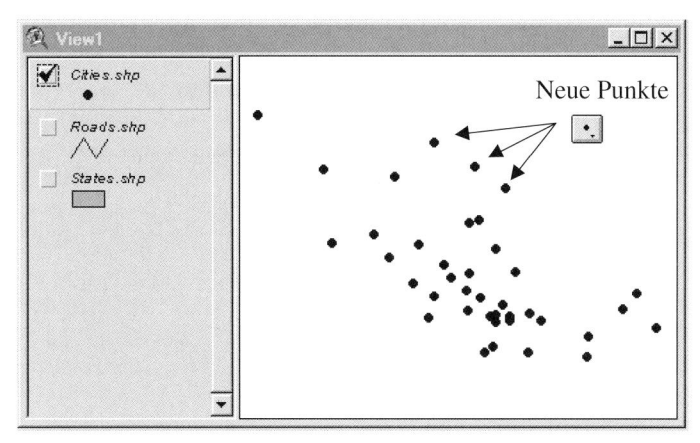

Neue Punkte

Zur Eingabe der Attribute (Sachdaten) für die neuen Punkte rufen Sie die Tabelle zu diesem Thema auf. An das Ende der Tabelle sind für die neuen Objekte Datensätze angefügt, die bearbeitet werden können.

Linien in ein Thema einfügen 
Zur Eingabe neuer Polygonlinien laden Sie ein Linienthema und starten Sie die Bearbeitung, nachdem Sie das Thema im View aktiviert haben. Betätigen Sie das Werkzeug für die Eingabe von Polygonlinien in der View-Werkzeugleiste und klicken Sie mit der Maus auf die Stellen im View, an der der erste und die weiteren Stützpunkte der Linie gesetzt werden sollen. Für den letzten Stützpunkt klicken Sie zweimal.

Soll die neue Linie an schon vorhandene Linien angeschlossen werden (Einpassung), so müssen Sie in den Eigenschaften für das Thema die Einpassung definieren. Aktivieren Sie dazu das Thema im View und betätigen Sie das Menü:

View-Menüleiste

Thema:
  Eigenschaften

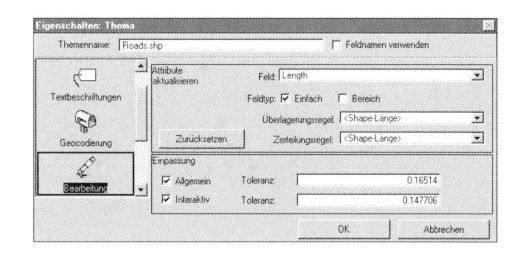

Drücken Sie dort im linken Teil 'Bearbeitung'. Stellen Sie im Fenster für die Einpassung die allgemeine oder die interaktive Einpassung ein. Die allgemeine Einpassung definiert zusammen mit einer einzugebenden Toleranz für alle neuen Stützpunkte das Zusammenfügen an einen schon vorhandenen. Bei der interaktiven Einpassung können Sie für jeden neu einzugebenden Stützpunkt die Art der Einpassung festlegen. Sie können den neuen Stützpunkt an einen Schnittpunkt mehrerer Linien, an das Ende einer Linie, direkt an eine Linie (unabhängig von einem Stützpunkt) oder an einen beliebigen Stützpunkt anschließen.

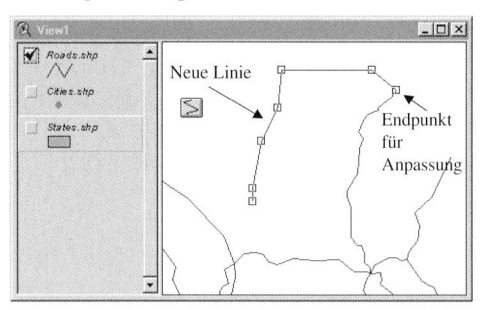

Mit einem Kreuz in der entsprechenden Box wird die jeweilige Einpassung aktiviert und die Toleranz eingegeben. Sie können aber die Einpassung auch im View mit einen Popup-Menü (im View-fenster rechte Maustaste drücken) aktivieren oder deaktivieren. Ebenso kann die Toleranz mit einem Werkzeug in der View-Werkzeugleiste mit der Maus (Kreis aufziehen) eingestellt werden. Mit Hilfe des Popup-Menüs legen Sie bei der interaktiven Einpassung fest, wie die neue Linie an eine vorhandene angeschlossen werden soll. Gehen Sie mit der Maus in das View, drücken Sie die rechte Maustaste.

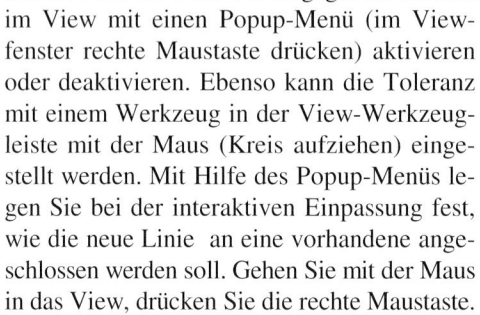

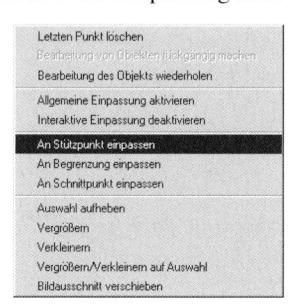

Das Popup-Menü enthält Einträge, um den Anschluss an einen in der Nähe (innerhalb der Toleranz) liegenden Stützpunkt, an das Ende einer Linie, an einen Schnittpunkt zweier oder mehrerer Linien oder direkt an die neue Linie (ohne Berücksichtigung eines Stützpunktes) anzuschließen. Der Toleranzkreis wird während der Bearbeitung im View angezeigt. Sie können die Anzeige mit dem Eintrag 'Einpassungstoleranz-Cursor ein- / ausblenden' im View-Popup-Menü ein- bzw. ausschalten.

Zur Eingabe der Attribute für die neuen Linien rufen Sie die Tabelle zu diesem Thema auf. An das Ende der Tabelle sind für die neuen Objekte Datensätze angefügt, die bearbeitet werden können.

Polygone in ein Thema einfügen
Zur Eingabe neuer Polygone laden Sie ein Polygonthema und starten die Bearbeitung, nachdem Sie das Thema im View aktiviert haben. Betätigen Sie ein Werkzeug für die Eingabe von Polygonen in der View-Werkzeugleiste. Sie können ein Rechteck, einen Kreis oder ein beliebiges Polygon eingeben. Weiterhin ist ein Werkzeug vorhanden, mit dem Sie ein neues Polygon an ein vorhandenes anhängen können. Für die Eingabe eines Rechtecks betätigen Sie das entsprechende Werkzeug und ziehen Sie mit der Maus im View das

5.5 Objekte in Themen bearbeiten

Rechteck auf. Verfahren Sie ebenso mit einem Kreis. Für ein Polygon klicken Sie einmal für jeden Stützpunkt in das View. Ist das Polygon fertig, so klicken Sie zweimal.

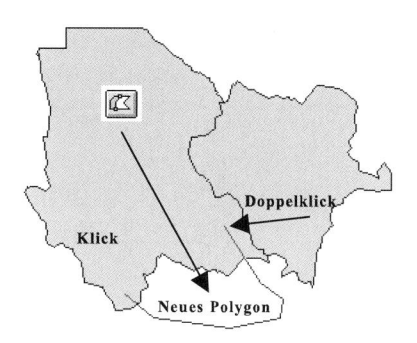

Um ein neues Polygon an ein vorhandenes anzuschließen, benutzen Sie ebenfalls ein Werkzeug aus der View-Werkzeugleiste. Zeichnen Sie das anzuhängende Polygon, wie in der Abbildung zu sehen ist, an ein vorhandenes Polygon. Klicken Sie bei jedem Stützpunkt einmal. Am Ende des Polygons klicken Sie zweimal. Überlappen Sie die Linien des neuen Polygons mit der Grenze des vorhandenen. Die überstehenden Linienstücke werden beim Anfügen des Polygons abgeschnitten. Wo das neue Polygon an die Linie des vorhandenen angeschlossen wird, entscheiden Sie mit der Einstellung für die Einpassung. Drücken Sie im View die rechte Maustaste und wählen Sie im Popup-Menü 'Interaktive Einpassung einschalten'. Aktivieren Sie jetzt nochmals das Popup-Menü. Sie können dann die Art der Einpassung für den nächsten Stützpunkt auswählen. Die Linie des neuen Polygons kann an den nächsten Stützpunkt, direkt an die Linie des vorhandenen Polygons oder an den Schnittpunkt mehrerer Linien angeschlossen werden. Legen Sie dazu vorher die erforderliche Toleranz mit dem Werkzeug für die interaktive Toleranz aus der View-Werkzeugleiste fest.

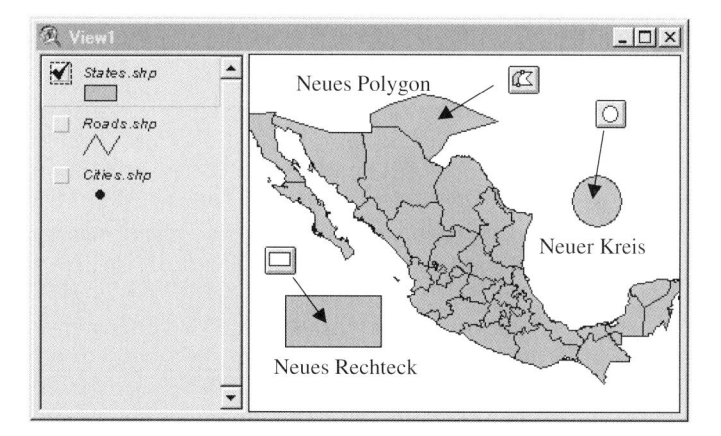

Zur Eingabe der Attribute für die neuen Polygone rufen Sie die Tabelle zu diesem Thema auf. Die Tabelle ist ebenfalls in Bearbeitung, wenn die Bearbeitung des Themas eingeschaltet ist. An das Ende der Tabelle sind für die neuen Objekte Datensätze angefügt, die bearbeitet werden können. Wie Tabellen bearbeitet werden, erfahren Sie im Kapitel über Tabellen.

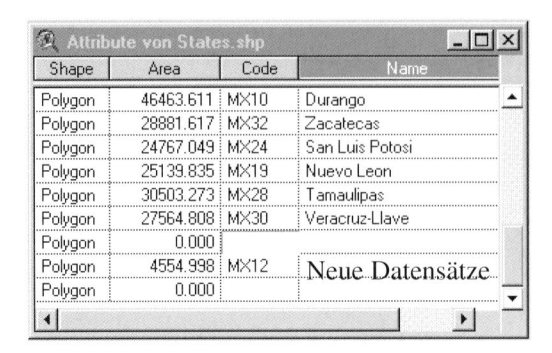

Shape	Area	Code	Name
Polygon	46463.611	MX10	Durango
Polygon	28881.617	MX32	Zacatecas
Polygon	24767.049	MX24	San Luis Potosi
Polygon	25139.835	MX19	Nuevo Leon
Polygon	30503.273	MX28	Tamaulipas
Polygon	27564.808	MX30	Veracruz-Llave
Polygon	0.000		
Polygon	4554.998	MX12	Neue Datensätze
Polygon	0.000		

Objekte bearbeiten

Objekte vergrößern, verschieben und kopieren

Die Objekte in einem Thema können auf verschiedene Art und Weise bearbeitet werden. Sie können verschoben, verkleinert, vergrößert, kopiert, ausgeschnitten und gelöscht werden. Die Stützpunkte (Scheitelpunkte) von Linien und Polygonen können verschoben und gelöscht und es können neue eingefügt werden, um die Form der Objekte zu verändern. Starten Sie zuvor die Bearbeitung des Themas. Die zu bearbeitenden Objekte müssen mit dem Auswahlwerkzeug zuvor selektiert werden. Es können auch mehrere Objekte gleichzeitig bearbeitet werden. Das Verschieben, Vergrößern und Verkleinern der selektierten Objekte wird mit der Maus an den Eckpunkten der Selektionsmarken durchgeführt. Gehen Sie auf einen Eckpunkt und verändern Sie die Größe des Objektes. Zum Verschieben gehen Sie mit dem Mauszeiger in das selektierte Objekt und ziehen es (Maustaste festhalten) an eine beliebige Stelle im View.

Objekte können in die Zwischenablage abgelegt und somit kopiert werden. Es gibt folgende Möglichkeiten:

Ein **Objekt ausschneiden** bedeutet, es aus dem Thema zu entfernen und in die Zwischenablage abzulegen:

<u>View-Menüleiste</u>

Bearbeiten:
  Objekte ausschneiden ('STRG+X')

Ein **Objekt kopieren** bedeutet, es in die Zwischenablage abzulegen:

View-Menüleiste

Bearbeiten:
 Objekte kopieren ('STRG+C')

Ein **Objekt** aus der Zwischenablage wird **einfügt** mit:

View-Menüleiste

Bearbeiten:
 Einfügen ('STRG+V')

Sie **löschen** ein **Objekt** mit dem Menü:

View-Menüleiste

Bearbeiten:
 Objekte löschen ('Entf')

Stützpunkte von Linien/Polygonen verschieben, löschen und einfügen
Bei Linienzügen und Polygonen können Sie neue Stützpunkte einfügen, vorhandene löschen und verschieben. Starten Sie die Bearbeitung des Themas und betätigen Sie das Bearbeitungswerkzeug in der View-Werkzeugleiste. Klicken Sie auf eine Linie eines Linienzuges oder eines Polygons im View. Die Stützpunkte werden als kleine Quadrate angezeigt. Zum Einfügen eines neuen Stützpunktes gehen Sie mit der Maus (ohne zu drücken) auf eine Linie. Der Cursor wird zum 'Plussymbol'. Drücken Sie jetzt die Maustaste und der neue Stützpunkt wird eingefügt. Sie verschieben einen Stützpunkt, indem Sie ihn mit der Maus auf eine neue Stelle ziehen. Zum Löschen fahren Sie mit der Maus auf den Stützpunkt (ohne die Maustaste zu drücken) und betätigen die Taste 'Entf' auf der Tastatur.

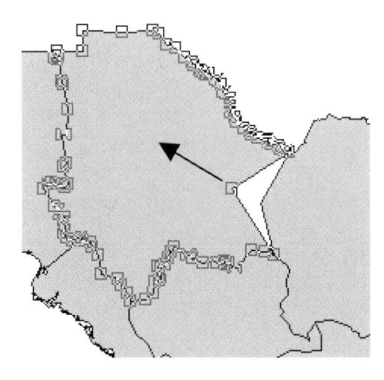

Haben zwei benachbarte Polygone eine gemeinsame Begrenzung, so können Sie entweder die Begrenzung gemeinsam verschieben oder nur die eines Polygons. Betätigen Sie das Werkzeug zur Bearbeitung und klicken Sie in eines der beiden Polygone. Die Stützpunkte werden sichtbar. Sie können jetzt den Stützpunkt eines Polygons, wie oben beschrieben, verschieben oder löschen.

Klicken Sie auf die gemeinsame Linie der beiden Polygone, so können Sie die Begrenzung beider Polygone verschieben. Die Enden des gemeinsamen Verlaufs der Grenzlinien sind durch runde Stützpunkte gekennzeichnet.

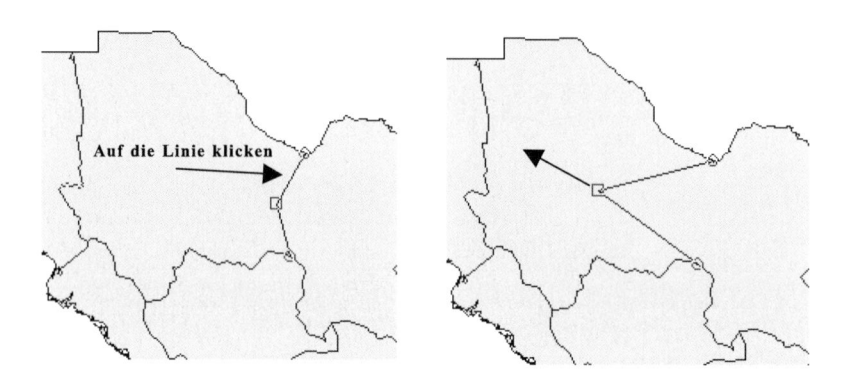

Bei Linienobjekten mit gemeinsamem Verlauf ist die Bearbeitung ähnlich. Klicken Sie auf den gemeinsamen Teil der Linien, so können die Stützpunkte beider Linien gleichzeitig verschoben werden. Klicken Sie außerhalb des gemeinsamen Bereiches auf eine Linie, so können Sie nur die Stützpunkte dieser Linie im gemeinsamen Verlauf verschieben. Auch bei Linien sind die Enden des gemeinsamen Verlaufs durch runde Stützpunkte gekennzeichnet.

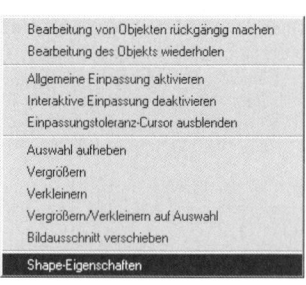

Die Form und Lage von Objekten eines Themas in einem View kann auch durch direkte Eingabe der Koordinatenwerte der Stützpunkte von Polygon-, Linien- und Punktethemen bearbeitet werden. Ebenso können Grafiken im View bearbeitet werden. Um die Objekte zu bearbeiten, aktivieren Sie das zugehörige Thema im View-Inhaltsverzeichnis und starten Sie die Bearbeitung des Themas. Selektieren Sie mit dem Bearbeitungswerkzeug in der View-Werkzeugleiste das zu bearbeitende Objekt und drücken Sie die rechte Maustaste. Aus dem Popup-Menü wählen Sie den Eintrag 'Shape-Eigenschaften'. In dem erscheinenden Fenster werden für alle Stützpunkte des selektierten Objektes die Koordinatenwerte angezeigt.

Durch Klicken auf die Koordinatenwerte wird ein Punkt selektiert und im View durch einen schwarzen Punkt angezeigt (siehe folgende Abbildung). Wollen Sie die Lage des Punktes exakt durch Angabe von neuen Koordinatenwerten ändern, so betätigen Sie den Schalter 'Bearbeiten'. Durch die Eingabe neuer Werte und drücken von 'OK' wird der Punkt verschoben. Ein markierter Punkt kann mit dem Schalter 'löschen' gelöscht werden. Um einen neuen Punkt mit exakt vorgegebenen Koordinatenwerten einzugeben, betätigen Sie den Schalter 'Hinzufügen' und geben Sie die Werte ein. Bei Veränderung der Form von Polygon-Objekten ändert sich im allgemeinen der Flächeninhalt und bei Linien-Objekten die Länge. Sie können diese Attribute neu berechnen lassen, wenn Sie in die Box 'Shape-Attribute aktualisieren' klicken. Bedenken Sie, dass zur Berechnung die Karteneinheiten des Views (View-Eigenschaften) benutzt werden. Diese müssen richtig eingestellt sein.

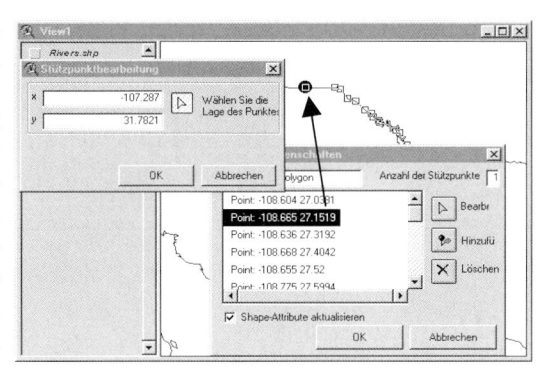

Polygone und Linien zerschneiden 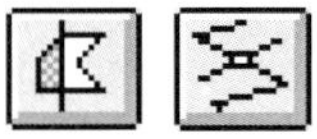
Polygone und Linien können mit Hilfe einer Linie zerschnitten werden. Dafür gibt es zwei Werkzeuge in der View-Werkzeugleiste, die nur dann zu betätigen sind, wenn die Bearbeitung des Themas gestartet worden ist. Bevor Sie ein Objekt zerschneiden, sollten die Regeln für die Attribute (Sachdaten) der neu entstehenden Objekte festgelegt werden. Es gibt unterschiedliche Regeln für Linien und Polygone. Im folgenden wird gezeigt, wie das Zerschneiden durchgeführt wird und welche Regeln für die Attribut-Zuordnung möglich sind.

Linie einfügen zum Teilen von Polygonen
Aktivieren und zeichnen Sie ein Polygonthema in einem View und stellen Sie die Eigenschaften 'Bearbeitung' für das Zerschneiden ein mit dem Menü:

View-Menüleiste

Thema:
    Eigenschaften

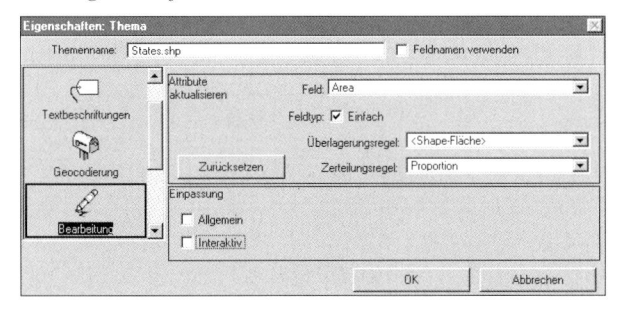

Unter 'Attribute aktualisieren' kann für jedes Attribut unter 'Feld' die Regel der Attribut-Zuordnung eingestellt werden. Betätigen Sie das Pulldown-Menü 'Zerteilungsregel' und stellen Sie für das unter 'Feld' angegebene Attribut den gewünschten Wert ein. Der Schalter 'Zurücksetzen' setzt die Standardregeln (Default). Es gibt folgende Möglichkeiten für die Zuordnung der Attribute beim Zerteilen von Polygonen:

Leer
Die Attributwerte der getrennten Polygone bleiben leer.

Kopieren
Die Attributwerte der Polygone vor der Trennung (Zerschneiden) werden in die Datensätze der getrennten Polygone kopiert.

Proportion
Die Attributwerte für die getrennten Polygone werden proportional zu den erzeugten Flächengrößen aus den Attributwerten der Polygone vor der Trennung berechnet.

Shape-Fläche (nur bei Polygonthemen)
Zu den Attributen der getrennten Polygone werden die entsprechenden Flächengrößen berechnet. Die Berechnungsgrundlage ist die Karteneinheit, die unter den View-Eigenschaften eingestellt wird.

Shape-Umkreis (nur bei Polygonthemen)
Zu den Attributen der getrennten Polygone wird der entsprechende Umfang berechnet. Auch hier ist die Berechnungsgrundlage die Karteneinheit, die unter den View-Eigenschaften eingestellt wird.

Drücken Sie im Eigenschaften-Fenster auf 'OK'. Starten Sie die Bearbeitung des Themas und betätigen Sie das Werkzeug zum Teilen von Polygonen in der View-Werkzeugleiste. Zeichnen Sie die Trennlinie durch die Polygone. Doppelklicken Sie am Ende der Trennlinie. Die Trennung wird geometrisch durchgeführt und die Attribute entsprechend der Vorgaben in die Tabelle eingetragen.

Die beiden Abbildungen (vor und nach der Trennung)

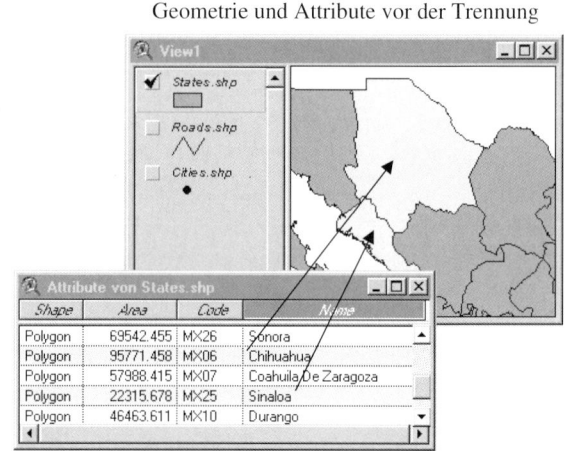

zeigen das Zerschneiden von zwei Polygonen mit den Trennungs-Regeln 'Proportion' für das Attribut 'Area' und 'Kopieren' für die Attribute 'Code' und 'Name'.

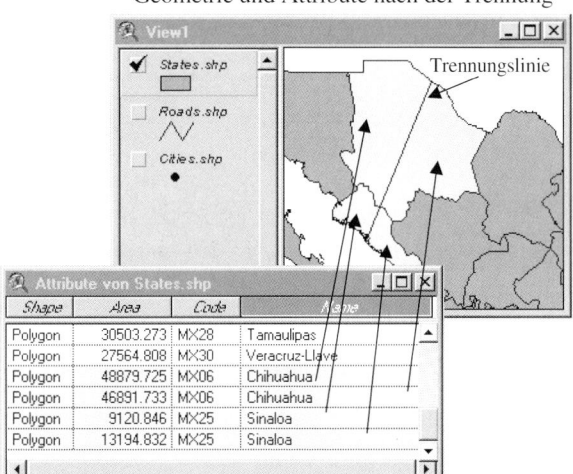

Geometrie und Attribute nach der Trennung

Linie einfügen zum Teilen von Linien
Aktivieren und zeichnen Sie ein Linienthema in einem View und und stellen Sie wie bei einem Polygonthema die Eigenschaften 'Bearbeitung' für das Zerschneiden ein. Betätigen Sie für jedes Attribut das Pulldown-Menü 'Zerteilungsregel'. Es gibt bei Linienthemen folgende Möglichkeiten:

Leer
Die Attributwerte in den getrennten Linien bleiben leer.

Kopieren
Die Attributwerte der Linien vor der Trennung werden in die Tabelle der getrennten Linien kopiert.

Proportion
Die Attributwerte für die getrennten Linien werden proportional zu den erzeugten Linienlängen aus den Attributwerten der Linien vor der Trennung berechnet.

Shape-Länge (nur bei Linienthemen)
Zu den Attributen der getrennten Linien wird die entsprechende Linienlänge berechnet. Auch hier ist die Berechnungsgrundlage die Karteneinheit, die unter den View-Eigenschaften eingestellt wird.

Drücken Sie im Eigenschaften-Fenster auf 'OK'. Betätigen Sie das Werkzeug zum Teilen von Linien in der View-Werkzeugleiste und zeichnen Sie die Trennlinie. Doppelklicken Sie am Ende der Trennlinie. Die Trennung wird geometrisch durchgeführt und die Attribute entsprechend der Vorgaben in die Tabelle eingetragen.

Bei Linienthemen haben Sie die Möglichkeit, bei den Eigenschaften unter 'Feldtyp' die Box 'Einfach' oder 'Bereich' auszuwählen. Bei 'Einfach' wird nur das unter 'Feld' angegebene Attribut zur Bestimmung der neuen Attributwerte berücksichtigt. Wählen Sie 'Bereich', so wird zusätzlich ein zweites Attribut für die Berechnung mitbenutzt. Haben Sie z. B. eine Linie, deren Attributwerte sich längs der Strecke ändern, so kann diese Änderung mit zwei Attributen beschrieben werden. Das erste Attribut definiert den Wert am Anfang, das zweite den Wert am Ende der Strecke. Auf diese Weise wird ein Bereich definiert. Zerschneiden Sie eine Linie, so wird auch dieser Bereich zerschnitten. Dies muss für die resultierenden Linien berücksichtigt werden. Ein Beispiel ist die Nummerierung von Häusern längs einer Straße. Die Hausnummern am Anfang und am Ende einer Straße werden durch zwei Attribute beschrieben.

Die nebenstehende Abbildung zeigt ein Beispiel. Geben Sie unter 'Feld' das Attribut für den Anfangswert und unter 'Gekoppeltes Feld' das für den Endwert der Strecke ein. Für den Bereichstyp können Sie 'Adressen' oder 'Fortlaufend' eingeben. 'Adressen' führt die Bereichsberechnung für Adressenthemen und 'Fortlaufend' für kontinuierliche Attribute durch. In diesem Beispiel (Abbildung) wird die 'C-Straße' geteilt. Die Werte für den Anfangs- und Endwert der geteilten Linien wurden entsprechend der erzeugten Längen berechnet.

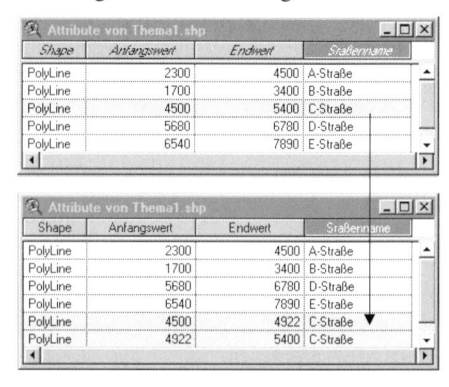

Objekte zusammenfassen und überschneiden

Sie können selektierte Linien bzw. Polygone in einem Thema zusammenfassen. Polygone können weiterhin kombiniert, subtrahiert oder deren überlappende Flächen (Durchschnitt) berechnet werden.

Zusammenfassung von Polygonen bzw. Linien

Aktivieren Sie ein Linien- oder ein Polygonthema und starten Sie die Bearbeitung. Stellen Sie die Eigenschaften 'Bearbeitung' des Themas ein. Im Eigenschaften-Fenster werden unter 'Attribute aktualisieren' die Regeln für die Attribut-Zuordnung (Überlagerungsregel) eingestellt. Diese bestimmen, wie die Attribute des zusammengefassten Polygons aus den Attributwerten der Ausgangspolygone berechnet werden. Sie haben folgende Möglichkeiten für die 'Überlagerungsregel':

Leer
Der Attributwert des zusammengelegten Polygons bleibt leer.

Kopieren
Der Attributwert des zusammengelegten Polygons bekommt den ersten in der Tabelle der Ausgangspolygone gefundenen Datensatz zugewiesen.

Proportion
Der Attributwert des zusammengelegten Polygons ist proportional zu den Flächengrößen der Ausgangspolygone.

Hinzufügen
Der Attributwert des zusammengelegten Polygons ist die Summe der Attributwerte der Ausgangspolygone.

Mittelwert
Der Attributwert des zusammengelegten Polygons ist der Mittelwert, gebildet aus den Attributwerten der Ausgangspolygone.

Shape-Länge (nur bei Linienthemen)
Der Attributwert der zusammengelegten Linie ist dessen Linienlänge. Die Berechnungsgrundlage ist die Karteneinheit, die unter den View-Eigenschaften eingestellt wird.

Shape-Fläche (nur bei Polygonthemen)
Der Attributwert des zusammengelegten Polygons ist dessen Flächengröße. Die Berechnungsgrundlage ist die Karteneinheit, die unter den View-Eigenschaften eingestellt wird.

Shape-Umfang (nur bei Polygonthemen)
Der Attributwert des zusammengelegten Polygons ist dessen Umfang. Auch hier ist die Berechnungsgrundlage die Karteneinheit, die unter den View-Eigenschaften eingestellt wird.

Für die Zusammenfassung von Linien und von Polygonen starten Sie die Bearbeitung des Themas und selektieren Sie die entsprechenden Linien- bzw. Polygon-Objekte mit dem Werkzeug in der View-Werkzeugleiste. Die Zusammenfassung erfolgt mit dem Menü:

View-Menüleiste

Bearbeiten:
   Objekte überlagern

Beispiel: Zusammenfassung von Polygonen

Das folgende Beispiel zeigt die Zusammenlegung von drei Polygonen, wobei das Attribut 'Area' des neuen (zusammengefassten) Polygons die Summe der Attribute der Ausgangspolygone sein soll. Die anderen Attribute werden aus den Attributen der Ausgangspolygone übernommen (kopiert). Aktivieren, zeichnen und starten Sie die Bearbeitung für ein Polygonthema in einem View (z. B.: c:\esri\esridata\mexico\states.shp). Stellen Sie zuerst die Eigenschaften 'Bearbeitung' ein mit dem Menü:

View-Menüleiste

Thema:
   Eigenschaften

Geben Sie im Eigenschaften-Fenster unter 'Feld' den Wert 'Area' und für die Überlagerungsregel 'Hinzufügen' ein. Diese Einstellung bewirkt die Aufsummierung der Attributwerte der Ausgangspolygone für das zusammengefasste Polygon. Sie müssen für jedes Attribut im Pulldown-Menü 'Feld' eine Regel im Pulldown-Menü 'Überlagerungsregel' festlegen. Für alle anderen Attribute setzen Sie die Überlagerungsregel auf 'Kopieren'. Diese Regel bewirkt, dass der erste in der Tabelle der Ausgangspolygone gefundene Attributwert dem zusammengefassten Polygon zugeordnet wird. Drücken Sie im Eigenschaften-Fenster 'OK'.

5.5 Objekte in Themen bearbeiten 117

Markieren Sie die Polygone, die Sie zusammenfassen wollen mit der Maus und gedrückter SHIFT-Taste. Drücken Sie zuvor das Auswahlwerkzeug in der View-Werkzeugleiste.

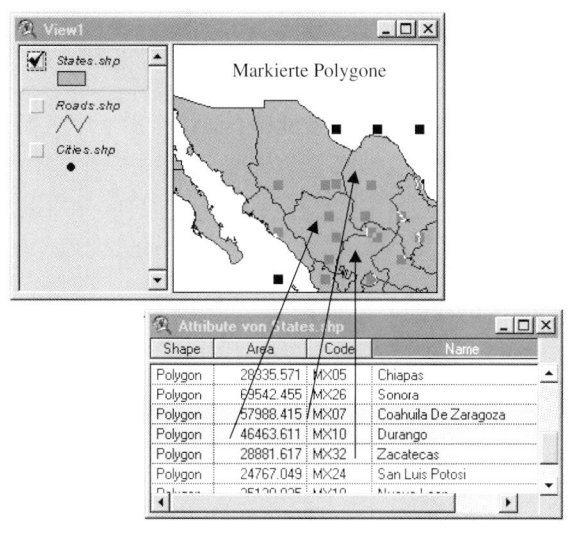

Die Zusammenfassung erfolgt mit dem Menü:

View-Menüleiste

Bearbeiten:
  Objekte überlagern

Die folgende Abbildung zeigt die zusammengefassten Polygone und die Zuordnung der Attribute. Stellen Sie den Legendentyp des Themas auf Einzelsymbol, damit die zusammengefügten Polygone auch angezeigt werden.

Kombinieren von Polygonen
Mehrere selektierte Polygone können so zusammengefasst werden, dass der gemeinsame Teil (Durchschnitt) ausgeblendet wird. Gehen Sie so vor, wie

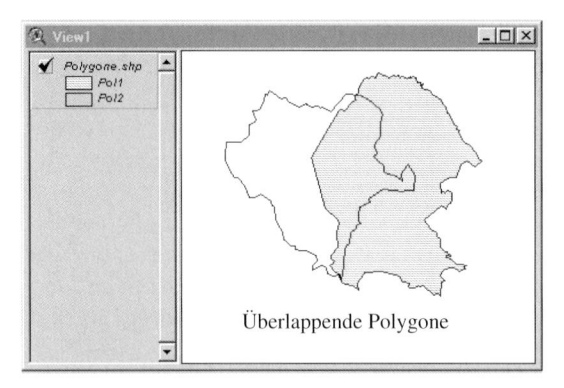

Überlappende Polygone

im vorstehenden Beispiel. Starten Sie die Bearbeitung, setzen Sie die Regeln für die Attribut-Zuordnung und betätigen Sie das Menü:

View-Menüleiste

Bearbeiten:
  Objekte kombinieren

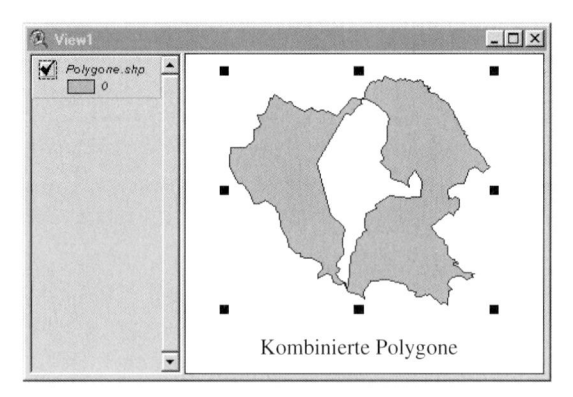

Kombinierte Polygone

Subtrahieren von Polygonen
Hierbei wird der Teil des Polygons abgezogen, der von einem anderen Polygon überdeckt wird. Um die Subtraktion umgekehrt auszuführen, betätigen Sie die 'SHIFT'-Taste zusammen mit dem folgenden Menü:

View-Menüleiste

Bearbeiten:
  Objekte subtrahieren

5.5 Objekte in Themen bearbeiten

Subtrahierte Polygone

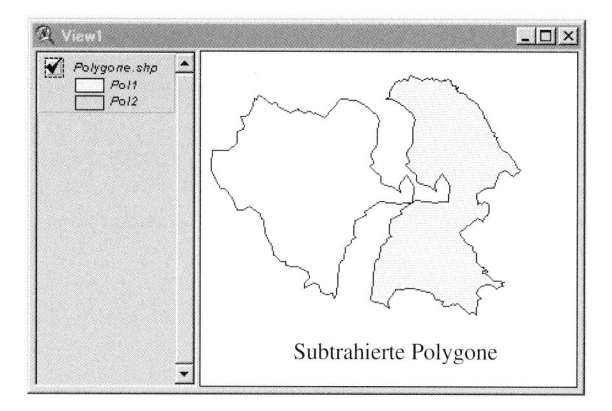

Überlappende Bereiche von Polygonen finden
ergibt als Ergebnis den Durchschnitt (gemeinsamer Teil) aller selektierten Ausgangspolygone. Betätigen Sie das Menü:

View-Menüleiste

Bearbeiten:
   Sich überschneidende Objekte

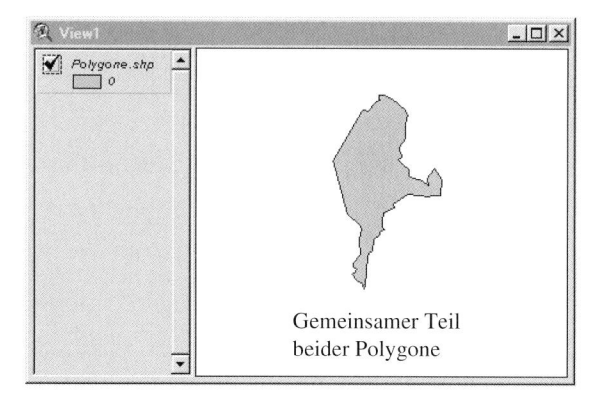

Gemeinsamer Teil beider Polygone

Übung: Bearbeiten von Objekten

1) Laden Sie folgende zwei Themen in ein View:

   c:\esri\esridata\canada\roads.shp
   c:\esri\esridata\canada\province.shp

2) Aktivieren und zeichnen Sie das Thema 'roads.shp'. Starten Sie die Bearbeitung und selektieren Sie eine Linie. Löschen und verschieben Sie Stützpunkte. Fügen Sie neue Stützpunkte ein.

3) Aktivieren und zeichnen Sie das Thema 'province.shp'. Starten Sie die Bearbeitung und selektieren Sie ein Polygon. Löschen und verschieben Sie Stützpunkte. Wählen Sie Polygone mit gemeinsamen Grenzen.

4) Fügen Sie im Thema 'province.shp' an ein vorhandenes Polygon ein neues so hinzu, dass der Anfangspunkt an einen Schnittpunkt und der Endpunkt an einen beliebigen Stützpunkt eingepasst (zusammengefügt) wird (interaktive Einpassung).

Hinweise zur Übung

zu 1) Benutzen Sie das Werkzeug in der View-Werkzeugleiste.

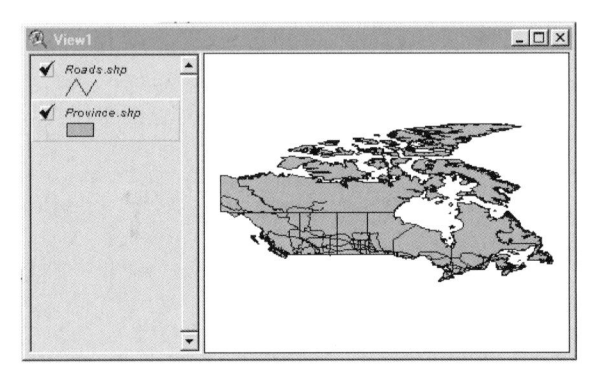

zu 2) Vergrößern Sie die Ansicht des Themas und betätigen Sie das Bearbeitungswerkzeug nachdem Sie die Bearbeitung gestartet haben.

zu 3) Vergrößern Sie die Ansicht des Themas und betätigen Sie das Bearbeitungswerkzeug wie unter Aufgabe 2. Klicken Sie in ein Polygon und verschieben Sie einen Stützpunkt. Machen Sie die Bearbeitung rückgängig und klicken Sie in ein benachbartes Polygon. Verschieben Sie auch hier einen Stützpunkt. Machen Sie auch diese Bearbeitung rück-

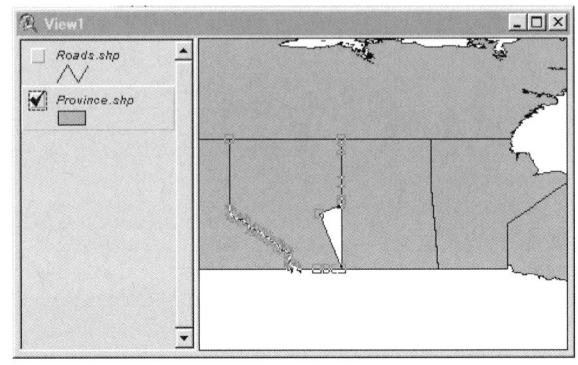

5.5 Objekte in Themen bearbeiten 121

gängig und klicken Sie auf die gemeinsame Linie zweier benachbarter Polygone. Verschieben Sie einen Stützpunkt.

zu 4) Benutzen Sie das Werkzeug zum Anfügen von Polygonen und die interaktive Einpassung, die mit der rechten Maustaste aktiviert wird. Legen Sie zuerst eine Toleranz mit dem Werkzeug in der View-Werkzeugleiste für die interaktive Einpassung fest. Vor jedem Einfügen eines neuen Stützpunktes muss festgelegt werden, wie die Einpassung erfolgen soll. Benutzen Sie dazu das Popup-Menü im View (rechte Maustaste).

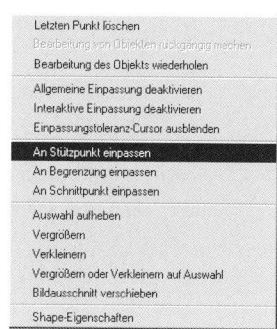

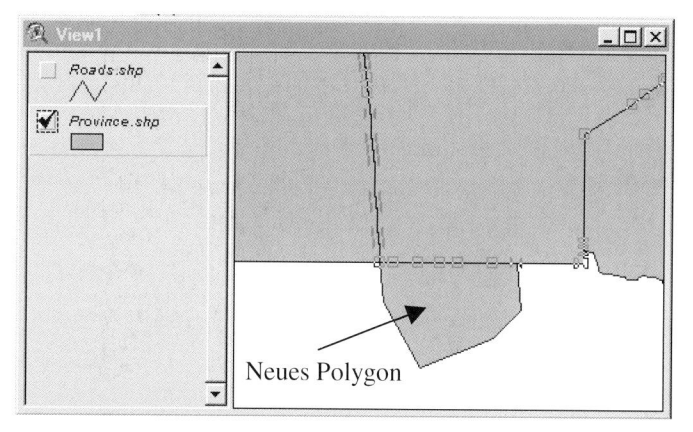

Übung: Zerschneiden von Objekten

1) Laden Sie folgende Themen in ein View:

c:\esri\esridata\usa\states.shp
c:\esri\esridata\usa\roads.shp

2) Aktivieren und zeichnen Sie das Thema 'states.shp'. Zerteilen Sie zwei Polygone im Thema 'states.shp'. Dabei sollen die Attribute 'Pop1990', 'Pop1997' und 'Area' proportional zu den erzeugten Flächengrößen auf die neuen Teilpolygone verteilt werden. Die anderen Attribute können beliebig eingestellt werden.

3) Zerteilen Sie eine Linie im Thema 'roads.shp'. Dabei soll das Attribut 'Length' proportional zu den erzeugten Linienlängen auf die neuen Teillinien verteilt werden. Die anderen Attribute sollen leer bleiben.

Hinweise zur Übung

zu 1) Benutzen Sie das Werkzeug in der View-Werkzeugleiste

zu 2) Starten Sie die Bearbeitung des Themas 'states.shp'. Stellen Sie zunächst die Zerteilungsregeln mit den Eigenschaften des Themas für alle Attribute ein. Betätigen Sie das Werkzeug zum Zerteilen von Polygonen und kontrollieren Sie in der Tabelle des Themas 'states.shp', ob die Attribute entsprechend der Teilungsregeln berechnet wurden.

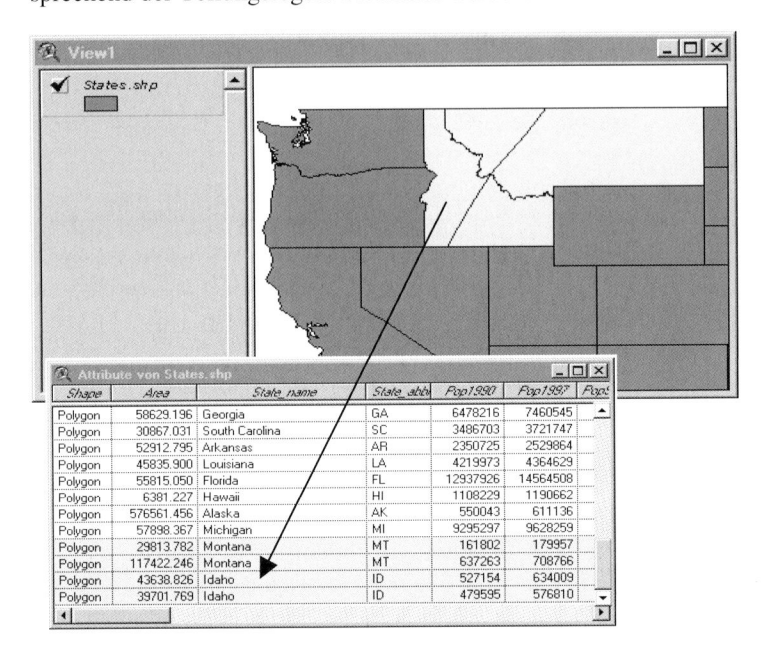

zu 3) Verfahren Sie wie unter Aufgabe 2.

Übung: Überlagern von Objekten

1) Laden Sie folgendes Thema in ein View:

   c:\esri\esridata\mexico\states.shp

2) Schneiden Sie aus dem Gebiet des Staates **'Durango'** ein Gebiet in Form eines Kreises heraus.

3) Entfernen Sie das Gebiet aus dem Staat **'Durango'**, das außerhalb des Kreises von Aufgabe 2 liegt.

5.5 Objekte in Themen bearbeiten 123

4) Wählen Sie das Thema 'roads.shp' und verlängern Sie dort eine Straße. Das neue Straßenstück soll direkt an das bestehende angeschlossen werden (Allgemeine Einpassung).

Hinweise zur Übung

zu 1) Benutzen Sie das Werkzeug in der View-Werkzeugleiste

zu 2) Finden Sie durch eine Abfrage heraus, welche Fläche der Staat **'Durango'** ist. Starten Sie die Bearbeitung des Themas und fügen Sie einen Kreis ein. Selektieren Sie den Kreis und den Staat **'Durango'** und betätigen Sie folgendes Menü *'Bearbeiten: Objekt kombinieren'* in der View-Menüleiste. Die Legende des Themas muss auf Einzelsymbol gesetzt werden.

zu 3) Machen Sie zunächst die Bearbeitung aus 2) rückgängig (Pulldown-Menü: rechte Maustaste). Selektieren Sie den Kreis und den Staat **'Durango'** (SHIFT-Taste drücken) und betätigen Sie das Menü *'Bearbeiten: Sich überschneidene Objekte'* in der View-Menüleiste**.**

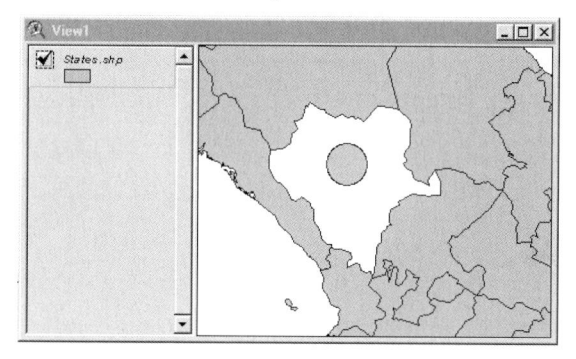

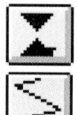

zu 4) Aktivieren Sie die allgemeine Einpassung (Popup-Menü) und setzen Sie die Toleranz mit dem Werkzeug in der View-Werkzeugleiste. Fügen Sie die neue Linie an eine vorhandene so an, dass die Linien fest verbunden sind. Benutzen Sie das Werkzeug in der View-Werkzeugleiste.

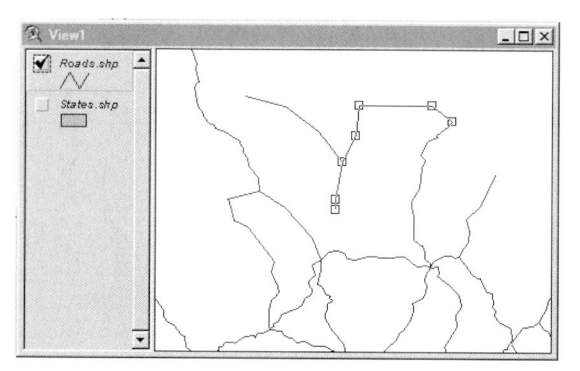

5.6 Legende für Objektthemen erstellen

Legenden-Editor für Objektthemen

Zu jedem Thema in einem View kann eine Legende erstellt werden. In einer Legende wird festgelegt, mit welchem Symbol und welcher Farbe ein Objekt gezeichnet wird. Dabei können alle Objekte das gleiche oder auch verschiedene Symbole haben. Für die Erstellung der Legende eines Themas wird der Legenden-Editor aufgerufen. Für Objektthemen (Punkte, Linien, Polygone) und Bildthemen (Images, Raster, Grids) gibt es unterschiedliche Legenden-Editoren. In diesem Abschnitt wird der Legenden-Editor für Objektthemen und in Abschnitt 5.9 der Legenden-Editor für Bildthemen erläutert. Die erstellte Legende erscheint im View-Inhaltsverzeichnis und kann auch in ein Layout eingefügt werden.

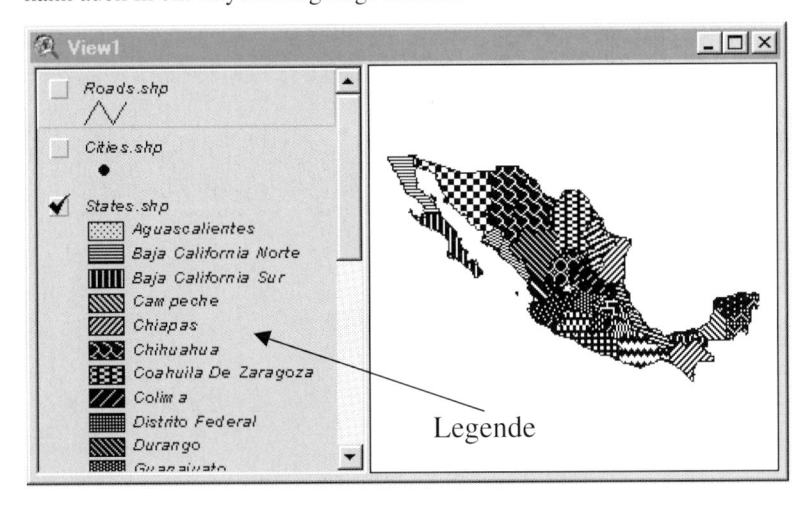

Mit dem Legenden-Editor können Sie:

- Objekte mit unterschiedlichen Legendentypen zeichnen
- jedem Objekt Farbe und Symbol individuell zuordnen
- verschiedene Klassifizierungsmethoden verwenden
- jedem Objekt ein Spalten- oder Kreisdiagramm zuordnen
- Statistiken mit den Attributwerten berechnen
- Punkte- und Linien-Symbole skalieren
- Legenden speichern und laden
- die Symbolpaletten aufrufen, um Symbole auszuwählen und zu ändern.

5.6 Legende für Objektthemen erstellen

Für die Erstellung oder Bearbeitung von Legenden starten Sie den Legenden-Editor. Aktivieren Sie das Thema, für das Sie eine Legende erstellen oder bearbeiten wollen. Klicken Sie zweimal auf den Namen des Themas im View-Inhaltsverzeichnis oder starten Sie das Menü:

View-Menüleiste

Thema:
  Legende bearbeiten

Mit der 'Schaltfläche für den Legenden-Editor' in der View-Schaltflächenleiste können Sie ebenfalls den Legenden-Editor aufrufen.

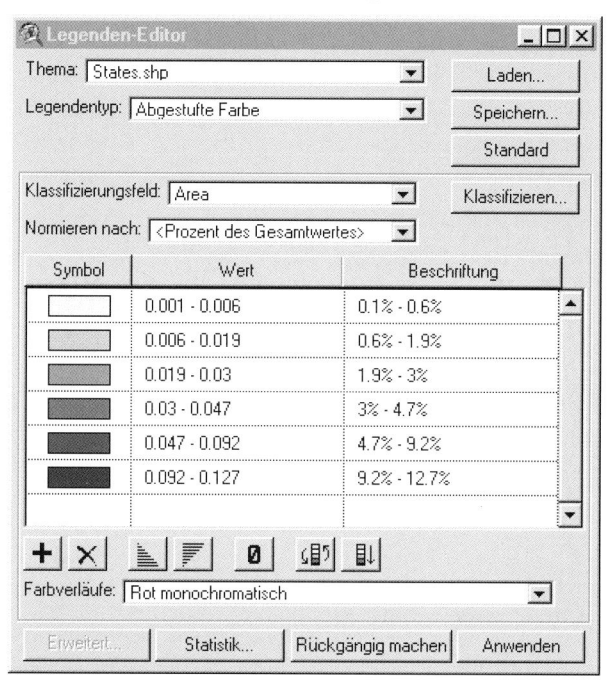

```
Legenden-Editor
Thema: States.shp
Legendentyp: Abgestufte Farbe         Laden...
                                      Speichern...
                                      Standard
Klassifizierungsfeld: Area            Klassifizieren...
Normieren nach: <Prozent des Gesamtwertes>

Symbol    Wert              Beschriftung
          0.001 - 0.006     0.1% - 0.6%
          0.006 - 0.019     0.6% - 1.9%
          0.019 - 0.03      1.9% - 3%
          0.03 - 0.047      3% - 4.7%
          0.047 - 0.092     4.7% - 9.2%
          0.092 - 0.127     9.2% - 12.7%

Farbverläufe: Rot monochromatisch

Erweitert...  Statistik...  Rückgängig machen  Anwenden
```

Eine Legende kann im View-Inhaltsverzeichnis für ein aktives Thema ein- und ausgeschaltet werden und zwar über das Menü:

View-Menüleiste

Thema:
  Legende ausblenden / anzeigen

Bei sehr langen Legenden kann die Anzeige im View zu unübersichtlich werden. Sie sollte dann ausgeblendet werden. Ausgeblendete Legenden sind nicht gelöscht, sondern nur nicht sichtbar und können im Layout und zum Ausdrucken vollständig genutzt werden.

Legendentypen

Für die Erstellung und Bearbeitung der Legende starten Sie den Legenden-Editor, der verschiedene Schaltflächen und Pulldown-Menüs besitzt. Der Legenden-Editor ist je nach Objekt (Punkt, Linie, Polygon) und Legendentyp unterschiedlich. Für jede Legende müssen Sie zunächst im Legenden-Editor das zugehörige Thema und den Legendentyp festlegen. Im Pulldown-Menü 'Thema' des Legenden-Editors stehen alle aktiven Themen des Views zur Auswahl. Welche Legende benutzt werden soll, wird unter 'Legendentyp' eingestellt. Für Punkte- und Linienthemen stehen folgende Legendentypen zur Auswahl:

- Einzelsymbol-Legende
- Legende mit abgestuften Farben
- Legende mit abgestuften Symbolen
- Einzelwert-Legende
- Diagramm-Legende.

Für Polygonthemen gibt es keine Legende mit abgestuften Symbolen, sondern eine:

- Punktedichte-Legende.

Eine Legende kann gespeichert und bei Bedarf wieder geladen werden. Dazu dienen die Schaltflächen 'Laden' und 'Speichern' im Legenden-Editor. Die Schaltfläche 'Standard' setzt den Legenden-Editor auf den ursprünglichen Zustand (Default) zurück.

Für die Konstruktion einer Legende ist ein Überblick über die zu bearbeitenden Attributdaten wichtig. Mit der Schaltfläche 'Statistik' können Sie eine Statistik erstellen. Im 'Statistik'-Fenster wird unter 'Feld' das Attribut angegeben, für das die Statistik berechnet werden soll. Es wird das Minimum, das Maximum, die Anzahl der Werte, die Summe, der Mittelwert und die Standardabweichung berechnet.

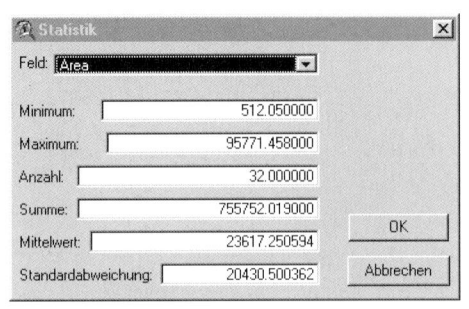

Mit der Schaltfläche 'Erweitert' kann für Punkte- und Linienthemen ein Maßstab für die Darstellung der Symbole im View eingestellt werden. Für

5.6 Legende für Objektthemen erstellen 127

Punktethemen kann außerdem die Drehung der Symbole in Abhängigkeit eines Attributs eingestellt werden.

Ist die Legende fertiggestellt, so drücken Sie den Schalter 'Anwenden'. Dadurch erscheint die Legende im View. Mit dem Schalter 'Rückgängig machen' können Sie bis zu fünfmal die Betätigung des Schalters 'Anwenden' rückgängig machen. Es stehen somit die letzten fünf Versuche, eine Legende zu erstellen, zur Verfügung.

Welche Legendentypen in ArcView GIS möglich sind, wird im folgenden gezeigt.

Einzelsymbol-Legende
Die Einzelsymbol-Legende weist jedem Objekt das gleiche Symbol zu: Farbe, Muster und Form sind identisch. Dies ist die einfachste Art einer Legende, die einen schnellen Überblick über die Lage der Objekte, jedoch keine Informationen über die Attribute gibt. Sie können im Legenden-Editor ein Symbol sowie einen Text zu dessen Beschreibung unter 'Beschriftung' eingeben. Für Punktethemen können die Symbole unter 'Erweitert' in Abhängigkeit eines Attributs gedreht werden. Um die Legende in das View zu zeichnen, drücken Sie 'Anwenden' im Legenden-Editor. Doppelklick auf das Symbol ruft das Palettenfenster zur Änderung der Symbolfarben auf.

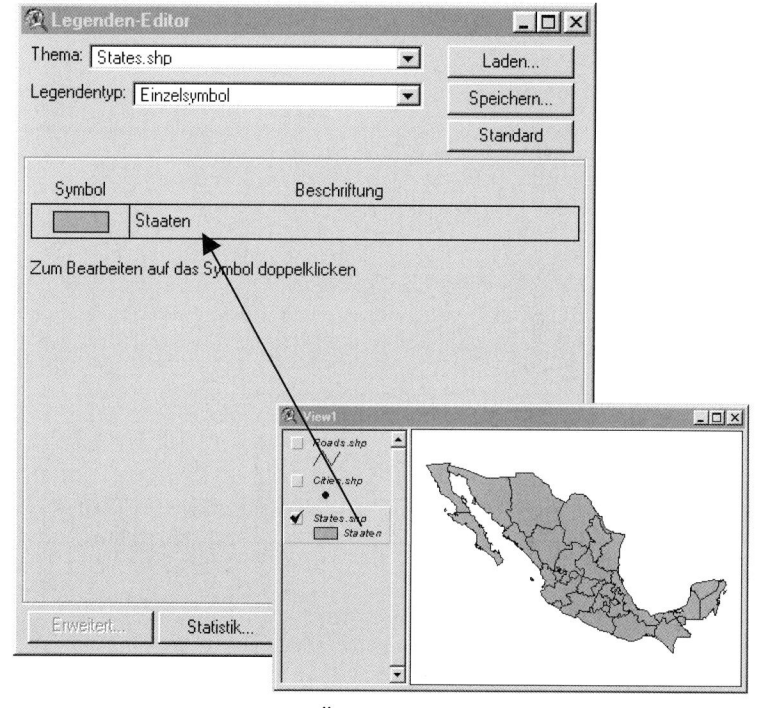

Legende mit abgestuften Farben

Legenden mit abgestuften Farben bilden für numerische Attribute Klassen zu deren Darstellung. Haben Sie z. B. Attributwerte, die zwischen 200 und 5000 liegen, so können oder wollen Sie nicht für jeden (ganzzahligen oder reellen) Wert ein eigenes Legendensymbol setzen. Stattdessen bilden Sie aus den Werten Klassen, denen dann Symbole zugeordnet werden.

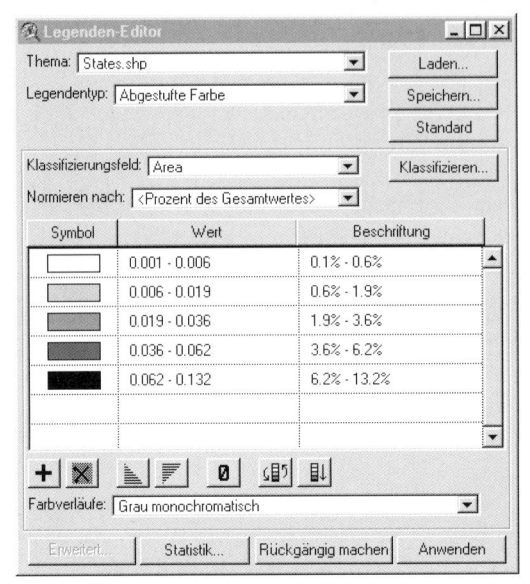

Stellen Sie im Legenden-Editor den Legendentyp auf 'Abgestufte Farben' und geben Sie ein Klassifizierungsfeld (Attribut) an, das für die Legende verwendet werden soll. Es erscheint im Legenden-Editor eine voreingestellte

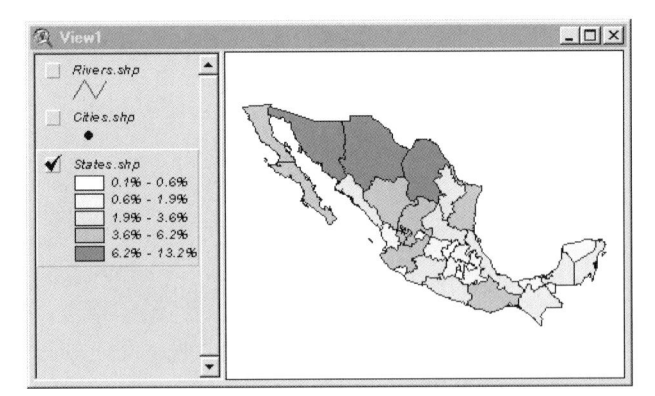

Klassifizierung mit fünf Klassen. Eine neue Klassifizierung erstellen Sie mit der Schaltfläche 'Klassifizieren'. Hier wird neben der Anzahl der Klassen auch die Art der Klassifizierung eingestellt. Sie können die Klassen auch manuell verändern. Klicken Sie dazu mit der Maus in ein Feld unter 'Wert' im Legenden-Editor und ändern Sie dort die Klassengrenzen. Unter

'Beschriftung' kann ein Text eingegeben werden, der neben das Symbol in die Legende geschrieben wird. Doppelklick auf ein Symbol ruft die Symbolpalette auf. Ändern Sie hier das Symbol, dessen Größe, Muster und Farbe. Unter 'Farbverläufe' können vordefinierte Farbverläufe eingestellt werden. Um die Legende in das View zu zeichnen, drücken Sie 'Anwenden' im Legenden-Editor.

Darüber hinaus sind für die Bearbeitung der Legende folgende Schaltflächen vorhanden:

- fügt ein neues Symbol (Klasse) an das Ende der Legende

- löscht nach vorheriger Markierung ein Symbol (Klasse) aus der Legende

- sortiert die Klassenwerte unter 'Wert' aufwärts

- sortiert die Klassenwerte unter 'Wert' abwärts

- definiert den 'Nullwert'

- kehrt die Reihenfolge der Symbole um

- setzt den Farbverlauf der Symbole. Definieren Sie mit der Symbolpalette (Doppelklick auf das Symbol) die Farbe des ersten und des letzten Symbols und betätigen Sie die Schaltfläche. Die Farben der Symbole verlaufen vom ersten bis zum letzten Farbwert (z. B. kontinuierlich von Rot nach Blau).

Legende mit abgestuften Symbolen
Legenden mit abgestuften Symbolen (nur für Punktthemen) sind ähnlich wie Legenden mit abgestuften Farben, jedoch wird hier die Klassifizierung mit der Größe der Symbole gebildet. Im Legenden-Editor wird das Klassifizie-

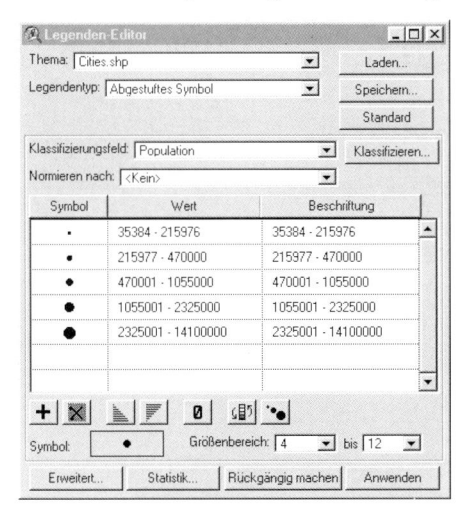

rungsfeld und evtl. eine Normalisierung (sehen Sie dazu weiter oben in diesem Abschnitt) eingestellt. Mit dem Schalter 'Klassifizieren' stellen Sie die Art der Klassenbildung und die Anzahl der Klassen ein. Sie können die Klassen auch manuell verändern. Klicken Sie dazu mit der Maus in ein Feld unter 'Wert' und ändern Sie dort die Klassengrenzen. Unter 'Beschriftung' kann ein Text eingegeben werden, der neben das Symbol in der Legende geschrieben werden soll. Doppelklick auf ein Symbol oder in die Box 'Symbol' ruft die Symbolpalette auf. Ändern Sie hier das Symbol, dessen Größe und Farbe. Unter 'Größenbereich' wird die minimale und maximale Größe der Symbole in der Legende festgelegt. Um die Legende in das View zu zeichnen, drücken Sie 'Anwenden' im Legenden-Editor.

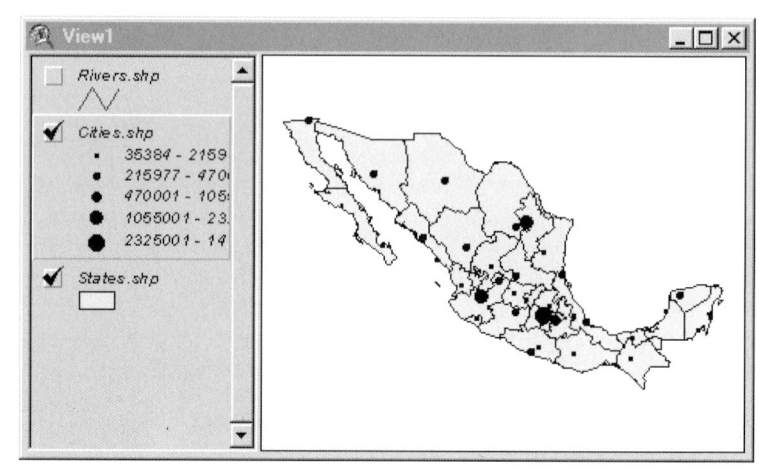

Für die Bearbeitung der Legende sind außerdem folgende Schaltflächen vorhanden:

- fügt ein neues Symbol an das Ende der Legende

- löscht nach vorheriger Markierung ein Symbol aus der Legende

- sortiert die Klassenwerte unter 'Wert' aufwärts

- sortiert die Klassenwerte unter 'Wert' abwärts

- definiert den 'Nullwert'

- kehrt die Reihenfolge der Symbole um

- setzt den Verlauf der Symbole. Definieren Sie mit der Symbolpalette (Doppelklick auf das Symbol) die Größe des ersten und des letzten Symbols und betätigen Sie die Schaltfläche. Die Symbole gehen in ihrer Größe vom ersten zum letzten Symbol über.

Einzelwert-Legende

Die Einzelwert-Legende ordnet jedem Objekt mit gleichem Attributwert ein Symbol zu. Geben Sie im Legenden-Editor unter Legendentyp 'Einzelwert' ein sowie unter 'Wertefeld' das Attribut, für das die Legende erstellt werden soll. Im Legenden-Editor wird jedem Attributwert ein Symbol zugeordnet. Kommt ein Attributwert mehrmals vor, so erkennen Sie das in der Spalte 'Anzahl'. Doppelklick auf ein Symbol ruft die Symbolpalette auf, mit der das Symbol geändert werden kann. Es sind ebenfalls, wie im Legenden-Editor für abgestufte Farben oder Symbole, Schaltflächen zum Einfügen, Löschen und Sortieren sowie für die Definition des Nullwertes vorhanden. Zusätzlich befinden sich Schaltflächen für die Erzeugung zufälliger Farben und zufälliger Symbole im Legenden-Editor. Um die Legende in das View zu zeichnen, drücken Sie 'Anwenden' im Legenden-Editor.

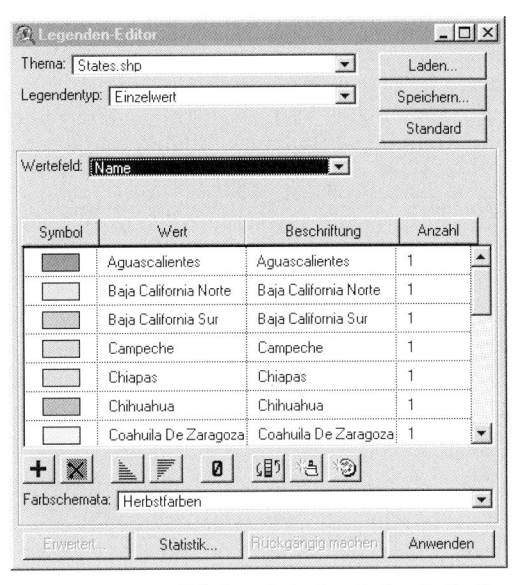

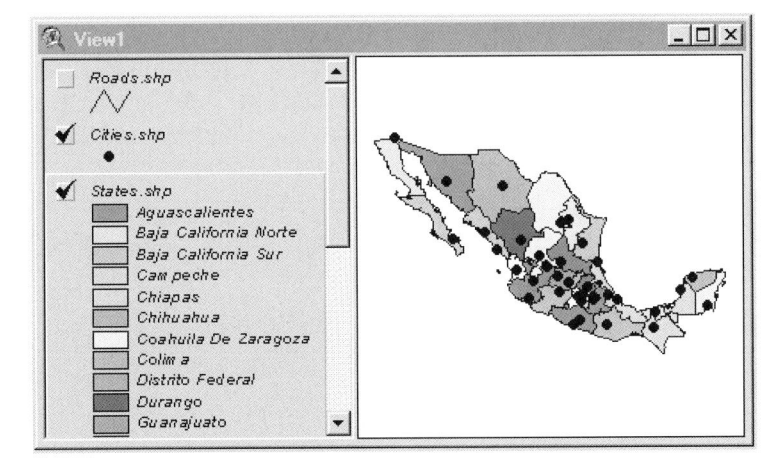

Punktedichte-Legende
Sie können die Attributwerte von Polygonthemen mit Hilfe von zufällig verteilten Punkten visualisieren. Je höher der Attributwert ist, desto mehr

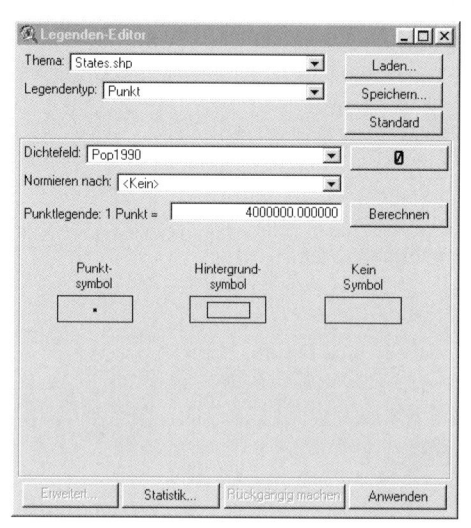

Punkte werden in das zugehörige Polygon gezeichnet. Für diese Legende stellen Sie für den Legendentyp 'Punkt' ein und unter Dichtefeld das Attribut, für das die Legende erstellt werden soll. Unter 'Punktdichte' wird angegeben, wie groß ein Attributwert für die Darstellung eines Punktes sein soll. Sie können diesen Wert auch berechnen lassen. Betätigen Sie dazu die

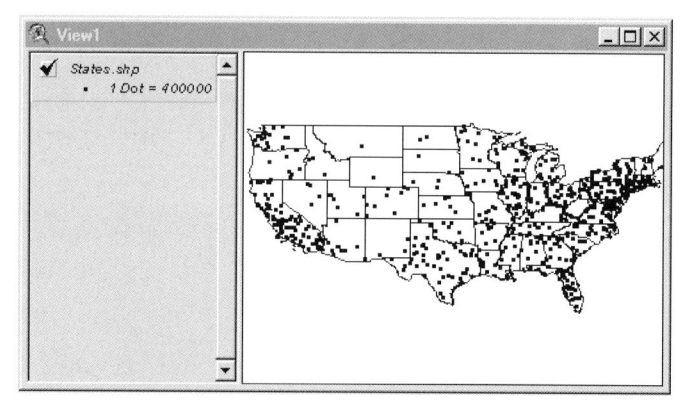

Schaltfläche 'Berechnen'. ArcView GIS berechnet unter Berücksichtigung der Attributwerte, der Polygon- und Symbolgröße einen optimalen Wert. Doppelklick in die Box 'Punktsymbol' ruft die Symbolpalette auf. Hier können Sie das Symbol in der Größe und Farbe verändern. Der Hintergrund (Farbe der Polygone) für die Punkte lässt sich ebenso einstellen. Die Farbe für ein Polygon mit Nullwerten (sehen Sie dazu weiter oben in diesem

Diagramm-Legende

Mit Hilfe der Diagramm-Legende können Sie Kreis- oder Spaltendiagramme an die Objekte in einem View zeichnen. Wählen Sie dazu den Legendentyp 'Diagramm' im Legenden-Editor. Geben Sie die Attribute für das Diagramm

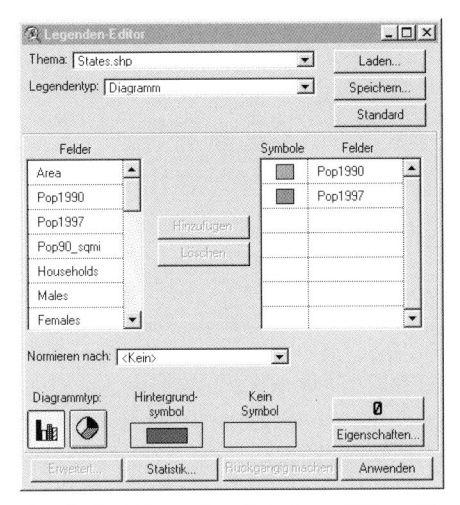

durch Betätigen des Schalters 'Hinzufügen' in die Legende ein. Mit dem Schalter 'Löschen' entfernen Sie ein Attribut aus dem Diagramm. Die Symbole lassen sich durch Doppelklick ändern. Wählen Sie mit der Schaltfläche 'Diagrammtyp' entweder das Kreis- oder das Spaltendiagramm aus und stellen Sie die Eigenschaften mit dem Schalter 'Eigenschaften' ein. Im Fenster für die Kreisdiagramm-Eigenschaften geben Sie die minimale und

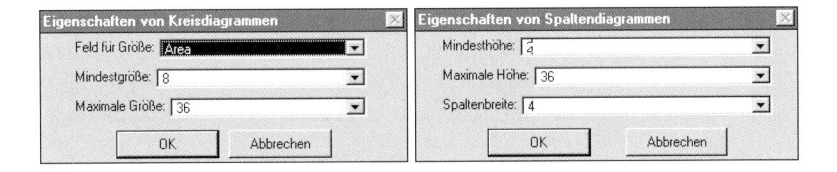

die maximale Größe des Kreisradius ein. Unter 'Feld für Größe' wird ein Attribut angegeben, das die Größe der Kreise in Abhängigkeit der Attributwerte bestimmt. Als Eigenschaften für das Spaltendiagramm können die minimale und die maximale Höhe der Spalten festgelegt werden. Die Breite der Spalten kann hier ebenfalls eingestellt werden. Die angegebenen Zahlen beziehen sich auf die Punktgröße der Symbole. Doppelklick in die Box 'Hintergrund Symbol' im Legenden-Editor legt die Farbe der unterliegenden Polygone fest. Hat eine Fläche keinen Wert (Nullwert), so wird die Farbe in der Box 'Kein Symbol' für die Darstellung dieser Fläche bestimmt. Um die Legende in das View zu zeichnen, drücken Sie 'Anwenden' im Legenden-Editor.

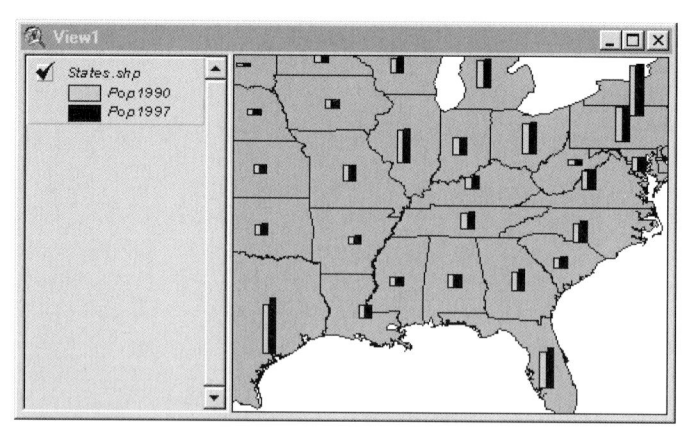

Klassifizierungsmethoden
Für die Legendentypen 'Abgestufte Farben' und 'Abgestufte Symbole' gibt es fünf automatische Klassifizierungsmethoden. Eine eigene Klassifizierung läßt sich durch direkte Eingabe der Klassengrenzen ebenfalls festlegen.

Natürliche Unterbrechungen
Die Klassifizierung geschieht auf natürliche Weise, d. h., die Grenzen der Klassen werden dort gesetzt, wo starke Veränderungen in den Attributwerten auftreten. Diese Klassifizierung ermöglicht eine realistische Darstellung der Attributwerte.

Gleiches Intervall
Die Spannweite der Attributwerte wird hier in gleich große Klassen aufgeteilt. Reichen die Attributwerte z. B. von 10 bis 110 und werden vier Klassen definiert, so hat jede Klasse eine Breite von 25: erste Klasse: 10 bis 35, zweite Klasse: 36 bis 60, dritte Klasse: 61 bis 85, vierte Klasse: 86 bis 110.

Quantil
Die Quantil-Klassifizierung weist jeder Klasse die gleiche Anzahl von Objekten zu. Bei z. B. 10 Objekten und zwei Klassen werden der ersten Klasse die ersten fünf Objekte und der zweiten Klasse die letzten fünf zugeordnet.

Gleiche Fläche
Diese Klassifikation versucht die Klassengrenzen so zu setzen, dass die Gesamtfläche der Objekte (Polygone) in den Klassen annähernd gleich ist. Diese Klassifizierung gibt es nur für Polygone.

5.6 Legende für Objektthemen erstellen

Standardabweichung

Bei dieser Klassifizierung berechnet ArcView GIS zunächst den Mittelwert der Attributwerte. Die Klassengrenzen werden gebildet durch das ganzzahlige Vielfache oder Bruchteile (1/4, 1/2) der Standardabweichung ober- und unterhalb des Mittelwertes. Dies geschieht solange bis alle Werte einer Klasse zugeordnet sind.

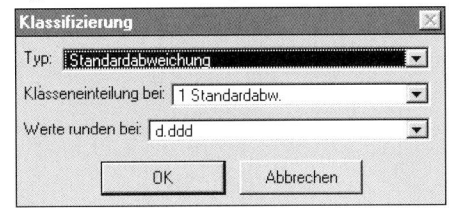

Eine Klassifizierung wird mit dem Schalter 'Klassifizierung' im Legenden-Editor gestartet. Geben Sie im Fenster für die Klassifizierung den Typ, die Anzahl der Klassen und das Datenformat für die Werte an, die bei der Berechnung der Klassengrenzen benutzt werden.

Normalisierung der Legendenwerte (Attributwerte)

Attributwerte zu normalisieren bedeutet, diese in Bezug zu einer konstanten Größe oder zu einem anderen Attributwert zu setzen. Sie können die Attributwerte z. B. auf '100' beziehen (Prozent). Bei der Normalisierung wird jeder Attributwert durch einen konstanten Wert bzw. durch einen anderen Attributwert des entsprechenden Objektes geteilt. Dieser Bruch wird in der Legende angegeben. Es gibt dazu zwei Möglichkeiten in ArcView GIS. Sie können jeden Attributwert durch die Gesamtsumme der Attributwerte teilen und erhalten damit den Anteil des Attributwertes an der Gesamtheit als Bruch und als Prozent. Sie können die Attributwerte auch mit den Werten eines anderen Attributs normalisieren. Normalisieren Sie z. B. die Anzahl der Bewohner in einem Land mit dessen Fläche, so erhalten Sie die Bevölkerungsdichte in diesem Gebiet. Die Normalisierung wird im Legenden-Editor unter 'Normalisieren mit' durchgeführt. Wählen Sie dort 'Prozent der Gesamtheit' oder das Attribut für die Normalisierung aus.

Behandlung von Nullwerten

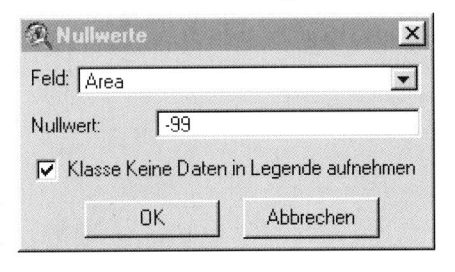

'Nullwerte' in ArcView GIS sind Daten ohne Zuweisung eines realen Wertes. Haben Sie für ein Objekt (z. B. eine Messstation) keinen Wert (keine Daten vorhanden), so können Sie diesem einen 'Nullwert' zuordnen. Üblicherweise wird dafür ein Wert gewählt, der außerhalb der Grenzen der real vorkommenden Attributwerte liegt (z. B. -99). In ArcView GIS können Sie bestimmen, welcher Wert für welches Attribut der Nullwert sein soll, um diesen bei der Darstellung im View oder bei der Berechnung der Klassifizierung auszunehmen. Die Definition der Nullwerte geschieht im Legenden-Editor mit einer Schaltfläche. Im Fenster für die Nullwerte geben Sie unter 'Feld' das Attribut und darunter den Nullwert ein. Sie können für den Nullwert auch ein Leerzeichen setzen. In der Box 'Klasse: Keine Daten in Legende aufnehmen' wird eingestellt, ob die Klasse der Nullwerte in der Legende und im View angezeigt werden soll. Ein Kreuz in dieser Box bewirkt, dass neben den realen Werten auch die Nullwerte dargestellt werden.

Drehbare Punktsymbole

Punktsymbole können mit Hilfe eines Attributs gedreht werden. So können Sie z. B. die Richtung des Windes mit einem Symbol anzeigen. Drücken Sie im Legenden-Editor für ein Punktethema den Schalter 'Erweitert' und geben Sie dort das Attribut ein, das die Drehung bewirken soll.

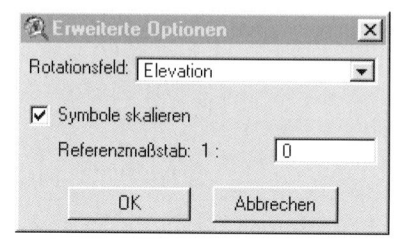

Skalierbare Punkt- und Liniensymbole

Punkt- und Liniensymbole werden in ArcView GIS normalerweise nicht skaliert. Bei der Vergrößerung und Verkleinerung des Views ändert sich in diesem Fall die Größe des Symbols (Punktgröße, Linienstärke) nicht. Für eine realistische Darstellung der Symbole ist es manchmal besser, die Symbole bei der Vergrößerung (Verkleinerung) des Views mit zu vergrößern (verkleinern). Die Symbole werden damit den Objektgrößen angepasst.

Die Einstellung der Symbol-Skalierung geschieht im Legenden-Editor unter 'Erweitert'. Stellen Sie vorher die Karteneinheiten unter den View-Eigenschaften ein. Im Fenster für die 'Erweiterte Optionen' kreuzen Sie die Box 'Symbole skalieren' an. Der Referenzmaßstab ist der Maßstab, mit dem das Symbol in das View gezeichnet wird. Um die Skalierung wirksam zu machen, drücken Sie 'OK' und im Legenden-Editor den Schalter 'Anwenden'.

Symbolpaletten

Zum Ändern einzelner Symbole doppelklicken Sie auf das zu ändernde Symbol im Legenden-Editor. Dadurch erscheint die Symbolpalette. Hier können Sie die Art eines Flächensymbols, eines Liniensymbols, eines Punktsymbols, die Schriftart und entsprechende Farben auswählen. Sie öffnen die Symbolpalette auch durch Betätigen des Menüs:

<u>View-Menüleiste</u>

Fenster:
  Symbolfenster anzeigen ('STRG+P')

5.6 Legende für Objektthemen erstellen

Die Symbolpalette wird nicht nur vom Legenden-Editor benötigt, sondern auch bei der Erstellung von Layouts und Diagrammen sowie bei der Bearbeitung von Objekten. Die Symbolpalette besteht aus dem Paletten-Manager, der Flächen-, Linien- und Punktsymbolpalette, der Schriftartpalette sowie der Farbpalette.

Im **Paletten-Manager**, den Sie mit der entsprechenden Schaltfläche in der Symbolpalette aufrufen, werden die Symbole verwaltet und können bearbeitet werden. Die Symbole in der aktuellen Palette können (einzeln oder alle) gespeichert, gelöscht oder neu hinzugeladen werden. Auf diese Weise können Sie eigene Symbolpaletten zusammenstellen und in einer Datei ablegen. ArcView GIS stellt verschiedene Symbolpaletten zur Verfügung, die Sie im Verzeichnis

c:\esri\av_gis30\arcview\symbols

finden können. Dateien mit Symbolen haben die Endung *.avp. Es können auch ARC/INFO-Symbole geladen werden, die Sie dann als ArcView GIS-Symbolpalette speichern.

Sie können aus den vorhandenen Symbolen auch eine eigene Palette zusammenstellen. Welche Art von Symbolen Sie laden, löschen oder speichern wollen, legen Sie unter 'Typ' im Paletten-Manager fest. Haben Sie z. B. den Typ 'Punktsymbol' ausgewählt und drücken die Schaltfläche 'Löschen', so werden alle Punktsymbole aus der aktuellen Palette gelöscht. Wenn Sie dann die Schaltfläche 'Speichern' drücken, so speichern Sie eine Palette ohne Punktsymbole. Betätigen Sie die Schaltfläche 'Laden', so werden die geladenen Symbole an die aktuellen Symbole angefügt. Wollen Sie die Standardpalette von ArcView GIS wiederhaben, so laden Sie die Palette 'default.avp' aus dem Verzeichnis 'c:\esri\av_gis30\arcview\symbols' oder drücken Sie die Schaltfläche 'Zurücksetzen'.

Haben Sie eine eigene Palette erzeugt und wollen Sie, dass diese beim Start von ArcView GIS automatisch geladen wird, so drücken Sie nach Erstellen der eigenen Palette die Schaltfläche 'Standard herstellen'. Diese Palette wird im HOME-Verzeichnis von ArcView GIS als 'default.avp' abgelegt und beim Start geladen. Ist sie nicht mehr erwünscht, so löschen Sie einfach diese Datei aus dem HOME-Verzeichnis. Ist im Paletten-Manager der Typ 'Punktsymbol' eingestellt, können Sie unter 'Importieren' eigene Punktsymbole zuladen. Es werden verschiedene Formate unterstützt.

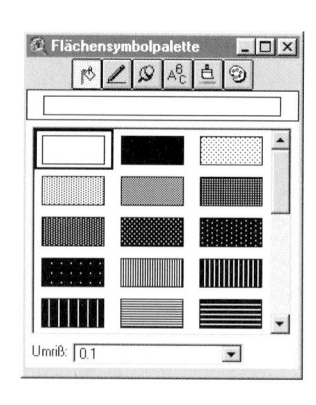

Flächensymbole finden Sie in der **Flächensymbolpalette**, die Sie mit der Schaltfläche 'Flächensymbole' aufrufen. Flächensymbole sind Muster, mit denen Polygone ausgefüllt werden. Das erste Muster links oben in der Flächen-Standardpalette ist ein leeres Flächensymbol. Hiermit wird nur der Umriss gezeichnet. Die Farbe des Musters ändern Sie, indem Sie die Schaltfläche für die Farbpalette anwählen und dort eine Farbe auswählen. In der Flächensymbolpalette kann auch die Breite der Umrisslinie eingestellt werden. Ein Wert unter 1 ergibt eine sehr feine Linie. Die Farbe der Umrisslinie bestimmen Sie mit der Farbpalette. Stellen Sie dazu das Pulldown-Menü in der Farbpalette auf 'Umriß'.

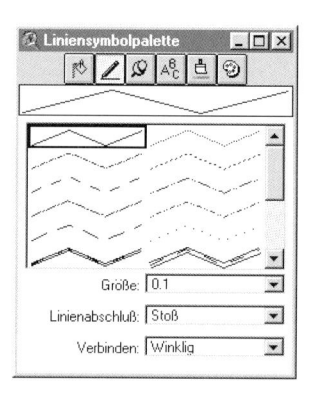

Linien finden Sie in der **Liniensymbolpalette**, die mit der Schaltfläche 'Liniensymbole' aufgerufen wird. Wählen Sie hier den Linientyp, indem Sie auf die gewünschte Linie klicken. Die Farbe der Linien kann mit der Farbpalette bestimmt werden. Unter 'Größe' ist die Breite der Linien einstellbar. Bei der Angabe für die 'Größe' entspricht der Wert '72' einem Zoll Breite. Der Abschluss einer Linie kann gerade ('Stoß'), wie ein Kreis ('Rund') oder auch eckig ('Eckig') sein. Im Menü 'Verbinden' wird angegeben, wie die Linien in den Stützpunkten verbunden werden. Es gibt die Möglichkeiten 'Winklig', 'Rund' und 'Abgeschrägt'.

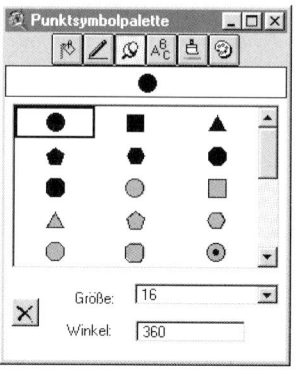

Wollen Sie ein Punktsymbol festlegen, so benutzen Sie die Schaltfläche 'Punktsymbole'. Wählen Sie aus der **Punktsymbolpalette** ein Symbol aus und bestimmen Sie eine 'Größe'. Ein Zoll Punktgröße entspricht der Einstellung '72'. Mit 'Winkel' können Sie das Symbol drehen. Die Farbe eines Punktes ändern Sie wieder mit der Farbpalette. Mit der vorhandenen Schaltfläche in der Punktsymbolpalette entfernen

5.6 Legende für Objektthemen erstellen

Sie ein Symbol aus der Palette, nachdem Sie es zuvor mit der Maus markiert haben. Sie können auch ein eigenes Symbol (z. B. TIFF-Datei) einladen. Das geschieht im Palettenmanager unter 'Importieren'.

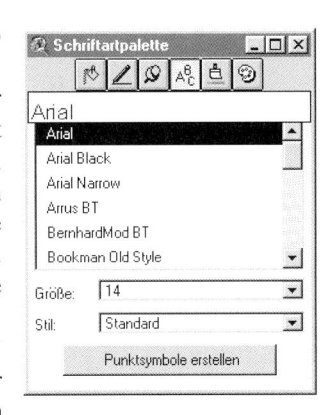

In der **Schriftartpalette** wird der Schrifttyp für alle Texte in ArcView GIS festgelegt. Starten Sie die Schriftartpalette mit der Schaltfläche 'Schriftart'. Die Festlegung gilt für Legenden, Beschriftungen in Views, Layouts und Diagrammen. Auswählen können Sie unter allen Schriftarten, die Sie unter Windows zur Verfügung haben. Wählen Sie in der Palette die gewünschte Schriftart mit der Maus aus. Unter 'Größe' wird die Schriftgröße festgelegt. Unter 'Stil' kann kursiv, fett, kursiv und fett oder Standard ausgewählt werden. Diese Optionen stehen jedoch nicht für alle Schriftarten zur Verfügung. Die Farbe der Schrift wird mit der Farbpalette bestimmt. Wählen Sie dort unter Farbe den Wert 'Text'. Wollen Sie alle Zeichen einer ausgewählten Schriftart als Punktsymbole in der Punktsymbolpalette ablegen, so betätigen Sie die Schaltfläche 'Punktsymbol erstellen'.

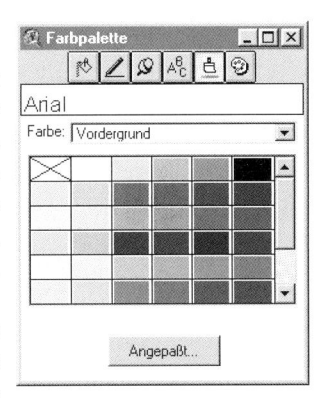

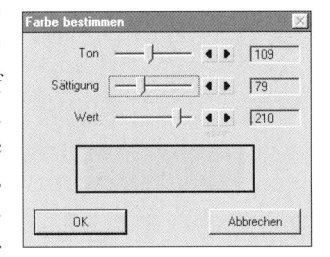

Die Farbe für Flächen und ihre Umrisse, Linien, Punkte und die Schrift stellen Sie mit der **Farbpalette** ein. Diese rufen Sie mit der Schaltfläche 'Farbe' auf. Wählen Sie eine Farbe mit der Maus. Sie können auch eine eigene Farbe erzeugen. Drücken Sie die Schaltfläche 'Angepaßt'. Es erscheint ein Fenster, in dem Sie die Farbe über 'Ton', 'Sättigung' und 'Wert' einstellen können. 'Ton' gibt die Farbe an, 'Sättigung' die Farbstärke (keine Sättigung ergibt Grauwerte) und 'Wert' die Helligkeit der Farbe. Für die Erzeugung z. B. von Grauwerten wird 'Ton' und 'Sättigung' auf '0' gestellt. Mit 'Wert' werden dann die Grautöne erzeugt. 'Wert' auf '0' ergibt schwarz und 'Wert' auf '255' weiß. Im Pulldown-Menü 'Farbe' der Farbpalette wird festgelegt, ob die Farbe für einen Text, für den Umriss oder den Vordergrund bzw. Hintergrund einer Fläche gewählt werden soll.

5.7 Grafiken und Text in einem View bearbeiten

Zu den Themen eines Views können Grafiken und Texte hinzugefügt werden, z. B. Punkte, Geraden, Linienzüge, Rechtecke, Kreise und Polygone. Das Erzeugen eines Textes oder einer Grafik ist denkbar einfach und wird mit Werkzeugen in der View-Werkzeugleiste durchgeführt. Sind Themen in einem View, so achten Sie darauf, dass die Bearbeitung der Themen ausgeschaltet ist. Nur dann können Sie Grafiken bearbeiten.

Text hinzufügen

- Öffnen Sie ein Viewfenster und aktivieren Sie es.

- Betätigen Sie das Text-Werkzeug in der Werkzeugleiste.

- Gehen Sie mit dem Cursor an die Stelle in das View, an der der Text eingefügt werden soll und drücken Sie dort die Maustaste.

- Es erscheint ein Fenster, in das der Text eingegeben werden kann. Hier stellen Sie auch die horizontale Ausrichtung (Links, Mitte, Rechts), den Zeilenabstand (Vertikalabstand) und den Rotationswinkel ein. Weiterhin können Sie einstellen, ob der Text in seiner Größe sich verändert (Skalieren), wenn ein anderer View-Ausschnitt eingestellt wird (Zoomen). Ticken Sie dazu in die Box 'Text zusammen mit View skalieren' und aktivieren oder deaktivieren Sie damit die Skalierung. Nach Eingabe der Werte drücken Sie 'OK'.

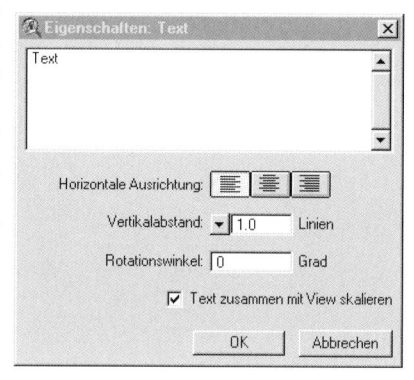

- Der Text erscheint im Viewfenster und kann mit der Maus in seiner Größe verändert werden. Dazu ist es notwendig, zuerst die Auswahltaste in der View-Werkzeugleiste zu aktivieren. Doppelklick auf den Text ruft das Textfenster erneut zur Bearbeitung auf. Ist ein Text markiert, so können Sie mit der Tastenkombination 'STRG+P' die Symbolpalette aufrufen und die Textart, -größe, und -farbe ändern.

Texte können in einem View nicht nur in gewöhnlicher Form, wie vorher beschrieben, eingegeben werden. Das Pulldown-Werkzeug-Menü in der View-Werkzeugleiste bietet die Möglichkeit, Texte in einem Rahmen, Texte mit Anzeigepfeile und Texte entlang einer Kurve einzugeben.

5.7 Grafiken und Text in einem View bearbeiten

Für eine normale und eine Textdarstellung mit Schatten klicken Sie einmal auf die Stelle im View, an der der Text gesetzt werden soll.

Für Texte mit Anzeigepfeil betätigen Sie das gewünschte Werkzeug und klicken auf eine Stelle im View. Halten Sie die Maustaste gedrückt und fahren Sie auf eine zweite Stelle, wo Sie die Maustaste loslassen.

Um einen Text entlang einer Kurve zu zeichnen, betätigen Sie das Werkzeug und zeichnen mit der Maus (jeder Punkt einmal klicken) eine Linie. Am Ende der Linie klicken Sie zweimal.

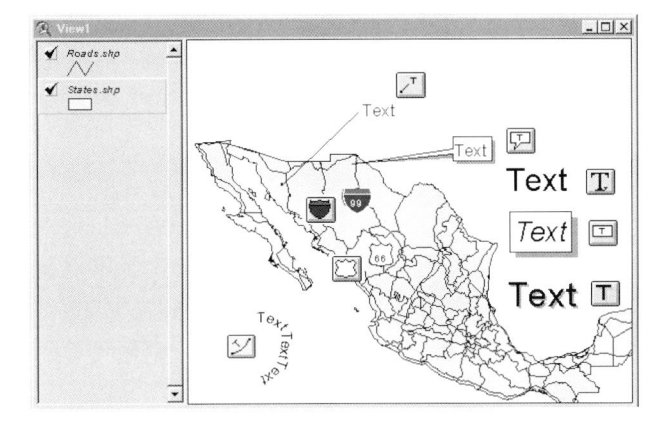

Für die oben beschriebenen Textwerkzeuge können Einstellungen bezüglich der Schriftart, -größe usw. festgelegt werden. Diese Einstellungen werden mit folgendem Menü eingestellt:

View-Menüleiste

Grafik:
  Text- und Beschriftungsstandardwerte

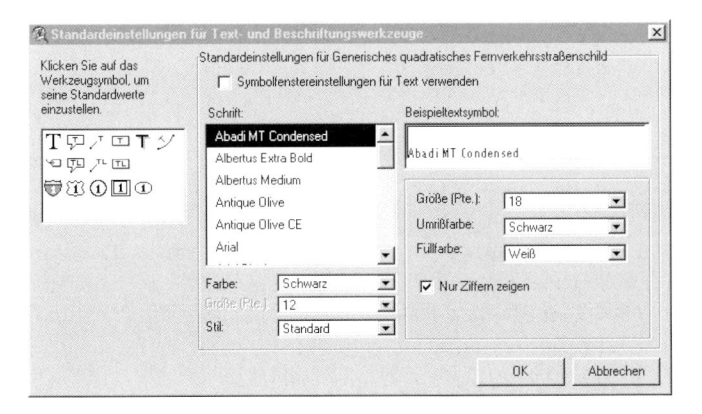

In diesem Fenster werden die Eigenschaften für jedes Textwerkzeug eingestellt. Wenn Sie dort auf das entsprechende Werkzeug klicken, erscheinen die Standardwerte, wie sie in der Schriftartpalette (STRG+P) eingestellt sind. Entfernen Sie den Haken aus der Box 'Symbolfenstereinstellungen für Text verwenden', so können Sie die Texteigenschaften für dieses Werkzeug selbst festlegen. Drücken Sie anschließend 'OK'.

Grafik hinzufügen

- Betätigen Sie das Pulldown-Werkzeug für die Grafikerzeugung und halten Sie dabei die Maustaste gedrückt. Fahren Sie auf den gewünschten Grafiktyp, der in das View eingefügt werden soll. Lassen Sie über der ausgewählten Grafik die Maustaste los und gehen Sie mit dem Cursor an die Stelle im View, an der die Grafik eingefügt werden soll.

- Für einen **Punkt** drücken Sie einmal die Maustaste.

- Für eine **Gerade** betätigen Sie die Maus einmal am Anfang der Geraden, halten die Maustaste und lassen diese am Endpunkt der Geraden los.

- Für einen **Linienzug** klicken Sie am Anfang und an jedem Zwischenpunkt des Linienzuges einmal und am Ende zweimal.

- Für ein **Rechteck** und einen Kreis drücken Sie die Maustaste und ziehen damit ein Rechteck oder einen Kreis auf.

- Für ein **Polygon** drücken Sie die Maustaste je einmal an jedem Scheitelpunkt (Stützpunkt) des Polygons. Doppelklick beendet die Eingabe.

Grafiken auswählen

Wollen Sie Grafiken bearbeiten, müssen Sie sie zuvor auswählen. Sie können alle Grafiken in einem View zugleich selektieren mit dem Menü:

View-Menüleiste

Bearbeiten:
    Alle Grafiken auswählen

oder jede Grafik einzeln mit der Auswahltaste in der View-Werkzeugleiste. Durch Drücken der Maustaste wird eine Grafik selektiert. Bei gleichzeitigem Drücken der 'SHIFT'-Taste können mehrere Grafiken zugleich ausgewählt werden. Wollen Sie eine Auswahl wieder aufheben, so drücken Sie einmal mit der Maus im Viewfenster an eine Stelle, an der sich keine Grafik befindet.

Größe und Position einer Grafik einstellen

Die Größe und Position einer ausgewählten Grafik ist über ein Eingabefenster oder mit der Maus einstellbar. Um die Position und Größe exakt anzugeben, wählen Sie die Grafik aus und rufen Sie das Fenster zur Einstellung der Größe und Position auf:

View-Menüleiste

Grafik:
  Größe und Position

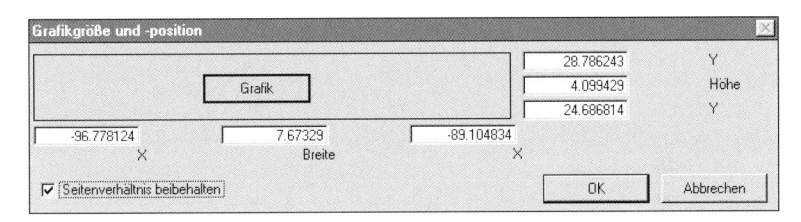

```
Grafikgröße und -position
                                    28.786243    Y
          Grafik                     4.099429    Höhe
                                    24.686814    Y
  -96.778124      7.67329      -89.104834
      X            Breite           X
  ☑ Seitenverhältnis beibehalten        OK      Abbrechen
```

Im diesem Fenster werden z. B. für ein Rechteck entweder die Koordinaten der linken unteren und rechten oberen Ecke der Grafik eingegeben oder die Breite in X- und Y-Richtung. Die Option 'Seitenverhältnis beibehalten' bewirkt ein gleichbleibendes Verhältnis der Seiten, wenn die Grafik mit der Maus in ihrer Größe verändert wird. Nach Drücken von 'OK' folgt die Änderung.

Eine Änderung von Position und Größe kann auch mit der Maus vorgenommen werden. Selektieren Sie eine Grafik mit dem Auswahl-Werkzeug in der Werkzeugleiste. Die Grafik ist durch Punkte an den Seiten und Ecken gekennzeichnet. Gehen Sie mit der Maus auf diese Punkte und ziehen Sie sie (Maustaste festhalten) auf die gewünschte Größe. Um die Position zu verändern, gehen Sie mit der Maus in die Grafik und ziehen Sie sie auf die neue Position.

Eigenschaften einer Grafik

Grafiken haben bestimmte Eigenschaften (Attribute). So kann eine Linie eine bestimmte Stärke oder Farbe haben. Einem Polygon kann ein bestimmtes Füllmuster und Farbe zugeordnet und Texte können in verschiedenen Schriftarten dargestellt werden. Wollen Sie die Eigenschaften für eine Grafik einstellen, selektieren Sie die Grafik und öffnen Sie:

View-Menüleiste

Grafik:
  Eigenschaften

oder folgendes Menü:

View-Menüleiste

Fenster:
   Symbolfenster anzeigen

Um die Symbolpalette aufzurufen, können Sie auch die Tastenkombination 'STRG+P' betätigen bzw. doppelklicken Sie mit der Maus auf die Grafik.

Es erscheint die Symbolpalette, die je nach Grafik unterschiedlich ist. Ist z.B. eine Linie selektiert, so erhalten Sie die Linien-Symbolpalette. Für eine Fläche (Rechteck, Kreis, Polygon) erscheint die Flächen-Symbolpalette. In Verbindung mit der Farbpalette kann ein farbiges Füllmuster ausgewählt werden. Ist ein Text selektiert, können Schriftart, Stil, Farbe und Größe eingestellt werden.

Grafiken bearbeiten

Die Grafiken in einem View-Dokument können auf verschiedene Weise bearbeitet werden. Sie können kopiert, in Gruppen zusammengefasst, ausgerichtet und an Themen angehängt werden. Liegen Grafiken übereinander, so kann bestimmt werden, welche im Vordergrund und welche im Hintergrund erscheinen soll. Die Stützpunkte (Eckpunkte) von Linienzügen und Polygonen können verschoben, gelöscht und neu eingefügt werden, um die Form der Grafik zu verändern. Grafiken können kombiniert, überlagert, von einander abgezogen und es kann ihr Durchschnitt berechnet werden.

Grafiken ausschneiden, kopieren und löschen

Grafiken können in die Zwischenablage abgelegt werden und somit kopiert (z. B. in ein anderes Viewfenster) oder verschoben werden. Es gibt folgende Möglichkeiten:

- Grafiken ausschneiden, d. h. aus dem View entfernen und in die Zwischenablage ablegen. Die Grafik muss vorher selektiert sein:

View-Menüleiste

Bearbeiten:
   Grafik ausschneiden ('STRG+X')

- Grafiken kopieren, d. h. in die Zwischenablage ablegen:

View-Menüleiste

Bearbeiten:
  Grafik kopieren ('STRG+C')

- Grafiken aus der Zwischenablage in ein View einfügen:

View-Menüleiste

Bearbeiten:
  Einfügen ('STRG+V')

- Sie löschen Grafiken mit:

View-Menüleiste

Bearbeiten:
  Grafik löschen ('Entf')

Stützpunkte von Grafiken bearbeiten

Bei Linienzügen und Polygonen können Sie neue Stützpunkte einfügen, vorhandene löschen und verschieben. Betätigen Sie das Bearbeitungswerkzeug in der View-Werkzeugleiste und klicken Sie auf einen Linienzug oder ein Polygon im View. Die Stützpunkte werden angezeigt. Zum Einfügen eines neuen Stützpunktes gehen Sie mit der Maus auf eine Linie der Grafik. Der Cursor wird zum 'Plussymbol'. Drücken Sie die Maustaste und der neue Stützpunkt wird eingefügt. Sie verschieben einen Stützpunkt, indem Sie ihn mit der Maus auf eine neue Stelle ziehen. Zum Löschen fahren Sie mit der Maus auf einen Stützpunkt (ohne die Maustaste zu drücken) und betätigen die Taste 'Entf' auf der Tastatur.

Selektierte Grafiken bearbeiten

Sie können selektierte Grafiken auf unterschiedliche Weise überlagern und zusammenfassen. Es gibt folgende Möglichkeiten:

Grafiken kombinieren

Mehrere selektierte Grafiken werden zusammengefasst, wobei der gemeinsame Teil (Durchschnitt) weggelassen wird.

View-Menüleiste

Bearbeiten:
  Grafik kombinieren

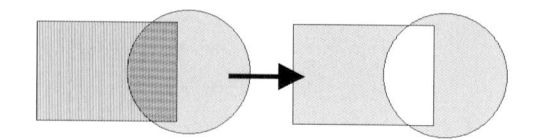

Grafiken überlagern
Mehrere selektierte Grafiken werden zu einer zusammengefasst.

View-Menüleiste

Bearbeiten:
  Grafik überlagern

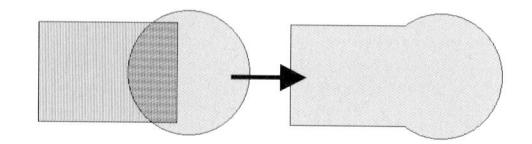

Grafiken subtrahieren
Hierbei wird der Teil einer Grafik, der über einer anderen Grafik liegt, herausgeschnitten. Bei gleichzeitigem Drücken der SHIFT-Taste und dem folgenden Menü, wird die Subtraktion umgekehrt ausgeführt.

View-Menüleiste

Bearbeiten:
  Grafik subtrahieren

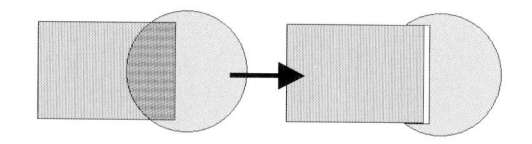

Grafiken überschneiden
Die Überschneidung ergibt den Durchschnitt (Gemeinsamer Teil) der selektierten Grafiken.

View-Menüleiste

Bearbeiten:
  Sich überschneidende Grafiken

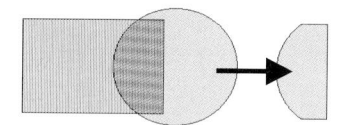

Der jeweils letzte Bearbeitungsschritt von Grafiken kann rückgängig gemacht werden mit dem Menü:

View-Menüleiste

Bearbeiten:
  Bearbeitung der Grafik rückgängig machen ('SRTG+Z')

5.7 Grafiken und Text in einem View bearbeiten

Grafiken gruppieren

Mehrere Grafiken können zu einer Grafik zusammengefasst werden, um sie gemeinsam bearbeiten (z. B. verschieben) zu können. Selektieren Sie alle Grafiken, die Sie zusammenfassen wollen, und wählen Sie das Menü:

View-Menüleiste

Grafik:
 Gruppieren ('STRG+G')

Wollen Sie die Gruppe wieder auflösen, so betätigen Sie:

View-Menüleiste

Grafik:
 Gruppe auflösen ('STRG+U')

Grafiken ausrichten

Sie können mehrere selektierte Grafiken auf verschiedene Weise ausrichten. Aktivieren Sie dazu das Menü:

View-Menüleiste

Grafik:
 Ausrichten ('STRG+A')

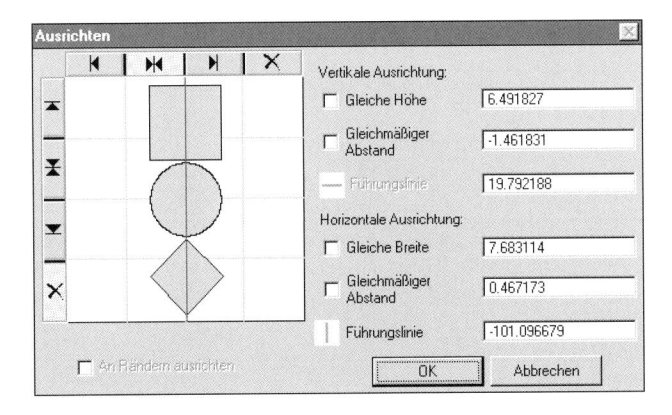

Es erscheint ein Fenster, mit dem die Grafiken ausgerichtet werden können. Sie können folgende Ausrichtungen vornehmen, wobei die Werte für die Einstellungen den Koordinaten im Viewfenster entsprechen:

- Alle (selektierten) Grafiken am rechten, linken, oberen oder unteren Rand des Views oder an jeder Ecke ausrichten. Ebenso ist es möglich, alle Grafiken in der Mitte oder an einer horizontalen oder vertikalen Führungslinie auszurichten.

- Die gleiche Größe aller selektierten Grafiken einstellen. Die Standardhöhe oder -breite (vorgegebene Zahlenwerte) ist der Mittelwert aus den Höhen oder Breiten der selektierten Grafiken. Die Werte können in die Boxen auch als Zahlenwerte eingegeben werden.

- Den gleichen horizontalen und vertikalen Abstand aller selektierten Grafiken einstellen. Der Standardabstand ist der Mittelwert aus den Abständen der selektierten Grafiken oder kann als Zahlenwert eingegeben werden.

Grafik in den Hintergrund setzen

Liegen mehrere Grafiken übereinander, so kann bestimmt werden, welche im Vordergrund und welche im Hintergrund liegen. Dazu selektieren Sie eine Grafik und aktivieren die Menüs:

View-Menüleiste

Grafik:
  Nach vorne bringen

oder

View-Menüleiste

Grafik:
  Nach hinten bringen

Grafik an ein Thema anhängen

Sie können Grafiken fest mit einem Thema verbinden. Zeichnen Sie ein Thema in ein View, so werden die verbundenen Grafiken ebenfalls mit (bzw. nicht mit) angezeigt. Die Verbindung eines Themas mit einer Grafik hat Sinn, wenn diese inhaltlich verknüpft sind. Aktivieren Sie ein Thema so, dass es im Viewfenster angezeigt wird. Selektieren Sie die Grafiken im View, die dem Thema angehängt werden sollen und betätigen Sie folgendes Menü:

View-Menüleiste

Grafik:
  Grafik verbinden

Soll die Verbindung wieder gelöst werden, aktivieren Sie:

5.7 Grafiken und Text in einem View bearbeiten

View-Menüleiste

Grafik:
  Grafik lösen

Beispiel zur Grafik

In diesem Beispiel werden folgende Übungen durchgeführt:

- ein neues View öffnen und ein Thema laden
- einen Punkt, einen Kreis und eine Textgrafik in das View einfügen
- den Radius eines Kreises verändern
- eine Textgrafik an ein Thema anhängen.

Starten Sie ArcView GIS, öffnen Sie ein neues View-Dokument und laden Sie das Thema:

c:\esri\esridata\mexico\states.shp

Um einen Punkt (Symbol) einzugeben, rufen Sie zunächst die Symbolpalette mit 'STRG+P' auf. Wählen Sie in der Symbolpalette die Punktsymbolpalette und dort ein Punktsymbol mit Größe '8' aus. Gehen Sie auf das Grafik-Werkzeug in der View-Werkzeugleiste und wählen Sie dort den Punkt aus. Klicken Sie mit der Maus auf die Stelle im Viewfenster, an die das Symbol gezeichnet werden soll. Das Symbol erscheint im Viewfenster und ist selektiert.

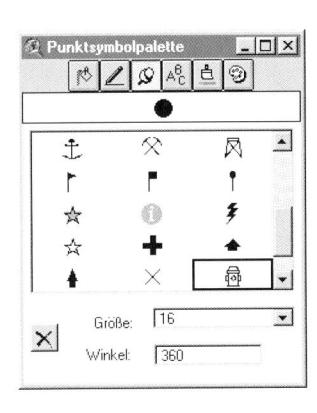

Gehen Sie auf das Grafik-Werkzeug und wählen Sie jetzt das Kreissymbol aus. Bewegen Sie die Maus in das Viewfenster und zeichnen Sie dort den Kreis. Halten Sie dabei die Maustaste fest, bis der gewünschte Radius erreicht ist.

Zur Eingabe eines Textes öffnen Sie die Symboltabelle (STRG+P) und dort die Schriftartpalette. Stellen Sie die gewünschte Schrift und Schriftgröße (14) ein und betätigen Sie das Text-Werkzeug in der View-Werkzeugleiste. Gehen Sie mit der Maus in das Viewfenster und klicken dort an die Stelle, an der der Text erscheinen soll.

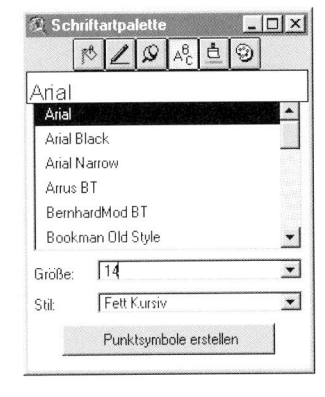

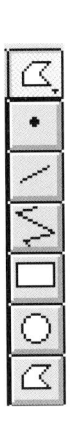

Das Fenster zur Texteingabe erscheint. Geben Sie einen Text ein und drücken Sie 'OK'. Der Text wird in das Viewfenster geschrieben. Das View enthält jetzt das Symbol, einen Kreis und den Text (hier: 'Mexico').

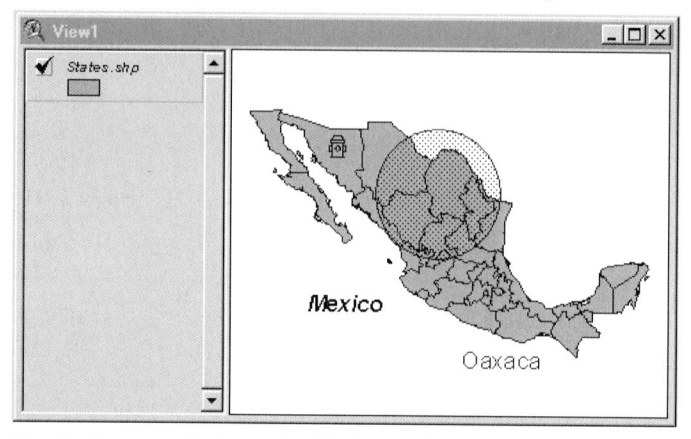

Der Radius und die Lage des Kreises sollen jetzt verändert werden. Das ist entweder mit der Maus möglich oder durch exakte Eingabe der Mittelpunktskoordinate und des Radius. Selektieren Sie den Kreis mit dem Auswahlwerkzeug und aktivieren Sie das Menü:

View-Menüleiste

Grafik:
 Größe und Position

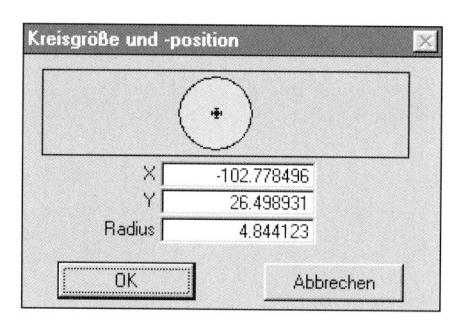

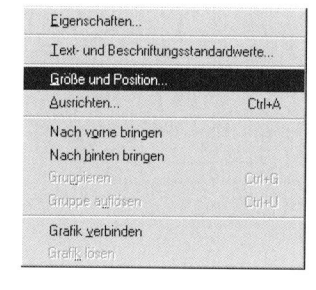

Geben Sie in das Fenster neue Werte für die Definition des Kreises ein.

Nach Betätigung der 'OK'-Taste erscheint der Kreis mit den neuen Werten im Viewfenster.

Als letzte Übung sollen Sie eine Grafik an ein aktives Thema anhängen. Damit können Sie z. B. Symbole oder Texte mit Objekten verbinden.

Selektieren Sie den Text im Viewfenster und aktivieren Sie das Thema. Betätigen Sie das Menü:

View-Menüleiste

Grafik:
  Grafik verbinden

Der Text ist jetzt fest mit dem Thema verbunden. Das können Sie erkennen, wenn Sie das Thema ein- und ausschalten. Mit dem Thema erscheint und verschwindet auch der Text.

5.8 Beschriften von Objekten

Objekte von aktiven und im View gezeichneten Themen können beschriftet, d. h. mit beliebigem Text oder mit Zahlenwerten versehen werden. Die Beschriftung kann manuell für einzelne, für mehrere ausgewählte Objekte oder automatisch für alle ausgeführt werden. Den Objekten können aber auch andere Objekte zugeordnet und zur Anzeige gebracht werden (z. B. Bilder, Tabellen, Diagramme...). Diese werden mit Hilfe der 'Hot-Link'-Funktion durch Klicken mit der Maus auf ein Objekt ausgelöst und angezeigt.

Manuell beschriften

Für eine manuelle Beschriftung müssen Sie zuerst die Eigenschaften des zu beschriftenden Themas einstellen. Dies wird in der View-Menüleiste unter **'Thema: Eigenschaften: Textbeschriftungen'** vorgenommen. Für ein Po-

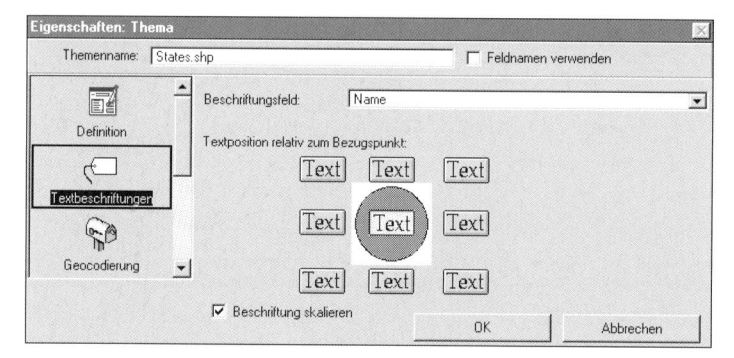

lygon- und ein Punktethema geben Sie unter 'Beschriftungsfeld' den Namen des Feldes (Attribut) an, mit dessen Werte die Objekte beschriftet werden sollen. Die Position der Beschriftung wird hier ebenfalls festgelegt. Sie können beim Vergrößern oder Verkleinern des Views die Größe der Beschriftung gleich groß lassen oder Sie der Veränderung anpassen. Soll die Größe der Beschriftung der Veränderung angepasst werden, so klicken Sie in die Box 'Beschriftung skalieren'. Für die Beschriftung von Linien-Objekten erscheint ein anderes Eigenschaften-Fenster. Hier können Sie festlegen, wie die Beschriftung längs der Linien gezeichnet werden soll.

Nachdem Sie die Beschriftungseigenschaften eingestellt haben, betätigen Sie das Werkzeug für die Beschriftung in der View-Werkzeugleiste. Zum Beschriften klicken Sie mit der Maus auf das Objekt im View. Die Beschriftung erscheint an der festgelegten Position. Beschriftungen werden wie Grafiken behandelt. Sie können daher verschoben, kopiert, gelöscht und in ihrer Größe, Schriftart und Farbe verändert werden. Betätigen Sie dazu das Werkzeug für die Auswahl in der View-Werkzeugleiste und wählen Sie die gewünschten Objekte aus.

5.8 Beschriften von Objekten   153

Zur Änderung der Schriftart und -größe selektieren Sie die Beschriftungen und betätigen das Menü:

View-Menüleiste

Fenster:
   Symbolfenster anzeigen ('STRG+P')

Mit der Symbolpalette können Schriftart, Schriftgröße und Schriftfarbe geändert werden. Zum Ändern der Farbe muss in der Farbpalette das Pulldown-Menü 'Farbe' auf 'Text' gesetzt werden.

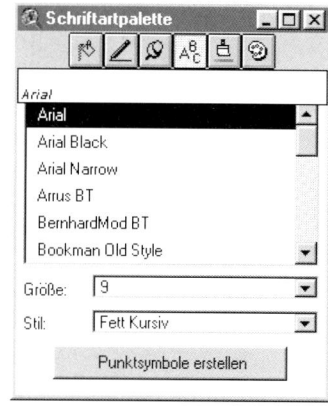

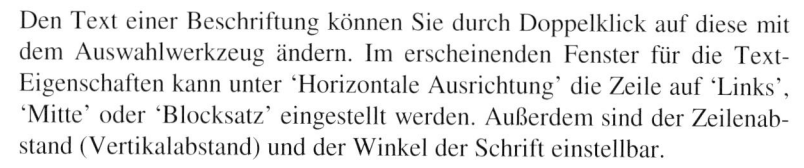

Den Text einer Beschriftung können Sie durch Doppelklick auf diese mit dem Auswahlwerkzeug ändern. Im erscheinenden Fenster für die Text-Eigenschaften kann unter 'Horizontale Ausrichtung' die Zeile auf 'Links', 'Mitte' oder 'Blocksatz' eingestellt werden. Außerdem sind der Zeilenabstand (Vertikalabstand) und der Winkel der Schrift einstellbar.

Beschriftungen können in einem View nicht nur in gewöhnlicher Form, wie vorher beschrieben, eingegeben werden. Das Pulldown-Werkzeug-Menü für die Beschriftung in der View-Werkzeugleiste bietet die Möglichkeit, Beschriftungen in einem Rahmen, mit Anzeigepfeilen und für Linien (Straßen) als Nummern zu setzen. Für eine normale Beschriftung und Numerierung betätigen Sie das entsprechende Werkzeug und klicken Sie auf das Objekt im View.

Für Beschriftungen mit Anzeigepfeil betätigen Sie das gewünschte Werkzeug, klicken einmal auf das Objekt im View und fahren mit festgehaltener Maustaste auf eine andere Stelle im View.

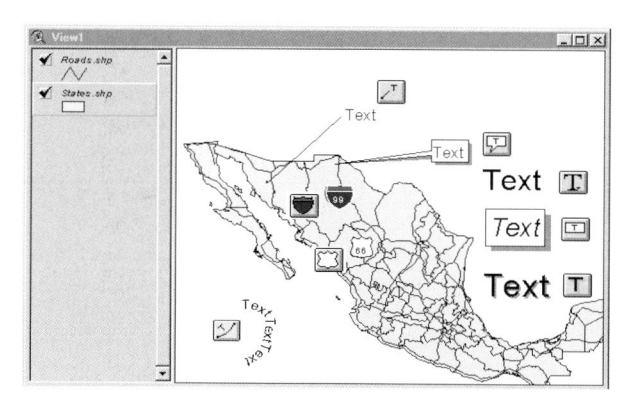

Für die oben beschriebenen Beschriftungswerkzeuge können Einstellungen bezüglich der Schriftart, -größe usw. festgelegt werden. Diese Einstellungen werden mit folgendem Menü vorgenommen:

View-Menüleiste

Grafik:
Text- und Beschriftungsstandardwerte

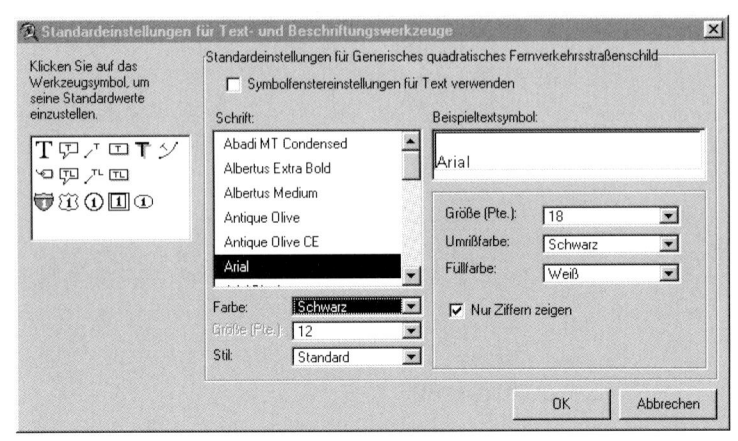

In diesem Fenster werden die Eigenschaften für jedes Beschriftungswerkzeug eingestellt. Wenn Sie dort auf das entsprechende Werkzeug klicken, erscheinen die Standardwerte, wie sie in der Schriftartpalette (STRG+P) eingestellt sind. Entfernen Sie den Haken aus der Box 'Symbolfenstereinstellungen für Text verwenden', können Sie die Texteigenschaften für dieses Werkzeug selbst festlegen. Durch Drücken von 'OK' werden die Einstellungen aktiv.

Automatische Beschriftung

Für eine automatische Beschriftung aller (kein Objekt ausgewählt) oder ausgewählter Objekte betätigen Sie das Menü:

View-Menüleiste

Thema:
Automatische Beschriftung

oder drücken Sie 'STRG+L'

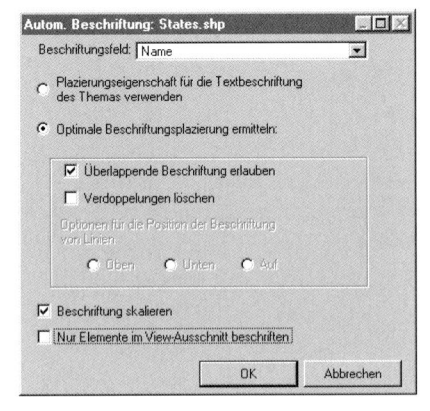

Im Fenster für die automatische Beschriftung werden die Eigenschaften festgelegt. Die Beschriftung kann so an die selektierten Objekte gezeichnet werden, wie im Eigenschaften-Fenster für das Thema unter 'Beschriftungen' festgelegt worden ist. Klicken Sie dazu in die entsprechende Box. Sie können die Positionierung aber auch ArcView GIS überlassen (optimale Beschriftungsplatzierung). ArcView GIS errechnet eine optimale Platzierung der Beschriftung. In 'Beschriftungsfeld' geben Sie das Feld an, mit dessen Werte die Objekte beschriftet werden sollen. Sie können weiterhin verhindern, dass überlappende Beschriftungen gezeichnet werden (Überlappende Beschriftung erlauben). Wenn Sie die Schriftgröße (STRG+P) vorher entsprechend klein einstellen, können Sie auch verhindern, dass sich diese überlappen. Sollen nur die Objekte, die im View-Ausschnitt liegen, beschriftet werden, so klicken Sie in die entsprechende Box. Auch hier können Sie die Größe der Beschriftung an die Größe des Views anpassen (Beschriftung skalieren). Für Linien-Objekte können doppelte Beschriftungen ausgeschlossen werden (Verdopplungen löschen). Hat eine Straße z. B. mehrere Segmente, so können Sie damit verhindern, dass alle Segmente mit dem gleichen Namen beschriftet werden. Bei Linien haben Sie weiterhin die Möglichkeit, die Beschriftung oberhalb, auf und unter der Linie zu platzieren.

Wollen Sie keine Beschriftung mehr, betätigen Sie das Menü:

View-Menüleiste

Thema:
  Beschriftung entfernen ('STRG+R')

Eine andere Möglichkeit, alle oder einzelne Beschriftungen zu löschen, ist, sie als Grafiken zu behandeln. Wählen Sie die entsprechenden Beschriftungen aus und betätigen Sie das Menü:

View-Menüleiste

Bearbeiten:
  Grafik löschen ('Entf')

Überlappen sich Beschriftungen, so werden diese in einer anderen Farbe dargestellt als die übrigen. Sie sind so einfacher zu erkennen und nach Selektion einzeln zu löschen. Wollen Sie alle überlappenden Beschriftungen löschen, so wenden Sie folgendes Menü an:

View-Menüleiste

Thema:
  Überlappende Beschriftungen entfernen

Die Farbe der überlappenden Beschriftungen kann mit nachfolgendem Menü an die Farbe der anderen angeglichen werden. Selektieren Sie dazu die umzuwandelnden Beschriftungen und zusätzlich eins von denen, in deren Farbe sie dargestellt werden sollen:

View-Menüleiste

Thema:
 Überlappende Beschriftungen umwandeln ('STRG+O')

Beispiel zur Beschriftung von Objekten

Die Objekte des Themas **'c:\esri\esridata\mexico\states.shp'** sollen beschriftet werden. Laden Sie dieses Thema in ein View, aktivieren und zeichnen Sie es.

Die Eigenschaften für die Beschriftung müssen zunächst eingestellt werden. Starten Sie das Fenster für die Themen-Eigenschaften mit der Schaltfläche in der View-Schaltflächenleiste oder dem Menü:

View-Menüleiste

Thema:
 Eigenschaften

Betätigen Sie dort das Symbol für die Textbeschriftung. Geben Sie die Position für die Beschriftung und das Attribut 'Name' ein. Drücken Sie 'OK'. Die Beschriftungs-Eigenschaften sind somit eingestellt.

Mit dem Werkzeug für die Beschriftung in der View-Werkzeugleiste setzen Sie die Attributwerte an die Objekte, so wie sie bei den Beschriftungs-Eigenschaften festgelegt worden sind. Betätigen Sie das Werkzeug und klicken Sie mit der Maus auf ein Objekt. Die Beschriftung wird an das Objekt gezeichnet.

Wollen Sie alle Objekte beschriften (es darf in diesem Fall kein Objekt selektiert sein), so können Sie das mit dem Menü:

View-Menüleiste

Thema:
 Autom. Beschriftung ('STRG+L')

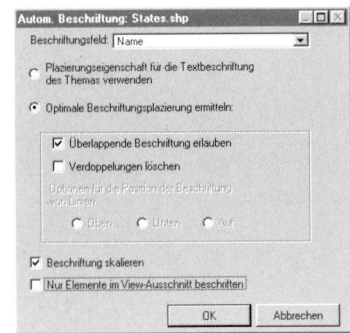

5.8 Beschriften von Objekten 157

Stellen Sie die Eigenschaften für die automatische Beschriftung so ein, wie in der vorstehenden Abbildung. Drücken Sie 'OK'. Die Beschriftung wird an die Objekte gezeichnet.

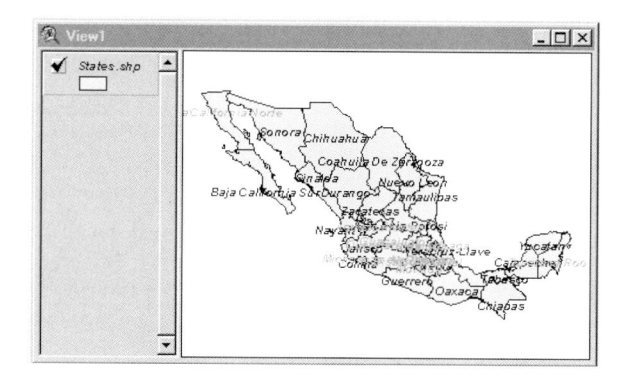

Entfernen Sie die überlappenden Beschriftungen mit dem Menü:

View-Menüleiste

Thema:
  Überlappende Beschriftungen entfernen

Sie können die Beschriftungen mit den Grafik-Werkzeugen bearbeiten. Drücken Sie z. B. die Taste 'Entf' auf der Tastatur, so wird eine markierte Beschriftung entfernt.

Aktionen (Hot-Links)

Mit einer Aktion (Hot-Link) können Sie einem Objekt aus einem Thema weitere Informationen (Bilder, Texte, ArcView GIS-Dokumente, Scripts) zuordnen und anzeigen lassen. Ein Objekt ist z. B. mit einer Textdatei, die das

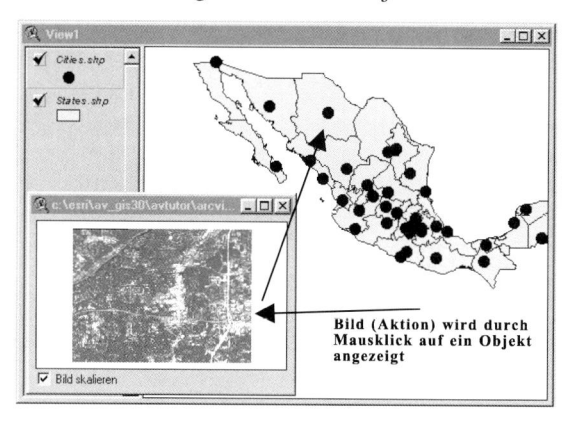

Objekt beschreibt, verknüpfbar. Objekte können auch mit Informationen über das reale Aussehen (Foto, Video) verknüpft werden. Mit der Hot-Link-Funktion lassen sich durch Klicken auf das Objekt mit der Maus solche Informationen anzeigen.

Um eine Aktion auszulösen, müssen zunächst den Objekten, für die eine Aktion möglich sein soll, in der Attributtabelle des Themas Aktionen zugeordnet werden. Weiterhin müssen entsprechende Einstellungen bei den Eigenschaften des Themas vorgenommen werden. Danach können Sie mit dem Hot-Link-Werkzeug, durch Mausklick auf ein Objekt im View, eine Aktion auslösen.

Rufen Sie für das Thema, für dessen Objekte Aktionen durchgeführt werden sollen, die Attributtabelle auf und fügen Sie ein neues Feld der Tabelle hinzu. Setzen Sie in diesem Feld für jedes Objekt eine Aktion. Soll ein Objekt z. B. ein Bild (Rasterdatei) anzeigen, so geben Sie als Attributwert für dieses Objekt den Dateinamen (vollständiger Pfad) der zugehörigen Bilddatei an. Soll ein Objekt durch eine Aktion einen Text anzeigen, so muss der Name der zugehörigen Textdatei als Attributwert des neuen Feldes eingegeben werden.

Stellen Sie jetzt noch die Eigenschaften des Hot-Link-Themas ein. Aktivieren Sie das Thema im View und betätigen Sie folgendes Menü:

View-Menüleiste

Thema:
   Eigenschaften

und betätigen Sie dort das 'Hot-Link'-Symbol.

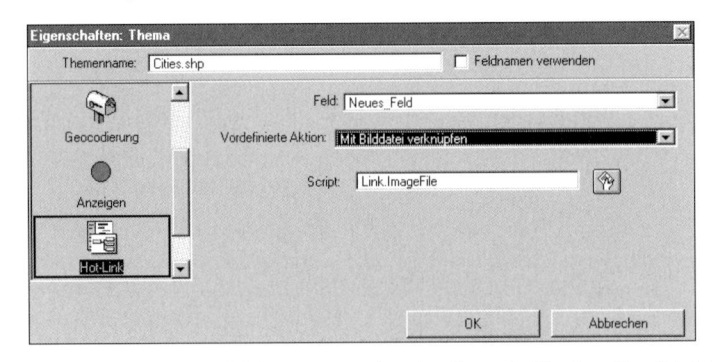

In 'Feld' wird der Feldname aus der Attributtabelle des Hot-Link-Themas angegeben, dessen Werte auf die Aktionselemente zeigen.

5.8 Beschriften von Objekten

In 'Vordefinierte Aktion' wird die Art der Verknüpfung festgelegt. Für ein Feld ist immer nur eine Art der Aktion möglich. Es sind folgende Aktionen möglich:

Mit einer Textdatei verknüpfen
Hiermit wird eine Textdatei angezeigt, die z. B. eine Beschreibung des Objektes enthalten kann.

Mit Bilddatei verknüpfen
Beim Auslösen wird eine Bilddatei (Rasterdaten) angezeigt. Sie kann z. B. ein Foto des Objektes sein.

Mit ArcView GIS-Dokument verknüpfen
Views, Tabellen, Layouts, Diagramme können Objekten zugeordnet und durch eine Hot-Link-Aktion angezeigt werden. Befinden sich in einem View z. B. Detailinformationen über ein Objekt, so sind sie auf diese Weise aufrufbar.

Mit Projekt verknüpfen
Hiermit können Sie ein Projekt importieren.

Mit Benutzer-Script verknüpfen
Geben Sie den Namen für ein beliebiges Script ein, so wird es gestartet, wenn Sie auf ein Objekt klicken.

Sind alle Eigenschaften festgelegt, drücken Sie 'OK'.

Zum Auslösen einer Aktion betätigen Sie das 'Hot-Link-Werkzeug' in der View-Werkzeugleiste. Klicken Sie auf ein Objekt. Die vorgegebene Aktion wird ausgelöst.

Beispiel: Eine Aktion (Hot-Link) auslösen

Als Beispiel für das Auslösen einer Aktion soll jedem Punkt eines Themas (cities.shp) in der zugehörigen Attributtabelle ein ArcView GIS-Dokument (hier: View2) zugeordnet werden, das beim Auslösen der Aktion angezeigt wird.

Laden Sie dazu zunächst folgende Themen in ein 'View1':

    c:\esri\esridata\mexico\states.shp
    c:\esri\esridata\mexico\cities.shp

Öffnen Sie ein zweites 'View2' und laden dort nochmals das Thema:

    c:\esri\esridata\mexico\states.shp

160   5 Views und Themen

Vergrößern Sie 'View2' so, dass nur noch eine einzige Teilfläche (State) zu sehen ist. Schließen Sie 'View2'. Es soll später Objekten zugeordnet und mit Hilfe einer Aktion aufgerufen werden.

Aktion für jedes Objekt in der Attributtabelle festlegen 
Aktivieren Sie das Thema 'cities.shp' in 'View1' und rufen Sie die zugehörige Attributtabelle mit der Schaltfläche in der View-Schaltflächenleiste auf. Aktivieren Sie die Tabelle und starten Sie die Bearbeitung mit dem Menü:

Tabellen-Menüleiste

Tabelle:
  Bearbeitung starten

Fügen Sie ein neues Feld in die Tabelle ein mit:

Tabellen-Menüleiste

Bearbeiten:
  Feld hinzufügen

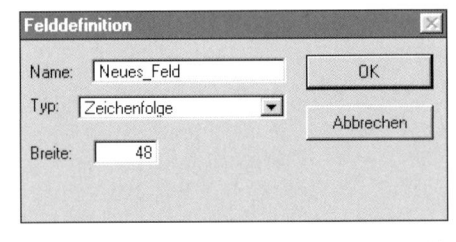

Geben Sie für die Felddefinition die nötigen Parameter ein.
Wählen Sie als Typ 'Zeichenfolge' und für die Breite z. B. '48'. Drücken Sie 'OK'. Das neue Feld wird an das Ende der Tabelle angehängt, hat aber noch keine Werte. Für jedes Objekt in der Tabelle kann in diesem neuen Feld z.B. der Dateiname für eine Bilddatei oder der Name eines ArcView GIS-Dokuments angegeben werden. Das Dokument wird beim Auslösen der Aktion angezeigt. In diesem Beispiel soll für jedes Objekt das gleiche ArcView GIS-Dokument 'View2' in 'Neues_Feld' eingegeben und dann beim Auslösen der Aktion angezeigt werden. Dazu aktivieren Sie das Feld 'Neues_Feld' in der Tabelle und starten das Menü:

Tabellen-Menüleiste

Feld:
  Berechnen

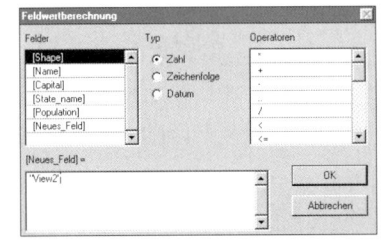

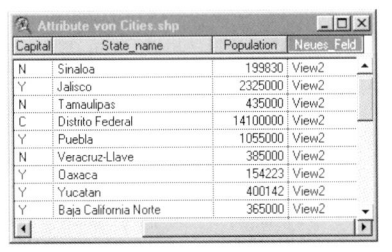

5.8 Beschriften von Objekten 161

Geben Sie im Fenster für die Feldberechnung den Wert "View2" (incl. der doppelten Anführungszeichen) ein. Drücken Sie 'OK'. In der Tabelle unter 'Neues_Feld' muss für jeden Datensatz der Wert 'View2' erscheinen. Schließen Sie die Tabelle.

Hot-Link-Eigenschaften einstellen
Die Eigenschaften für die Aktion werden im View-Menü: 'Thema: Eigenschaften' mit dem Symbol 'Hot-Link' eingestellt. Schreiben Sie dort unter

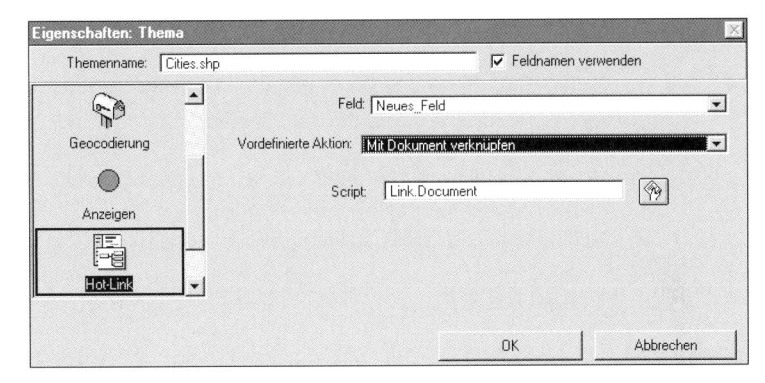

'Feld' den Namen des zuvor neu zugefügten Feldes 'Neues_Feld'. In 'Vordefinierte Aktion' geben Sie 'Mit Dokument verknüpfen' ein, um ArcView GIS-Dokumente für die Objekte aufrufen zu können. Drücken Sie 'OK'. Die Eigenschaften für das Auslösen einer Aktion sind damit eingestellt.

Aktion (Hot-Link) auslösen
Da die Hot-Link-Eigenschaften eingestellt und die Tabelle für das Hot-Link-Thema erweitert wurde, lässt sich eine Aktion mit dem Werkzeug aus der View-Werkzeugleiste auslösen. Aktivieren Sie das Thema 'cities.shp' in 'View1' und zeichnen Sie es. Betätigen Sie das Hot-Link-Werkzeug und klicken Sie mit der Maus (mit der unteren Spitze des Blitzes) auf ein Objekt. Der entsprechende Ausschnitt aus 'View2' erscheint.

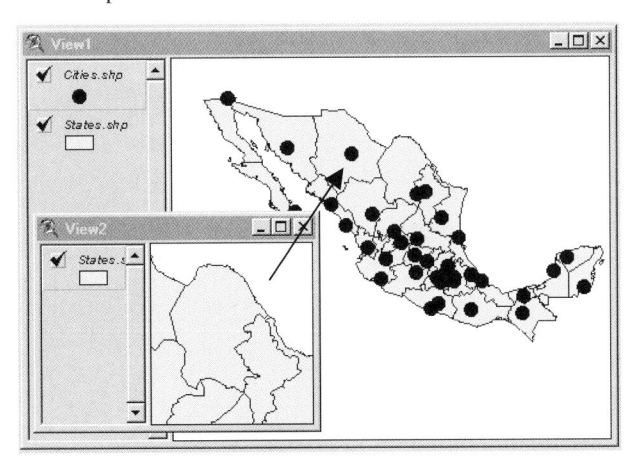

Übung: Projektion, Legende und Beschriftung

1) Öffnen Sie ein neues View und laden Sie das Objektthema:

c:\esri\esridata\world\Cntry92.shp

2) Vergrößern Sie das View auf Europa und wählen Sie eine für Europa geeignete Projektion (UTM). Selektieren Sie die Länder Europas und speichern Sie diese als Shapethema.

3) Erstellen Sie für das neue Shapethema eine Legende. Probieren Sie verschiedene Legendentypen.

4) Beschriften Sie die Länder mit ihrem Namen. Wählen Sie zunächst die manuelle und dann die automatische Beschriftung. Führen Sie mit dem entsprechenden Werkzeug Längenmessungen im View durch.

Hinweise zur Übung

zu 1) Benutzen Sie das Werkzeug in der View-Werkzeugleiste, zeichnen (Thema ein) und aktivieren Sie das Thema.

zu 2) Die Projektion für ein Thema wird unter den View-Eigenschaften eingestellt. Wählen Sie die Projektion 'UTM (Zone 33)'. Die Selektion der Länder Europas kann einzeln mit der Maus geschehen (bei der Selektion mehrerer Objekte die SHIFT-Taste drücken).

Die selektierten Objekte (Länder Europas) werden mit dem Menü aus der View-Menüleiste in eine Shapedatei geschrieben: *'Thema: In Shape-Datei umwandeln'*.

zu 3) Der Legenden-Editor wird durch Doppelklick auf das Thema aufgerufen. Testen Sie zunächst den Legendentyp 'Einzelwert' mit dem Attribut 'Name'.

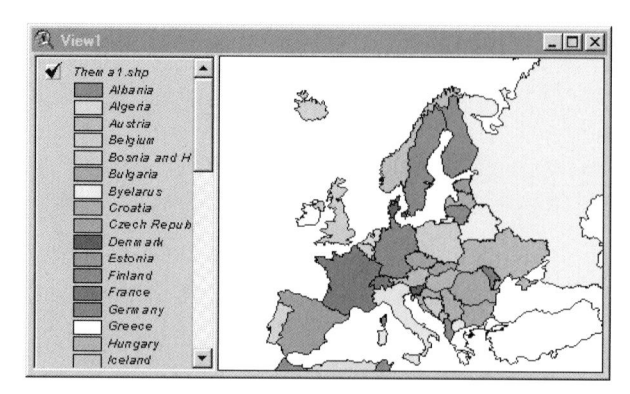

5.8 Beschriften von Objekten

Testen Sie auch den Legendentyp 'Abgestufte Farben' mit dem Attribut 'Area'.

zu 4) Stellen Sie zunächst die Themeneigenschaften für die Textbeschriftung ein und benutzen Sie für die manuelle Beschriftung das Werkzeug in der View-Werkzeugleiste.

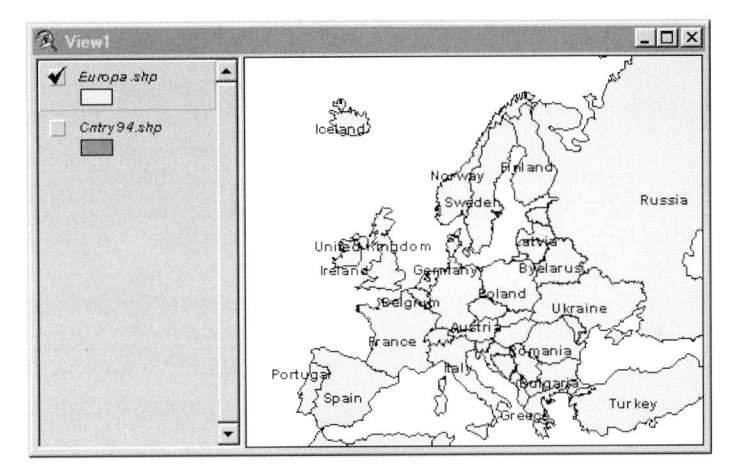

Benutzen Sie das Werkzeug zum Messen in der View-Werkzeugleiste. Stellen Sie vorher die Abstandseinheiten (Kilometer) bei den View-Eigenschaften ein.

5.9 Rasterdaten

Neben Objektthemen (Vektordaten) können mit ArcView GIS auch Bildthemen (Rasterdaten) als Thema in ein View geladen, angezeigt und ausgegeben werden. Rasterdaten bestehen aus einem Raster, das sich aus einzelnen Pixeln gleicher Größe zusammensetzt. Jedem Pixel ist ein Wert zugeordnet. Rasterdaten können z. B. gescannte Fotos, Luftbilder oder Satellitendaten sein. Sind diese georeferenziert, eignen sie sich z. B. als Hintergrund-Information in Views. Anders als bei Vektordaten können Rasterdaten in ArcView GIS z. B. nicht ohne die Erweiterung 'Spatial-Analyst' bearbeitet werden. Jedem Pixel kann jedoch ein Farbwert zugeordnet werden. Dadurch sind die Rasterdaten in einem View, auch ohne diese Erweiterung, farbig darstellbar. In ArcView GIS sind verschiedene Farbzuordnungen möglich.

Um ein Bildthema in ein View zu laden, geht man genau so vor wie beim Laden eines Objektthemas. Im Dialogfeld für die Eingabe des Themas muss jedoch für den Datentyp 'Bilddatenquelle' eingegeben werden. Ein Bild-

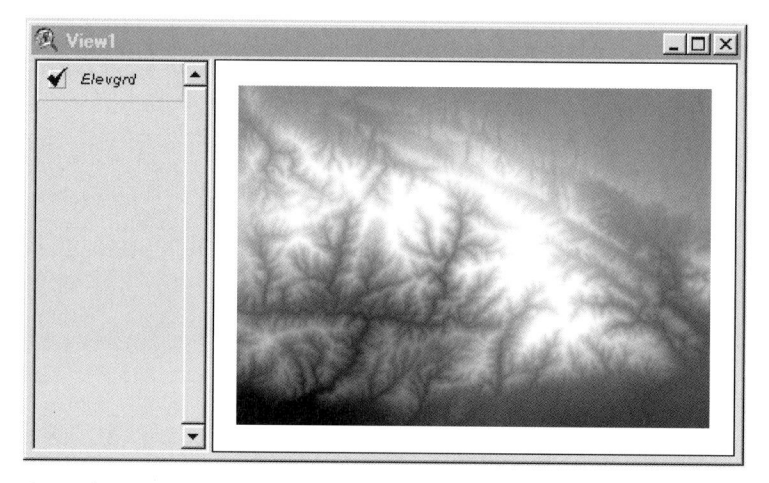

thema kann unter Umständen lange Zeit brauchen, um gezeichnet zu werden. Sie können den Zeichenbereich einschränken und damit den Bildaufbau beschleunigen, indem Sie unter 'Thema: Eigenschaften: Definition' in der View-Menüleiste die Grenzen des eingeschränkten Bereiches festlegen. Ist das Thema im Inhaltsverzeichnis des Views, so können den Pixeln Farben zugeordnet werden, um das Bildthema darzustellen. Diese Zuordnung geschieht mit dem Legenden-Editor.

Legenden-Editor für Bildthemen

Der Legenden-Editor wird gestartet durch Doppelklick auf das Thema, mit der Schaltfläche 'Legenden-Editor' in der View-Schaltflächenleiste (Thema muss aktiv sein) oder mit dem Menü:

5.9 Rasterdaten

View-Menüleiste

Thema:
   Legende bearbeiten

Der Legenden-Editor kann Einzel- oder Mehrbandthemen bearbeiten. Je nach Thema wird der entsprechende Legenden-Editor aufgerufen. Die für Bildthemen erstellte Legende erscheint nicht, wie bei den Objektthemen, im Inhaltsverzeichnis des Views.

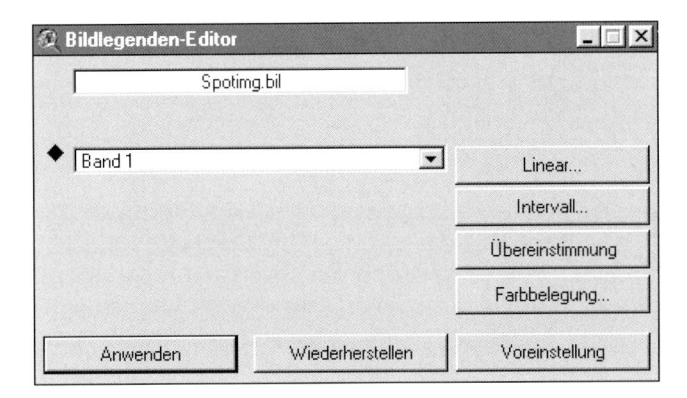

Der Bildlegenden-Editor für Einzelbandthemen hat verschiedene Möglichkeiten für die Zuordnung der Pixelwerte zu den Farbwerten. Für Mehrbandthemen sieht der Legenden-Editor ähnlich aus. Sie können die im Bildthema vorhandenen Bänder den Grundfarben Rot, Grün und Blau zuordnen. Der Schalter 'Anwenden' aktiviert alle Einstellungen im Legenden-Editor, und das Thema wird im View gezeichnet. Wollen Sie alle Einstellungen rückgängig machen, die Sie nach dem letzten Betätigen des Schalters 'Anwenden' durchgeführt haben, so drücken Sie 'Wiederherstellen'. Mit 'Voreinstellung' wird der ursprünglich eingestellte Zustand (Standardeinstellung) zurückgeholt.

Lineare Zuordnung
Eine lineare Zuordnung der Pixelwerte zu den Farbwerten erfolgt mit der Schaltfläche 'Linear'. Die lineare Zuordnung transformiert die Pixelwerte mit einer linearen Beziehung in die Farbwerte (0 bis 255). Wird die Schaltfläche 'Linear' betätigt, so erscheint in einem Fenster die Verteilung der Pixelwerte zusammen mit einer Geraden, die die lineare Transformation repräsentiert. Je nach Lage

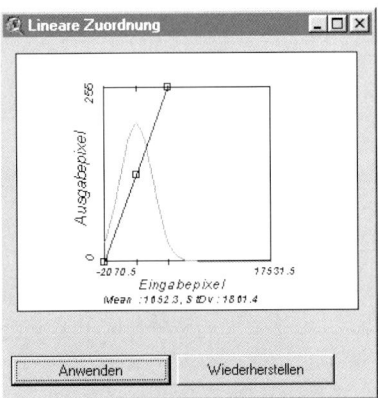

der Geraden wird eine Transformation ausgeführt, die sich auf den Kontrast und die Helligkeit des Bildthemas auswirkt. Die Steigung der Geraden verändert den Kontrast, während die Verschiebung der Lage bei gleicher Steilheit die Helligkeit des Bildthemas verändert. Die Lage der Geraden verändern Sie an den Markierungen durch Ziehen mit der Maustaste. Für ein Mehrbandthema wird die lineare Zuordnung für alle drei Bänder mit den Farben Rot, Grün und Blau eingestellt. Betätigen Sie 'Anwenden', wenn Sie die Einstellung aktivieren wollen. Der Schalter 'Wiederherstellen' setzt die Einstellung auf den Zustand zurück, wie er nach dem letzten Betätigen des Schalters 'Anwenden' war.

Intervall-Zuordnung
Die Schaltfläche 'Intervall' im Bildlegenden-Editor unterteilt den Wertebereich der Pixel in gleiche Intervalle. Wählen Sie z. B. 10 gleiche Intervalle, so werden diese den 10 ersten Farbwerten in der Farbbelegung (Tabelle) zugeordnet. Die Intervalle können hier als Klassifizierung der Pixelwerte angesehen werden, die durch die Aufteilung der Pixelwerte mit gleichem Abstand gebildet werden. Kontinuierliche Daten lassen sich mit dieser Methode geeignet darstellen. Die Intervalle werden für Einzel- und Mehrfachband in unterschiedlichen Fenstern eingestellt. Insgesamt lassen sich bis zu 20 Klassen einstellen. Für Mehrbandthemen können die Klassen für alle drei Farbbänder eingestellt werden.

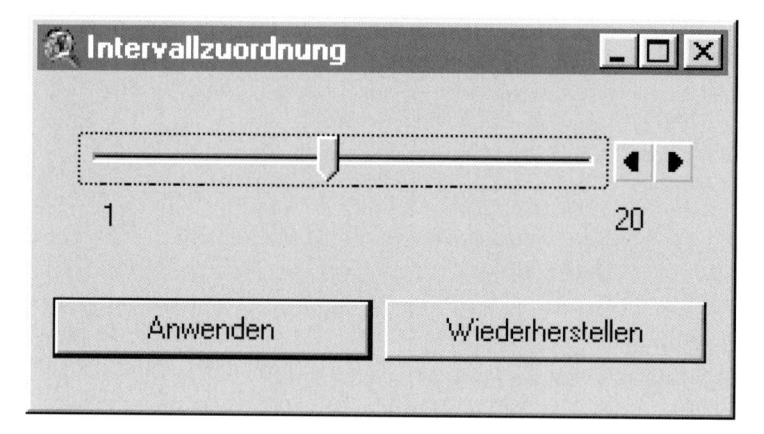

Identische Zuordnung
Haben Sie ein Bildthema mit Daten, die im Bereich 0 bis 255 liegen, so entsprechen hier die Pixelwerte den Werten in der Farbtabelle. In diesem Fall muss keine Transformation vorgenommen werden. Die Zuordnung ist direkt oder identisch. Wollen Sie eine solche Zuordnung, so wählen Sie 'Übereinstimmung' im Bildlegenden-Editor.

5.9 Rasterdaten

Farbbelegung

Mit der Schaltfläche 'Farbbelegung' können 256 Farben festgelegt werden. Es sind die Farbbelegungen 'Zufall', 'Grau', 'Nominal' und 'Farbverlauf' (kontinuierlicher Übergang von einer Farbe zu einer anderen) möglich. Mit der Farbpalette können Sie jede Farbe individuell einstellen.

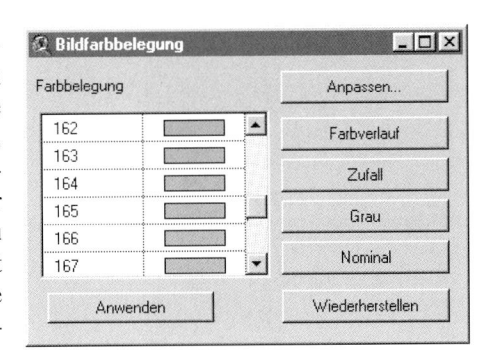

Betätigen Sie 'Zufall', so werden für alle Werte zufällige Farbwerte erzeugt. Drücken Sie die Schaltfläche so oft, bis Sie eine passende Farbbelegung gefunden haben. Die Farbbelegung 'Grau' erzeugt Graustufen von Schwarz bis Weiß. 'Nominal' ordnet den ersten 16 Werten eindeutige Farben zu, die bis zum Tabellenende wiederholt werden.

Um einen kontinuierlichen Farbverlauf zu erzeugen, ordnen Sie dem ersten und letzten Wert in der Farbtabelle unterschiedliche Farben zu (Doppelklick auf das Symbol). Drücken Sie 'Farbverlauf', so wird ein kontinuierlicher Übergang von der ersten zur letzten Farbe erzeugt. Sehen Sie dazu auch das folgende Beispiel.

Sie können die Farben der Farbbelegung auch durch Hervorheben oder Abschwächen der Grundfarben sowie durch Einstellen der Intensität und Farbsättigung justieren. Die Schaltfläche 'Anpassen' aktiviert das Fenster 'Farbbelegung anpassen'. Hier können der Anteil der Grundfarben 'Rot', 'Grün' und 'Blau' sowie die Sättigung und Intensität eingestellt werden.

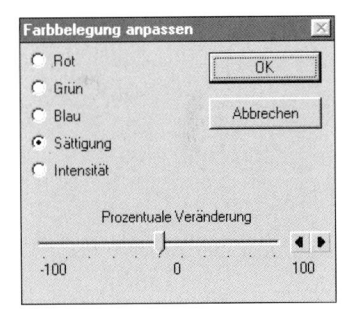

Beispiel: Bildthema bearbeiten

Laden und zeichnen Sie folgendes Bildthema in ein View. Achten Sie darauf, dass im Dateiauswahlfenster der Datentyp auf 'Bilddatenquelle' steht.

c:\esri\av_gis30\avtutor\arcview\images\spotimag.bil

Es erscheint ein Luftbild als Einband-Bildthema.

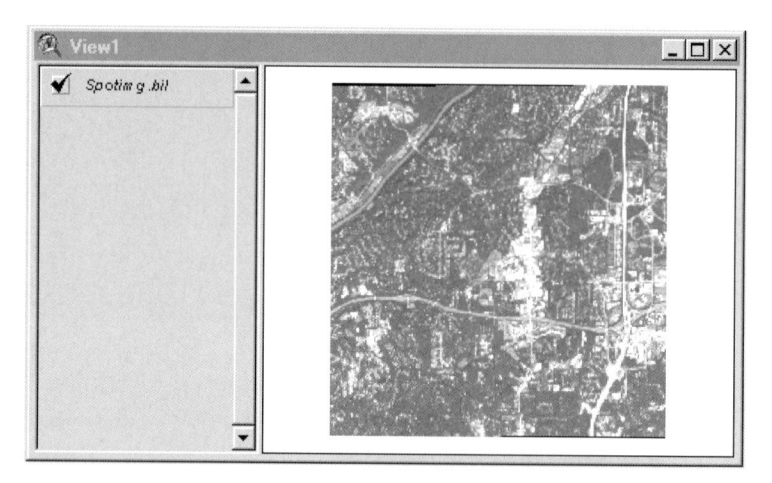

Doppelklick auf den Namen des Bildthemas ruft den Bildlegenden-Editor auf. Wählen Sie dort 'Linear'. Es erscheint ein Fenster mit der Verteilung der Pixelwerte und eine Gerade, die eine lineare Zuordnung der Pixelwerte zu den Farbwerten bewirkt. Verschieben Sie die Gerade am mittleren Markierungspunkt mit der Maus etwas nach rechts. Wenn Sie 'Anwenden' drücken, wird das Bildthema wieder neu, jedoch dunkler gezeichnet.

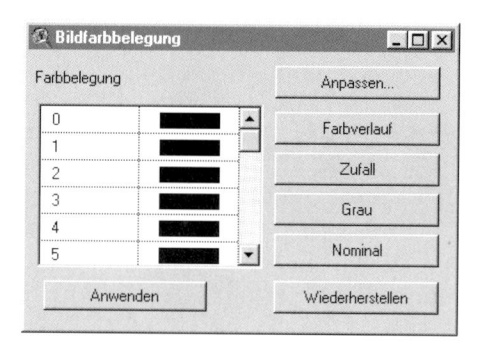

Schließen Sie das Fenster 'Lineare Zuordnung' und wählen Sie im Bildlegenden-Editor die Schaltfläche 'Farbbelegung'. Ordnen Sie dort dem Farbwert '0' die Farbe 'Rot' zu. Das erreichen Sie durch Doppelklick auf das erste Symbol und anschließende Auswahl von 'Rot' in der Farbpalette.
Wählen Sie für die letzte Farbe (255) die Farbe 'Blau'. Drücken von 'Farbverlauf' bewirkt, dass alle Farbwerte mit Farben besetzt werden, die kontinuierlich von rot nach blau übergehen. Das Thema wird durch Drücken der Schaltfläche 'Anwenden' in der neuen rot-blauen Farbverteilung gezeichnet. Mit dem Schalter 'Linear' im Legenden-Editor und durch Verschieben der Geraden lässt sich die Farbverteilung mehr zum Roten oder Blauen hin verändern.

5.10 Adressen-Geocodierung

Geocodierung

Geocodierung ist die Zuordnung raumbezogener Daten (z. B. Tabellen mit Adressen), die keine mathematischen Koordinaten haben zu einem Thema, das in einem GIS darstellbar ist. Haben Sie z. B. eine Datei mit der Beschreibung von Häusern und deren Adressen (Straße, Hausnummer usw.), so können diese nicht in einem GIS dargestellt werden, da dazu Koordinatenwerte benötigt werden. Adressen sind in der Regel Texte, die einen Ort beschreiben. Sie können aber in einem GIS dargestellt werden, wenn sie mit einem raumbezogenen Thema, das Koordinaten hat, verknüpft werden. Für diesen Geocodierungsprozess werden eine Tabelle (Adressentabelle) und ein Referenzthema (Straßenthema), das Adressenattribute enthält, benötigt. Mit der Adressentabelle und dem Referenzthema erstellen Sie ein neues Thema (geocodiertes Thema), das den Adressen in der Adressentabelle Koordinaten zuordnet. Auf diese Weise kann die Adressentabelle zusammen mit anderen Themen in einem View dargestellt werden. Der Geocodierungsprozess ist nichts anderes als die Suche nach Übereinstimmungen von Adressen in der Adressen- und der Attributtabelle des Referenzthemas.

Der Geocodierungsprozess in ArcView GIS verläuft in mehreren Schritten und soll hier an einem Beispiel vorgeführt werden.

Öffnen Sie ein View und laden Sie das Referenzthema 'streets.shp', das die nötigen Adressenattribute enthält. Das Referenzthema ist gewöhnlich ein Straßenthema.

c:\esri\av_gis30\avtutor\arcview\qstart\streets.shp

Laden Sie eine Adressentabelle. Gehen Sie dazu in das Projektfenster, drücken dort das Tabellensymbol und den Schalter 'Hinzufügen'. Wählen Sie im Dateiauswahlfenster folgende Datei:

c:\esri\av_gis30\avtutor\arcview\qstart\customrs.dbf

Aktivieren Sie das Thema 'streets.shp' im View und stellen Sie die Eigenschaften für die Geocodierung ein mit folgendem Menü:

<u>View-Menüleiste</u>

Thema:
  Eigenschaften

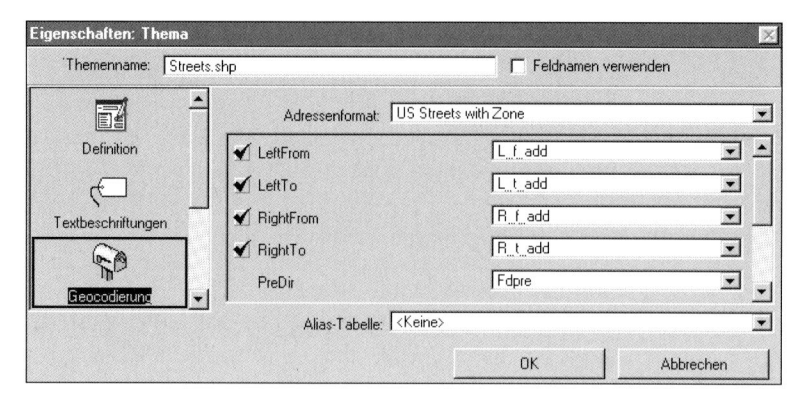

Betätigen Sie dort das Symbol 'Geocodierung'. Hier wird unter 'Adressenformat' die Form der Adresse angegeben. Es sind hier hauptsächlich die für die USA gültigen Adressenformate einstellbar. Im darunter liegenden Fenster geben Sie die Attribute für das angegebene Adressenformat, wie in der Abbildung angegeben, des Referenzthemas ein. Eine Tabelle für Aliasnamen kann zusätzlich angegeben werden. Sie muss aus zwei Feldern bestehen. Das Erste enthält den Aliasnamen, das Zweite die zugehörige Adresse. Drücken Sie 'OK'. Der Geocodierungsindex wird aufgebaut.

Jetzt können Sie die Geocodierung starten. Betätigen Sie dazu das Menü:

View-Menüleiste

View:
 Adressen geocodieren

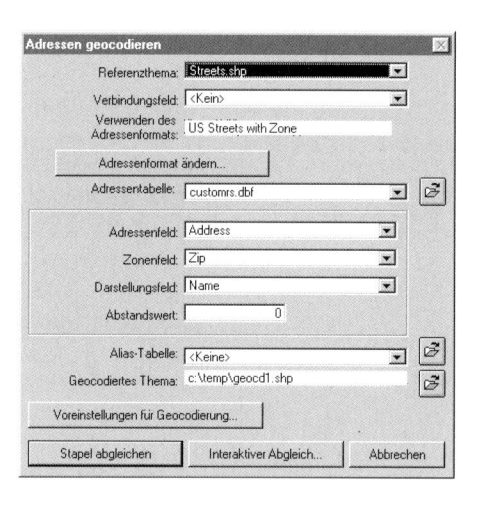

Es erscheint das Fenster für die Geocodierung. Geben Sie hier unter 'Referenz-Thema' das Thema 'streets.shp' und unter 'Adressentabelle' die Tabelle 'customrs.dbf' ein. Das Verzeichnis und der Dateiname für das zu erzeugende Geocodierungs-Thema wird unter 'Geocodiertes Thema' angegeben. Der Schalter 'Stapel abgleichen' führt die Geocodierung automatisch durch. Sie haben dann aber nicht die Möglichkeit, interaktiv einzugreifen und die Zuordnung zu beeinflussen. Eine interaktive Geocodierung starten Sie mit dem Schalter 'Interaktiver Abgleich'. Bevor Sie die Geocodierung durchführen, sollten Sie sich zunächst die Voreinstellungen für die Geocodierung ansehen.

5.10 Adressen-Geocodierung

Drücken Sie den Schalter 'Voreinstellungen für Geocodierung'. Er ruft ein Fenster auf, in dem Voreinstellungen für den Vergleich der Adressen aus der Adressentabelle und dem Referenzthema vorgenommen werden können. Die zu vergleichenden Adressen müssen nicht unbedingt exakt in der Schreibweise übereinstimmen, um zugeordnet werden zu können. Unter 'Übereinstimmung der Rechtschreibung' wird z. B. der Grad der Übereinstimmung der Adressen für den Abgleich eingestellt. Eine Einstellung von 100% verlangt eine exakte Übereinstimmung im Syntax. Belassen Sie die Einstellungen so, wie Sie eingestellt sind, und drücken Sie 'OK'.

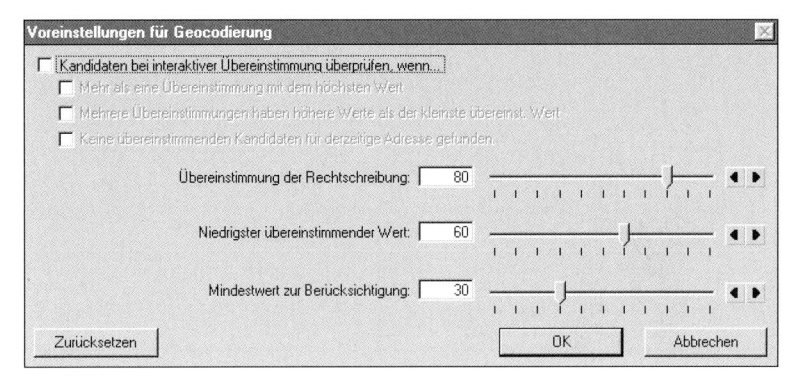

Starten Sie jetzt die interaktive Geocodierung mit dem Schalter 'Interaktiver Abgleich'. Der Geocodierungs-Editor erscheint.

Im oberen Teil des Geocodierungs-Editors werden die Adressen der Adressentabelle aufgelistet. In der darunter liegenden Tabelle sind für jede dieser

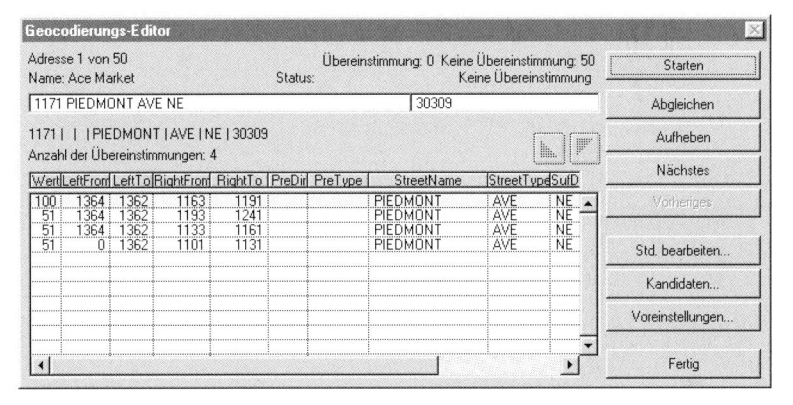

Adressen mögliche Kandidaten aus dem Referenzthema für die Zuordnung (Geocodierung) aufgelistet. Der Geocodierungsprozess kann automatisch oder interaktiv ablaufen. Mit den Schaltern 'Nächstes' und 'Vorheriges' können Sie alle Datensätze der Adressentabelle durchblättern und nach Auswahl eines geeigneten Kandidaten mit dem Schalter 'Abgleichen' die Zuordnung vornehmen. Der Schalter 'Aufheben' löscht einzelne Zuordnungen. Für jede Adresse werden die Übereinstimmungen angezeigt. Der Übereinstimmungsgrad (Wert) in der ersten Spalte gibt an, wie gut die Adressen in der Adressentabelle und dem Referenzthema übereinstimmen. Der Wert '100' zeigt exakte Übereinstimmung an. Ein Wert unter '100' zeigt, dass evtl. eine andere Schreibweise der Adresse oder ein Schreibfehler vorliegt. Wählen Sie eine Adresse mit einem hohen Wert und drücken Sie 'Abgleichen'.

Mit dem Schalter 'Std. bearbeiten' können Sie die Adressen ansehen und bearbeiten. Bearbeiten Sie die Werte, wenn z. B. ein Schreibfehler vorliegt und die Zuordnung damit erleichtert wird.

Der Schalter 'Kandidaten' zeigt die Attributwerte des im Editor selektierten Kandidaten. In diesem Fenster können Sie die Lage der Adresse im View aufblinken lassen. Drücken Sie dazu den Schalter 'Blinksignal'.

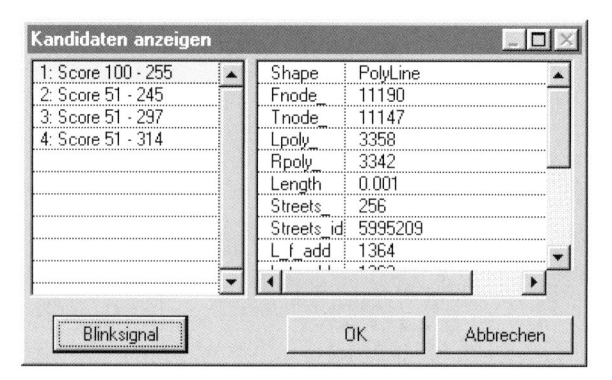

Die Zuordnung soll für dieses Beispiel automatisch geschehen. Gehen Sie dazu an den Anfang der Adressentabelle im Geocodierungs-Editor. Betätigen Sie den Schalter 'Vorheriges' so lange, bis die erste Adresse erscheint. Drücken Sie 'Starten'. Die Zuordnung wird für alle Adressen automatisch durchgeführt. Betätigen Sie den Schalter 'Fertig'. Die Arbeit mit dem Editor ist damit beendet.

Das Ergebnis der Zuordnung wird in einem Fenster dargestellt. Sie können, wenn Sie mit der Zuordnung nicht zufrieden sind, den Editor mit dem Schalter 'Interaktiv' erneut starten. Sonst drücken Sie 'Fertig'. Im View-Inhaltsverzeichnis erscheint das geocodierte Thema. Aktivieren und zeichnen Sie es.

5.10 Adressen-Geocodierung

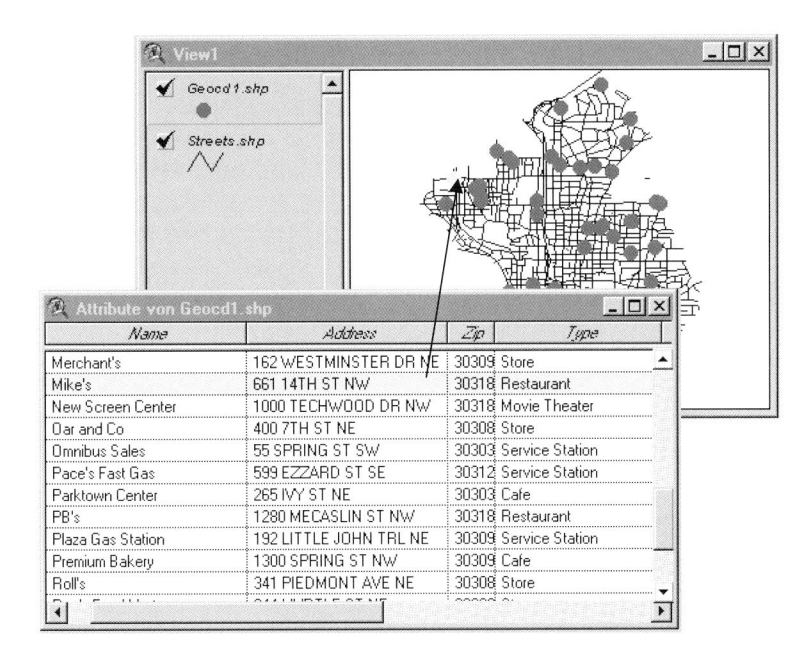

Sie haben jetzt nochmals die Möglichkeit, die Geocodierung zu starten, weil z. B. andere Zuordnungen gewählt werden sollen. Aktivieren Sie das geocodierte Thema im View und betätigen Sie das Menü:

View-Menüleiste

Thema:
  Adressen erneut abgleichen

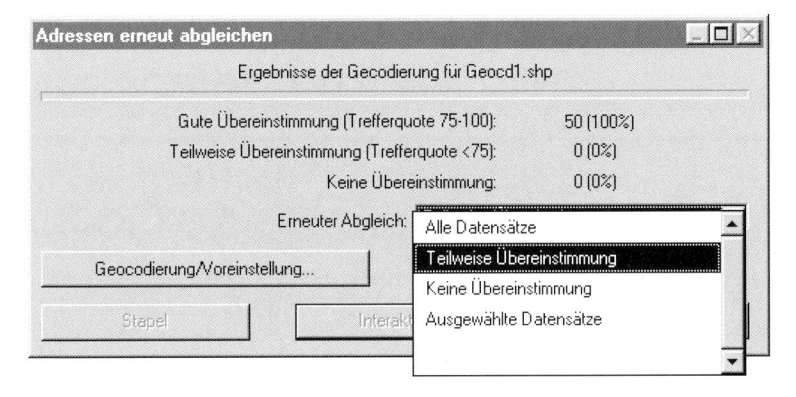

Die Zuordnung kann erneut für alle Datensätze, für jene, die teilweise übereinstimmen, für die keine Übereinstimmung vorliegt oder für ausgewählte Datensätze vorgenommen werden.

Adressen suchen

Eine bestimmte Adresse in einem View suchen Sie mit der Schaltfläche zum Suchen einer Adresse in der View-Schaltflächenleiste oder mit dem Menü:

View-Menüleiste

View:
 Adresse suchen

Die Adresse wird in allen aktiven Themen gesucht. Für die Themen müssen zuvor die Geocodierungs-Eigenschaften eingestellt werden. Geben Sie im Dialogfeld die Adresse ein. Sie können auch einen Aliasnamen angeben, wenn Sie einen solchen bei den Geocodierungs-Eigenschaften mit angegeben haben.

Aktivieren Sie das soeben erstellte geocodierte Thema im View und stellen Sie dessen Eigenschaften ein mit dem Menü:

View-Menüleiste

Thema:
 Eigenschaften

Betätigen Sie dort das Symbol 'Geocodierung' und wählen Sie das Adressenformat 'Single Field' und das Adressenfeld (Keyfield) 'Address'. Drücken Sie 'OK'. Betätigen Sie die Schaltfläche zum Suchen von Adressen aus der View-Schaltflächenleiste und geben Sie als Suchadresse '151 Alabama ST SW' ein. Die Adresse wird als Grafik (hervorgehobenes Symbol) in das View gezeichnet.

5.11 Erzeugen von Pufferzonen um Objekte

ArcView GIS erzeugt um die Objekte eines Themas oder um Grafiken in einem View Pufferzonen (Buffer). Das Erzeugen von Buffer ist eine Grundfunktion eines professionellen Geo-Informationssystems und wird in der Praxis häufig eingesetzt. Anwendungsgebiete sind z. B. das Erzeugen von Lärmzonen an einer Straße oder die Berechnung von Sicherheitszonen um Orte, Flugplätze oder Grundstücke. ArcView GIS berechnet für Polygon-, Linien- und Punktethemen sowie für im View vorhandene Grafiken Einzel- als auch Mehrfach-Buffer. Laden Sie dazu ein Thema in ein View, aktivieren Sie es und selektieren Sie die Objekte, für die Buffer berechnet werden sollen. Betätigen Sie folgendes Menü:

View-Menüleiste

Thema:
    Puffer erstellen

In den folgenden drei Fenstern werden die Eigenschaften für die zu berechnenden Buffer festgelegt.

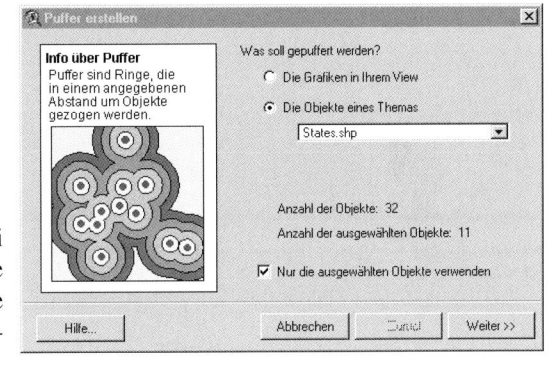

Wählen Sie zunächst, ob für die Objekte eines Themas oder für im View vorhandene Grafiken die Buffer berechnet werden sollen. Das Thema wird im Pulldown-Menü ausgewählt. Mit 'Nur die ausgewählten Objekte verwenden' kann bestimmt werden, ob nur für die selektierten oder alle Objekte Buffer berechnet werden. Es wird außerdem die Anzahl aller oder der selektierten Objekte angezeigt.

Durch Drücken des Schalters 'Weiter' erscheint ein weiteres Fenster.

Hier wird festgelegt, welche Art von Buffer berechnet werden soll. Es gibt drei Möglichkeiten:

1) Buffer mit einer festgelegten konstanten Entfernung vom Objekt. Die Entfernung wird in der entspre-

chenden Box eingegeben. Die Einheiten für diese Zahl werden unten im Fenster festgelegt. Der dort vorgegebene Wert ist unter den Abstandseinheiten des Views (View-Eigenschaften) eingestellt.

2) Buffer, deren Größe von einem zum Thema gehörigen Attribut abhängt. Das Attribut muss ein numerisches sein. Rufen Sie die zum Thema gehörige Tabelle auf, um die Werte zu kontrollieren.

3) Mehrfach-Buffer mit konstanten Abständen. Es wird die Anzahl der Bufferringe und deren Abstände zueinander angegeben.

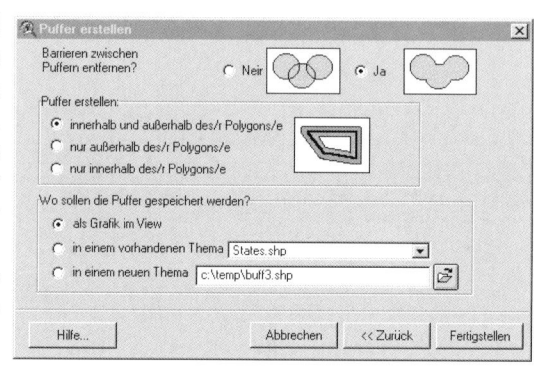

Im letzten Fenster wird der Typ des Buffers festgelegt. Sie können die Buffer als Grafiken, in das vorhandene Thema einladen oder ein neues Thema für die Buffer erzeugen. Das Thema hat besonders bei Mehrfach-Buffer den Vorteil, dass mit Hilfe des neu entstandenen Attributs ein unterschiedlicher Farbverlauf der Teilbuffer in Abhängigkeit von der Entfernung dargestellt werden kann. Weiterhin kann festgelegt werden, ob überlappende Buffer zu einem Polygon zusammengefasst werden. Für Polygonthemen können die Buffer außerhalb, innerhalb oder in beide Richtungen berechnet werden.

Zur Verdeutlichung werden im folgenden drei Beispiele gezeigt.

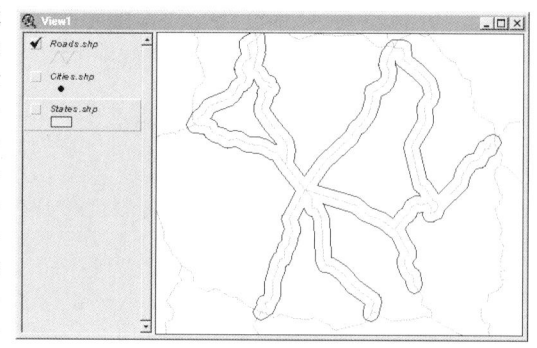

Das erste Beispiel zeigt die Berechnung von Buffer mit konstanter Entfernung für selektierte Objekte eines Linienthemas (z. B. Straßen). Die Buffer werden als Grafik berechnet und überlappende Bereiche zu einem Polygon zusammengefasst.

5.11 Erzeugen von Pufferzonen um Objekte

Das zweite Beispiel zeigt die Berechnung von Buffer mit konstanter Entfernung für Objekte eines Punktethemas. Die Buffer werden als ein neues Thema berechnet und überlappende Bereiche sind zu einem Polygon zusammengefasst.

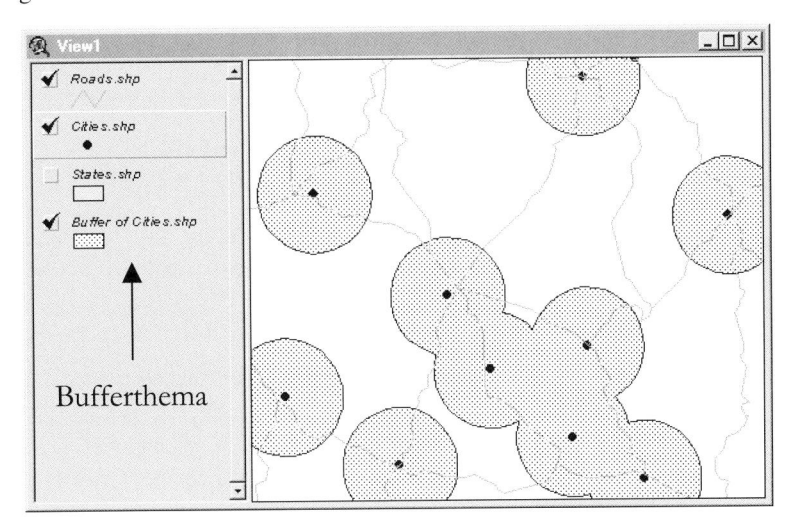

Das letzte Beispiel zeigt die Berechnung von Mehrfach-Buffer mit konstanter Entfernung für Objekte in einem Polygonthema. Die Buffer werden als ein neues Thema berechnet. Pufferzonen werden in Abhängigkeit von der Entfernung mit unterschiedlichen Farben dargestellt. Die Buffer liegen innerhalb und außerhalb des Polygons.

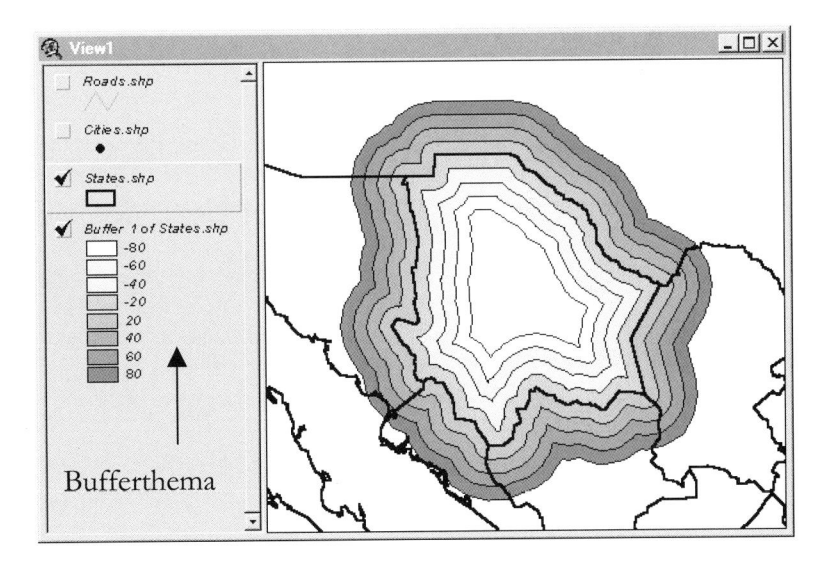

6 Tabellen

6.1 Allgemeines über Tabellen

Tabellen in einem ArcView GIS-Projekt beinhalten in den meisten Fällen die Attribute von Objekten, die in einem View dargestellt sind. Das heißt, zu jedem Objekt in einem Thema gibt es einen Datensatz, der dieses beschreibt. Tabellen in ArcView GIS müssen aber nicht notwendigerweise Attribute von raumbezogenen Daten sein. So können Tabellen auch aus SQL-Abfragen auf eine Datenbank erstellt werden. INFO-, Text (ASCII)- und dBase-Dateien können direkt als Tabellen in ein Projekt eingelesen und, wenn gewünscht, mit der Geometrie und den Attributen von raumbezogenen Daten verbunden werden. Die Tabellenwerte können bearbeitet, abgefragt und analysiert werden. Tabellen in ArcView GIS sind dynamisch, da die Daten nicht in die Projektdatei, sondern nur Verweise auf diese gespeichert werden. Änderungen von anderen Anwendungen an den Daten zwischen zwei Projektsitzungen werden dadurch berücksichtigt. Ist eine Tabelle geladen und werden zur gleichen Zeit Änderungen an den Quelldaten von anderen Anwendungen vorgenommen, so kann die Tabelle jederzeit auf den aktuellen Stand gebracht werden.

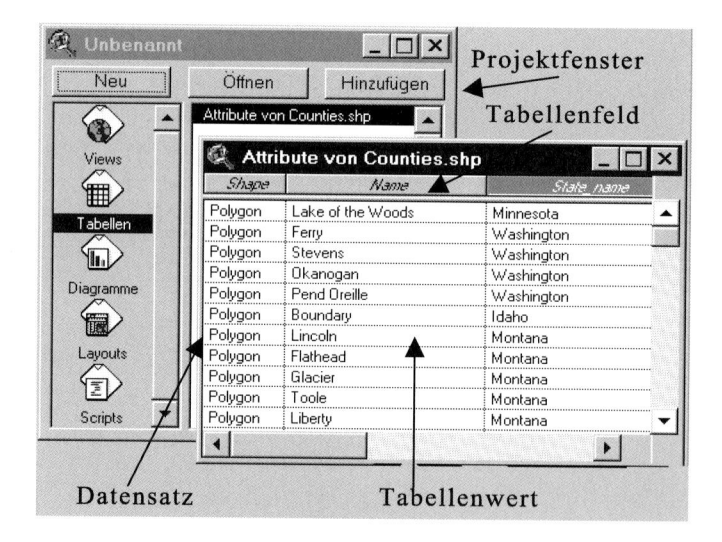

Das Tabellen-Dokument

Die Tabelle eines Themas lässt sich mit einer View-Schaltfläche oder mit Hilfe eines Menü-Eintrages in der View-Menüleiste aufrufen. Im Projektfenster kann eine neue, zunächst leere Tabelle erstellt werden. Durch Importieren und Hinzufügen von dBase-, INFO- und ASCII-Dateien ist es

6.1 Allgemeines über Tabellen 179

ebenfalls möglich, eine Tabelle in ein Projekt einzulesen. Es können mehrere Tabellen gleichzeitig innerhalb eines Projektes vorhanden sein. Dabei ist ein Tabellenfenster entweder offen und aktiv oder als Symbol im ArcView GIS-Hauptfenster. Das Projektfenster organisiert die Tabellen. Ist ein Tabellen-Dokument (Fenster) offen und aktiv, so erscheinen die zugehörigen Menü-, Schaltflächen- und Werkzeugleisten. Eine Tabelle hat Datensätze (Zeilen) und Felder (Spalten), in die die Tabellenwerte eingetragen sind.

Die Tabellen-Menüleiste

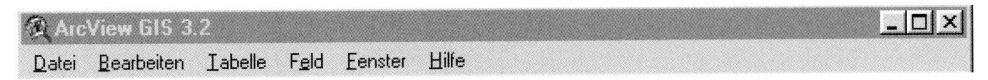

Die Menüleiste besteht aus Pulldown-Menüs. Neben der Online-Hilfe enthalten die Menüs Einträge zum:

- Drucken und Exportieren von Tabellen
- Auswählen und Bearbeiten von Datensätzen und Tabellenwerten
- Bearbeiten (Hinzufügen, Löschen, Berechnen) von Tabellenfeldern
- Suchen von Datensätzen
- Verbinden und Verknüpfen von Tabellen
- Sortieren von Tabellenwerten
- Bedienen der Tabellen-Fenster.

Die Tabellen-Schaltflächenleiste

Teile der Menüeinträge aus der Tabellen-Menüleiste sind als Schaltflächen realisiert. Sie erlauben

- das Auswählen von Datensätzen
- das Kopieren, Ausschneiden, Löschen und Einfügen von Tabellenwerten
- das Sortieren von Tabellenwerten
- die Berechnung von Tabellenwerten
- das Verbinden von Tabellen
- die Berechnung von Statistiken aus den Tabellenwerten.

- Speichern des aktuellen Projektes

- Ausschneiden einer Tabellenzelle

- Kopieren einer Tabellenzelle

- Einfügen eines Wertes aus der Zwischenablage
- alle Datensätze auswählen
- Auswahl aufheben (keinen Datensatz auswählen)
- Auswahl umkehren
- Diagramm erstellen
- Text in einer Tabelle suchen
- Starten des Abfragemanagers
- Schieben von selektierten Datensätzen an den Tabellenanfang
- Verbinden von Tabellen
- Statistik für ein Feld erstellen
- Berechnen von Feldwerten
- Datensätze aufsteigend sortieren
- Datensätze abfallend sortieren
- kontextbezogene Hilfe.

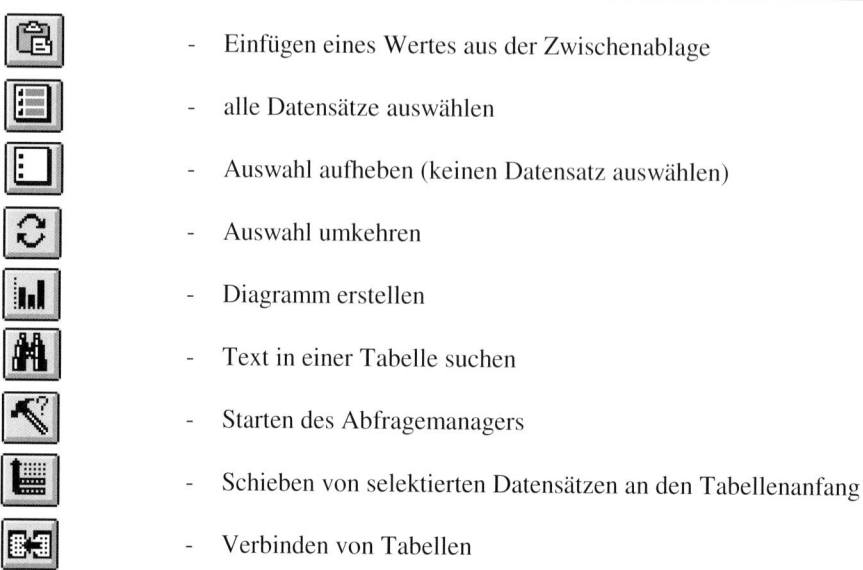

Die Tabellen-Werkzeugleiste

In der Tabellen-Werkzeugleiste stehen drei Werkzeuge zur Verfügung. Weiterhin wird in der Werkzeugleiste die Anzahl der insgesamt vorhandenen und der daraus selektierten Datensätze angezeigt. Die Werkzeuge dienen zur Auswahl der Datensätze und zur Bearbeitung von Tabellenwerten. Das Informations-Werkzeug dient der Anzeige von Datensätzen in einem Fenster.

- Auswahl von Datensätzen aus der Tabelle
- Bearbeiten der Tabellenwerte
- Anzeigen eines Datensatzes einer Tabelle.

6.2 Verwalten von Tabellen

Öffnen von Tabellen

Tabellen können auf verschiedene Weise in ein Projekt geladen werden. Die zu einem Thema (außer Rasterthemen) gehörigen Attribute können mit Hilfe von Tabellen angezeigt werden. Öffnen und aktivieren Sie das View, in dem sich das Thema befindet, für das Sie die Attributtabelle anzeigen wollen. Aktivieren Sie das Thema im Inhaltsverzeichnis des Views. Mit der Schaltfläche zum Öffnen einer Tabelle, die sich in der View-Schaltflächenleiste befindet, wird die Attributtabelle geöffnet. Sie kann auch geöffnet werden mit dem Menü:

View-Menüleiste

Thema:
  Tabelle

Mit Hilfe des Projektfensters können Tabellen neu erstellt, geöffnet und hinzugefügt werden. Eine neue leere Tabelle wird durch Betätigen des Schalters 'Neu' im Projektfenster erzeugt. In diese leere Tabelle müssen noch Felder, Datensätze und Tabellenwerte eingefügt werden. Betätigen Sie im Projektfenster das Symbol für die Tabellen, so erscheinen in der Projektliste alle im Projekt enthaltenen Tabellen. Wollen Sie eine davon öffnen, so markieren Sie sie mit der Maus und drücken Sie den Schalter 'Öffnen'.

Sie können Dateien in Tabellen einlesen und so dem Projekt zufügen. Betätigen Sie den Schalter 'Hinzufügen', so öffnet sich das Fenster für die Dateiauswahl. Unter 'Dateiformat' wird die Art der einzulesenden Datei angegeben. Eine Textdatei muss in der ersten Zeile die Feldnamen und in den weiteren Zeilen die Daten enthalten. Die Spalten werden durch Tabs oder Kommata getrennt. Drücken von 'OK' liest die Daten in eine Tabelle. Weiterhin lassen sich 'INFO'- und 'dBase'-Dateien einlesen.

Tabellen-Eigenschaften

Die Eigenschaften für eine geöffnete und aktive Tabelle werden eingestellt oder verändert mit dem Menü:

<u>Tabellen-Menüleiste</u>

Tabelle:
  Eigenschaften

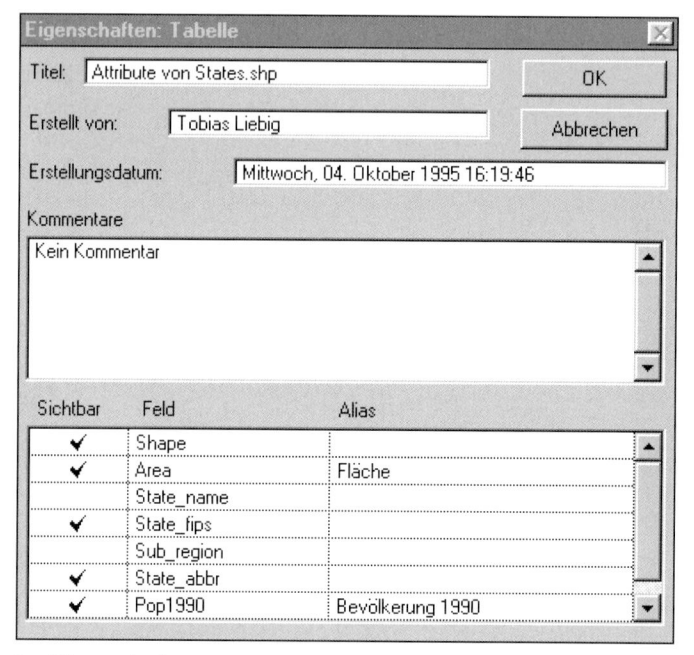

Im Eigenschaften-Fenster können Sie den Namen der Tabelle, der in der Projektliste und in der Fensterleiste des Tabellen-Fensters steht, unter 'Titel' eingeben oder verändern. In der Box 'Erstellt von' wird, wenn gewünscht, der Name des Erstellers eingegeben. Das Erstellungsdatum der Tabelle ist unter 'Erstellungsdatum' angegeben, kann jedoch hier nicht verändert werden. Erläuterungen zu der Tabelle geben Sie unter 'Kommentare' ein. Im unteren Teil des Fensters werden die Feldeigenschaften eingestellt. Einzelne Felder können aus der Tabelle ausgeblendet werden. Ein ausgeblendetes Feld ist nicht gelöscht, sondern nur unsichtbar. Gehen Sie mit dem Mauszeiger in die Spalte 'Sichtbar' und setzen oder entfernen Sie den Haken für das entsprechende Feld mit der Maustaste. Nur die Felder mit einem Haken sind in der Tabelle sichtbar. Für jedes Feld kann ein zusätzlicher Name (Alias) angegeben werden, um z. B. die Bedeutung des Feldes besser hervorzuheben. Klicken Sie mit der Maus unter 'Alias' in das zu benennende Feld und geben Sie dort den Namen ein. 'Alias' erscheint in der Tabelle als Feldname. Drücken Sie 'OK', um die eingestellten Eigenschaften zu aktivieren. Beim Arbeiten mit Tabellen wird der Alias benutzt.

Umbenennen und Schließen von Tabellen

Tabellen können geschlossen, umbenannt, als Symbol abgelegt oder ganz aus dem Projekt entfernt werden.

Das Umbenennen einer Tabelle geschieht entweder im Fenster für die Eigenschaften einer Tabelle oder direkt vom Projektfenster aus. Aktivieren Sie das Projektfenster und dort das Tabellensymbol. Wählen Sie in der Projektliste die gewünschte Tabelle aus. Verwenden Sie das Menü:

Projekt-Menüleiste

Projekt:
  Umbenennen ('STRG+R')

Geben Sie den neuen Namen ein und drücken Sie 'OK'.

Auf die gleiche Weise wird vom Projektfenster aus eine Tabelle aus dem Projekt entfernt. Markieren Sie zuerst die zu löschenden Tabellen (bei mehreren mit gedrückter SHIFT-Taste) in der Projektliste und entfernen Sie sie mit dem Menü:

Projekt-Menüleiste

Projekt:
  Löschen ('Entf')

Ein Tabellen-Dokument kann wie jedes andere ArcView GIS-Dokument geschlossen werden. Vom Tabellen-Menü schließen Sie das Fenster mit:

Tabellen-Menüleiste

Datei:
  Schließen

Der Menüeintrag 'Alles schließen' schließt alle ArcView GIS-Dokumente, jedoch nicht das Projektfenster. Das Ablegen der Tabelle als Symbol im ArcView GIS-Hauptfenster erfolgt, wie bei Windows üblich, mit dem Symbol in der rechten oberen Ecke der Tabellen-Fensterleiste.

Ausgabe von Tabellen

Tabellen werden wie jedes andere ArcView GIS-Dokument ausgedruckt oder als exportierte Dateien ausgegeben. Sie haben die Möglichkeit, die Tabelle in folgenden Formaten zu speichern:

- dBase-Datei
- INFO-Datei
- Text (ASCII)-Datei.

Sie exportieren mit dem Menü:

Tabellen-Menüleiste

Datei:
  Exportieren

Wählen Sie das gewünschte Exportformat und drücken Sie 'OK'. Im Dateiauswahlfenster geben Sie das Verzeichnis und den Dateinamen an. Es werden nur die selektierten Datensätze ausgegeben. Ist kein Datensatz selektiert, exportieren Sie die gesamte Tabelle. Unsichtbare Felder werden nicht exportiert.

6.3 Arbeiten mit Datensätzen und Tabellenwerten

Tabellenwerte können ausgewählt, kopiert, gelöscht, sortiert, berechnet und bearbeitet werden. Datensätze in Tabellen müssen für eine Bearbeitung (löschen, hinzufügen) selektiert werden. Die selektierten Datensätze aus Attributtabellen von Themen werden gleichzeitig mit den Objekten im zugehörigen View angezeigt, so dass Sie bei der Auswahl der Datensätze einen Raumbezug der Attribute erkennen.

Auswahl von Datensätzen

Die Auswahl von Datensätzen einer Tabelle ist auf verschiedene Weise möglich. Sie können sie direkt mit der Maus, mit Tabellen-Menüs, -Schaltflächen und -Werkzeugen selektieren. Eine Auswahl ist auch durch Suchen nach einem Text möglich. Der Abfragemanager erlaubt logische Abfragen, um gewünschte Datensätze zu selektieren. Wie viele Datensätze in einer Tabelle vorhanden und wie viele jeweils ausgewählt sind, ist in einer Anzeige-Box in der Tabellen-Werkzeugleiste erkennbar.

6.3 Arbeiten mit Datensätzen und Tabellenwerten 185

Einzelne Datensätze werden mit dem Mauszeiger selektiert. Betätigen Sie dazu das Auswahl-Werkzeug in der Tabellen-Werkzeugleiste und selektieren Sie einen Datensatz. Um mehrere Datensätze gleichzeitig auszuwählen, drücken Sie gleichzeitig die SHIFT-Taste. Um die Auswahl eines einzelnen Datensatzes aufzuheben, klicken Sie auf diesen bei gedrückter SHIFT-Taste.

Alle Datensätze einer Tabelle können Sie mit einer Tabellen-Schaltfläche auswählen oder über das Menü:

Tabellen-Menüleiste

Bearbeiten:
  Alles auswählen

Soll kein Datensatz selektiert werden, weil Sie z. B. eine neue Auswahl treffen wollen, so benutzen Sie die Tabellen-Schaltfläche oder das Menü:

Tabellen-Menüleiste

Bearbeiten:
  Nichts auswählen

Ist bereits eine Auswahl getroffen und sollen die selektierten Datensätze nicht, dafür aber die nicht-selektierten ausgewählt werden (Auswahl umkehren), so betätigen Sie die Schaltfläche in der Tabellen-Schaltflächenleiste oder das Menü:

Tabellen-Menüleiste

Bearbeiten:
  Auswahl umkehren

Sie können einen Datensatz auch selektieren, indem Sie nach einem bestimmten Text (keine Zahlenwerte) in der Tabelle suchen. Betätigen Sie dazu die Schaltfläche in der Tabellen-Schaltflächenleiste oder das Menü:

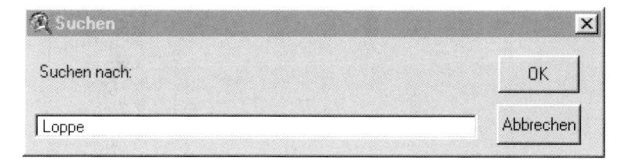

Tabellen-Menüleiste

Tabelle:
  Suchen ('STRG+F')

Im Suchfenster wird der Text eingegeben. Gefunden wird jeweils der erste Datensatz mit diesem Text. Um einen weiteren Datensatz mit dem gleichen Text zu finden, müssen Sie die Suchfunktion erneut starten.

Eine Auswahl von Datensätzen mit logischen Abfragen erfolgt über den Abfragemanager. Diesen starten Sie mit der Schaltfläche in der Tabellen-Schaltflächenleiste oder dem Menü:

Tabellen-Menüleiste

Tabelle:
    Abfragen (STRG+Q)

Im Abfragemanager wird der logische Ausdruck für die Auswahl formuliert. Wie der Manager zu bedienen ist, ist ausführlich in 5.4 'Objekte in einem Thema auswählen' erläutert.

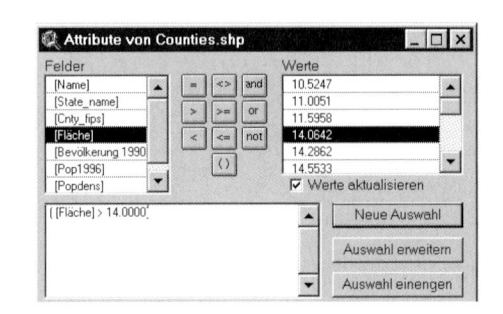

Sortieren von Datensätzen

Sie können selektierte Datensätze an den Tabellenanfang schieben oder aufwärts bzw. abwärts sortieren. Zur Erhöhung der Leistungsfähigkeit kann für ein Feld, z. B. für Abfragen, ein Index erstellt werden. Ein Index sortiert eine Tabelle mit Hilfe eines ausgewählten Feldes so, dass die Suche nach bestimmten Werten beschleunigt wird. Wählen Sie in einer Tabelle ein Feld aus. Ein Index auf das Feld 'Shape' erhöht die Zeichengeschwindigkeit im View erheblich, auf ein beliebiges Attributfeld wird die Abfrage beschleunigt. Der Index für ein Feld wird erstellt oder wieder aufgehoben mit dem Menü:

Tabellen-Menüleiste

Feld:
    Index erstellen / entfernen

Ausgewählte Datensätze können zusammengefasst werden, indem Sie sie an den Tabellenanfang schieben. Wählen Sie die Datensätze aus und betätigen Sie die Schaltfläche oder das Menü:

6.3 Arbeiten mit Datensätzen und Tabellenwerten

Tabellen-Menüleiste

Tabelle:
  Hochschieben

Mit Hilfe eines ausgewählten Feldes kann eine Tabelle auf- bzw. absteigend sortiert werden. Sortiert wird immer unabhängig von den ausgewählten Datensätzen auf die gesamte Tabelle. Sollen nur ausgewählte Datensätze sortiert werden, sortieren Sie nach der Auswahl der Datensätze zunächst die gesamte Tabelle und schieben dann die ausgewählten Datensätze an den Tabellenanfang. Das Sortieren geschieht nur in der aktuellen Projektsitzung. Die zu der Tabelle gehörige Datei wird nicht sortiert, so dass nach erneutem Einlesen der Tabelle die Sortierung verschwunden ist. Für das Sortieren benutzen Sie die Schaltflächen in der Tabellen-Schaltflächenleiste oder das Menü:

Tabellen-Menüleiste

Feld:
  Aufsteigend / Absteigend sortieren

Berechnung von Tabellenwerten

Selektierte Tabellenwerte (Datensätze) können für ein ausgewähltes Feld mit Hilfe von mathematischen Ausdrücken berechnet werden. Sind keine Datensätze ausgewählt, so werden alle Tabellenwerte des ausgewählten Feldes entsprechend des mathematischen Ausdruckes berechnet. Eine Berechnung kann nur erfolgen, wenn eine Bearbeitung der Tabelle möglich ist. Nicht alle Tabellen in ArcView GIS können bearbeitet werden. Zu Ihnen gehören Textdateien oder Tabellen, die durch eine SQL-Abfrage aus einer Datenbank stammen. Außerdem müssen Sie Schreibrechte für die Quelldatei haben, die die Daten für die Tabelle liefern soll. Diese Rechte können z. B. bei einem Zugriff über Netz auf einen Datenbankserver eingeschränkt sein. Sie erkennen, ob eine Tabelle bearbeitbar ist, indem Sie nachsehen, ob der Menüeintrag:

Tabellen-Menüleiste

Tabelle:
  Bearbeitung starten

eingeblendet ist.

Die Berechnung von Tabellenwerten wird mit Hilfe des Fensters für die Feldwertberechnung ausgeführt. Bevor Sie es aufrufen können, müssen Sie in der aktiven Tabelle ein Feld und die zu berechnenden Datensätze mit dem

Selektierte Datensätze   **Selektiertes Feld**

Shape	Name	State_name	State_fips	Cnty_fips
Polygon	Lake of the Woods	Minnesota	27	077
Polygon	Ferry	Washington	53	019
Polygon	Stevens	Washington	53	065
Polygon	Okanogan	Washington	53	047
Polygon	Pend Oreille	Washington	53	051
Polygon	Boundary	Idaho	16	021
Polygon	Lincoln	Montana	30	053
Polygon	Flathead	Montana	30	029
Polygon	Glacier	Montana	30	035
Polygon	Toole	Montana	30	101
Polygon	Liberty	Montana	30	051
Polygon	Hill	Montana	30	041

Auswahlwerkzeug selektieren. Starten Sie die Feldwertberechnung mit der Schaltfläche aus der Tabellen-Schaltflächenleiste oder dem Menü:

Tabellen-Menüleiste

Feld:
   Berechnen

Mit Hilfe des Fensters für die Feldwertberechnung wird ein Ausdruck zur Berechnung der Tabellenwerte definiert. Der Ausdruck wird so aufgebaut wie bei der Programmierung mit Avenue. Wählen Sie zunächst den Typ des Feldes. Je nach Typ stehen verschiedene Operatoren zur Verfügung. Der Typ kann eine Zahl, eine Zeichenfolge (Text) oder ein Datum sein. Der mathematische Ausdruck wird direkt mit der Tastatur eingegeben oder mit der Maus per Doppelklick auf die Einträge in 'Felder' und 'Operatoren' definiert. Die Operanten können konstante Werte oder Tabellenfelder sein. Damit haben Sie z. B. die Möglichkeit, neue Felder aus den Werten schon vorhandener Felder zu berechnen. Konstante Werte (Texte) müssen in doppelte Anführungszeichen gesetzt werden. Beispiele für solche Ausdrücke sind:

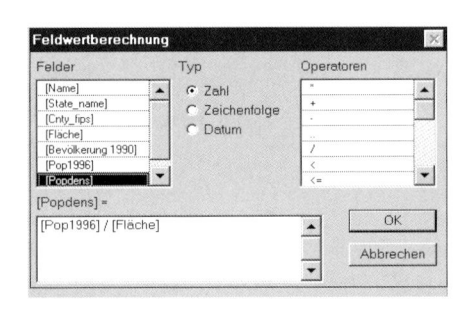

[Feld1] = 9
[Feld2] = "Wasser"
[Feld3] = [Feld2] + "Feuer"

Drücken Sie 'OK' im Fenster für die Feldwertberechnung. Die Werte erscheinen sofort in der Tabelle. Haben Sie bei der Definition des logischen Ausdruckes einen Fehler gemacht, so wird dieser durch ein Fenster angezeigt. Haben Sie sich z. B. nicht an den Avenue-Syntax gehalten, so erscheint im Fenster der Text 'Syntax-Fehler'. Prüfen Sie in diesem Fall, ob z. B. alle Klammern oder Anführungszeichen richtig gesetzt sind. Mehr zum Syntax von Avenue erfahren Sie in Kapitel 9 'ArcView GIS-Programmierung'.

Statistik eines Feldes

Für die numerischen Felder einer Tabelle kann eine Statistik erstellt werden, die sich auf ausgewählte Tabellenwerte bezieht. Es können folgende Werte berechnet werden:

- Summe
- Anzahl
- Mittelwert
- Maximalwert
- Minimalwert
- Wertebereich
- Varianz
- Standardabweichung.

```
Statistik für das Pop1996 -Feld
Summe: 265037497
Anzahl: 3140
Mittelwert: 84407
Höchstwert: 9255048
Mindestwert: 27
Fläche: 9255021
Abweichung: 76366124526
Standardabweichung: 276344
```

Wählen sie zuerst in der Tabelle ein Feld aus (klicken auf den Feldnamen) und selektieren Sie die Datensätze, für die die Statistik berechnet werden soll. Starten Sie dann das Menü:

Tabellen-Menüleiste

Feld:
 Statistik

Es erscheint ein Fenster mit den berechneten Werten. Sind keine Datensätze ausgewählt, so wird die Statistik für alle Datensätze berechnet.

Feldstatistik (Zusammenfassen von Tabellenwerten)

Eine Feldstatistik fasst für ein ausgewähltes Feld alle Datensätze mit gleichen Werten zusammen und gibt deren Anzahl in einer Ergebnistabelle aus. Die anderen Felder der Tabelle werden ebenfalls nach Vorgabe zusammengefasst. Die Ergebnistabelle wird als dBase-Datei gespeichert und lässt sich mit anderen im Projekt enthaltenden Tabellen verbinden oder verknüpfen. Sehen Sie dazu das Beispiel im Abschnitt 6.6.

Die folgende Tabelle enthält unter dem Feld 'State_name' mehrere Datensätze mit den gleichen Werten (z. B. 'Montana'). Die Feldstatistik fasst alle gleichen Datensätze zusammen und führt für die anderen Attribute nach Vorgabe statistische Berechnungen aus. So kann z. B. der Mittelwert, der minimale und maximale Wert für das Feld 'Pop1990' über alle Datensätze mit dem gleichen 'State_name' berechnet werden.

Name	State_name	Pop1990	Pop1996
Okanogan	Washington	33350	38135
Pend Oreille	Washington	8915	11242
Boundary	Idaho	8332	9878
Lincoln	Montana	17481	18965
Flathead	Montana	59218	70900
Glacier	Montana	12121	12744
Toole	Montana	5046	5192
Liberty	Montana	2295	2251
Hill	Montana	17654	17498
Sheridan	Montana	4732	4418
Divide	North Dakota	2899	2530
Burke	North Dakota	3002	2474

Wählen Sie das Feld 'State_name', für das die Feldstatistik erstellt werden soll. Starten Sie die Berechnung mit der Schaltfläche in der Tabellen-Schaltflächenleiste oder mit dem Menü:

Tabellen-Menüleiste

Feld:
  Feldstatistik

Es erscheint das Fenster für die Definition der Feldstatistik. Der Schalter 'Speichern unter' ruft das Dateiauswahlfenster zum Speichern der neu erzeugten Tabelle auf, die die zusammengefassten Datensätze enthält. Mit den Pulldown-Menüs 'Feld' und 'Statistik von Feld' wird festgelegt, wie andere Felder zusammengefasst werden sollen. So fügen Sie z. B. den Mittelwert eines bestimmten Feldes oder den Extremwert (Maximum, Minimum) eines anderen Feldes der Statistik-Tabelle hinzu. Folgende Statistikwerte können für alle numerischen Felder berechnet werden:

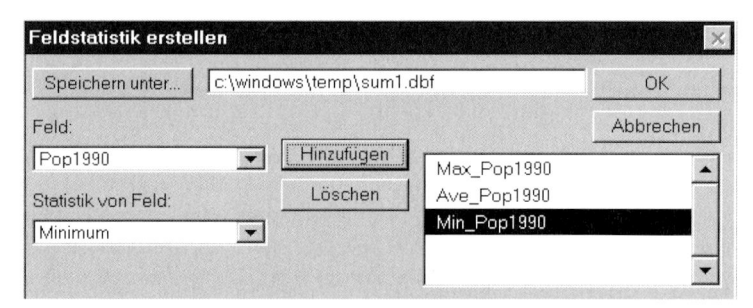

- Mittelwert
- Summe
- Minimum und Maximum

6.3 Arbeiten mit Datensätzen und Tabellenwerten

- Standardabweichung
- Varianz
- erster Wert und letzter Wert
- Anzahl der Werte.

Drücken Sie 'OK' im Fenster für die Eigenschaften der Feldstatistik, um die Berechnung zu starten. In der Ergebnistabelle sind jetzt alle Datensätze zusammengefasst, die für das Feld 'State_name' den gleichen Wert haben.

In der folgenden von der Feldstatistik erzeugten Tabelle sind z. B. alle Datensätze, die das Attribut 'Montana' haben, zusammengefasst. Für das Feld 'Pop1990' werden für alle 'Montana'-Datensätze der minimale, der Mittelwert und der maximale Wert berechnet. Für alle anderen Counties werden diese Berechnungen ebenfalls durchgeführt.

State_name	Count	Max_Pop1990	Ave_Pop1990	Min_Pop1990
Maine	16	243135	76745.5000	18653
Maryland	24	757027	199227.8333	17842
Massachusetts	14	1398468	429744.6429	6012
Michigan	83	2111687	111991.5301	1701
Minnesota	87	1032431	50288.4943	3868
Mississippi	82	254441	31380.6829	1909
Missouri	115	993529	44496.2870	2440
Montana	57	113419	14018.6842	52
Nebraska	93	416444	16971.8817	462
Nevada	17	741459	70696.0588	1344
New Hampshire	10	336073	110925.2000	34828
New Jersey	21	825380	368104.1905	65294
New Mexico	33	480577	45911.1818	987

Tabellenwerte bearbeiten

Sie können einzelne Tabellenwerte bearbeiten. Tabellen, die aus Text-(ASCII)-Dateien und SQL-Abfragen erstellt wurden, können jedoch nicht bearbeitet werden. Sie können solche Tabellen bearbeiten, wenn Sie diese als dBase-Datei exportieren und anschließend wieder in das Projekt einlesen. Sie benötigen außerdem Schreibrechte für die einzulesende Quelldatei. Die Bearbeitung der Tabelle muss zunächst gestartet werden. Aktivieren Sie eine Tabelle und betätigen Sie das Menü:

Tabellen-Menüleiste

Tabelle:
  Bearbeitung starten

Betätigen Sie das Bearbeitungswerkzeug in der Tabellen-Werkzeugleiste und klicken Sie mit der Maus auf den zu bearbeitenden Tabellenwert. Er kann jetzt eingegeben oder geändert werden. Er wird in die Tabelle abgelegt, sobald Sie in eine neue Tabellenzelle klicken oder die Eingabetaste drücken. Wenn Sie den Tabellenwert mit der Maus markieren, kann er ausgeschnitten und kopiert werden oder Sie fügen in die aktive Zelle einen Wert aus der Zwischenablage ein. Der Wert kann innerhalb von ArcView GIS oder auch zwischen verschiedenen Windows-Anwendungen ausgetauscht werden.

Das Löschen oder Ausschneiden eines Tabellenwertes erfolgt mit der entsprechenden Schaltfläche oder über das Menü:

Tabellen-Menüleiste

Bearbeiten:
  Ausschneiden ('STRG+X')

Der Wert wird in die Zwischenablage kopiert und verschwindet aus der Tabellenzelle.

Um einen Wert aus der Zwischenablage in eine Tabellenzelle einzufügen, betätigen Sie die Schaltfläche oder das Menü:

Tabellen-Menüleiste

Bearbeiten:
  Einfügen ('STRG+V')

Das Kopieren einzelner Tabellenwerte erfolgt mit einer Schaltfläche oder dem Menü:

Tabellen-Menüleiste

Bearbeiten:
  Kopieren ('STRG+C')

Bei Tabellen können Datensätze (Zeilen) hinzugefügt oder gelöscht werden. Aktivieren Sie eine solche Tabelle und starten Sie die Bearbeitung. Um einen neuen Datensatz an das Ende der Tabelle zu hängen, betätigen Sie das Menü:

Tabellen-Menüleiste

Bearbeiten:
  Datensatz hinzufügen ('STRG+A')

Der neue Datensatz hat für das Feld 'Shape' den gleichen Wert wie die anderen Datensätze der Tabelle. Für numerische Felder wird der Wert '0' eingesetzt. Textfelder haben keinen Wert; sie sind leer. Die Datensätze

6.3 Arbeiten mit Datensätzen und Tabellenwerten

können, wie vorher gezeigt, bearbeitet und so mit den gewünschten Werten belegt werden.

Wollen Sie Datensätze aus der Tabelle entfernen, markieren Sie sie mit dem Auswahlwerkzeug in der Tabellen-Werkzeugleiste und betätigen Sie das Menü:

Tabellen-Menüleiste

Bearbeiten:
  Datensatz löschen

Mit dem Informations-Werkzeug aus der Tabellen-Werkzeugleiste können Sie sich alle Werte eines Datensatzes anzeigen lassen. Betätigen Sie das Werkzeug und klicken Sie mit der Maus auf einen Datensatz in der Tabelle. Die Werte werden in einem Fenster dargestellt.

Werden durch andere Benutzer und Anwendungen Veränderungen während der Projektsitzung an den Quelldaten einer Tabelle vorgenommen, so können Sie eine aktive Tabelle auf den neuesten Stand bringen mit dem Menü:

Tabellen-Menüleiste

Tabelle:
  Aktualisieren

Wollen Sie eine Änderung an einer Tabelle wieder rückgängig machen, so betätigen Sie folgendes Menü:

Tabellen-Menüleiste

Bearbeiten:
  Bearbeitung rückgängig machen ('STRG+Z')

Es lassen sich alle Änderungen rückgängig machen, seit die Bearbeitung gestartet wurde.

Haben Sie eine Bearbeitung rückgängig gemacht, wollen dieses aber wieder aufheben, so starten Sie das Menü:

Tabellen-Menüleiste

Bearbeiten:
  Bearbeitung wiederholen ('STRG+Y')

Die geänderte Tabelle kann auf Datenträger abgelegt werden. Beenden Sie die Bearbeitung der Tabelle oder speichern Sie das Projekt, so werden Sie gefragt, ob die Änderungen an der Tabelle gespeichert werden sollen. Sie können aber auch während der Bearbeitung die Tabelle speichern. Benutzen Sie dazu das Menü:

Tabellen-Menüleiste

Tabelle:
  Änderung speichern / Änderung speichern unter

Nach dem Speichern können vorherige Änderungen an der Tabelle nicht mehr rückgängig gemacht werden.

6.4 Arbeiten mit Tabellen

In diesem Abschnitt wird gezeigt, wie einer Tabelle Felder hinzugefügt oder gelöscht werden. Erklärt wird auch das Verbinden und Verknüpfen von Tabellen. Tabellen können als Ereignisthemen verwendet werden. Was Ereignisthemen sind und wie sie in ein Projekt eingefügt werden, wird ebenfalls erläutert.

Hinzufügen und Löschen von Feldern

Eine aktive Tabelle ist um neue Felder erweiterbar. Auf diese Weise können Sie neue Tabellen erstellen oder Felder in eine Tabelle einfügen und löschen. Öffnen Sie für ein Thema die Attributtabelle und starten Sie zunächst die Bearbeitung der Tabelle mit dem Menü:

Tabellen-Menüleiste

Tabelle:
  Bearbeitung starten

Die Feldnamen in der Tabelle zeigen sich in kursiver Schrift, wenn der Bearbeitungsmodus nicht eingeschaltet ist.

Zur Definition eines neuen Feldes rufen Sie das Fenster für die Felddefinition auf mit dem Menü:

Tabellen-Menüleiste

Bearbeiten:
  Feld hinzufügen

6.4 Arbeiten mit Tabellen

Geben Sie hier den Feldnamen, den Typ des Feldes (Zahl, Zeichenfolge, Boolean, Datum) ein. Die Länge des Feldes wird unter 'Breite' eingestellt. Zahlen können ganzzahlig (integer) sein. In diesem Fall geben Sie unter 'Dezimalstellen' den Wert '0' ein. Für Realzahlen wird die Anzahl der Nachkommastellen angegeben. Für ein Textfeld wählen Sie 'Zeichenfolge' und geben Sie die maximale Breite des Textfeldes ein. Drücken Sie 'OK'. Die Felddefinition lässt sich nachträglich nicht mehr ändern. Sie müssen dann das Feld löschen und neu definieren. Das neue Feld wird hinter das letzte Feld der Tabelle gesetzt. Es hat noch keine Werte. Diese müssen noch eingegeben oder berechnet werden.

Neues Feld

State_fips	Sub_region	State_abbr	Pop1990	Pop1996	Neues_Feld
53	Pacific	WA	4866692	5629613	
30	Mtn	MT	799065	885762	
23	N Eng	ME	1227928	1254465	
38	W N Cen	ND	638800	633534	
46	W N Cen	SD	696004	721374	
56	Mtn	WY	453588	487142	
55	E N Cen	WI	4891769	5144123	
16	Mtn	ID	1006749	1201327	
50	N Eng	VT	562758	587726	
27	W N Cen	MN	4375099	4639933	
41	Pacific	OR	2842321	3203820	
33	N Eng	NH	1109252	1156932	

Ein Feld ist mit der Maus in seiner Position verschiebbar. Klicken Sie auf den Feldnamen und ziehen Sie das Feld mit gehaltener Maustaste auf die neue Position. Die Anzeigebreite (Spaltenbreite) eines Feldes ist ebenfalls einstellbar. Gehen Sie dazu mit der Maus auf die Grenze zwischen zwei Feldnamen und verändern Sie die Größe durch Ziehen mit der Maus. Die Felddefinition wird dadurch nicht verändert, sondern nur die Anzeigebreite. Sie entfernen ein markiertes Feld aus einer Tabelle mit dem Menü:

Tabellen-Menüleiste

Bearbeiten:
  Feld löschen

Das Feld muss zuvor mit der Maus markiert werden. Es kann jeweils nur ein Feld markiert und gelöscht werden. Die Bearbeitung einer Tabelle wird beendet mit:

Tabellen-Menüleiste

Tabelle:
  Bearbeitung beenden

Tabellen verbinden und verknüpfen

Verbinden von Tabellen

Tabellen können in ArcView GIS mit Hilfe eines gemeinsamen Feldes aneinander gehängt werden. Zugeordnet werden sie mit Hilfe der Attribute oder der Geometrie des gemeinsamen Feldes (Verbindungsfeld). Einer 'Zieltabelle' wird dabei eine 'Quelltabelle' angehängt. Zieltabelle kann z. B. die Attributtabelle eines im Projekt vorhandenen Themas sein. Wollen Sie zusätzliche Attribute hinzufügen, die z. B. aus einer SQL-Abfrage oder einer ASCII-Datei kommen, so hängen Sie sie an die Attribute des Themas mit 'Verbinden' an. Sie haben in diesem Fall tabellarische Daten an ein Thema angehängt und ihnen einen räumlichen Bezug gegeben.

Im Fall, dass eine eindeutige Beziehung zwischen Ziel- und Quelltabelle besteht, ist die Zuordnung einfach. Eine eindeutige '1:1-Zuordnung' kann jeden Datensatz in der Zieltabelle eindeutig mit einem Datensatz in der Quelltabelle verbinden.

1:1-Zuordnung (Verbindung)

Attr 1	Attr 2	Attr 3	ID
6	15	d1	1
7	16	d2	2
8	17	d3	3
0	18	d4	4

ID	Feld1	Feld2
1	h1	e
2	h2	f
3	h3	g
4	h4	h

Zieltabelle   **Quelltabelle**

Attr 1	Attr 2	Attr 3	ID	Feld1	Feld2
6	15	d1	1	h1	e
7	16	d2	2	h2	f
8	17	d3	3	h3	g
0	18	d4	4	h4	h

Besitzt die Zieltabelle mehrere Datensätze, die zu einem Datensatz in der Quelltabelle gehören, so liegt eine 'Mehrfach:1-Zuordnung' vor. Verbinden Sie solche Tabellen, so wird in der Zieltabelle jedem Eintrag der entsprechende Datensatz aus der Quelltabelle zugeordnet. Die Quelltabelle könnte z. B. eine Preisliste und die Zieltabelle eine Warenliste sein.

Mehrfach:1-Zuordnung (Verbindung)

Attr 1	Attr 2	Attr 3	ID
6	15	d1	1
7	16	d2	2
8	17	d3	2
0	18	d4	4

ID	Feld1	Feld2
1	h1	e
2	h2	f
3	h3	g
4	h4	h

Zieltabelle   **Quelltabelle**

Attr 1	Attr 2	Attr 3	ID	Feld1	Feld2
6	15	d1	1	h1	e
7	16	d2	2	h2	f
8	17	d3	2	h2	f
0	18	d4	4	h4	h

6.4 Arbeiten mit Tabellen

Ist das Verbindungsfeld das Feld 'Shape', so wird eine Zuordnung über die geografische Lage der Objekte hergestellt. Die Zuordnung ist zwischen Objekten unterschiedlichen Typs möglich. Sind beide Objekte 'Punkte', so wird der Datensatz eines Punktes in der Zieltabelle dem Datensatz des Punktes in der Quelltabelle zugeordnet, der diesem am nächsten liegt. Die Zuordnung der Datensätze mit anderen Objekttypen erfolgt mit den Beziehungen:

- Punkt liegt innerhalb eines Polygons
- Punkt liegt als nächster an einer Linie
- Linie liegt innerhalb eines Polygons
- Linie schneidet Linie
- Polygon liegt innerhalb eines Polygons.

Das Verbinden hat keinerlei Auswirkungen auf die gespeicherten Daten, da innerhalb eines Projektes nur die Definition der Verbindung und nicht die Daten selbst gespeichert werden. Wird ein Projekt, das eine Verbindung enthält, geöffnet, baut sich die Verbindung neu auf. Wollen Sie verbundene Tabellen speichern, so müssen Sie sie exportieren.

Um zwei Tabellen zu verbinden, öffnen Sie sie zunächst oder fügen Sie sie dem Projekt zu (einlesen). Sind beide Tabellen geöffnet, aktivieren Sie zuerst die Quelltabelle und dort das Verbindungsfeld mit der Maus. Dann aktivieren Sie die Zieltabelle und dort das Verbindungsfeld. Die Verbindungsfelder in der Ziel- und Quelltabelle müssen nicht notwendigerweise den gleichen Namen haben. Die Verbindung wird hergestellt mit der Schaltfläche in der Tabellen-Schaltflächenleiste oder dem Menü:

Tabellen-Menüleiste

Tabelle:
    Verbinden ('STRG+J')

Ist die Verbindung hergestellt, so wird die Quelltabelle geschlossen. Die Zieltabelle bleibt offen und enthält die Felder beider Tabellen. Jedoch ist nur eines der beiden Verbindungsfelder in der Zieltabelle sichtbar. Das andere Verbindungsfeld können Sie mit Hilfe der Tabellen-Eigenschaften sichtbar machen. In der verbundenen Zieltabelle können nur die Felder der ursprünglichen Zieltabelle, nicht aber die angehängten Felder der Quelltabelle bearbeitet werden. Das geht nur in der Quelltabelle.

Eine Verbindung kann jederzeit wieder gelöst werden mit:

Tabellen-Menüleiste

Tabelle:
  Alle Verbindungen lösen

Verknüpfen von Tabellen

Hat eine Quelltabelle mehrere Datensätze, die zu einem Datensatz in der Zieltabelle passen, so liegt eine '1:Mehrfach-Zuordnung' vor. Verbinden Sie diese Tabellen, so werden nicht alle Datensätze in der Quelltabelle einem Datensatz der Zieltabelle zugeordnet, sondern nur der zuerst gefundene Datensatz der Quelltabelle. Alle anderen gehen bei der Zuordnung verloren. Die Verbindung einer solchen '1:Mehrfach-Zuordnung' sieht z. B. folgendermaßen aus:

1:Mehrfach-Zuordnung (Verbindung)

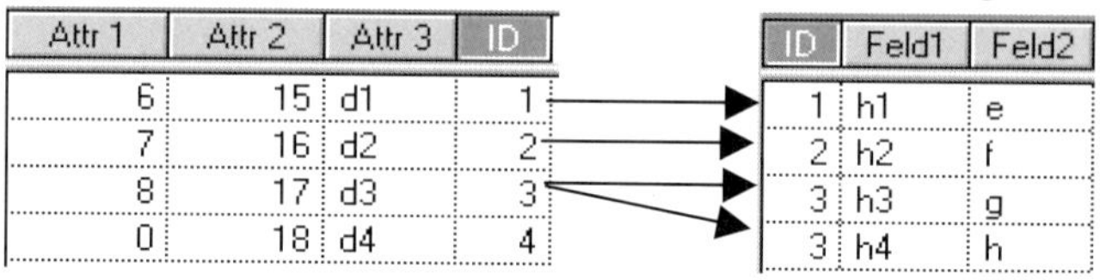

Attr 1	Attr 2	Attr 3	ID
6	15	d1	1
7	16	d2	2
8	17	d3	3
0	18	d4	4

ID	Feld1	Feld2
1	h1	e
2	h2	f
3	h3	g
3	h4	h

Zieltabelle   **Quelltabelle**

Attr 1	Attr 2	Attr 3	ID	Feld1	Feld2
6	15	d1	1	h1	e
7	16	d2	2	h2	f
8	17	d3	3	h3	g
0	18	d4	4		

Diese Schwierigkeit kann umgangen werden, indem Sie die Tabellen verknüpfen und nicht verbinden. Bei einer Verknüpfung werden die Tabellen

1:Mehrfach-Zuordnung (Verknüpfung)

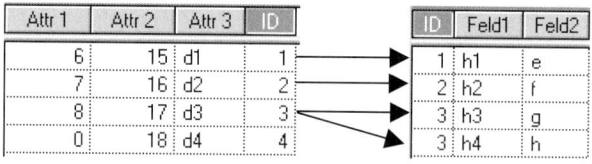

Attr 1	Attr 2	Attr 3	ID
6	15	d1	1
7	16	d2	2
8	17	d3	3
0	18	d4	4

ID	Feld1	Feld2
1	h1	e
2	h2	f
3	h3	g
3	h4	h

Zieltabelle   **Quelltabelle**

Ziel

Attr 1	Attr 2	Attr 3	ID
6	15	d1	1
7	16	d2	2
8	17	d3	3
0	18	d4	4

Quelle

ID	Feld1	Feld2
1	h1	e
2	h2	f
3	h3	g
3	h4	h

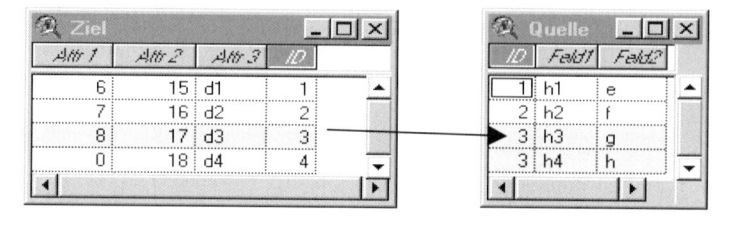

nicht aneinander gehängt, sondern sie bleiben als Einzeltabellen bestehen. Wählen Sie dann z. B. in der Zieltabelle einen Datensatz aus, so werden bei verknüpften Tabellen alle zugehörigen Datensätze in der Quelltabelle ebenfalls ausgewählt.

Das Verknüpfen von Tabellen geschieht ähnlich wie das Verbinden. Öffnen Sie zunächst die zu verknüpfenden Tabellen. Aktivieren Sie die Quelltabelle und dort das Verbindungsfeld. Dann aktivieren Sie die Zieltabelle und dort ebenfalls das Verbindungsfeld. Die Verknüpfung wird hergestellt über das Menü:

Tabellen-Menüleiste

Tabelle:
  Verknüpfen

Um die Verknüpfung zu testen, wählen Sie in der Zieltabelle einen Datensatz mit dem Auswahlwerkzeug aus. Alle zugehörigen Datensätze in der Quelltabelle sind nun ebenfalls selektiert.

Eine Verknüpfung wird wieder aufgehoben mit dem Menü:

Tabellen-Menüleiste

Tabelle:
  Alle Verknüpfungen lösen

Ereignisthemen

Ereignisse in ArcView GIS sind Daten, die zwar einen geografischen Ort beschreiben, aber keine Topologie haben. Eine Datei mit Kundendaten, die die postalischen Adressen der Kunden enthält, ist z. B. eine Tabelle von Ereignissen. Diese kann jedoch nicht direkt als ein Thema in ein View geladen werden. Dazu müssen die Adressen als Koordinaten (z. B. geografische, Gauß-Krüger-Koordinaten) angegeben werden. Sie können jedoch eine solche Tabelle als Ereignisthema laden und so der Kundenliste mit Hilfe eines anderen Themas einen räumlichen Bezug geben und mit anderen räumlichen Daten zusammen darstellen. Eine Datei, die Koordinaten und Attribute enthält, (z. B. Messstationen) enthält ebenso Ereignisse. Sie heißen XY-Ereignisse und können als ein Thema in ein View eingefügt werden.

XY-Ereignisse
Sie enthalten neben den beschreibenden Daten auch Koordinaten, die den geografischen Ort beschreiben. Mit diesen Ereignissen werden die Positionen von Objekten (z. B. Messstellen) beschrieben. Haben Sie eine Datei, die xy-

Koordinaten und Attribute (z. B. 1. Spalte: x-Koordinate, 2. Spalte: y-Koordinate und alle weiteren Spalten die Attribute) enthält, so wird diese als Tabelle dem Projekt zugefügt und die Tabelle dann als Ereignisthema in ein View eingelesen.

Sie laden eine Ereignistabelle vom Projektfenster mit dem Schalter 'Hinzufügen'. Einlesbar sind dBase-, INFO- oder Textdateien, deren Spalten durch Tabs oder Kommata getrennt sind. Um die Ereignisse im View räumlich darzustellen, öffnen und aktivieren Sie ein View und laden die Ereignistabelle als Ereignisthema mit dem Menü:

View-Menüleiste

View:
  Ereignisthema hinzufügen

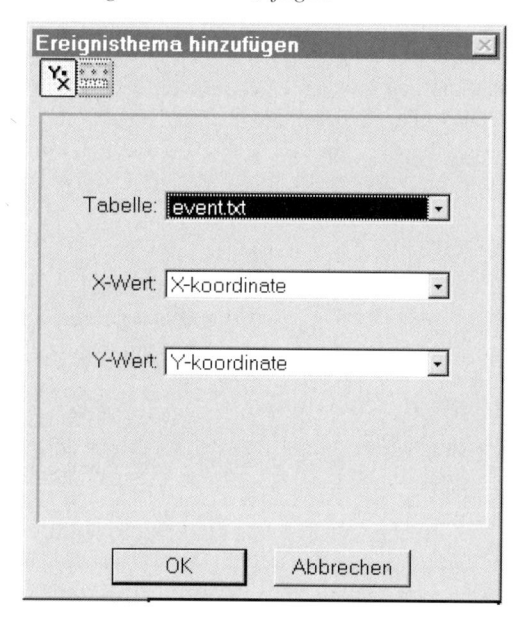

Wählen Sie die Art des Ereignisses (z. B. XY) durch Drücken des entsprechenden Schalters. Haben Sie die Art des Ereignisses ausgewählt, so geben Sie die Tabelle an, die die Ereignisdaten enthält. Für ein XY-Ereignis müssen z. B. die Felder in der Ereignistabelle angegeben werden, die die x-, y-Koordinaten enthalten.

Sind alle Angaben im Fenster 'Ereignisthema hinzufügen' eingegeben, so drücken Sie 'OK'. Die Ereignistabelle wird als Ereignisthema in das View geladen und wird dort räumlich dargestellt. Das so erhaltene Ereignisthema kann wie jedes andere Thema in ArcView GIS behandelt werden.

Folgende weitere Ereignisse unterstützt ArcView GIS:

Streckensystem-Ereignisse
Hier wird unterschieden zwischen Punkt-, linearen und kontinuierlichen Ereignissen. Ereignisse, die auf Streckensystemen beruhen, müssen im View ein passendes ARC/INFO-Streckensystem enthalten.

Bei **Punkt-Ereignissen** wird der geografische Ort von Punkten beschrieben, wie er als Position in einem ARC/INFO-Streckensystem angegeben ist. Der geografische Ort eines **linearen Ereignisses** wird durch den Anfangs- und Endpunkt aus einem ARC/INFO-Streckensystem beschrieben. Schließlich wird bei **kontinuierlichen Ereignissen** der geografische Ort durch Punkte beschrieben, an denen eine Veränderung auf einer Strecke in einem ARC/INFO-Streckensystem sichtbar wird.

Adressen-Ereignisse
Adressen-Ereignisse beschreiben den geografischen Ort mit Hilfe von postalischen Adressen. Das Zufügen von Adressen-Ereignissen erfordert ein passendes zuordnungsfähiges Thema, das im View bereits enthalten sein muss. Die Zuordnung von Adressen-Ereignissen zu einem Thema wird Geocodierung genannt.

6.5 Tabellen und Projeke hinzufügen

Einem Projekt können Daten direkt zugefügt werden. Es ist möglich, Daten aus externen Tabellen (ASCII, dBase, INFO) in eine ArcView GIS-Tabelle einzulesen. Wollen Sie Projekte in ein aktives Projekt einfügen, so ist das ebenfalls möglich. Liegen Daten in einer externen SQL-Datenbank vor, so werden diese mit einer SQL-Abfrage aus der Datenbank gelesen und in eine ArcView GIS-Tabelle eingefügt. In der Projekt-Menüleiste unter 'Projekt' finden Sie die Menü-Einträge 'Tabelle hinzufügen', 'Importieren' und 'SQL-Verbindung'.

Tabellen hinzufügen

Es können drei Arten von Tabellen eingelesen und innerhalb eines Projektes verwendet werden. Sie können mit der Attributtabelle eines Themas verbunden und somit den Objekten eines Themas angehängt werden.

- **dBase** III und IV (*.dbf)

- **INFO-Dateien** werden von der Datenbank INFO erzeugt. Da INFO die Standard-Datenbank von ARC/INFO ist, liegen die Attribute der geografischen Daten von ARC/INFO gewöhnlich in diesem Format vor. Sie finden diese Daten unter einem Verzeichnis 'info' in einem ARC/INFO-Arbeitsverzeichnis.

- **Text-Dateien (ASCII)**. Die Spalten der einzulesenden Textdateien müssen mit Kommata oder Tabs getrennt sein. Die erste Zeile dieser Datei muss die Namen der Felder enthalten.

Beispiel: Tabellen hinzufügen

Folgendes Beispiel zeigt, wie Sie Tabellen einlesen können. Starten Sie ArcView GIS. Es sollen jetzt jeweils eine dBase- und eine Text-Datei dem Projekt zugefügt werden. Die dBase-Datei wird dem mitgelieferten Beispiel-Datensatz von ArcView GIS entnommen. Falls Sie keine passende Textdatei zur Verfügung haben, erstellen Sie sich eine Beispieldatei mit einem Text-Editor. Sie soll folgendermaßen aussehen:

1. Zeile: Name1, Name2, Name3
2. Zeile: 1, text1, 3.4
3. Zeile: 3, text2, 25.11
4. Zeile: 6, text3, 0.01

Um eine **dBase-Datei** zu laden, aktivieren Sie das Projektfenster und dort das Tabellensymbol. Drücken Sie den Schalter 'Hinzufügen' oder den Menüeintrag:

Projekt-Menüleiste

Projekt:
  Tabelle hinzufügen

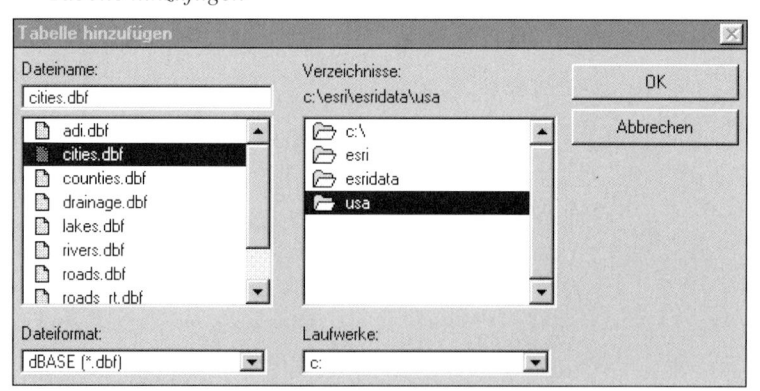

Stellen Sie zuerst in der Box 'Dateiformat' den Wert 'dBase' ein. Wählen Sie dann das Verzeichnis:

c:\esri\esridata\usa

Markieren Sie die Datei 'cities.dbf' und drücken Sie 'OK'. Die angegebene dBase-Datei erscheint als Tabelle und in der Liste des Projektfensters als Eintrag.

Zum Laden einer **Textdatei** aktivieren Sie das Projektfenster, drücken Sie dort den Schalter 'Hinzufügen' oder wählen Sie den Menüeintrag:

Projekt-Menüleiste

Projekt:
  Tabelle hinzufügen

Stellen Sie zuerst das Dateiformat auf den Wert 'Begrenzter Text' ein. Markieren Sie eine Datei und drücken Sie 'OK'. Die angegebene Datei erscheint als Tabelle und als Eintrag in der Liste des Projektfensters. Die Tabellen können für weitere Operationen im Projekt genutzt werden.

Importieren

Wollen Sie in ein aktuelles Projekt ein anderes oder Teile eines anderen einfügen, so wählen Sie in der Projekt-Menüleiste das Menü 'Projekt' und darin den Eintrag 'Importieren'. Es können 'Views' aus ArcView (Version 1) und Projekte aus ArcView GIS (Version 2 oder höher) importiert werden. Eingelesen werden immer nur alle Komponenten eines Projektes. Werden nur Teile benötigt, z. B. eine Tabelle oder ein Layout, so sind nach dem Importieren des gesamten Projektes die überflüssigen Komponenten zu löschen.

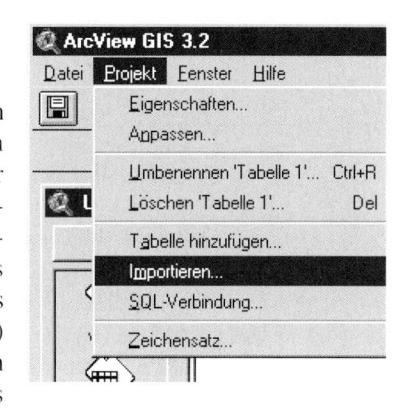

Sie importieren ein Projekt mit dem Menü:

Projekt-Menüleiste

Projekt:
  Importieren

Wählen Sie das Verzeichnis, in der sich das zu importierende Projekt befindet und setzen Sie das 'Dateiformat' auf 'Projekt (*.apr)' für ArcView2-Projekte oder 'View (*.av)' für ArcView1-Views. Drücken Sie 'OK' im Dateiauswahlfenster.

SQL-Verbindung

Haben Sie Zugang zu einer SQL-Datenbank (z. B. MS-Access, dBase, Excel, Paradox, Informix, Oracle...), so ist es möglich, Daten daraus mit Hilfe der Datenbank-Abfragesprache (SQL) in eine ArcView GIS-Tabelle einzulesen. Für die Abfrage gibt es in ArcView GIS einen SQL-Abfragemanager. Auf diese Weise können Sie auf Tabellen, Spalten und Datensätze in der Datenbank zugreifen.

Die Daten werden nicht in ArcView GIS gespeichert. Im Projekt stehen nur die entsprechenden Verweise auf die Daten in der Datenbank. Sie müssen somit beim nächsten Start des Projektes weiterhin Zugriff zur Datenbank haben. Die ArcView GIS-Tabellen, die aus diesen Datenbank-Abfragen erstellt worden sind, können in ArcView GIS nicht bearbeitet werden. Wenn Sie sie dennoch bearbeiten wollen, müssen Sie die Tabellen erst auf Datenträger exportieren (*Tabellenmenü:Datei:Exportieren*) und die Tabelle dem Projekt wieder hinzufügen (siehe dazu: *Tabellen hinzufügen*).

Eine SQL-Verbindung mit ArcView GIS ist nur möglich, wenn Sie vorher einen ODBC-Treiber installiert haben. Ein solcher Treiber wird gewöhnlich bei der Installation der Datenbank mit geladen. Außerdem muss bei der Installation von ArcView GIS die SQL-Konnektivität installiert werden. Installieren Sie sie evtl. nach.

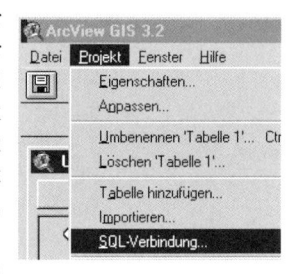

Um Daten aus einer SQL-Datenbank zu lesen starten Sie das Menü:

Projekt-Menüleiste

Projekt:
  SQL-Verbindung

Es erscheint der SQL-Abfragemanager.

Stellen Sie zunächst eine Verbindung mit einer Datenbank her. Wählen Sie in der Box 'Verbinden' z. B. die Datenbank 'MS-Access'. Die Verbindung wird hergestellt, und in der Box 'Tabellen' werden die Datenbank-Tabellen, die zur Verfügung stehen, aufgelistet. Wenn Sie eine Tabelle markieren, erscheinen in der Box 'Spalten' die Felder der entsprechenden Tabelle. Tragen Sie in die Box 'Auswählen' (Select) die Spalten ein, die in die ArcView GIS-Tabelle geladen werden sollen. Dazu doppelklicken Sie auf die entsprechende Spalte. Diese erscheint dann in der Box 'Auswählen'. Doppelklicken auf die Tabelle in der Box 'Tabelle' füllt die Box 'von' (from) aus. Wollen Sie die Datensätze, die Sie einlesen, auf eine Teilmenge einschränken, so geben Sie im Feld 'Wo' (Where) den entsprechenden logischen Ausdruck (SQL-Syntax) ein. Geben Sie noch den Namen der Ausgabetabelle an und drücken Sie den Schalter 'Abfragen'. Unter diesem Namen werden die Daten in einer ArcView GIS-Tabelle abgelegt. Nach einer erfolgreichen Abfrage erscheint in der ArcView GIS-Benutzeroberfläche die Tabelle mit den ausgewählten Spalten. Mit dieser Tabelle können Sie in ArcView GIS beliebig weiterarbeiten.

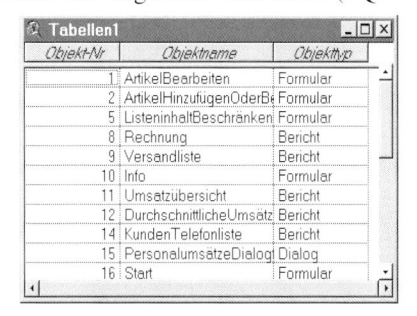

6.6 Beispiel und Übungen zu Tabellen

In dem folgenden Beispiel soll das Arbeiten mit Tabellen verdeutlicht werden. Im einzelnen sind das:

- **Tabellen laden**
- **Tabellenwerte selektieren**
- **Tabellenfeld zufügen und Einzelwerte bearbeiten**
- **Berechnen von Tabellenwerten**
- **Statistik eines Tabellenfeldes**
- **Zusammenfassung und Verbinden von Tabellen.**

Tabellen laden

Bevor Sie mit Attributtabellen arbeiten können, müssen Sie ein Thema in das Projekt laden. Starten Sie ArcView GIS und öffnen Sie ein neues Viewfenster. Aktivieren Sie dazu im Projektfenster das Viewsymbol und drücken Sie den Schalter 'Neu'. In das View laden Sie mit der Schaltfläche in der View-Schaltflächenleiste das folgende Thema und aktivieren Sie es:

c:\esri\esridata\usa\states.shp

Shape	Area	State_name	State_fips	Sub_region
Polygon	67286.878	Washington	53	Pacific
Polygon	147236.028	Montana	30	Mtn
Polygon	32161.664	Maine	23	N Eng
Polygon	70810.153	North Dakota	38	W N Cen
Polygon	77193.624	South Dakota	46	W N Cen
Polygon	97799.492	Wyoming	56	Mtn
Polygon	56088.066	Wisconsin	55	E N Cen
Polygon	83340.595	Idaho	16	Mtn
Polygon	9603.218	Vermont	50	N Eng
Polygon	84517.465	Minnesota	27	W N Cen
Polygon	97070.748	Oregon	41	Pacific
Polygon	9259.514	New Hampshire	33	N Eng

Zu dem eben geladenen Thema rufen Sie zunächst die Attributtabelle auf. Ist das Thema aktiv, betätigen Sie die Schaltfläche für die Tabelle in der View-Schaltflächenleiste. Die Attributtabelle wird geöffnet. Sie enthält Felder für die Flächengröße (Area), den Namen des Staates sowie Attribute zu den Bevölkerungszahlen von 1990 ('Pop1990') und 1997 ('Pop1997').

Laden Sie jetzt ein weiteres Thema in das Projekt. Eine Zusammenfassung (Feldstatistik) der zugehörigen Attributtabelle soll später an die Tabelle von 'states.shp' angehängt werden.

c:\esri\esridata\usa\counties.shp

Aktivieren Sie das Thema 'counties.shp' und rufen Sie die Attributtabelle mit der Schaltfäche in der View-Schaltflächenleiste auf. Sie enthält neben dem Namen, den zugehörigen Staat, als auch Informationen zur Einwohnerzahl.

Shape	Name	State_name	State_fips	Cnty_fips	Fips
Polygon	Pend Oreille	Washington	53	051	53051
Polygon	Boundary	Idaho	16	021	16021
Polygon	Lincoln	Montana	30	053	30053
Polygon	Flathead	Montana	30	029	30029
Polygon	Glacier	Montana	30	035	30035
Polygon	Toole	Montana	30	101	30101
Polygon	Liberty	Montana	30	051	30051
Polygon	Hill	Montana	30	041	30041
Polygon	Sheridan	Montana	30	091	30091
Polygon	Divide	North Dakota	38	023	38023
Polygon	Burke	North Dakota	38	013	38013
Polygon	Renville	North Dakota	38	075	38075

Schließen Sie zunächst die Tabelle 'Counties.shp' und zeichnen Sie im View nur das Thema 'states.shp'. Es soll jetzt neben dem Projektfenster nur noch das View und die Attributtabelle 'states.shp' geöffnet sein. Stellen Sie für jedes der beiden Themen die Einzelsymbol-Legende, durch Doppelklick auf den Themennamen, ein.

Tabellenwerte selektieren

Zu dem Thema 'states.shp' im View, d. h. zu jeder Fläche in diesem Thema, gehört ein Datensatz in der Attributtabelle. Das Thema und die Tabelle sind verbunden. Selektieren Sie einen Datensatz in der Tabelle, so wird gleichzeitig die zugehörige Fläche im View ausgewählt. Umgekehrt gilt dieses genauso. Die Selektion einer Fläche zieht eine Auswahl eines Datensatzes in der Tabelle nach sich.

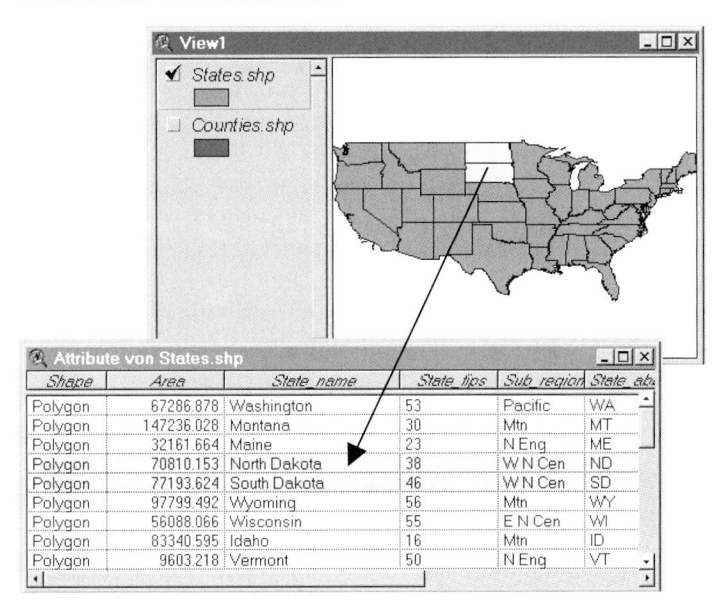

Aktivieren Sie das Viewfenster als auch das Thema 'states.shp' und betätigen Sie das Werkzeug zur Selektion eines Objektes in der View-Werkzeugleiste. Wählen Sie mit der Maus ein oder mehrere Objekte im View aus. Mit gehaltener SHIFT-Taste können Sie mehrere Objekte zugleich auswählen. Die zu den ausgewählten Objekten gehörenden Datensätze in der Tabelle werden dadurch ebenfalls markiert. Aktivieren Sie jetzt die Tabelle und betätigen Sie das Auswahl-Werkzeug in der Tabellen-Werkzeugleiste. Wählen Sie mit der Maus einen oder mehrere Datensätze aus.

Die Auswahl kann mit der Schaltfläche in der View-Schaltflächenleiste wieder aufgehoben werden.

Tabellenfeld zufügen

Der Tabelle 'states.shp' soll nun ein neues Feld zugefügt werden. Ist die Tabelle geöffnet, so starten Sie zuerst die Bearbeitung der Tabelle mit dem Menü:

Tabellen-Menüleiste

Tabelle:
  Bearbeitung starten

Ein neues Feld wird hinzugefügt mit dem Menü:

Tabellen-Menüleiste

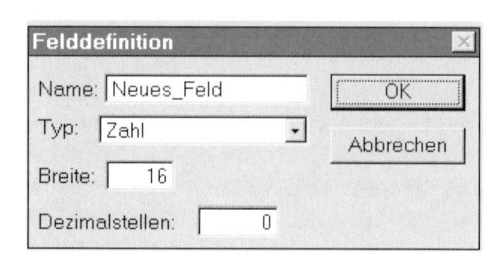

Bearbeiten:
  Feld hinzufügen

Definieren Sie ein Integer-Zahlenfeld (keine Dezimalstellen) mit der Feldbreite '16'. Drücken Sie 'OK'.
Das neue Feld wird an das Ende der Tabelle angehängt.

Berechnen von Tabellenwerten

Die Werte von vorhandenen und neuen Feldern einer Tabelle können mit Hilfe mathematischer Ausdrücke berechnet werden. Zur Übung aktivieren Sie die Tabelle 'states.shp' und dort das neue Feld 'Neues_Feld'. Heben Sie die Selektion der Tabellenwerte mit der Schaltfläche in der Tabellen-Schaltflächenleiste auf.

Rufen Sie das Fenster zur Feldwertberechnung mit der Schaltfläche aus der Tabellen-Schaltflächenleiste auf oder verwenden Sie das Menü:

Tabellen-Menüleiste

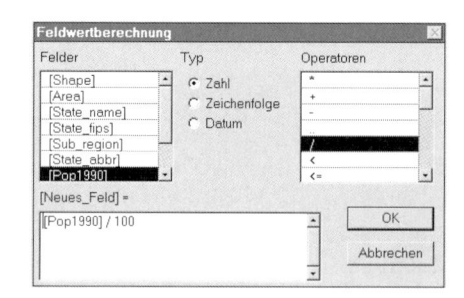

Feld:
  Berechnen

Mit folgender Formel werden die Werte des neuen Feldes 'Neues_Feld' berechnet:

[Neues_Feld] = [Pop1990] / 100

Die Formel kann per Tastatur oder mit der Maus eingegeben werden. Eingegeben wird nur die rechte Seite der Gleichung in die Box im Berechnungsfenster. Doppelklick mit der Maus auf die Einträge in den Boxen 'Felder' und 'Operatoren' setzt diese in die Formel. Drücken Sie 'OK' und die berechneten Werte erscheinen in der Tabelle.

6.6 Beispiel und Übungen zu Tabellen

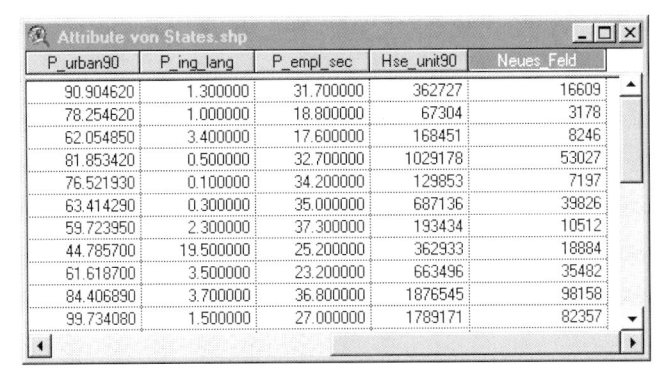

P_urban90	P_ing_lang	P_empl_sec	Hse_unit90	Neues_Feld
90.904620	1.300000	31.700000	362727	16609
78.254620	1.000000	18.800000	67304	3178
62.054850	3.400000	17.600000	168451	8246
81.853420	0.500000	32.700000	1029178	53027
76.521930	0.100000	34.200000	129853	7197
63.414290	0.300000	35.000000	687136	39826
59.723950	2.300000	37.300000	193434	10512
44.785700	19.500000	25.200000	362933	18884
61.618700	3.500000	23.200000	663496	35482
84.406890	3.700000	36.800000	1876545	98158
99.734080	1.500000	27.000000	1789171	82357

Einzelne Tabellenwerte können bearbeitet werden. Drücken Sie dazu das Werkzeug zur Bearbeitung, das sich in der Tabellen-Werkzeugleiste befindet, und klicken Sie mit dem Mauszeiger in eine Zelle des neuen Feldes. Sie können damit jeden Zellenwert verändern.

Beenden Sie die Bearbeitung mit dem Menü:

Tabellen-Menüleiste

Tabelle:
  Bearbeitung beenden

Sie werden gefragt, ob Sie die Änderungen der Tabelle speichern wollen. Geben Sie 'Nein' ein, um die Originaldaten nicht zu zerstören.

Statistik eines Tabellenfeldes

Wollen Sie die Werte eines Feldes in einer Tabelle untersuchen, so können Sie eine Statistik für die selektierten Datensätze eines Feldes erstellen. Aktivieren Sie dazu die Tabelle 'states.shp' und dort das Feld 'Pop1990'. Starten Sie die Berechnung der Statistik mit dem Menü:

Statistik für das Pop1990 -Feld
Summe: 248709873
Anzahl: 51
Mittelwert: 4876664
Höchstwert: 29760021
Mindestwert: 453588
Fläche: 29306433
Abweichung: 29584842650098
Standardabweichung: 5439195

Tabellen-Menüleiste

Feld:
  Statistik

Die Ausgabe erfolgt in einem Fenster.

Zusammenfassung und Verbinden von Tabellen

Öffnen Sie die Tabelle 'counties.shp'. Diese soll mit Hilfe des Feldes 'State_name' zusammengefasst und die resultierende Tabelle an die Tabelle 'states.shp' angehängt werden.

Aktivieren Sie in der Tabelle 'counties.shp' das Feld 'State_name' und fassen Sie die Tabellenwerte zusammen mit dem Menü:

Tabellen-Menüleiste

Feld:
  Feldstatistik

Zur Berechnung der minimalen und maximalen Einwohnerzahlen von 1990 fügen Sie 'Min_Pop1990' und 'Max_Pop1990', durch Betätigen des Schalters 'Hinzufügen', in das Definitionsfenster für die Feldstatistik ein und drücken Sie 'OK'. Es darf kein Datensatz in der Tabelle selektiert sein.

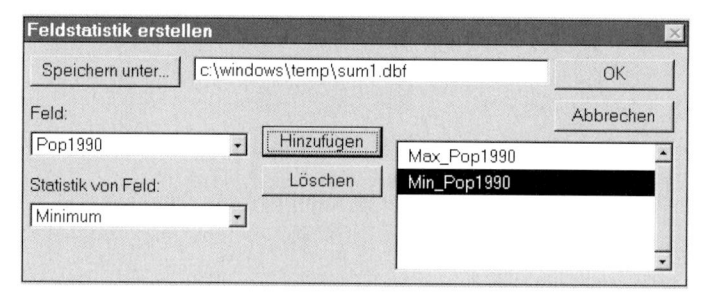

Es entsteht eine Tabelle, in der die Werte des Attributs 'State_name' zusammengefasst sind. Wie oft ein Wert vorkommt, ist unter 'Count' abgelegt. Ebenso sind, wie oben festgelegt, die minimalen und maximalen Einwohnerzahlen der Counties als Attribut angehängt.

Diese Tabelle soll jetzt an die Tabelle 'states.shp' angehängt werden.

6.6 Beispiel und Übungen zu Tabellen

Zur Verbindung der Tabellen aktivieren Sie zuerst die Quelltabelle 'sum1.dbf' und markieren dort das Feld 'State_name'. Danach aktivieren Sie die Zieltabelle 'states.shp' und dort ebenfalls das Feld 'State_name'. Die Verbindung wird hergestellt mit der Schaltfläche zum Verbinden aus der Tabellen-Schaltflächenleiste.

Sie können ebenso das folgende Menü benutzen. Hiermit kann die Verbindung auch wieder gelöst werden.

Tabellen-Menüleiste

Tabelle:
   Verbinden ('STRG+J') / Alle Verbindungen lösen

Avg_size87	Crop_acr87	Avg_sale87	Count	Min_Pop1990	Max_Pop1990
480	8168454	87000	39	2248	1507319
2451	17829766	62980	57	52	113419
214	592309	64681	16	18653	243135
1143	28208099	62007	53	907	102874
1214	19641972	74761	66	1324	123809
3650	2838627	73517	23	2499	73142
221	11618876	65351	72	3890	959275
577	6742285	94002	44	727	205775
240	707970	63899	14	5318	131761
312	21876066	66719	87	3868	1032431
556	5236393	57664	36	1396	583887

Übung zu Tabellen

Die folgende Übung sollten Sie soweit wie möglich selbständig ausführen. Sollten Sie nicht weiterkommen, benutzen Sie die angegebenen Hinweise.

1) Starten Sie ArcView GIS mit einem neuen Projekt und laden Sie das folgende Thema in ein View:

   c:\esri\esridata\usa\counties.shp

2) Berechnen Sie die Bevölkerungsdichten (1990) der Counties der USA.

3) Welches County hat die niedrigste und welches hat die höchste Bevölkerungsdichte?

Hinweise zur Übung

zu 1) Starten Sie ArcView GIS und öffnen Sie ein neues View mit dem Schalter 'Neu' im Projektfenster. Laden Sie mit dem Werkzeug aus der View-Schaltflächenleiste das angegebene Thema in das View und zeichnen Sie es.

zu 2) Rufen Sie die zu diesem Thema gehörige Attributtabelle mit der Schaltfläche in der View-Schaltflächenleiste auf. Fügen Sie der Tabelle ein neues Zahlenfeld (3 Nachkommastellen) hinzu. Starten Sie dazu zuerst die Bearbeitung der Tabelle und betätigen Sie in der Tabellen-Menüleiste das Menü: *Bearbeiten: Feld hinzufügen*. Berechnen Sie mit dem Werkzeug in der Tabellen-Schaltflächenleiste (oder dem Menü: *Feld: Berechnen*) die Bevölkerungsdichte aus den Attributen 'Pop1990/Area'.

Shape	State_name	Name	Bevölkerungsdichte
Polygon	New York	New York	69158.128
Polygon	New York	Kings	32697.210
Polygon	New York	Bronx	28753.449
Polygon	New York	Queens	17791.990
Polygon	California	San Francisco	15369.080
Polygon	Massachusetts	Suffolk	11329.415
Polygon	New Jersey	Hudson	11184.721
Polygon	Pennsylvania	Philadelphia	11116.621
Polygon	District of Columbia	Washington	8880.376
Polygon	Maryland	Baltimore City	7993.401
Polygon	Virginia	Alexandria	7230.850
Polygon	Virginia	Arlington	6581.955

zu 3) Benutzen Sie die Werkzeuge in der Tabellen-Schaltflächenleiste für das Sortieren von Feldern. Die höchste Bevölkerungsdichte hat 'New York' und die niedrigste 'Yukon'.

7 Diagramme

7.1 Allgemeines über Diagramme

Numerische Tabellenwerte können Sie in einem Diagramm visualisieren. In ArcView GIS haben Sie die Möglichkeit, Tabellenwerte mit Hilfe unterschiedlicher Diagrammtypen darzustellen. Die Diagramme sind mit den zugehörigen Tabellen dynamisch verbunden. Sind die Tabellenwerte Attribute eines Themas, so ist das zugehörige View ebenfalls mit dem Diagramm verbunden. Ein Diagramm wird immer aus den selektierten Datensätzen einer Tabelle oder den selektierten Objekten eines Themas erstellt. Erweitern Sie die Auswahl einer Tabelle oder eines Themas, so wird das zugehörige Diagramm um die ausgewählten Werte erweitert. Löschen Sie in einem Diagramm die Darstellung eines Wertes, so wird die Auswahl dieses Wertes in der Tabelle und im View zurückgenommen. Für ein Diagramm können der Beschriftungstext, die Farbe und die Eigenschaften der Achsen eingestellt werden.

Das Diagramm-Dokument

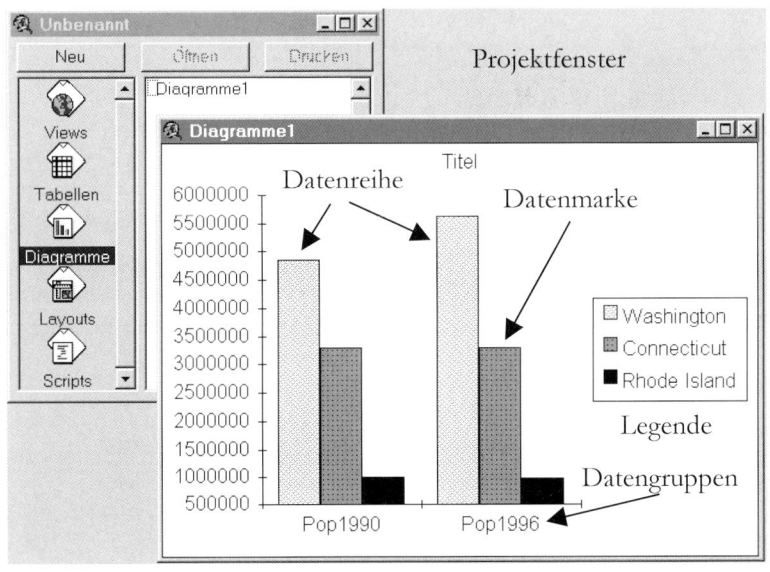

Ein Diagramm-Dokument (Fenster) lässt sich mit einer Tabellen-Schaltfläche oder einem Menüeintrag in der Tabellen-Menüleiste für eine aktive Tabelle aufrufen. Es können mehrere Diagramme gleichzeitig in einem Projekt erstellt werden. Ein Diagramm ist in der Liste des Projektfensters abgelegt. Von dort kann es geöffnet werden. Es lässt sich auch als Symbol im ArcView-Hauptfenster ablegen. Ist ein Diagramm-Fenster offen und aktiv, so erscheint die zugehörige Menü-, Schaltflächen- und Werkzeugleiste. Ein Diagramm besteht aus Datenmarken, Datengruppen, Datenreihen und den Diagramm-Elementen (Legende, Titel, Achsen).

Eine Datenmarke stellt einen Wert in einer Tabelle dar. Je nach ausgewähltem Diagrammtyp kann eine Datenmarke ein Balken, ein Kreissektor, ein Punkt, eine Fläche, eine Spalte oder eine Linie sein.

Eine Datengruppe besteht aus Datenmarken, deren Werte jeweils dem gleichen Feld oder Datensatz angehören. Eine Datenreihe ist eine Folge von Datenmarken in einem Diagramm mit jeweils einem Wert aus einer Datengruppe. Die Datenreihe beschreibt den Verlauf der Werte über die Datengruppen.

Die Diagramm-Menüleiste

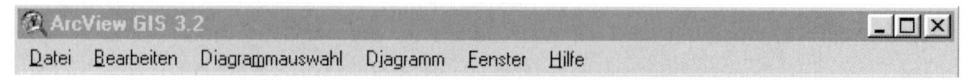

Die Diagramm-Menüleiste besteht aus Pulldown-Menüs. Neben der Online-Hilfe enthalten sie Menüeinträge zum:

- Auswählen des Diagrammtyps
- Einstellen der Diagramm-Eigenschaften
- Bearbeiten von Diagramm-Elementen
- Suchen von Datenmarken
- Vertauschen von Datensätzen und Feldern
- Drucken von Diagrammen
- Bedienen der Diagramm-Fenster.

Die Diagramm-Schaltflächenleiste

Die Diagramm-Schaltflächen erlauben:

- das Speichern des Projektes
- die Auswahl des Diagrammtyps
- die Einstellung der Diagramm-Eigenschaften
- das Vertauschen von Datensätzen und Feldern
- das Suchen von Datenmarken.

- speichert das aktuelle Projekt
- macht eine Löschung rückgängig
- wählt die Flächendiagramme aus
- wählt die Balkendiagramme aus
- wählt die Spaltendiagramme aus
- wählt die Liniendiagramme aus
- wählt die Kreisdiagramme aus
- wählt die Streudiagramme aus
- stellt die Eigenschaften des Diagramms ein
- wechselt zwischen Datensätzen und Feldern
- sucht Datenmarken
- gibt kontextbezogene Hilfe.

Die Diagramm-Werkzeugleiste

Mit den Diagramm-Werkzeugen können Sie Informationen über eine Datenmarke aufrufen und Datenmarken aus einem Diagramm entfernen. Ebenso stehen Werkzeuge zum Ändern der Diagramm-Elemente zur Verfügung:

- informiert über eine Datenmarke
- löscht Datenmarken aus dem Diagramm
- löscht mehrere Punkte aus einem Streudiagramm
- bearbeitet die Eigenschaften von Diagrammelementen (z. B. Achsen)
- ändert die Farbe von Diagrammelementen.

7.2 Verwalten von Diagrammen

Öffnen von Diagrammen

Ein Diagramm wird aus Tabellenwerten erstellt. Bevor Sie ein Diagramm öffnen, müssen Sie zuerst eine Tabelle in das Projekt laden. Diese kann eine Attributtabelle eines im Projekt enthaltenen Themas, aber auch eine beliebige, dem Projekt hinzugefügte Tabelle sein. Es gibt zwei Möglichkeiten, ein Diagramm zu erstellen. Sie können, nachdem Sie eine Tabelle im Projekt aktiviert und dort die für das Diagramm gewünschten Werte selektiert haben, ein Diagramm vom Projektfenster aus erstellen. Aktivieren Sie dort das Diagrammsymbol und drücken Sie den Schalter 'Neu'. Damit erscheint, nach der Abfrage der Tabelle, das Fenster für die Eigenschaften eines Diagramms.

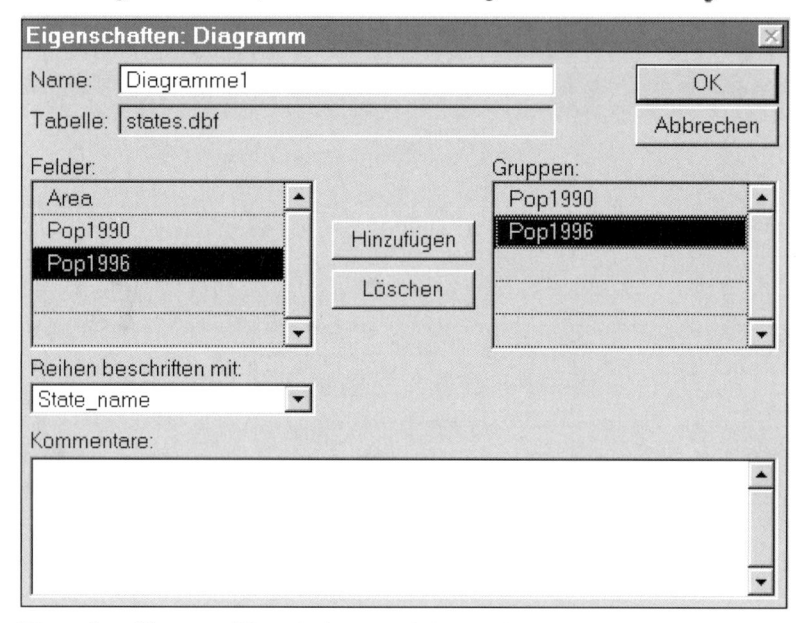

Hier geben Sie unter 'Name' eine Bezeichnung für das Diagramm ein. Unter 'Tabelle' ist die im Projekt enthaltene Tabelle angegeben, für die das Diagramm erstellt werden soll. In der Box 'Felder' wählen Sie die numerischen Felder der Tabelle aus, die Sie als Datengruppen im Diagramm wünschen. Drücken Sie 'Hinzufügen'. Die gewählten Felder werden in die Box 'Gruppen' eingetragen. Sie können dort auch Einträge wieder löschen. Markieren Sie die zu löschenden Einträge und drücken Sie den Schalter 'Löschen'. Unter 'Reihen beschriften mit' geben Sie ein Feld an, mit dem Sie die Datengruppen beschriften wollen. In 'Kommentare' können Sie Bemerkungen zum Diagramm eingeben. Drücken Sie 'OK' und das Diagramm wird mit den angegebenen Eigenschaften gezeichnet.

7.2 Verwalten von Diagrammen 217

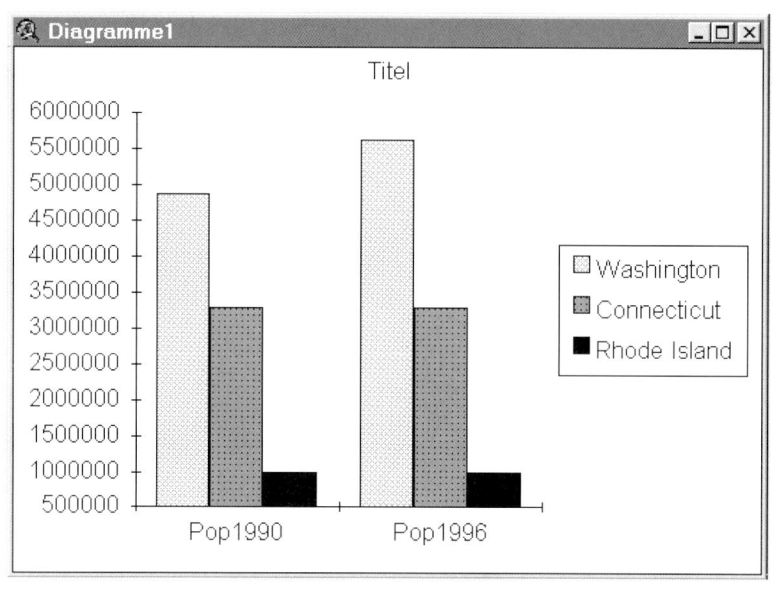

Sie können das Fenster für die Diagramm-Eigenschaften jederzeit erneut aufrufen, um sie zu bearbeiten. Dafür gibt es eine Schaltfläche in der Diagramm-Schaltflächenleiste. Dasselbe erreichen sie mit dem Menü:

Diagramm-Menüleiste

Diagramm:
 Eigenschaften

Eine zweite Möglichkeit, ein Diagramm zu erstellen, gibt es in der Tabellen-Menü- oder Tabellen-Schaltflächenleiste. Aktivieren Sie eine Tabelle, selektieren Sie dort die im Diagramm darzustellenden Datensätze und betätigen Sie die Schaltfläche oder das Menü:

Tabellen-Menüleiste

Tabelle:
 Diagramm

Auch hier erscheint zunächst das Fenster für die Eigenschaften des Diagramms. In einem Projekt können beliebig viele Diagramme erstellt werden. Sind in der Tabelle keine Datensätze ausgewählt, so wird das Diagramm für alle Datensätze erstellt. Für das Erstellen eines Diagramms können nur numerische Felder verwendet werden. Im Falle, dass anstatt eines Diagramms, im Diagramm-Fenster die Meldung 'Too much Data. Please select fewer rows' erscheint, sollten Sie das Diagramm-Fenster vergrößern, den

Diagrammtyp wechseln oder die Anzahl der selektierten Datensätze reduzieren.

Schließen von Diagrammen

Diagramme können geschlossen, umbenannt, als Symbol abgelegt oder ganz aus dem Projekt entfernt werden. Sie benennen ein Diagramm entweder im Fenster für die Eigenschaften des Diagramms oder direkt vom Projektfenster aus um. Aktivieren Sie das Projektfenster und dort das Diagramm-Symbol. Markieren Sie in der Projektliste ein Diagramm. Das Umbenennen erfolgt mit dem Menü:

Projekt-Menüleiste

Projekt:
  Umbenennen ('STRG+R')

Geben Sie den neuen Namen ein und drücken Sie 'OK'.

Auf die gleiche Weise wird vom Projektfenster ein Diagramm aus dem Projekt gelöscht. Aktivieren Sie zuerst die zu löschenden Diagramme (mehrere mit gedrückter SHIFT-Taste) und entfernen Sie sie mit:

Projekt-Menüleiste

Projekt:
  Löschen ('Entf')

Ein Diagramm-Fenster wird wie jedes andere ArcView-Fenster geschlossen. Von der Diagramm-Menüleiste schließen Sie ein aktives Fenster mit:

Diagramm-Menüleiste

Datei:
  Schließen

Der Menüeintrag 'Alles schließen' schließt alle ArcView-Dokumente, außer dem Projektfenster. Sie legen ein Diagramm als Symbol in das ArcView-Hauptfenster ab, wie bei Windows üblich, indem Sie auf das in der rechten oberen Ecke liegende Symbol der Diagramm-Fensterleiste klicken.

Ausgabe von Diagrammen

Sie können ein Diagramm wie jedes ArcView-Dokument drucken mit dem Menü:

Diagramm-Menüleiste

Datei:
  Drucken

7.3 Arbeiten mit unterschiedlichen Diagrammen

Diagrammtypen

Sie können bei der Erstellung eines Diagramms zwischen sechs Diagrammtypen auswählen. Jeder Diagrammtyp ist noch variierbar. Die Grundtypen sind:

- **Flächendiagramme**
- **Balkendiagramme**
- **Spaltendiagramme**
- **Liniendiagramme**
- **Kreisdiagramme**
- **Streudiagramme.**

Der Diagrammtyp wird je nach gewünschter Interpretation der Daten ausgewählt. So eignen sich manche Typen besser zum Vergleichen, andere besser, um den zeitlichen Verlauf oder den Trend der Daten darzustellen. Ist ein Diagramm erstellt, so können Sie jederzeit durch Betätigen einer Schaltfläche aus der Diagramm-Schaltflächenleiste oder eines Menüeintrages zwischen den Diagrammtypen wechseln. Im folgenden wird gezeigt, wie die Typen aufgerufen werden und welche Variationen möglich sind.

Flächendiagramme
Für ein Flächendiagramm können Sie unter drei Typen wählen:

- einfaches Flächendiagramm
- Flächendiagramm mit Gitterlinien
- 100%-Flächendiagramm.

Für ein Flächendiagramm benötigen Sie zwei oder mehr Datengruppen. Die Datenmarken in einem Flächendiagramm sind die Flächen im Diagramm. Öffnen und aktivieren Sie ein Diagramm und betätigen Sie die Schaltfläche für ein Flächendiagramm oder das Menü:

Diagramm-Menüleiste

Diagrammauswahl:
  Fläche

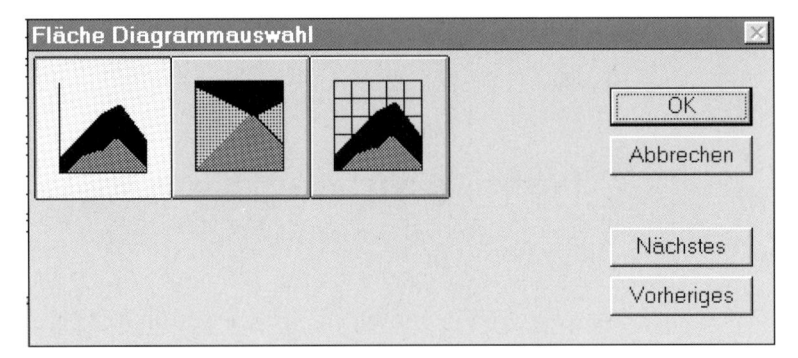

Es erscheint das Fenster für die Auswahl. Wollen Sie zu einem anderen Diagrammtyp wechseln, so betätigen Sie den Schalter 'Nächstes' oder 'Vorheriges'. Sie können damit alle in ArcView GIS vorhandenen Diagrammtypen durchblättern.

Haben Sie einen Diagrammtyp durch Klicken mit der Maus ausgewählt, so drücken Sie 'OK'. Das Diagramm wird als Flächendiagramm gezeichnet.

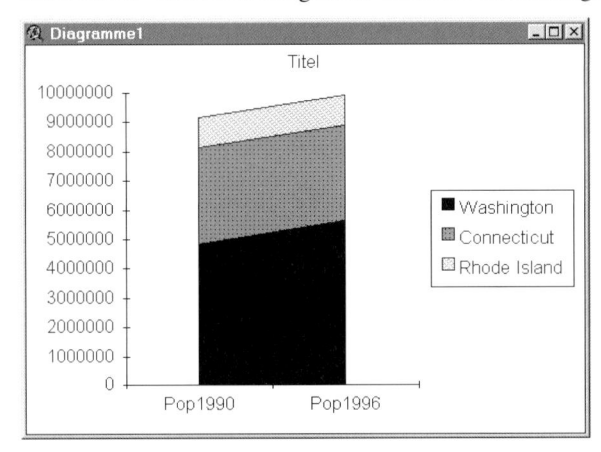

Balken- und Spaltendiagramme
Für Balken- und Spaltendiagramme stehen je sechs Variationen zur Verfügung:

- einfache Balken- und Spaltendiagramme
- gestapelte Balken- und Spaltendiagramme
- überlappende Balken- und Spaltendiagramme
- 100%-gestapelte Balken- und Spaltendiagramme

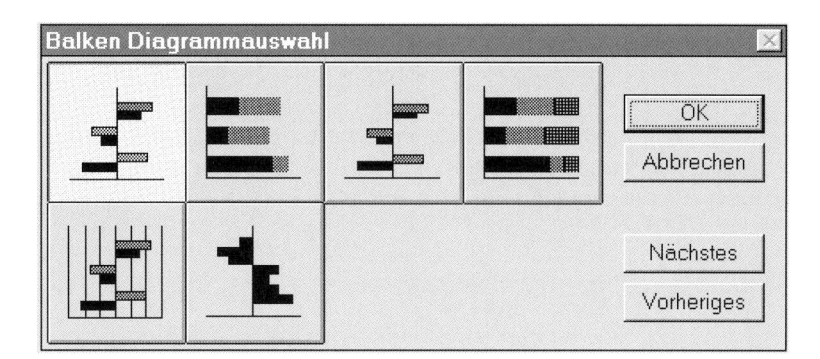

7.3 Arbeiten mit unterschiedlichen Diagrammen

- Balken- und Spaltendiagramme mit Gitterlinien
- Balken- und Spaltendiagramme ohne Zwischenräume bei den Datengruppen.

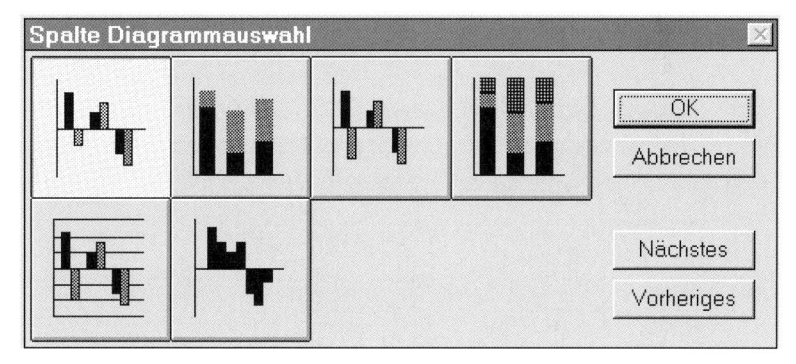

Die Datenmarken eines Balken- oder Spaltendiagramms sind die Balken bzw. Spalten im Diagramm.

Um ein Balken- oder Spaltendiagramm zu erstellen, betätigen Sie die entsprechende Schaltfläche in der Diagramm-Schaltflächenleiste oder das Menü:

Diagramm-Menüleiste

Diagrammauswahl:
  Balken/Spalten

Wählen Sie einen Diagrammtyp aus und drücken Sie 'OK'. Das Diagramm erscheint im Diagramm-Fenster.

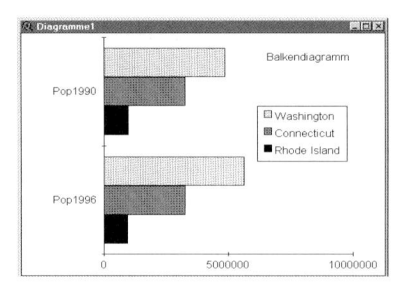

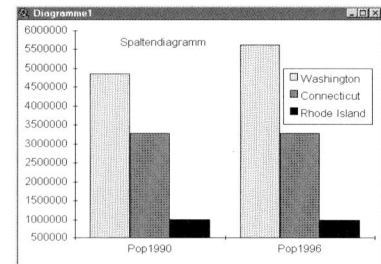

Liniendiagramme

Für ein Liniendiagramm stehen sechs Typen zur Verfügung:

- Liniendiagramm mit Datenpunkten
- Liniendiagramm ohne Datenpunkte
- nur Datenpunkte
- Liniendiagramm mit Datenpunkten und horizontalen Gitterlinien
- Liniendiagramm mit Datenpunkten und Gitter
- Liniendiagramm mit Datenpunkten, horizontalen Gitterlinien und logarithmischer Achse.

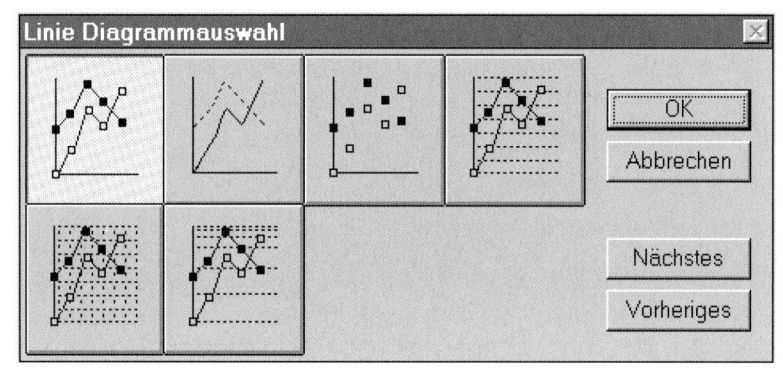

Die Datenmarken in einem Liniendiagramm sind die Linien des Diagramms. Für ein Liniendiagramm müssen mindestens zwei Datengruppen ausgewählt werden. Betätigen Sie für die Erstellung des Diagramms die Schaltfläche für Liniendiagramme oder das Menü:

Diagramm-Menüleiste

Diagrammauswahl:
  Linien

Wählen Sie mit der Maus einen Linientyp aus und drücken Sie 'OK'.

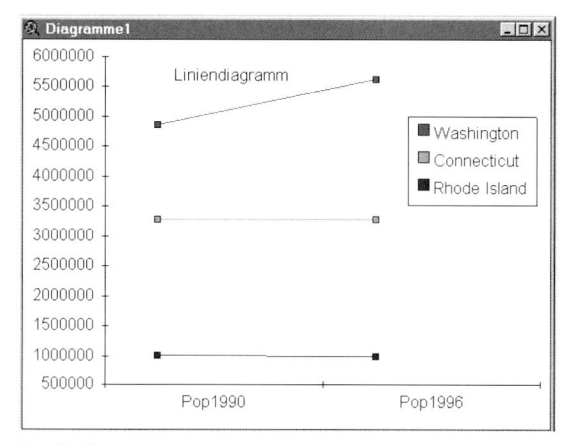

7.3 Arbeiten mit unterschiedlichen Diagrammen

Kreisdiagramme
Für ein Kreisdiagramm stehen vier Möglichkeiten zur Verfügung:

- einfaches Kreisdiagramm
- Kreisdiagramm mit herausgezogenem Segment
- Kreisdiagramm mit allen Segmenten herausgezogen
- Kreisdiagramme in unterschiedlicher Größe.

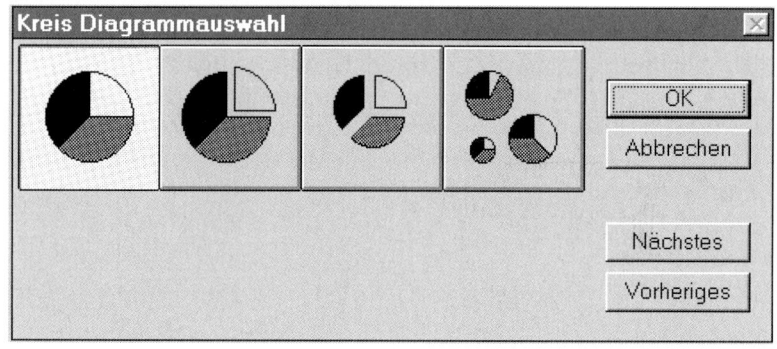

Jedes Kreissegment stellt eine Datenmarke dar. Ein Kreis ist jeweils eine Datengruppe. Eine Datenreihe ist eine Folge von Kreissegmenten über alle Kreise. Betätigen Sie für ein aktives Diagramm die Schaltfläche für Kreisdiagramme in der Diagramm-Schaltflächenleiste oder das Menü:

Diagramm-Menüleiste

Diagrammauswahl:
 Kreis

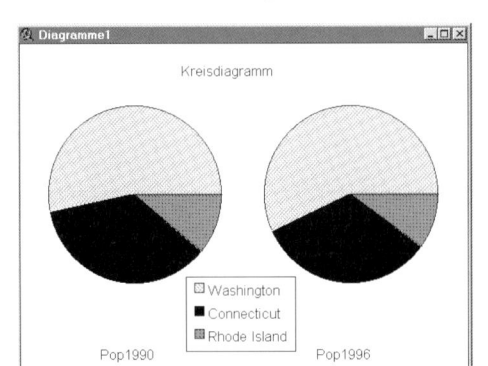

Wählen Sie ein Kreisdiagramm aus und drücken Sie 'OK'.

Streudiagramme

Streudiagramme stellen Datenpaare aus zwei Tabellenfeldern in einem XY-Koordinatensystem dar. Dabei werden die Werte des einen Feldes auf der X-Achse und die des anderen Feldes auf der Y-Achse aufgetragen. Es müssen genau zwei Datengruppen bei den Diagramm-Eigenschaften eingestellt werden. Sie können damit z. B. eine Abhängigkeit von Tabellenfeldern untersuchen. Es stehen folgende Streudiagramme zur Verfügung:

- Streudiagramm mit Datenpunkten
- Streudiagramm mit Gitter
- Streudiagramm mit logarithmischer Y-Achse und Gitterlinien
- Streudiagramm mit logarithmischer X-Achse und Gitterlinien
- Streudiagramm mit logarithmischer X- und Y-Achse und Gitterlinien.

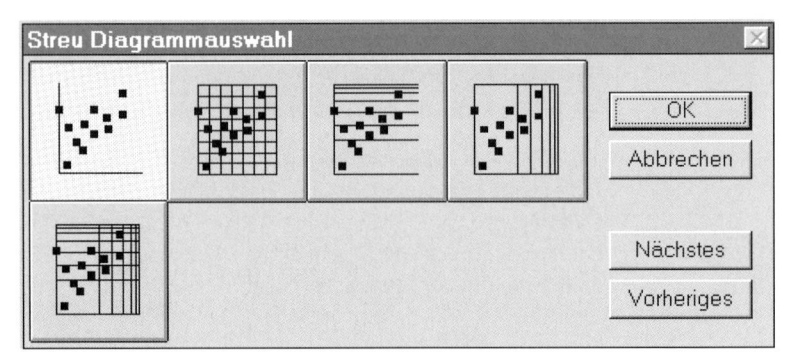

Betätigen Sie für ein aktives Diagramm die Schaltfläche für Streudiagramme in der Diagramm-Schaltflächenleiste oder das Menü:

Diagramm-Menüleiste

Diagrammauswahl:
  XY-Streu ...

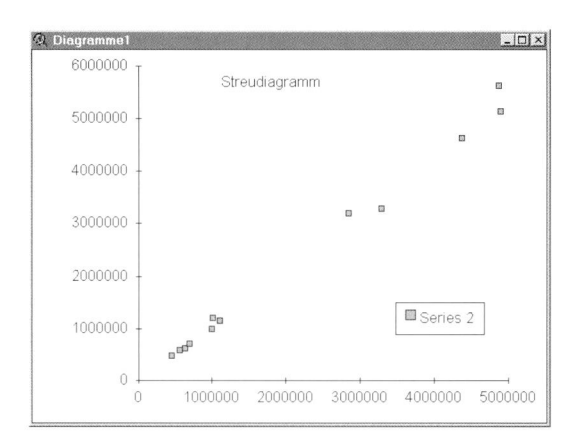

Wählen Sie ein Streudiagramm und drücken Sie 'OK'.

7.4 Diagramme bearbeiten

Ein aktives Diagramm wird durch Auswählen von Datensätzen in der zugehörigen Tabelle erweitert. Die Selektion kann in der Tabelle mit der Maus oder dem Abfragemanager durchgeführt werden. Die Datenreihe eines Diagramms kann wahlweise aus Datensätzen oder Feldern einer Tabelle gebildet werden. Mit einem Werkzeug können Sie Informationen über eine Datenreihe aufrufen. Datenmarken können gelöscht werden, wobei die letzte Löschung bei Bedarf wieder rückgängig gemacht werden kann.

Selektion von Datenmarken

Das Auswählen eines Datensatzes in einer Tabelle bzw. eines Objektes in einem View erweitert ein zugehöriges Diagramm um eine Datenreihe. Das

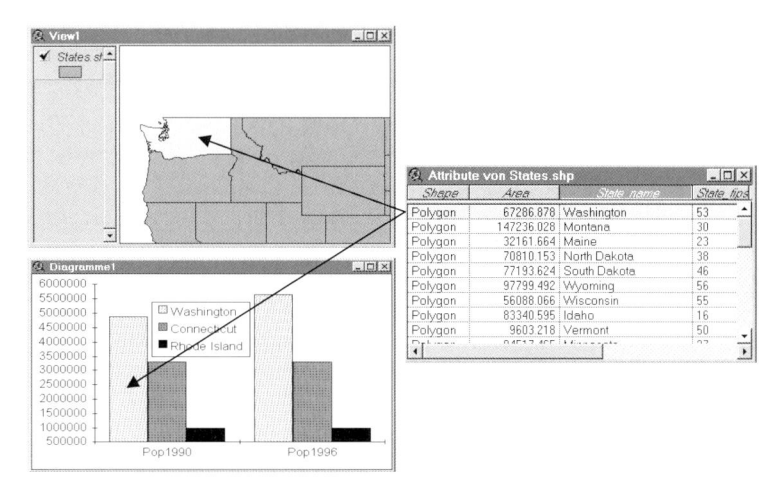

Diagramm ist mit der zugehörigen Tabelle und, wenn diese eine Attributabelle eines Themas ist, auch mit den zugehörigen Objekten im View verbunden. Sie werden dadurch in die Lage versetzt, ein ausgewähltes Objekt aus einem dieser drei ArcView-Dokumente (View, Tabelle, Diagramm) auch in den jeweils anderen zu identifizieren. Eine zusätzliche Auswahl von Objekten in einem View erweitert das Diagramm ebenso um eine Datenreihe wie eine zusätzliche Auswahl von Datensätzen in einer Tabelle. Mit dem Löschen von Datenmarken aus einem Diagramm wird umgekehrt die Auswahl in der Tabelle als auch im View entfernt. Klicken auf eine Datenmarke lässt zugehörige Objekte in der Tabelle und im View aufblinken. Diese Verbindung der unterschiedlichen Darstellung von Daten erlaubt eine intensive und übersichtliche Untersuchung von raumbezogenen Daten.

Sie können in einem Diagramm eine Datenmarke mit Hilfe eines Textes suchen. Es stehen dazu eine Schaltfläche oder das folgende Menü zur Verfügung:

Diagramm-Menüleiste

Diagramm:
  Suchen ('STRG+F')

Die zu dem Suchtext gefundene Datenmarke blinkt im Diagramm auf.

Datenreihe aus Datensätzen oder Feldern

Datenreihen in einem Diagramm können wahlweise aus den Datensätzen oder den Feldern einer Tabelle gebildet werden. Sie können zwischen diesen beiden Möglichkeiten umschalten mit einer Schaltfläche in der Diagramm-Schaltflächenleiste oder dem Menü:

Diagramm-Menüleiste

Diagramm:
  Reihen aus Feldern/Datensätzen

Die Datensätze 'Connecticut', 'Rhode Island' und 'Washington' sowie die Felder 'Pop1990' und 'Pop1996' aus einer Tabelle ergeben die folgenden Diagramme, wenn sie zwischen den beiden Darstellungen hin- und herschalten.

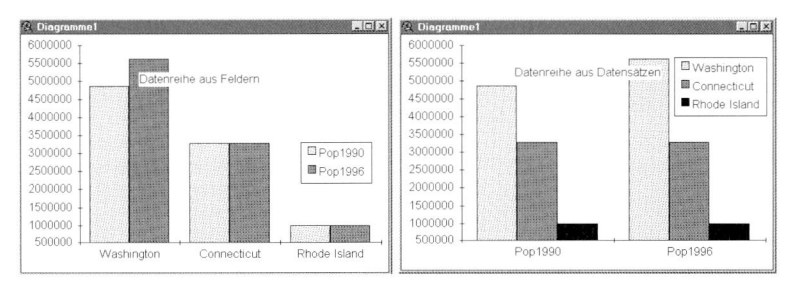

Informationswerkzeug

Mit diesem Werkzeug, das sich in der Diagramm-Werkzeugleiste befindet, können Sie sich Informationen über eine Datenmarke in einem Fenster anzeigen lassen. Aktivieren Sie ein Diagramm und betätigen Sie das Werkzeug. Klicken Sie mit der Maus auf eine Datenmarke im Diagramm. Im Abfrageergebnis-Fenster wird der zugehörige Datensatz angezeigt:

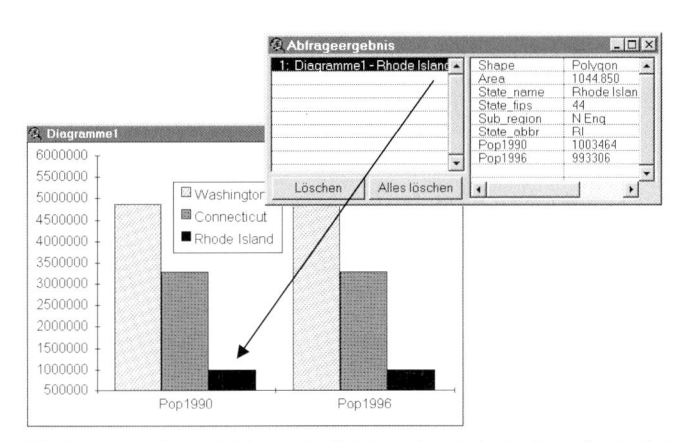

Sie können diese Abfrage beliebig oft wiederholen. Sind gleichzeitig das Abfrageergebnis-Fenster, das Diagramm und das View geöffnet und doppelklicken Sie auf einen Datensatz im Abfrageergebnis-Fenster (links), so blinkt der zugehörige Datensatz im View.

Datenmarken löschen

Für das Entfernen von Datenreihen aus einem Diagramm gibt es mehrere Möglichkeiten. Sie können in der zum Diagramm gehörigen Tabelle oder View die Selektion für die zu löschende Datenreihe aufheben. In der Diagramm-Werkzeugleiste stehen zwei Werkzeuge zum Löschen zur Verfügung. Mit dem Werkzeug zum Löschen von Datenreihen werden durch Mausklick auf eine Datenmarke alle zu dieser Datenreihe gehörenden Datenmarken gelöscht. Für ein Streudiagramm können mit Hilfe eines Polygons mehrere Werte gleichzeitig gelöscht werden. Aktivieren Sie dazu ein Streudiagramm und betätigen Sie das Werkzeug zum Löschen (Polygon).

Zeichnen Sie mit der Maus im Streudiagramm ein Polygon um die zu löschenden Punkte. Die Eckpunkte des Polygons werden durch Mausklick festgelegt. Doppelklick beendet die Polygonfestlegung und löscht alle umschlossenen Punkte im Diagramm.

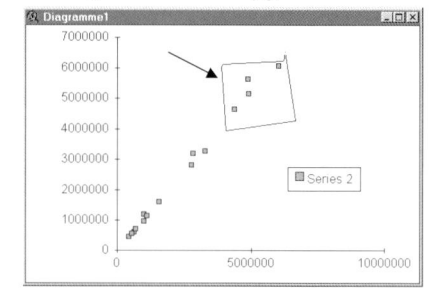

Sie können den letzten Löschvorgang rückgängig machen mit der Schaltfläche in der Diagramm-Schaltflächenleiste oder über das Menü:

Diagramm-Menüleiste

Bearbeiten:
 Rückgängig:Löschen

Wollen Sie das Diagramm speichern, so müssen Sie das Projekt speichern. In der Diagramm-Schaltflächenleiste benutzen Sie dazu die Schaltfläche oder das Menü:

Diagramm-Menüleiste

Datei:
 Projekt speichern ('STRG+S')

7.5 Diagrammelemente bearbeiten

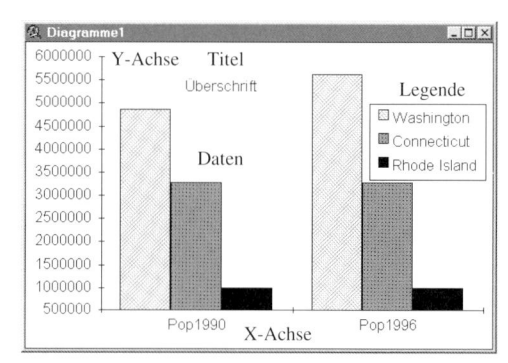

Das Aussehen eines Diagramms kann durch die Diagrammelemente (Achsen, Legende, Farbe, Titel) festgelegt werden. Die Diagrammelemente können in ihrer Darstellung und Position verändert werden. Für Datenmarken und die Diagrammelemente kann die Farbe variiert werden. Sie können den Titel, die Legende und die Achsen ausblenden und bei Bedarf wieder anzeigen.

Farbe von Datenmarken einstellen

Die Farbe von Datenmarken wird mit der Farbpalette eingestellt. Es wird immer die Farbe aller Datenmarken einer Datenreihe geändert. Auch die Farbe der Achsen, der Legendenbeschriftung und der Texte (Titel) sind veränderbar. Betätigen Sie das Werkzeug für die Farbeinstellung in der Diagramm-Werkzeugleiste. Daraufhin erscheint die Symbolpalette. Wählen Sie dort die Farbpalette und darin die gewünschte Farbe aus. In der Farbpalette muss der Wert 'Farbe' auf 'Vordergrund' stehen. Klicken Sie mit der Maus auf das zu ändernde Diagrammelement. Die Farbe wird entsprechend geändert. Der Vorgang kann beliebig oft wiederholt werden.

Diagrammachsen einstellen

Je nach Diagrammtyp unterscheiden sich die Einstellungen der X- und Y-Achsen in einem Diagramm. Bei Streudiagrammen zeigen beide Achsen numerische Werte an. Bei einem Balken- oder Spaltendiagramm kann die X-Achse Textinformation und die Y-Achse numerische Werte anzeigen. Kreisdiagramme haben nur eine X-Achse, die die Kreise beschreibt. Es muss somit eine Einstellung der Achsen für numerische und für Textinformationen vorhanden sein. Um die Einstellung einer Achse vorzunehmen, aktivieren Sie das Werkzeug zum Bearbeiten der Diagrammelemente in der Diagramm-Werkzeugleiste. Klicken Sie mit der Maus auf eine Achse. Je nach Achsentyp (numerisch oder Text) erscheint das entsprechende Fenster für die Einstellung der Achseneigenschaften.

Für eine numerische Achse erscheint folgendes Fenster:

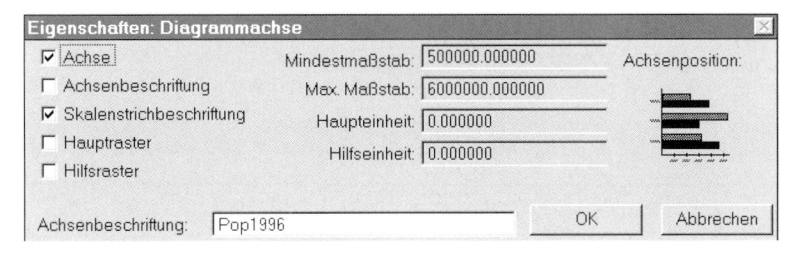

Das Ein- bzw. Ausschalten der Achsenlinie geschieht durch klicken der Maus in die Box 'Achse'. Genauso funktioniert das Aktivieren und Deaktivieren der Achsenbeschriftung. Der Text für die Achsenbeschriftung (beschreibt die Bedeutung der Achse) kann in der unteren Box 'Achsenbeschriftung' eingegeben werden. Die Beschriftung der Skalen auf der Achse wird unter 'Skalenstrichbeschriftung' aktiviert oder deaktiviert. Ein Haupt- und ein Hilfsgitter (weitere Unterteilung der Haupt-Skalenstriche) kann mit Hilfe von Haupt- und Hilfseinheiten in das Diagramm gezeichnet werden. Die Gitter werden mit den Boxen 'Hauptraster' und 'Hilfsraster' ein- oder ausgeschaltet, sowie deren Abstand in den Boxen 'Haupteinheit' und 'Hilfseinheit' festgelegt. Der Minimalwert auf der Achse wird unter 'Mindestmaßstab' und der Maximalwert unter 'Max. Maßstab' eingestellt. Die Position der Achse kann ebenfalls bestimmt werden. Gehen Sie dazu mit der Maus in die Box 'Achsenposition' und klicken Sie auf die gewünschte Position (links, rechts, oben oder unten).

Klicken Sie im Diagramm auf eine Achse für Textinformation, so erscheint das Fenster für die Eigenschaften dieser Achse.

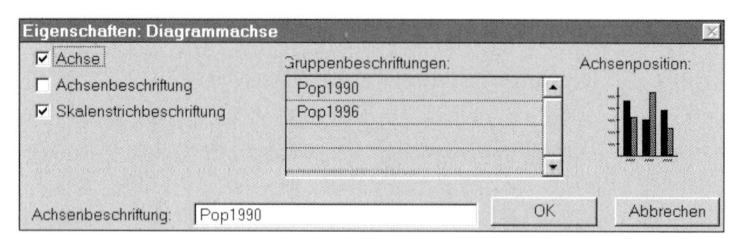

Die Achsenlinie wird auch hier mit der Box 'Achse' ein- oder ausgeschaltet. Die Achsen beschriften Sie unter 'Achsenbeschriftung' und aktivieren Sie mit der entsprechenden Box. Unter 'Gruppenbeschriftungen' werden die Texte für die Skalenstrichbeschriftung eingegeben oder geändert. Gehen Sie dazu mit der Maus in ein Feld und ändern Sie den Text. Bestätigen Sie anschließend mit der Eingabetaste. Der Text wird unter 'Skalenstrichbeschriftung' aktiviert oder deaktiviert. Die Achsenposition wird durch Mausklick auf die gewünschte Position eingestellt.

Die Achsen können vollständig ausgeblendet und bei Bedarf wieder angezeigt werden. Dabei bleiben die Einstellungen an den Achsen erhalten. Betätigen Sie das Menü:

Diagramm-Menüleiste

Diagramm:
  X-Achse ausblenden/Y-Achse ausblenden

Zum Anzeigen der Achsen betätigen Sie:

Diagramm-Menüleiste

Diagramm:
  X-Achse anzeigen/Y-Achse anzeigen

Legende und Titel ändern

Für die Legende und den Titel (Diagramm-Überschrift) existieren auch Fenster, in denen die Eigenschaften eingestellt werden können. Betätigen Sie

7.5 Diagrammelemente bearbeiten

für ein aktives Diagramm das Werkzeug in der Diagramm-Werkzeugleiste und klicken Sie auf die Legende im Diagramm.

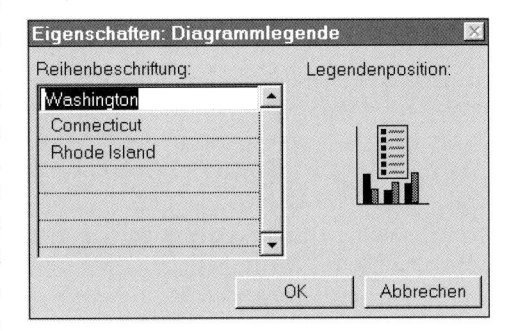

Hier können die Legendenbeschriftung und die Legendenposition eingegeben bzw. verändert werden. Gehen Sie dazu mit der Maus in ein Feld unter 'Reihenbeschriftung' und ändern Sie den Text. Bestätigen Sie mit der Eingabetaste. Die Legende lässt sich oberhalb, unterhalb, links oder rechts neben dem Diagramm positionieren. Die Änderung wird aktiv, wenn Sie 'OK' drücken. Wenn Sie in die Mitte der Box 'Legendenposition' klicken, können Sie im Diagramm die Legende mit der Maus auf eine beliebige Position ziehen.

Sie können die Legende auch ganz ausblenden oder bei Bedarf wieder anzeigen. Betätigen Sie dazu das Menü:

Diagramm-Menüleiste

Diagramm:
  Legende ausblenden/anzeigen

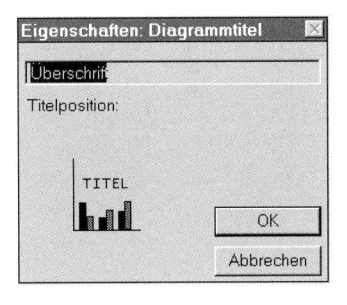

Um den Titel zu ändern, klicken Sie mit der Maus auf den Titel. Im Fenster für die Titel-Eigenschaften können Sie den Text und seine Position eingeben. Positionen sind unterhalb, oberhalb, links oder rechts neben dem Diagramm möglich. Klicken Sie dazu mit der Maus auf die gewünschte Position in der Box 'Titelposition' und drücken Sie anschließend 'OK'. Wenn Sie in die Mitte der Box 'Titelposition' klicken, können Sie im Diagramm den Titel mit der Maus auf eine beliebige Position ziehen.

Um den Titel aus dem Diagramm auszublenden oder wieder anzuzeigen, verwenden Sie das Menü:

Diagramm-Menüleiste

Diagramm:
  Titel ausblenden/anzeigen

7.6 Beispiel und Übung zu Diagrammen

Mit dem folgenden Beispiel und einer Übung soll das Arbeiten mit Diagrammen verdeutlicht werden. Im einzelnen sind das:

- **eine Tabelle für ein Diagramm erstellen**
- **ein Diagramm aus den Tabellenwerten erstellen**
- **verschiedene Diagrammtypen aufrufen**
- **die Eigenschaften von Diagrammelementen ändern**
- **Übung zu Diagrammen.**

Eine Tabelle für ein Diagramm erstellen

Bevor Sie ein Diagramm erstellen, müssen Sie die Tabelle in das Projekt laden, mit deren Werten das Diagramm erstellt werden soll. Starten Sie ArcView, betätigen Sie im Projektfenster das View-Symbol und dann den Schalter 'Neu', um ein neues View zu erstellen. Laden Sie mit der Schaltfläche in der View-Schaltflächenleiste folgendes Thema in das View:

    c:\esri\esridata\usa\states.shp

Aktivieren Sie das Thema und zeichnen Sie es in das View. Öffnen Sie die Attributtabelle zu diesem Thema mit der Schaltfläche aus der View-Schaltflächenleiste.

Shape	Area	State_name	State_fips	Sub_regio
Polygon	77328.337	Nebraska	31	W N Ce
Polygon	48560.579	New York	36	Mid Atl
Polygon	45359.239	Pennsylvania	42	Mid Atl
Polygon	4976.434	Connecticut	09	N Eng
Polygon	1044.850	Rhode Island	44	N Eng
Polygon	7507.302	New Jersey	34	Mid Atl
Polygon	36399.515	Indiana	18	E N Ce
Polygon	110667.293	Nevada	32	Mtn
Polygon	84870.185	Utah	49	Mtn
Polygon	157774.187	California	06	Pacific
Polygon	41192.862	Ohio	39	E N Ce

Ein Diagramm aus den Tabellenwerten erstellen

Mit der Tabelle des Themas soll ein Diagramm für die Felder 'Pop1990' und 'Pop1997' sowie aus den Datensätzen 'Washington', 'Connecticut' und 'Rhode Island' erstellt werden. Selektieren Sie mit Hilfe des Werkzeuges zur Auswahl von Datensätzen aus der Tabellen-Werkzeugleiste diese drei

7.6 Beispiel und Übung zu Diagrammen

Datensätze. Die zugehörigen Objekte im View werden automatisch mit selektiert.

Für die ausgewählten Datensätze wird jetzt ein Diagramm erstellt. Betätigen Sie dazu die Schaltfläche in der Tabellen-Schaltflächenleiste oder das Menü:

Tabellen-Menüleiste

Tabelle:
 Diagramm

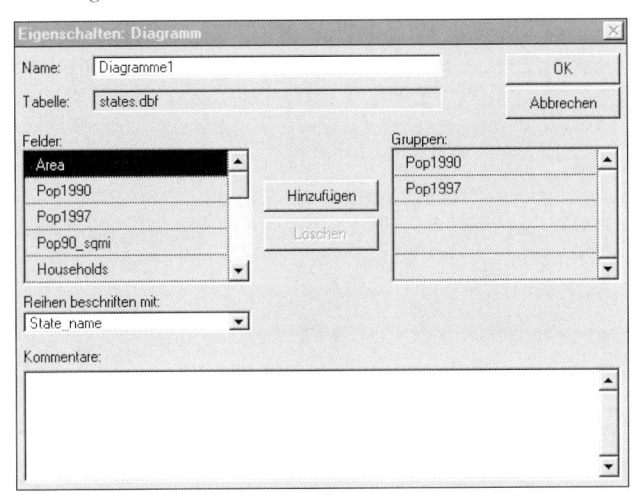

Im Fenster für die Eigenschaften des Diagramms definieren Sie die Felder 'Pop1990' und 'Pop1997' als Gruppen mit dem Schalter 'Hinzufügen'. In der Box 'Reihe beschriften mit' geben Sie das Feld 'State_name' ein. Drücken Sie 'OK'. Das Diagramm wird erstellt.

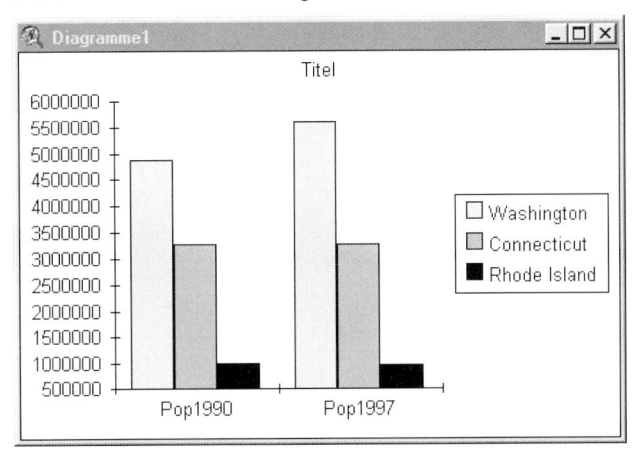

Die Datengruppen sind in diesem Beispiel die Felder 'Pop1990' und 'Pop1997'. Die Datenreihe wird aus den Datensätzen 'Washington', 'Connecticut' und 'Rhode Island' gebildet. Soll die Datenreihe nicht aus den Datensätzen, sondern aus den Feldern gebildet werden, so können Sie sie vertauschen mit dem Menü:

Diagramm-Menüleiste

Diagramm:
   Reihe aus Feldern

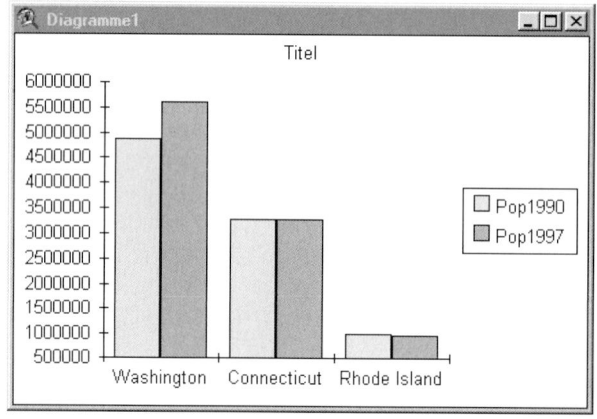

Das Diagramm hat jetzt drei Datengruppen (aus den drei Datensätzen) und zwei Datenreihen (aus den beiden Feldern). Betätigen Sie nochmals die Schaltfläche in der Diagramm-Schaltflächenleiste, um die Aktion wieder rückgängig zu machen.

Als nächstes wird gezeigt, wie sich eine Auswahl im View oder in der Tabelle auf das Diagramm auswirkt. Aktivieren Sie zunächst das Viewfenster und dann das Auswahlwerkzeug in der View-Werkzeugleiste.

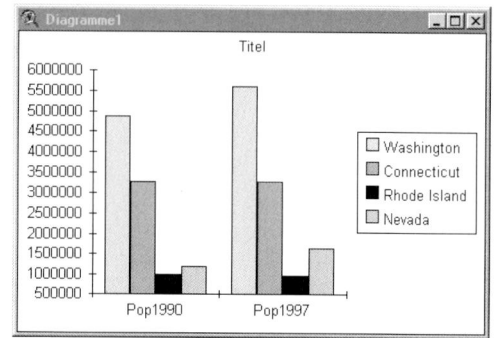

Selektieren Sie ein weiteres Objekt im View mit gedrückter SHIFT-Taste und der Maus. Aktivieren Sie das Diagramm-Fenster. Dort ist jetzt eine neue Datenreihe hinzugefügt worden.

Aktivieren Sie jetzt die Tabelle und selektieren Sie dort einen weiteren Datensatz mit dem Auswahlwerkzeug aus der Tabellen-Werkzeugleiste. Sie

7.6 Beispiel und Übung zu Diagrammen 235

müssen dazu die SHIFT-Taste gedrückt halten und mit der Maus den zusätzlichen Datensatz auswählen. Im Diagramm-Fenster erscheint dieser Datensatz als eine weitere Datenreihe.

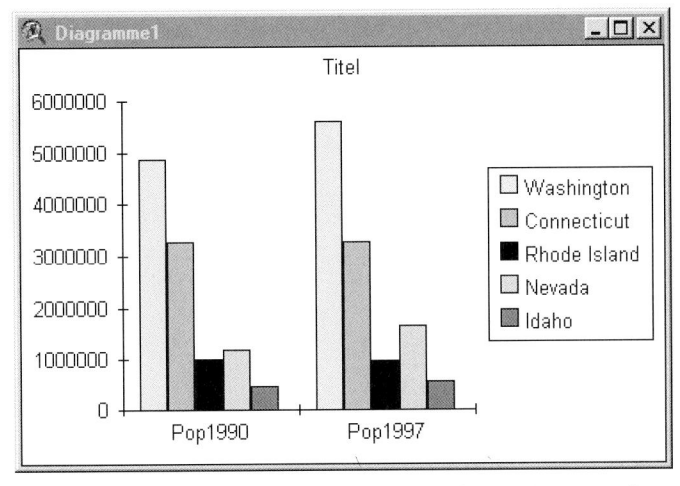

Entfernen Sie jetzt die beiden zuvor eingefügten Datenmarken wieder aus dem Diagramm. Betätigen Sie dazu das Werkzeug aus der Diagramm-Werkzeugleiste und klicken Sie mit der Maus auf die entsprechenden Datenmarken.

Verschiedene Diagrammtypen aufrufen

Sie haben in ArcView GIS die Möglichkeit, zwischen verschiedenen Diagrammtypen zu wählen. Die Daten wurden bisher als Spaltendiagramm dargestellt. Um mit den gleichen Daten ein Kreisdiagramm zu erstellen, betätigen Sie die Schaltfläche für ein Kreisdiagramm. Wählen Sie aus den möglichen Typen das einfache Kreisdiagramm aus und geben Sie 'OK'.

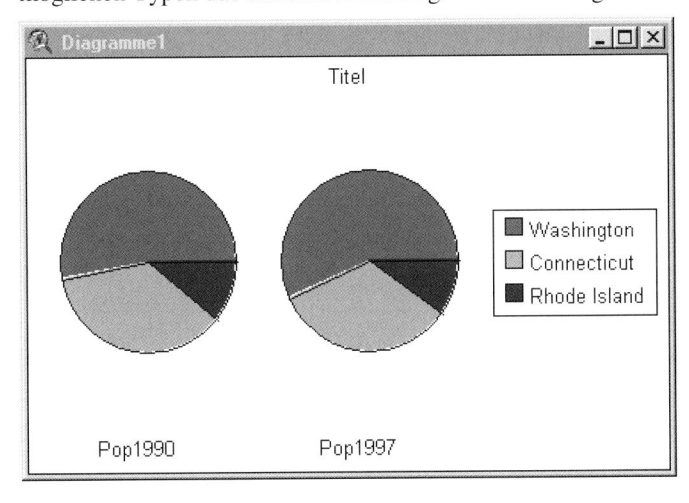

Um ein Balkendiagramm zu erstellen, betätigen Sie das Menü:

Diagramm-Menüleiste

Diagrammauswahl:
  Balken

Wählen Sie das 100%-gestapelte Balkendiagramm aus und drücken Sie 'OK'. Vergrößern Sie evtl. das Diagramm-Fenster wegen der Skalenbeschriftung.

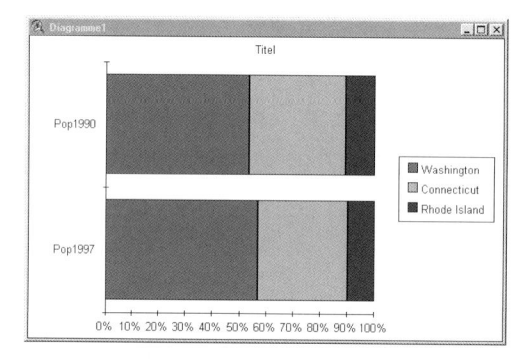

Die Eigenschaften von Diagrammelementen ändern

Mit den Werkzeugen zum Bearbeiten der Diagrammelemente können Sie die Legende, die Achsen und den Titel des Diagramms verändern. Aktivieren Sie das Diagramm-Fenster und betätigen Sie das Werkzeug für die Farbeinstellung aus der Diagramm-Werkzeugleiste. Es erscheint die Farbpalette. Wählen Sie dort eine Farbe aus und klicken Sie mit der Maus auf eine Datenmarke. Die Farbe aller Datenmarken, die zu dieser Datenreihe gehören, werden geändert. Klicken Sie auf eine Achse und den Titel. Die Farbe der Achsenbeschriftung, der Achsenlinie und des Titels ändern sich ebenfalls auf die in der Farbpalette ausgewählte Farbe. Schließen Sie die Farbpalette.

Um die Eigenschaften der Achsen, der Legende und des Titels zu ändern, betätigen Sie das Werkzeug in der Diagramm-Werkzeugleiste. Klicken Sie

7.6 Beispiel und Übung zu Diagrammen

mit der Maus auf die Y-Achse und dann im Fenster für die Eigenschaften der Y-Achse in die Box 'Achse', so dass die Achsenlinie ausgeschaltet wird (Haken weg). Drücken Sie 'OK'. Die Achsenlinie wird nicht gezeichnet.

Für die X-Achse sollen jetzt Rasterlinien in das Diagramm gezeichnet werden. Klicken Sie mit der Maus auf die X-Achse. Stellen Sie im Fenster für die Eigenschaften der X-Achse das Hauptraster auf 'ein' (Box ankreuzen) und stellen Sie den Wert für die 'Haupteinheit' auf '10'. Drücken Sie 'OK' und die Veränderung erscheint sofort im Diagramm.

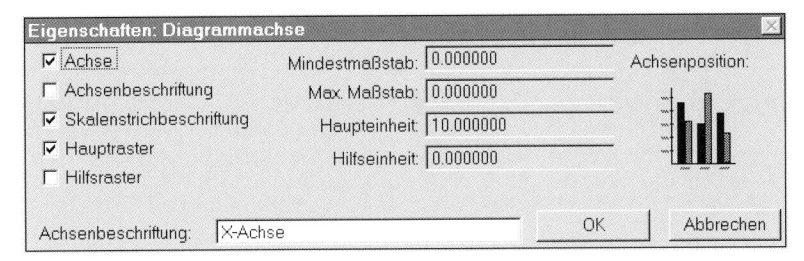

Nun soll die Position der Legende verändert werden. Klicken Sie auf die Legende und im Fenster für die Legenden-Eigenschaften in die Box für die Legendenposition um die gewünschte Position einzustellen. Geben Sie 'OK'.

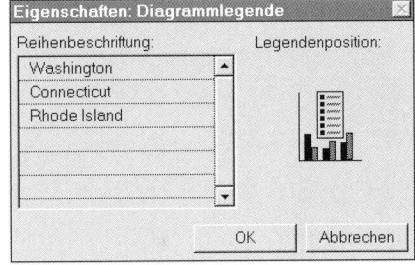

Ändern Sie jetzt noch den Titel des Diagramms. Klicken Sie mit der Maus auf den Titel (im Diagramm). Geben Sie im Fenster für die Titel-Eigenschaften einen neuen Titel ein. Drücken Sie 'OK' und der Titel erscheint geändert im Diagramm.

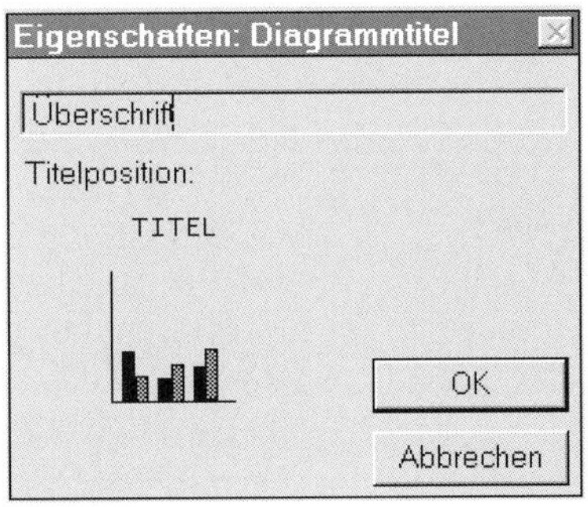

Wenn Sie in die Mitte der Box 'Titelposition' klicken und 'OK' drücken, können Sie im Diagramm den Titel mit der Maus auf eine beliebige Position ziehen.

Übung zu Diagrammen

Die folgende Übung sollten Sie soweit wie möglich selbständig ausführen. Sollten Sie nicht weiterkommen, benutzen Sie die angegebenen Hinweise.

1) Öffnen Sie ein neues Projekt und fügen Sie folgendes Thema in ein neues View ein:

c:\esri\esridata\usa\states.shp

2) Berechnen Sie die Bevölkerungsdichten (1997) der drei größten (flächenmäßig) Staaten der USA und stellen Sie diese in einem passenden Diagramm dar.

3) Erstellen Sie für die drei Staaten der USA ein Diagramm, für die die Bevölkerungszunahme (von 1990 bis 1997) am größten ist.

4) Vergleichen Sie die Einwohnerzahlen der schwarzen, weißen und asiatischen Bevölkerung in 3 Staaten (beliebige) mit Hilfe eines Balken- und Tortendiagramms.

Hinweise zur Übung

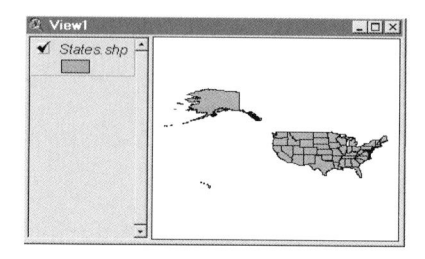

zu 1) Starten Sie ArcView und öffnen Sie ein neues View mit dem Schalter 'Neu' im Projektfenster. Laden Sie mit dem Werkzeug aus der View-Schaltflächenleiste das angegebene Thema in das View und zeichnen Sie es.

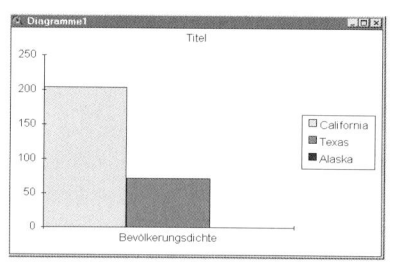

zu 2) Fügen Sie der Attributtabelle des Themas 'states.shp' ein neues numerisches Feld (Bevölkerungsdichte) hinzu. Selektieren Sie die drei größten Staaten (zuerst sortieren) und berechnen Sie für diese die Bevölkerungsdichte (Pop1997/Area). Erstellen Sie das Diagramm mit dem Werkzeug aus der Tabellen-Schaltflächenleiste.

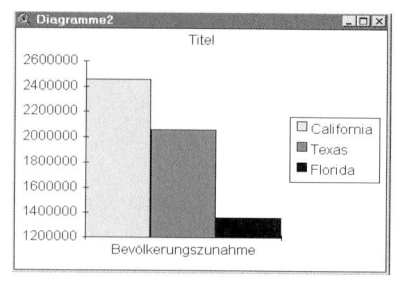

zu 3) Fügen Sie der Attributtabelle des Themas 'states.shp' ein neues numerisches Feld (Bevölkerungszunahme) hinzu. Berechnnen Sie für alle Staaten die Zunahme der Bevölkerung und wählen Sie die Staaten aus, für die die Zunahme am größten ist. Erstellen Sie das Diagramm mit dem Werkzeug aus der Tabellen-Schaltflächenleiste.

7.6 Beispiel und Übung zu Diagrammen 239

zu 4) Selektieren Sie drei Staaten und erstellen Sie mit dem Werkzeug aus der Tabellen-Schaltflächenleiste ein Diagramm. Wählen Sie im Fenster für die Diagramm-Eigenschaften die Felder für die schwarze, weiße und asiatische Bevölkerung aus. Vertauschen Sie mit dem Werkzeug aus der Diagramm-Schaltflächenleiste im Diagramm die Felder und Datensätze.

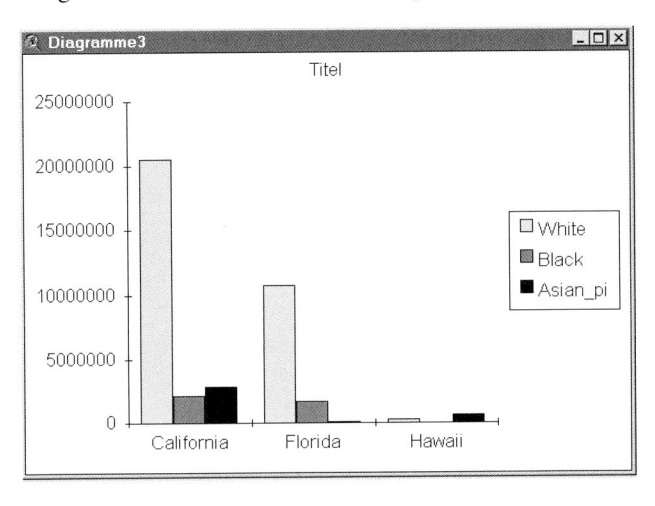

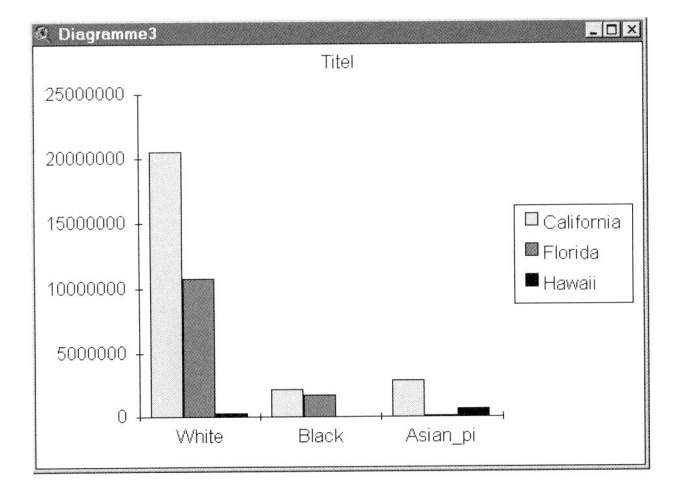

8 Layouts

8.1 Allgemeines über Layouts

Das Layout ist ein Teil eines ArcView GIS-Projektes. Mit ihm können raumbezogene Daten präsentiert bzw. 'Karten' erstellt werden. Alle wichtigen Kartenelemente stehen für ein Layout zur Verfügung und können bearbeitet werden. Es können sowohl einfache Grafiken und Texte, als auch komplexe Elemente (z. B. Views, Legenden...) in ein Layout eingebunden werden. Einige Layout-Elemente sind mit den zugehörigen ArcView GIS-Dokumenten dynamisch verbunden. Ist z. B. in einem Layout ein View eingefügt und ändert sich der Inhalt des Views innerhalb der Projektsitzung, so erfolgt die Änderung im Layout automatisch. Layouts können auf unterschiedlichsten Ausgabegeräte (Drucker, Plotter) maßstabsgerecht ausgegeben werden. Neben Texten und Grafiken (Punkte, Linien, Polygone, Rechtecke, Kreise) können folgende Elemente in ein Layout eingefügt und bearbeitet werden:

- Views
- Tabellen
- Diagramme
- Rasterdaten (verschiedene Formate)
- Legenden
- Maßstabsleisten
- Nordpfeile.

Das Layout-Dokument

Ein Layout kann auf unterschiedlichste Weise erstellt werden. Die wichtigsten Layout-Elemente sind die raumbezogenen Daten, die in einem View zusammengestellt werden. Von der View-Menüleiste lässt sich ein Layout-Fenster öffnen mit dem Menü:

<u>View-Menüleiste</u>

View:
  Layout

Das so erzeugte Layout enthält schon die wichtigsten Elemente (die raumbezogenen Daten (View), Hauptüberschrift, Legende, Maßstab und einen Nordpfeil).

Unabhängig davon, lässt sich ein leeres Layout auch vom Projektfenster aus öffnen. Dazu wird dort das Layoutsymbol aktiviert und mit dem Schalter 'Neu' ein neues Layout-Dokument geöffnet. Ein in der Projektliste schon vorhandenes Layout kann mit dem Schalter 'Öffnen' aktiviert werden. In ei-

8.1 Allgemeines über Layouts 241

nem Projekt können mehrere Layouts gleichzeitig existieren. Das Projektfenster organisiert die Layouts. Ein Layoutfenster befindet sich in der Liste des Projektfensters und kann geöffnet oder geschlossen sein. Layouts lassen

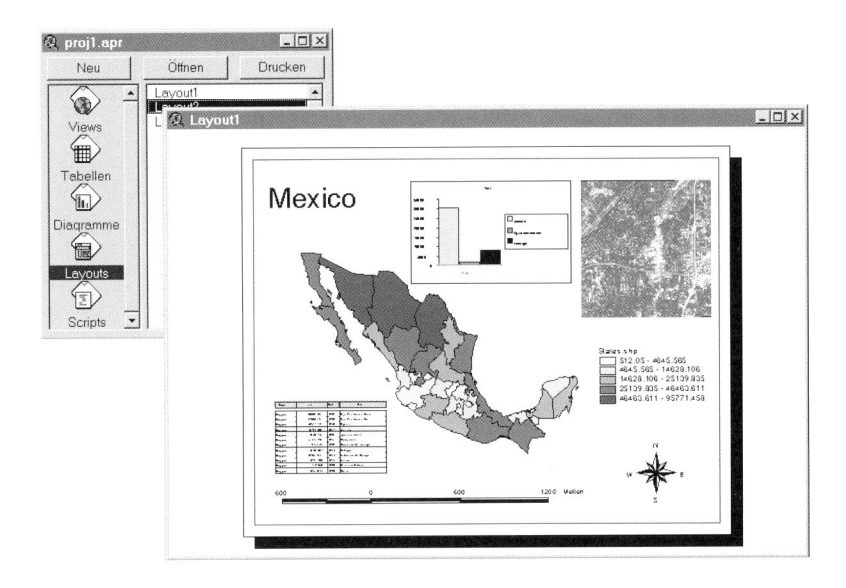

sich direkt mit dem Schalter 'Drucken' im Projektfenster auf einen Drucker oder Plotter ausgeben. Ist ein Layoutfenster geöffnet und aktiv, so erscheint die zugehörige Menü-, Schaltflächen- und Werkzeugleiste.

Die Layout-Menüleiste

Die Layout-Menüleiste besteht aus Pulldown-Menüs mit Einträgen zur:

- Ausgabe (Drucken) und zum Exportieren in fremde Datenformate
- Bedienung der Layoutfenster
- Bearbeitung (kopieren, löschen, ausschneiden und einfügen)
- Bearbeitung von Grafiken
- Festlegung der Layout-Eigenschaften
- Hilfe für ArcView GIS und Layouts.

Die Layout-Schaltflächenleiste

In der Schaltflächenleiste sind einige der Menüfunktionen als Schaltflächen realisiert. Diese Schaltflächen erlauben:

- das Kopieren, Ausschneiden, Löschen und Einfügen
- die Bearbeitung von Grafiken
- die Einstellung der Layout-Eigenschaften
- verschiedene Funktionen zur Anpassung des Layouts an das Layout-Fenster (z. B. Vergrößern, Verkleinern).

- speichert das aktuelle Projekt
- schneidet Layout-Elemente aus
- kopiert Layout-Elemente in die Zwischenablage
- fügt den Inhalt der Zwischenablage in das Layout ein
- legt die Eigenschaften des Layouts fest
- gruppiert Layout-Elemente
- hebt die Gruppierung von Layout-Elementen auf
- setzt ausgewählte Layout-Elemente in den Vordergrund
- setzt ausgewählte Layout-Elemente in den Hintergrund
- macht die letzte Änderung im Layout rückgängig
- vergrößert oder verkleinert auf Fenstergröße
- vergrößert oder verkleinert auf Originalgröße
- vergrößert oder verkleinert auf ausgewählte Layout-Elemente
- vergrößert das Layout vom Layout-Mittelpunkt aus
- verkleinert das Layout vom Layout-Mittelpunkt aus
- setzt eine Umrandung um Layout-Elemente
- druckt das Layout
- startet die kontextbezogene Hilfe.

Die Layout-Werkzeugleiste

Die vorhandenen Werkzeuge dienen hauptsächlich dem Hinzufügen von Layout-Elementen wie Texte, Grafiken, Views, Tabellen, Diagramme, Legenden, Maßstabsleisten, Nordpfeile und Rasterdaten. Werkzeuge zum Vergrößern (Ausschnitte), Verkleinern und Verschieben des Layouts sind vorhanden. Die Bearbeitung von Linien und Polygonen ist ebenfalls möglich.

- Auswahlwerkzeug für Layout-Elemente

- Bearbeitung von Linien und Polygonen starten

- Layout-Ausschnitt vergrößern

- Layout-Ausschnitt verkleinern

- Layout verschieben

- Text in ein Layout einfügen.

Layout-Elemente hinzufügen (Pulldown-Werkzeuge)

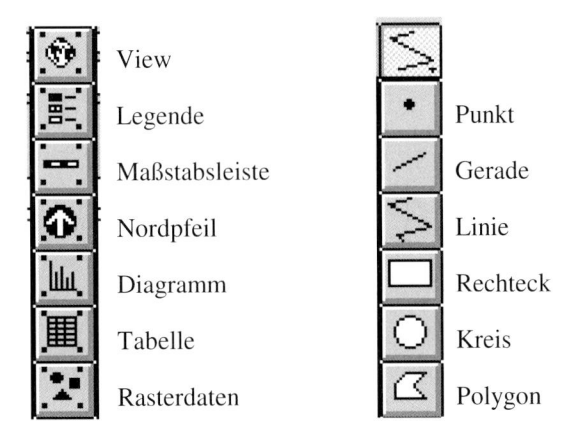

View	Punkt
Legende	Gerade
Maßstabsleiste	Linie
Nordpfeil	Rechteck
Diagramm	Kreis
Tabelle	Polygon
Rasterdaten	

Die Menüs, Schaltflächen und Werkzeuge lassen sich verändern. Es können neue Einträge hinzugefügt oder vorhandene gelöscht werden. Dazu rufen Sie den Definitions-Manager zum Anpassen durch Doppelklick auf eine leere Stelle in der Schalt- oder Werkzeugleiste auf. Eine Beschreibung zum Anpassen der Menüs und Leisten finden Sie im Kapitel 9.

8.2 Öffnen und Voreinstellungen eines Layouts

Öffnen und Schließen eines Layouts

Leeres Layout öffnen
Ein Layout kann vom Projektfenster oder von der View-Menüleiste aus geöffnet werden. Vom Projektfenster aus wird ein leeres Layoutfenster aufgerufen. Dazu muss zuerst das Projektfenster und dazu dort das Layout-Symbol aktiviert werden. Doppelklick auf das Layout-Symbol oder Drücken der Schaltfläche 'Neu' öffnet ein leeres Layoutfenster. Sind in der Liste des Projektfensters schon Layouts vorhanden, so werden sie, nach vorheriger Markierung, mit dem Schalter 'Öffnen' aufgerufen. Der Schalter 'Drucken' veranlasst die Ausgabe des in der Projektliste markierten Layouts.

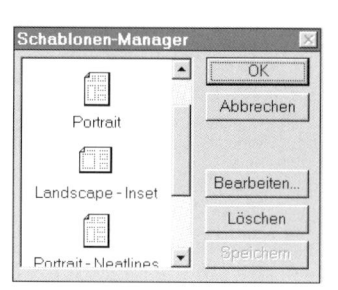

Ist ein Layoutfenster offen, so schließen Sie ein Layout (Ablegen in die Projektliste) mit dem Menü:

Layout-Menüleiste

Datei:
  Schließen / Alles schließen

'Schließen' macht das momentan aktive Fenster zu, 'Alles schließen' alle ArcView GIS-Dokumente außer dem Projektfenster.

Vordefiniertes Layout öffnen
Ein Layout kann auch über die View-Menüleiste geöffnet werden. Haben Sie ein View erstellt und wollen Sie es in einem Layout präsentierten, so aktivieren Sie das View und betätigen das Menü:

View-Menüleiste

View:
  Layout

8.2 Öffnen und Voreinstellungen eines Layouts

Es erscheint zunächst der Schablonen-Manager mit vorgegebenen Schablonen (Landscape, Portrait ...). Wählen Sie eine aus und drücken Sie 'OK'. Im danach erscheinenden Fenster wählen Sie das Layout aus, in das das View eingefügt werden soll. Durch die Wahl 'Neues Layout' wird ein neues Layoutfenster geöffnet. Das auf diese Weise geöffnete Layout enthält das View, eine Maßstabsleiste, die Legende des Views sowie einen Nordpfeil.

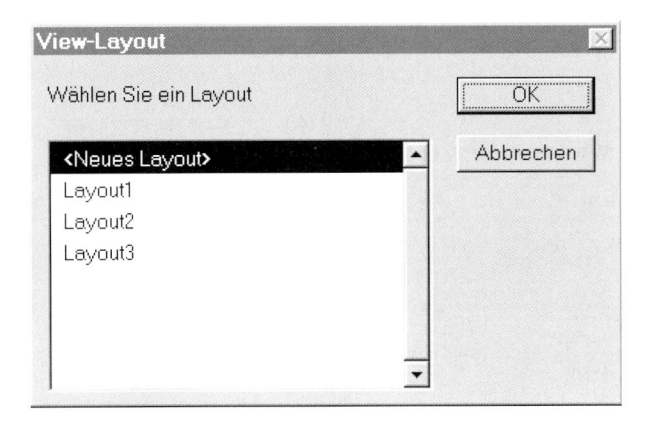

Layout-Eigenschaften

Die Eigenschaften eines Layouts werden festgelegt mit der Schaltfläche in der Layout-Schaltflächenleiste oder mit dem Menü:

Layout-Menüleiste

Layout:
  Eigenschaften

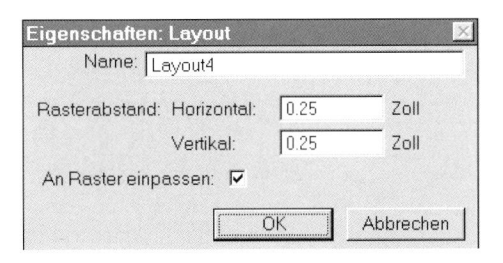

Hier kann ein Name für das Layout eingegeben oder geändert werden. Für eine gleichmäßige Anordnung der Layout-Elemente kann ein Raster vorgegeben werden, an dem sich die Elemente ausrichten. Die Maschenweite (Rasterabstand) in horizontaler und vertikaler Richtung ist einstellbar. In der Box 'An Raster anpassen' kann die Anpassung der Elemente ein- und ausgeschaltet werden. Durch Drücken von 'OK' werden die Einstellungen aktiviert. Unabhängig davon, ob die Anpassung ein- oder ausgeschaltet ist, kann die Anzeige des Rasters im Layout ein- oder ausgeblendet werden. Für die Ausgabe des Layouts wird das Raster im allgemeinen ausgeblendet. Es wird angezeigt/ausgeblendet mit dem Menü:

Layout-Menüleiste

Layout:
  Raster anzeigen / ausblenden

Layout-Seitengröße

Für die Ausgabe eines Layouts auf einen Drucker muss die Seitengröße (Papiergröße) eingestellt werden. Die Einstellung erfolgt mit dem Menü:

Layout-Menüleiste

Layout:
  Seite einrichten

Für die Seitengröße stehen verschiedene Formate zur Verfügung. Dies geschieht mit einem Pulldown-Menü. Die Seitengröße kann auch auf die vom ausgewählten Drucker vorgegebene Papiergröße eingestellt werden. Wählen Sie im Pulldown-Menü für die Seitengröße den Wert 'Angepaßt', so können Sie die Seitengröße in den Boxen 'Höhe', 'Breite' und 'Ränder' selbst vorgeben.

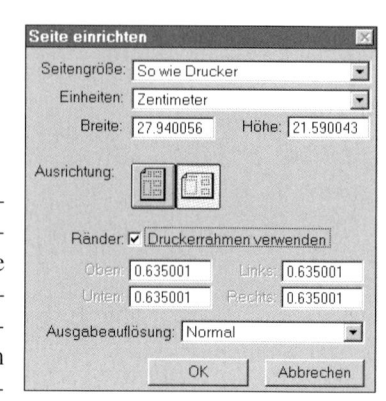

Die Zahlenwerte werden in den Einheiten eingegeben, die unter 'Einheiten' eingestellt sind, normalerweise 'Zentimeter'. Unter 'Ausrichtung' ist die Lage des Ausgabepapiers (Hochformat, Querformat) einstellbar.

Ist die Seitengröße 'So wie Drucker' eingestellt, kann die Verwendung des Druckerrahmens ein- und ausgeschaltet werden. Für andere Formate stellt man den Rahmen in den Boxen 'Oben', 'Unten', 'Links' und 'Rechts' ein.

Die Qualität der Druckerausgabe wird unter 'Ausgabeauflösung' festgelegt. Die Auflösung ist vom Drucker abhängig. Wird die Auflösung 'Hoch' eingestellt, so wird die maximale Auflösung des aktivierten Druckers verwendet.

Sie können die Anzeige des Randes im Layout ein- und ausschalten mit dem Menü:

Layout-Menüleiste

Layout:
  Ränder anzeigen / ausblenden

8.3 Einfügen von Layout-Elementen

ArcView GIS-Dokumente wie Views, Tabellen, Diagramme usw. werden mit Hilfe von Rahmen in ein Layout eingefügt. Ein Rahmen kann leer sein und das dazugehörige Layout-Element später eingefügt werden. Rahmen lassen sich mit den Rahmen-Werkzeugen erstellen. Für jeden Rahmen gibt es ein Fenster zum Einstellen der Rahmen-Eigenschaften. Folgende Rahmentypen stehen zur Verfügung:

- Rahmen, der ein View enthält
- Rahmen, der die Legende eines Views enthält
- Rahmen, der die Maßstabsleiste eines Views enthält
- Nordpfeil-Rahmen, der einen Nordpfeil enthält
- Rahmen, der ein Diagramm enthält
- Rahmen für eine Tabelle
- Rahmen für Rasterdaten.

View einfügen

Um ein View in ein Layout einzufügen, betätigen Sie das Rahmen-Werkzeug für ein View, das sich in der Layout-Werkzeugleiste befindet (Pulldown-Werkzeug). Gehen Sie nach Betätigen des Werkzeuges mit der Maus in das Layout und ziehen Sie dort ein Rechteck auf, in das das View eingesetzt werden soll. Es erscheint das Fenster für die View-Rahmen-Eigenschaften.

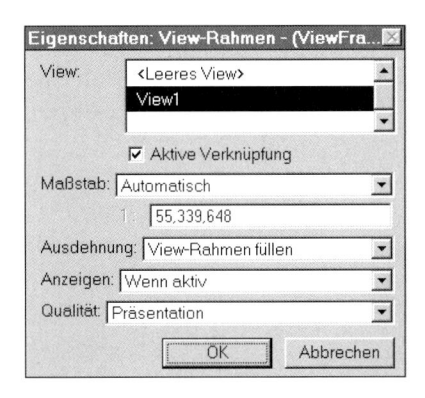

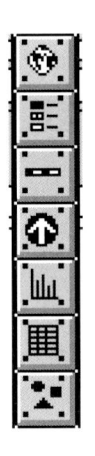

Wählen Sie entweder 'Leeres View' oder ein in diesem Projekt enthaltenes View aus. Alle Views, die im aktiven Projekt enthalten sind, sind hier aufgelistet. Die Einstellung des Maßstabes für das View im Layout erfolgt im Pulldown-Menü 'Maßstab'. Die Einstellung 'Automatisch' bestimmt den Maßstab so, dass das View den View-Rahmen ausfüllt. Die Einstellung 'View-Maßstab beibehalten' übernimmt den Maßstab so, wie er im View eingestellt wurde. Der Maßstab wird auf das Layout übertragen. Die Einstellung 'Benutzerdefinierter Maßstab' erlaubt dem Benutzer, in der darunter stehenden Box einen beliebigen Maßstab einzustellen.

Das Menü 'Ausdehnung' erlaubt zwei Einstellungen. Vergrößern Sie ein View soweit, dass nur ein Ausschnitt im Viewfenster zu sehen ist und wollen Sie nur diesen Ausschnitt in den View-Rahmen des Layouts übertragen, so stellen Sie im Menü 'Ausdehnung' den Wert 'Ausschnitt des Views' ein. Die Einstellung 'View-Rahmen füllen' überträgt das View über diese Grenzen hinaus in das Layout, soweit es der eingestellte Maßstab (Benutzerdefinierter Maßstab, View-Maßstab beibehalten) zulässt.

Ein Kreuz in der Box 'Aktive Verknüpfung' bewirkt eine aktive Verbindung des Views mit dem View-Rahmen. Eine Änderung im View bewirkt dann automatisch auch eine Änderung im Layout.

Wird im Pulldown-Menü 'Anzeigen' der Wert 'Immer' eingestellt, so wird eine Änderung im View sofort im Layout angezeigt. Die Einstellung 'Wenn aktiv' zeigt eine Änderung des Views im Layout nur bei aktivem Layoutfenster.

Stellen Sie das Pulldown-Menü 'Qualität' auf 'Präsentation', so wird das View in den Rahmen gezeichnet. Bei 'Entwurf' wird nur der Rahmen dargestellt. Bei der Erstellung eines Layouts kann die Einstellung 'Entwurf' wichtig sein, um das dauernde erneute Zeichnen von umfangreichen Views in der Entwurfsphase zu verhindern.

Doppelklick mit dem Auswahlwerkzeug auf den View-Rahmen im Layout ruft das Fenster für die View-Rahmen-Eigenschaften erneut auf.

Legende einfügen

Eine Legende wird mit dem Pulldown-Werkzeug aus der Layout-Werkzeugleiste hinzugefügt. Aktivieren Sie es und ziehen Sie mit der Maus im Layout einen rechteckigen Rahmen auf, in den die Legende eingefügt werden soll. Im Fenster für die Eigenschaften des Legenden-Rahmens wird der View-Rahmen angegeben, aus dem die Legende eingefügt werden soll. Die Legende wird so übernommen, wie sie im Inhaltsverzeichnis des View-Fensters steht. Sie können - wie beim View-Rahmen - die Anzeige auf 'Wenn aktiv' oder 'Immer' (siehe 'View einfügen') einstellen. Ebenso besteht hier die Wahl zwischen 'Präsentation' oder 'Entwurf'. Drücken Sie 'OK' und die Legende wird in das Layout gezeichnet. Doppelklick auf die Legende im Layout mit dem Auswahlwerkzeug ruft das Fenster für die Legenden-Eigenschaften erneut auf.

Wollen Sie die Legende im Layout bearbeiten, so markieren Sie sie und zerlegen Sie die Legende mit dem Menü:

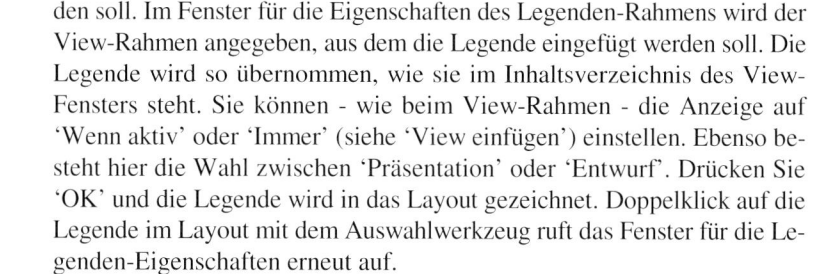

Layout-Menüleiste

Grafik:
   Vereinfachen

Die zerlegten Legenden-Elemente lassen sich wie jede andere Grafik bearbeiten. Schriftart und Schriftgröße der Legende sind mit der Symbolpalette veränderbar. Drücken Sie dazu 'STRG+P' oder Doppelklicken Sie auf das entsprechende Legendenelement. Die Legendenelemente können nach der Bearbeitung zusammengefasst (gruppiert) werden. Wurde eine Legende wie oben beschrieben zerlegt und dann gruppiert, so geht die Verbindung zum View verloren. D. h., eine Änderung der Legende im View überträgt sich nicht mehr auf das Layout.

Maßstabsleiste einfügen

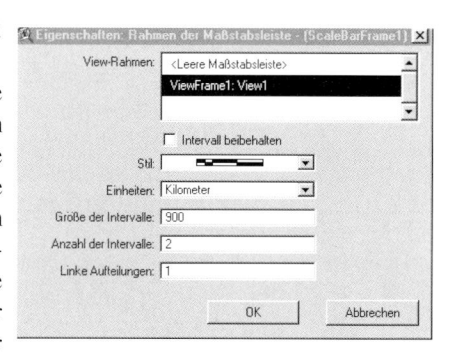

Bevor Sie eine Maßstabsleiste in ein Layout einfügen, müssen Sie in der View-Menüleiste unter 'View: Eigenschaften' die Karteneinheiten einsetzen. Um den Rahmen für die Maßstabsleiste festzulegen, betätigen Sie das Pulldown-Werkzeug für den Maßstabsrahmen in der Layout-Werkzeugleiste. Ziehen Sie im Layout ein Rechteck auf, in das der Maßstab gezeichnet werden soll. Im Fenster für die Eigenschaften des Maßstabsrahmens werden das zur Maßstabsleiste gehörende View und weitere Eigenschaften angegeben. Im Feld 'View-Rahmen' wählen Sie den zugehörigen View-Rahmen aus. Die Gestalt der Maßstabsleiste wird unter 'Stil' festgelegt. Unter 'Einheiten' geben Sie die Einheiten für den Maßstab ein.

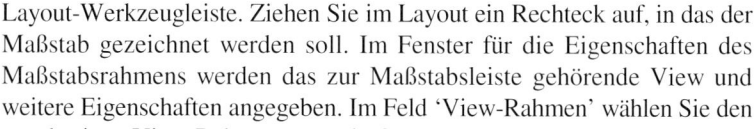

Die Maßstabsleiste ist in Intervalle aufgeteilt. Die Länge, die ein Intervall darstellen soll, wird unter 'Größe der Intervalle' auf den unter 'Einheiten'

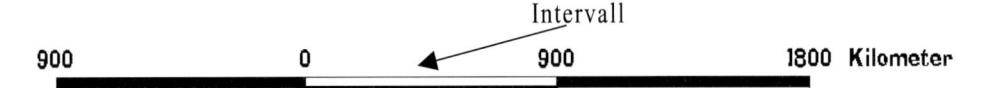

```
                    Intervall
900        0      ←  900            1800 Kilometer
```

angegebenen Wert eingestellt. Ändern Sie die Einheiten, so ändert sich auch der Wert unter 'Größe der Intervalle'. Die Anzahl der Intervalle rechts vom Nullwert der Maßstabsleiste wird unter 'Anzahl der Intervalle' angegeben. Wie viele Intervalle links vom Nullwert gezeichnet werden, geben Sie unter 'Linke Aufteilungen' an. Drücken Sie 'OK' und der Maßstab wird in das Layout gezeichnet.

Sie können die Maßstabsleiste im Layout mit der Maus vergrößern oder verkleinern. Er wird automatisch angepasst. Die Anzahl der Intervalle ändert sich, jedoch nicht die Länge der Intervalle.

Mit der Box 'Intervall beibehalten' können Sie bestimmen, ob die Länge der Maßstabsleiste sich bei einer Änderung des View-Ausschnittes verändert oder nicht. Ist diese Option eingeschaltet, so wird bei einer Veränderung (Vergrößern, Verkleinern) die Länge der Maßstabsleiste im Layout verändert. Ist sie ausgeschaltet, so bleibt der Maßstabsrahmen gleich groß und die Länge des Intervalls wird neu berechnet.

Doppelklick auf den Maßstab im Layout (vorher Auswahlwerkzeug aktivieren) ruft, zur erneuten Bearbeitung, das Fenster für die Eigenschaften des Maßstabes auf. Um Schriftart, Schriftgröße und Farbe des Maßstabes zu ändern, markieren Sie den Maßstab und drücken Sie 'STRG+P', um die Symbolpalette aufzurufen. In der Farbpalette stellen Sie unter 'Farbe' ein, ob Sie den Text, den Vorder-, Hintergrund oder die Umrandung der Maßstabsleiste in der Farbe ändern wollen.

Nordpfeil einfügen

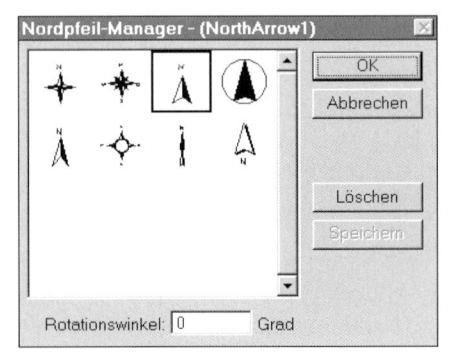

Mit dem Werkzeug für den Nordpfeil-Rahmen fügen Sie einen Nordpfeil in das Layout ein. Aktivieren Sie das Werkzeug in der Layout-Werkzeugleiste und ziehen Sie mit der Maus ein Rechteck auf, in das der Nordpfeil eingefügt werden soll. Mit dem Nordpfeil-Manager wählen Sie einen Nordpfeil aus. In der Box 'Rotationswinkel' können Sie den Nordpfeil entgegengesetzt dem Uhrzeigersinn (bei positiven Werten) drehen. Einzelne Nordpfeile können mit 'Lö-

8.3 Einfügen von Layout-Elementen 251

schen' aus dem Nordpfeil-Manager gelöscht werden. Eine solche Änderung an der Zusammenstellung der Nordpfeile im Nordpfeil-Manager können Sie mit dem Schalter 'Speichern' auf Datenträger sichern. Die Liste der Nordpfeile wird dann in eine Datei 'north.def' in das Home-Verzeichnis von ArcView GIS geschrieben. Wollen Sie die System-Nordpfeile zurückhaben, so löschen oder verschieben Sie die Datei 'north.def'.

Mit den Grafik-Werkzeugen ist im Layout auch ein eigener Nordpfeil konstruierbar. Diese selbsterzeugte Grafik wird markiert und in den Nordpfeil-Manager für den weiteren Gebrauch als Nordpfeil mit dem folgendem Menü abgelegt:

Layout-Menüleiste

Layout:
  Nordpfeile abspeichern

Durch Doppelklick auf einen Nordpfeil im Layout kann der Nordpfeil-Manager zur erneuten Bearbeitung aufgerufen werden.

Diagramme und Tabellen einfügen

Die in einem aktiven Projekt enthaltenen Diagramme und Tabellen können in ein Layout eingefügt werden. Betätigen Sie dazu das Werkzeug zum Einfügen eines Diagramm (Tabellen)-Rahmens und ziehen Sie mit der Maus im Layout ein Rechteck auf, in das das Diagramm oder die Tabelle eingefügt werden soll. Im Fenster für die Eigenschaften des Diagramms (der Tabelle) wird ein im aktiven Projekt enthaltenes Diagramm (eine Tabelle) ausgewählt. Wird bei Qualität 'Präsentation' ausgewählt, so erscheint nur der Rahmen im

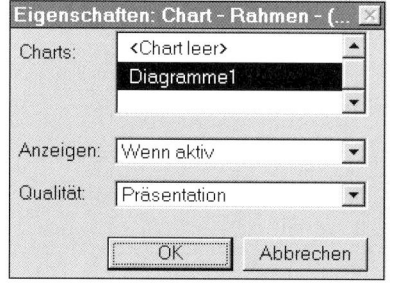

Layout. Unter 'Anzeigen' wird - wie beim Einfügen eines View-Rahmens - der Anzeigemodus eingestellt. Drücken Sie 'OK'. Das Diagramm (die Tabelle) wird nur in das Layout gezeichnet, wenn das Diagramm (Tabellen)-Fenster im Projekt geöffnet ist. Ist das Fenster geschlossen, erscheint nur ein Rahmen. Eine Änderung des Diagramms (der Tabelle) im Diagramm (Tabellen)-Fenster erscheint sofort im Layout, wenn die Anzeige im Fenster für die Diagramm (Tabellen)-Eigenschaften auf 'Immer' steht.

Das Fenster für die Diagramm-Rahmen (Tabellen-Rahmen)-Eigenschaften lässt sich jederzeit wieder durch Doppelklick auf das entsprechende Diagramm (die Tabelle) im Layout aufrufen. Die Schriftart einer Tabelle kann im Layout nicht geändert werden.

Rasterbild einfügen

In ein Layout können Rasterdaten eingefügt werden. Öffnen Sie mit dem Werkzeug zum Einfügen eines Rasterbildes einen Rahmen im Layout. Im Fenster für die Eigenschaften des Rasterbildrahmens können Sie die zugehörige Rasterdatei angeben, die geladen werden soll. Mit 'Durchsuchen' wird das Fenster für die Dateiauswahl aufgerufen. Dort sind im Pulldown-Menü 'Datei-Format' alle einlesbaren Dateiformate angegeben. Eine Bearbeitung des Rasterbildes im Layout ist nicht möglich.

Das Rasterbild kann jedoch in seiner Größe verändert und verschoben werden.

Text einfügen

Texte werden in ein Layout mit dem Text-Werkzeug eingefügt. Betätigen Sie das Text-Werkzeug in der Layout-Werkzeugleiste und gehen Sie mit der Maus an die Stelle im Layout, an der der Text geschrieben werden soll. Es erscheint das Fenster für die Text-Eigenschaften, in das ein mehrzeiliger Text eingegeben werden kann. Der Text kann linksbündig, rechtsbündig oder als Blocksatz geschrieben werden (Horizontale Ausrichtung). Der Zeilenabstand (Vertikalabstand) und der Rotationswinkel des Textes werden ebenfalls hier eingestellt. Drücken von 'OK' setzt den Text an die vorgesehene Stelle im Layout. Ein Doppelklick

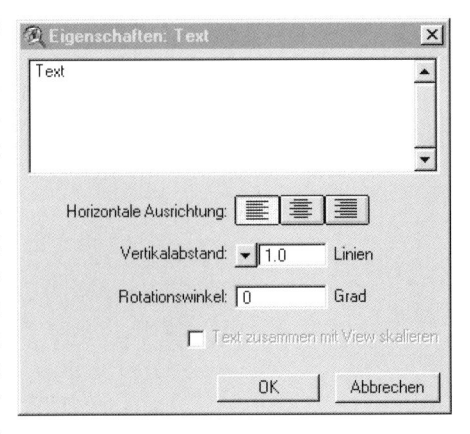

8.3 Einfügen von Layout-Elementen 253

auf den Text (vorher Auswahlwerkzeug betätigen) ruft das Fenster für die Text-Eigenschaften für evtl. Änderungen erneut auf. Mit der Symbolpalette ändern Sie Schriftgröße und Schriftart. Markieren Sie dazu den Text im Layout und starten Sie das Menü:

Layout-Menüleiste

Fenster:
  Symbolfenster anzeigen ('STRG+P')

Es erscheint die Schriftartpalette, mit der Schriftart, Schriftgröße und Schriftstil eingestellt werden. Die Änderung erscheint sofort im Layout. Die Textfarbe ändern Sie mit der Farbpalette. Stellen Sie dazu in der Farbpalette im Pulldown-Menü 'Farbe' den Wert 'Text' ein.

Texte können in einem Layout nicht nur in gewöhnlicher Form, wie vorher beschrieben, eingegeben werden. Das Pulldown-Menü in der Layout-Werkzeugleiste bietet die Möglichkeit, Texte in einem Rahmen, Texte mit Anzeigepfeilen und Texte entlang einer Kurve einzugeben.

Für eine normale und eine Textdarstellung mit Schatten klicken Sie einmal auf die Stelle im Layout an der der Text gesetzt werden soll.

Für Texte mit Anzeigepfeil betätigen Sie das gewünschte Werkzeug und klicken auf eine Stelle im Layout, ziehen Sie mit gedrückter Maustaste auf eine zweite Stelle, wo die Maustaste losgelassen wird.

Um einen Text entlang einer Kurve zu zeichnen, betätigen Sie das Werkzeug und zeichnen mit der Maus (jeder Punkt einmal klicken) eine Linie. Am Ende der Linie klicken Sie zweimal.

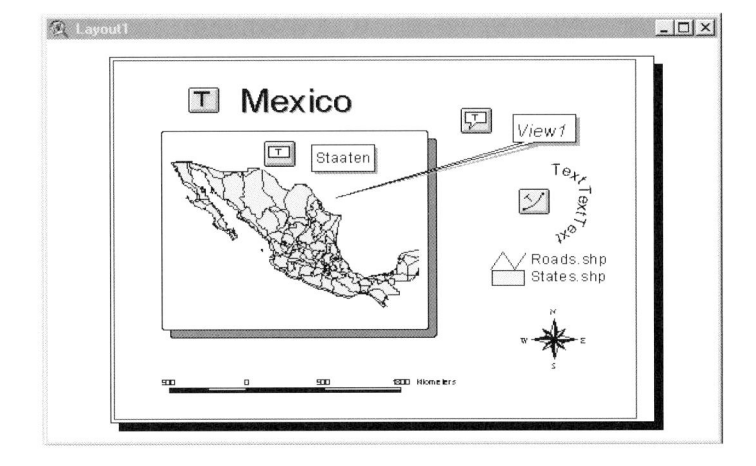

Für die oben beschriebenen Textwerkzeuge können Einstellungen bezüglich der Schriftart, -größe usw. festgelegt werden. Diese Einstellungen werden mit folgendem Menü vorgenommen:

Layout-Menüleiste

Grafik:
    Textwerkzeugstandardwerte

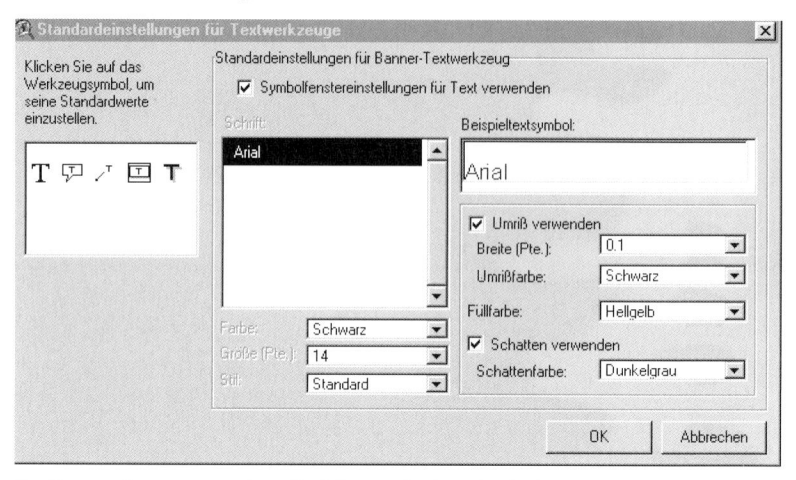

In diesem Fenster werden die Eigenschaften für jedes Textwerkzeug eingestellt. Wenn Sie dort auf das entsprechende Werkzeug klicken, erscheinen die Standardwerte wie sie in der Schriftartpalette (STRG+P) eingestellt sind. Entfernen Sie den Haken aus der Box 'Symbolfenstereinstellungen für Text verwenden', können Sie die Schrifteigenschaften für dieses Werkzeug selbst festlegen. Durch Drücken von 'OK' werden die Einstellungen aktiv.

Grafik einfügen

Grafiken werden mit den Grafik-Werkzeugen (Pulldown-Werkzeug), die sich in der Layout-Werkzeugleiste befinden, in ein Layout eingefügt. Es können Punkte, Geraden, Polygonlinien, Rechtecke, Kreise und Polygone eingegeben werden.

Wählen Sie aus dem Pulldown-Werkzeug eine Grafik mit der Maus und zeichnen Sie diese in das Layout. Durch Doppelklick auf die Grafik wird die entsprechende Symbolpalette aufgerufen. Das Einfügen und Bearbeiten dieser Grafiken ist ausführlich im Abschnitt 5.7 'Grafiken und Text in einem View bearbeiten' erklärt.

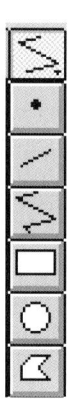

Umrandung einfügen

Zusätzlich können Sie um jedes Layout-Element eine Umrandung einfügen. Selektieren Sie dazu das entsprechende Layout-Element und betätigen Sie folgendes Menü oder die Schaltfläche in der Layout-Schaltflächenleiste:

Layout-Menüleiste

Layout:
  Kartenrahmen hinzufügen

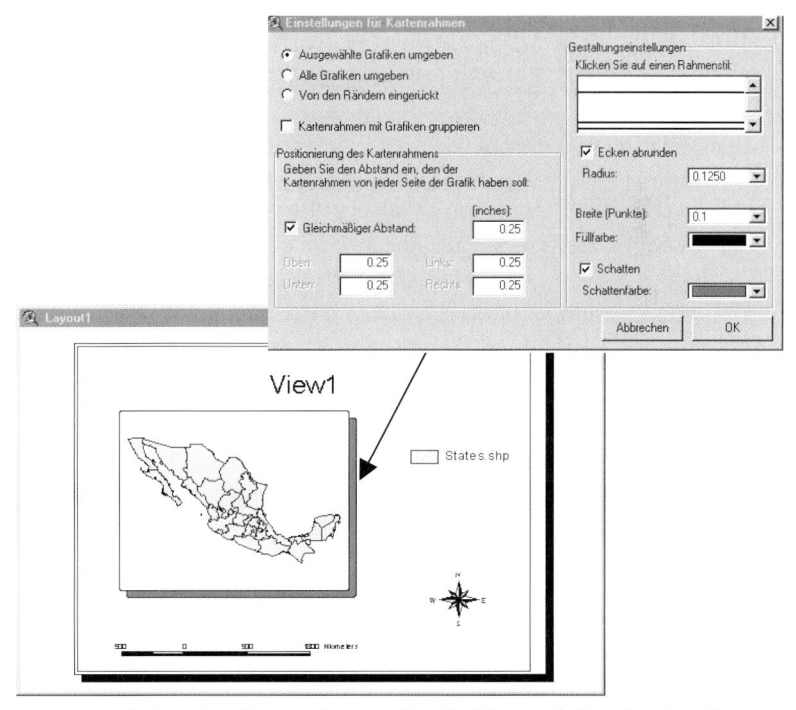

In dem erscheinenden Fenster können Sie die Eigenschaften für eine Umrandung um ein selektiertes Element, um alle Layout-Elemente oder um den Layoutrand setzen. Soll die Umrandung mit dem Layout-Element fest verbunden werden, ticken Sie in die Box 'Kartenrahmen mit Grafiken gruppieren'.

Weiterhin lässt sich der Abstand der Umrandung vom entsprechenden Layout-Element einstellen. Entweder gleicher Abstand an allen vier Seiten oder jede Seite ist einzeln einstellbar. Der Linientyp, die Linienstärke sowie die Füllfarbe lassen sich verändern. Die Ecken der Umrandung können mit der Angabe eines Radius abgerundet werden. Mit 'Schatten' wird ein Schatten, dessen Farbe sich einstellen lässt, hinter die Umrandung gelegt.

Mit dem Menü:

Layout-Menüleiste

Grafik:
  Nach hinten bringen / Nach vorne bringen

können Sie die Umrandung nach vorne oder hinten bringen. Um eine Umrandung wieder aus dem Layout zu entfernen, markieren Sie diese und drücken Sie die Taste 'Entf' auf der Tastatur.

8.4 Verwaltung und Bearbeitung von Layouts

Ausgabe von Layouts

Die Ausgabe eines Layouts auf einen Drucker erreichen Sie mit dem Menü:

Layout-Menüleiste

Datei:
  Drucken

Für das Drucken eines Layouts sehen Sie auch im Abschnitt 4.4 'Verwaltung eines ArcView GIS-Projektes' nach.

Wollen Sie das Layout mit anderen Programmen austauschen, so bietet ArcView GIS die Möglichkeit, das Layout in folgende Grafik-Formate zu exportieren:

- Placeable WMF
- Windows Metafile
- Windows Bitmap
- Postscript (EPS)
- Adobe Illustrator
- CGM
- JPEG.

Betätigen Sie für den Export folgendes Menü:

Layout-Menüleiste

Datei:
  Exportieren

Schablonen

Die Schablone für ein Layout ist eine festgelegte Anordnung der Layout-Elemente. Standardmäßig sind in ArcView GIS z. B. die Schablonen 'Landscape' und 'Portrait' vorgegeben. Sie können aber auch eigene Schablonen erstellen. Ordnen Sie dazu die Elemente in einem Layout so an, wie die neue Schablone aussehen soll. Für das Erstellen von Schablonen reicht es aus, nur die leeren Rahmen der Layout-Elemente einzufügen und anzuordnen. Die so entstandene Schablone wird gespeichert mit dem Menü:

Layout-Menüleiste

Layout:
  Als Schablone speichern

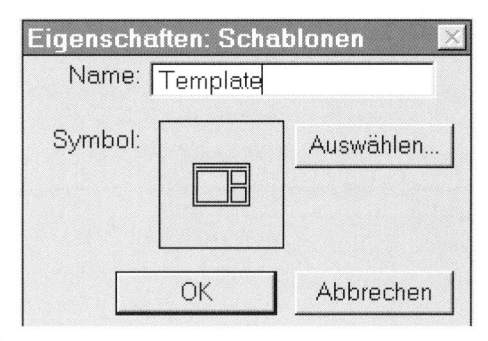

In dem erscheinenden Fenster für die Schablonen-Eigenschaften legen Sie den Namen und das Symbol für die neue Schablone fest. Mit dem Schalter 'Auswählen' können Sie ein vorgegebenes Symbol oder ein eigenes, als Datei vorliegendes Symbol auswählen. Drücken Sie 'OK'. Die Schablone wird gespeichert und kann immer wieder verwendet werden.

Um für ein Layout eine bestimmte Schablone zu verwenden, aktivieren Sie das Layout und betätigen Sie das Menü:

Layout-Menüleiste

Layout:
  Schablone verwenden

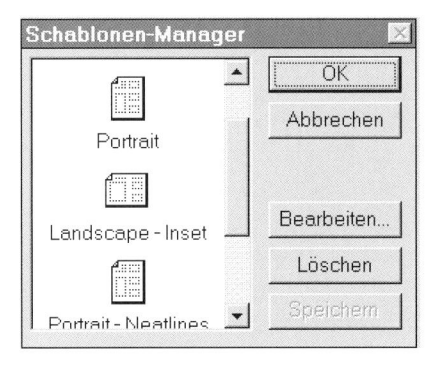

Wählen Sie aus dem Schablonen-Manager die gewünschte Schablone und drücken Sie 'OK'. Das aktive Layout erscheint dann in der Anordnung der ausgewählten Schablone.

Bearbeitung von Layout-Elementen

Layout-Elemente können kopiert, ausgeschnitten, eingefügt und gelöscht werden. Sie müssen dazu vorher ausgewählt werden. Dies geschieht mit dem Auswahlwerkzeug aus der Layout-Werkzeugleiste. Wollen Sie alle Layout-Elemente auswählen, so betätigen Sie das Menü:

Layout-Menüleiste

Bearbeiten:
  Alles auswählen

Die ausgewählten Layout-Elemente werden kopiert mit:

Layout-Menüleiste

Bearbeiten:
  Kopieren ('STRG+C')

Die ausgewählten Layout-Elemente werden aus dem Layout entfernt und in die Zwischenablage kopiert mit:

Layout-Menüleiste

Bearbeiten:
  Ausschneiden ('STRG+X')

Den Inhalt der Zwischenablage fügen Sie in das Layout ein mit:

Layout-Menüleiste

Bearbeiten:
  Einfügen ('STRG+V')

Markierte Layout-Elemente werden aus dem Layout entfernt mit:

Layout-Menüleiste

Bearbeiten:
  Löschen ('Entf')

Die Bearbeitung von Linien und Polygonen ist im Layout möglich. Sie benutzen dazu das Editier-Werkzeug in der Layout-Werkzeugleiste. Die Scheitelpunkte (Stützpunkte) von Linien und Polygonen können gelöscht, verschoben und neu hinzugefügt werden. Markieren Sie die Grafik, die Sie bearbeiten wollen, und betätigen Sie das Editier-Werkzeug. Die Grafik erscheint dann mit den zugehörigen Scheitelpunkten.

Zum Löschen eines Scheitelpunktes gehen Sie mit dem Mauszeiger auf diesen (ohne die Maustaste zu drücken) und betätigen Sie die Löschtaste (Entf) auf der Tastatur. Zum Verschieben fahren Sie mit der Maus auf den Scheitelpunkt und ziehen Sie diesen mit gedrückter linker Maustaste an die neue Position. Wenn Sie mit dem Mauszeiger auf eine beliebige Stelle auf der Linie zwischen zwei Scheitelpunkten fahren, so ändert sich der Mauszeiger zu einem Plussymbol. Drücken Sie dann die linke Maustaste, so wird an dieser Stelle ein neuer Scheitelpunkt eingefügt. Wollen Sie die Bearbeitung beenden, so drücken Sie ein anderes Werkzeug in der Layout-Werkzeugleiste. Der Editiermodus wird damit deaktiviert.

Alle Layout-Elemente können als Grafiken aufgefasst werden. Markieren Sie ein Layout-Element. Die Eigenschaften lassen sich einstellen mit dem Menü:

Layout-Menüleiste

Grafik:
  Eigenschaften

Weiterhin lassen sich die Größe und Position eines Layout-Elementes mit der Maus oder mit dem folgenden Menü verändern:

Layout-Menüleiste

Grafik:
  Größe und Position

Sind mehrere Layout-Elemente markiert, so können diese zu einem Layout-Element zusammengefasst werden. Die Gruppierung kann auch wieder aufgehoben werden. Benutzen Sie dazu die entsprechenden Schaltflächen oder das Menü:

Layout-Menüleiste

Grafik:
  Gruppieren ('STRG+G') / Gruppe auflösen ('STRG+U')

Markierte Layout-Elemente können vor oder hinter andere gelegt werden mit dem Menü:

Layout-Menüleiste

Grafik:
  Nach vorne bringen / Nach hinten bringen

Das gleiche erreichen Sie auch mit einem Popup-Menü. Sie aktivieren ein Popup-Menü im Layout-Fenster, indem Sie die rechte Maustaste drücken. Sie können damit alle Layout-Elemente auswählen, eine Bearbeitung rückgängig machen, Layout-Elemente nach vorne oder in den Hintergrund bringen, sie vereinfachen sowie den View-Rahmen neu zeichnen (aktualisieren).

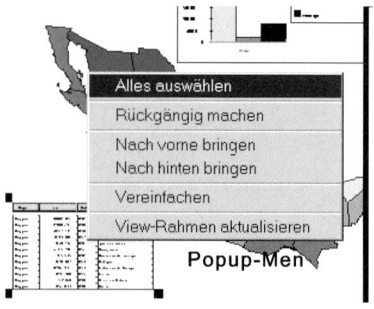

Das Ausrichten von markierten Layout-Elementen erfolgt mit:

Layout-Menüleiste

Grafik:
  Ausrichten ('STRG+A')

Komplexe Layout-Elemente können für eine weitere Bearbeitung zerlegt werden. Eine Legende kann z. B. für eine Bearbeitung im Layout in ihre Bestandteile (Boxen, Texte) zerlegt werden, und zwar nach Auswahl der Legende mit dem folgenden Menü:

Layout-Menüleiste

Grafik:
  Vereinfachen

Vergrößern und Verkleinern von Layouts

Ein Layout ist in seiner Größe innerhalb des Layoutfensters veränderbar. Wenn Sie das Layoutfenster in seiner Größe verändern, so passt sich der Inhalt automatisch der Fenstergröße an. Sie können aber auch manuell die Größe des Layouts an die aktuelle Fenstergröße anpassen. Benutzen Sie dazu die Schaltfläche in der Layout-Schaltflächenleiste oder das Menü:

Layout-Menüleiste

Layout:
  Vergrößern / Verkleinern auf Seitengröße

Wollen Sie das Layout in der Größe der eingestellten Seite (siehe 'Seite einrichten') darstellen (Originalgröße), so benutzen Sie die Schaltfläche aus der Layout-Schaltflächenleiste oder das Menü:

Layout-Menüleiste

Layout:
Vergrößern / Verkleinern auf Originalgröße

Ist z. B. das Layoutfenster auf dem Bildschirm kleiner als die eingestellte Seitengröße, so wird nur ein Ausschnitt des Layouts angezeigt. Beim Drücken oder Exportieren wird ebenfalls nur dieser Ausschnitt ausgegeben.

Interessieren Sie sich nur für einen Ausschnitt in der Umgebung eines oder mehrerer markierter Layout-Elemente, so betätigen Sie die Schaltfläche in der Layout-Schaltflächenleiste oder das Menü:

Layout-Menüleiste

Layout:
Vergrößern / Verkleinern auf Auswahl

Für das schrittweise Vergrößern und Verkleinern des Layouts vom Layout-Mittelpunkt aus stehen Schaltflächen und das folgende Menü zur Verfügung:

Layout-Menüleiste

Layout:
Vergrößern / Verkleinern

Wollen Sie eine schrittweise Vergrößerung bzw. Verkleinerung des Layouts nicht vom Layout-Mittelpunkt, sondern von einem beliebigen Punkt aus, so benutzen Sie dazu die Werkzeuge zum Vergrößern und Verkleinern aus der Layout-Werkzeugleiste. Mit diesen können Sie auch ein Rechteck aufziehen. Das Layout wird dann auf die Größe dieses Rechteckes vergrößert.

Ein Verschieben des Layout-Inhaltes innerhalb des Layoutfensters erreichen Sie mit dem Werkzeug zum Verschieben aus der Layout-Werkzeugleiste. Aktivieren Sie das Werkzeug und verschieben Sie das Layout mit festgehaltener Maustaste in eine beliebige Richtung.

Beachten Sie, dass durch Vergrößern bzw. Verkleinern des Layouts ein evtl. gewünschter Maßstab im Layout nicht beibehalten wird.

Sie können die jeweils letzte Bearbeitung (Bewegung, Größe, Gruppierung, Löschen) an einem Layout mit einer Schaltfläche in der Layout-Schaltflächenleiste oder einem Menü rückgängig machen:

Layout-Menüleiste

Berarbeiten:
  Rückgängig ('STRG+Z')

8.5 Beispiel und Übung zu Layouts

In den folgenden Übungen werden einige wichtige Punkte dieses Abschnittes als Beispiel vorgeführt. Im einzelnen sind das:

- **Öffnen eines Views**
- **Öffnen einer Tabelle**
- **Öffnen eines Diagramms**
- **Zusammenstellung eines Layouts.**

Starten Sie ArcView GIS. In ein Layout können ArcView GIS-Dokumente (Views, Tabellen, Diagramme...) als Elemente eingefügt werden. Diese ArcView GIS-Dokumente müssen sich in dem Projekt befinden, in dem das Layout erstellt wird. Sie müssen daher zunächst für dieses Beispiel ein View, eine Tabelle und ein Diagramm erstellen.

Öffnen eines Views

Aktivieren Sie im Projektfenster das View-Symbol und drücken Sie den Schalter 'Neu'. In das View-Dokument laden Sie mit der Schaltfläche aus der View-Schaltflächenleiste das Thema:

c:\esri\esridata\mexico\states.shp

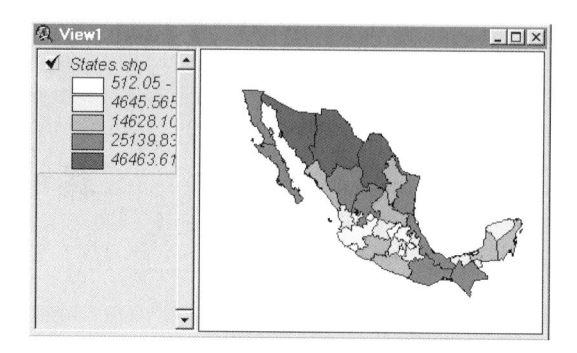

8.5 Beispiel und Übung zu Layouts

Da das Thema in dezimalen geografischen Koordinaten vorliegt, soll es zunächst projiziert werden. Die Projektion wird eingestellt mit:

View-Menüleiste

View:
  Eigenschaften

In den View-Eigenschaften wählen Sie für die Einheiten den Wert 'Meter' und für die Abstandseinheiten 'Kilometer'. Unter 'Projektion' stellen Sie unter 'Kategorie' die Projektion 'UTM Typ: Zone 14' ein.

Öffnen einer Tabelle

Aktivieren Sie das Viewfenster und das Thema 'states.shp'. Um die Attributtabelle für dieses Thema aufzurufen, betätigen Sie die Schaltfläche für die Tabelle in der View-Schaltflächenleiste. Selektieren Sie drei Datensätze für das folgende Diagramm.

Öffnen eines Diagramms

Auch ein Diagramm soll in das Layout eingefügt werden. Aktivieren Sie dazu das Tabellenfenster und drücken Sie die Schaltfläche für die Erstellung eines Diagramms in der Tabellen-Schaltflächenleiste. Im Fenster für die Eigenschaften eines Diagramms markieren Sie unter 'Felder' den Wert 'Area' und drücken Sie den Schalter 'Hinzufügen'. Der Wert 'Area' muss unter 'Gruppen' erscheinen. Unter 'Reihenbeschriftung' geben Sie 'Namen'ein. Drücken Sie 'OK'. Ein Diagramm mit der Verteilung der Flächengrößen wird geöffnet.

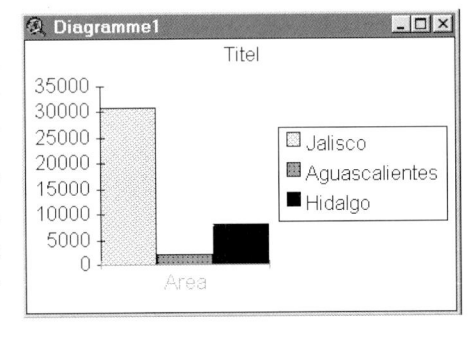

Zusammenstellung eines Layouts

Es sind jetzt alle Vorbereitungen getroffen, um ein Layout zusammenzustellen. Aktivieren Sie das Projektfenster und dort das Layout-Symbol. Drücken Sie den Schalter 'Neu'. Es erscheint ein leeres Layoutfenster, für das zunächst die Seitengröße und die Eigenschaften eingestellt werden sollen.

Zum Einrichten der Seitengröße für die Ausgabe des Layouts betätigen Sie das folgende Menü:

<u>Layout-Menüleiste</u>

Layout:
  Seite einrichten

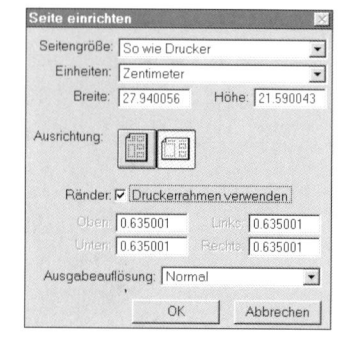

Geben Sie die Werte so ein, wie sie in der Abbildung zu sehen sind. Geben Sie dort unter 'Einheiten' den Wert 'Zentimeter' und für 'Ausrichtung' das 'Querformat' ein. Weiterhin kann die Seitengröße und evtl. die Ränder eingestellt werden. Drücken sie 'OK'.

Zur Eingabe der Layout-Eigenschaften betätigen Sie die Schaltfläche in der Layout-Schaltflächenleiste. Stellen Sie die Eigenschaften so ein, wie sie in der Abbildung angegeben sind und drücken Sie 'OK'.

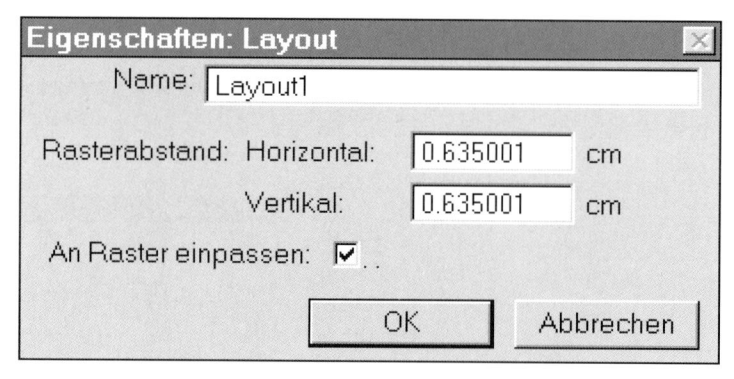

In das Layout-Fenster werden jetzt folgende Layout-Elemente eingefügt:

- ein View mit Legende und Maßstabsleiste
- ein Nordpfeil
- ein Diagramm und eine Tabelle
- ein Rasterbild
- ein Text.

8.5 Beispiel und Übung zu Layouts

Ein View wird mit dem Werkzeug zur Erstellung eines View-Rahmens in das Layout eingefügt. Aktivieren Sie das Layoutfenster und betätigen Sie das Werkzeug, das sich in der Layout-Werkzeugleiste befindet. Gehen Sie in das Layout und ziehen Sie dort mit der Maus einen Rahmen (rechteckiger Bereich) auf, in den das View eingefügt werden soll. Im Fenster für die Eigenschaften des View-Rahmens klicken Sie unter 'View' auf den Wert 'View1' und drücken 'OK'. Das View erscheint im Layout.

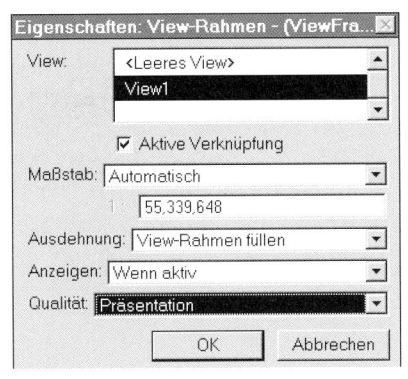

Betätigen Sie das Werkzeug zum Erstellen eines Legenden-Rahmens. Ziehen Sie mit der Maus im Layout einen rechteckigen Rahmen auf, in den die Legende eingefügt werden soll. Im Fenster für die Eigenschaften des Legenden-Rahmens stellen Sie die Verknüpfung der Legende mit einem View her. Klicken Sie hier auf den Wert 'ViewFrame1:View1' ein und drücken Sie 'OK'. Die Legende von View1 erscheint im Layout.

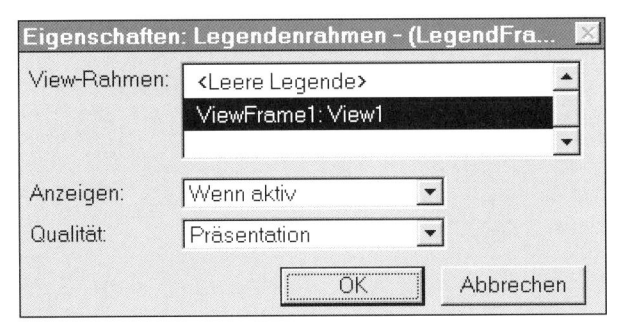

Eine Maßstabsleiste wird mit dem Werkzeug zur Erstellung eines Maßstabs-Rahmens in das Layout eingefügt. Ziehen Sie einen rechteckigen Rahmen auf. Stellen Sie im Fenster für die Maßstabs-Eigenschaften verschiedene Werte zum Testen ein und drücken Sie 'OK'. Der Maßstab wird in das Layout gezeichnet.

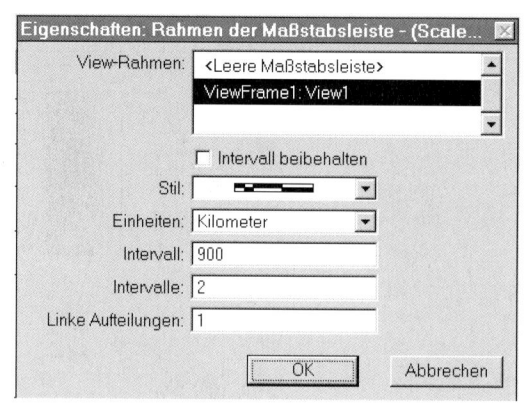

Einen Nordpfeil fügen Sie mit dem Werkzeug zur Erstellung eines Nordpfeil-Rahmens ein. Betätigen Sie das Werkzeug und ziehen Sie mit der Maus im Layout einen Rahmen auf, in den der Nordpfeil eingefügt werden soll. Im Nordpfeil-Manager wählen Sie den gewünschten Nordpfeil aus und drücken Sie 'OK'. Der Nordpfeil erscheint im Layout.

Die im Projekt vorhandene Tabelle soll in das Layout eingefügt werden. Betätigen Sie das Werkzeug zum Einfügen eines Tabellen-Rahmens und ziehen Sie mit der Maus im Layout einen Rahmen auf. Geben Sie die Eigenschaften für den Tabellen-Rahmen ein. Die Tabelle erscheint nur im Layout, wenn das Tabellenfenster geöffnet ist.

Ebenso wird ein Diagramm mit dem Werkzeug zur Erstellung eines Diagramm-Rahmens eingefügt.

Fügen Sie jetzt mit dem Werkzeug ein Rasterbild in das Layout ein. Laden Sie die folgende Datei und drücken Sie 'OK'. Das Bild wird dann in das Layout geladen.

c:\esri\av_gis30\avtutor\arcview\images\spotimg.bil

Zum Einfügen von Text wird das Text-Werkzeug benutzt, das sich in der Layout-Werkzeugleiste befindet. Aktivieren Sie es und gehen Sie mit der Maus an die Stelle des Layouts, an der der Text erscheinen soll. Im Fenster für die Text-Eigenschaften wird der Text eingegeben. Drücken Sie 'OK'. Um Schriftart oder Schriftgröße zu verändern, benutzen Sie das Auswahlwerkzeug aus der Layout-Werkzeugleiste. Markieren Sie damit den Text. Rufen Sie dann die Symbolpalette mit 'STRG+P' auf. Wählen Sie hier eine Schriftart und eine Schriftgröße (bei manueller Eingabe der Schriftgröße die Eingabetaste drücken). Der Text ändert sich sofort. Schließen Sie die Symbolpalette.

8.5 Beispiel und Übung zu Layouts 267

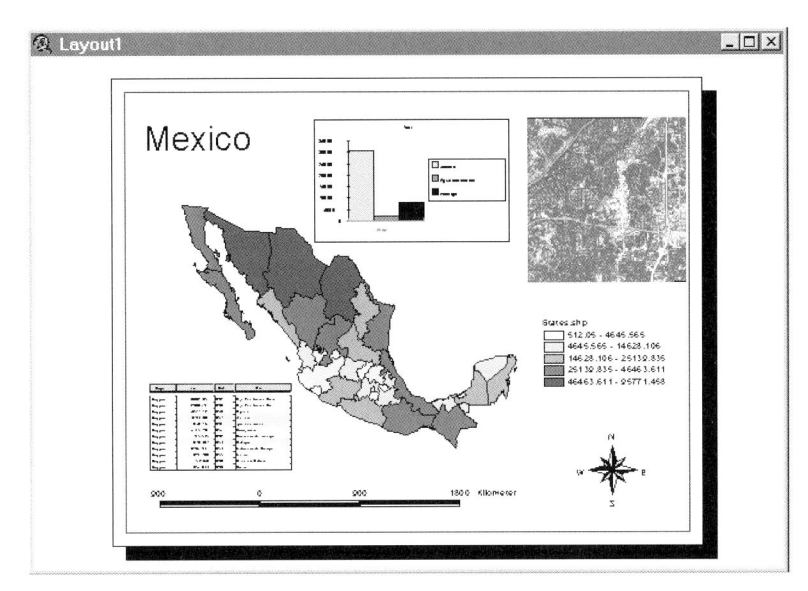

Alle Layout-Elemente können nach Auswahl (Markieren) mit dem Auswahl-werkzeug verschoben, vergrößert, verkleinert oder z. B. in andere Layouts kopiert werden. Durch Doppelklick auf ein Layout-Element erscheint das jeweilige Fenster für die Einstellung der Eigenschaften. Probieren Sie dies für einige Layout-Elemente aus.

Zum Schluss dieser Übung soll gezeigt werden, wie Sie eine Legende im Layout bearbeiten können. Dazu muss sie zunächst in ihre Bestandteile zerlegt werden. Markieren Sie die Legende mit dem Auswahlwerkzeug und zerlegen Sie diese mit dem Menü:

Layout-Menüleiste

Grafik:
   Vereinfachen

Vergrößern Sie die Darstellung des Layouts mit der Schaltfläche zum Vergrößern auf Auswahl. Alle Legenden-Elemente können einzeln ausgewählt und bearbeitet werden. Wählen Sie z. B. eine Legendenbox aus. Durch Doppelklick darauf erscheint die Flächensymbolpalette. Wählen Sie ein Muster und mit der Farbpalette eine Farbe aus. Schließen Sie die Symbolpalette. Durch Doppelklick mit dem Auswahlwerkzeug auf einen Text in der Legende lassen sich die Texte verändern. Ebenso lassen sich markierte Legenden-Elemente verschieben, löschen und kopieren. Ist die Bearbeitung der Legende beendet, müssen Sie die Legenden-Elemente wieder zusammenfassen. Markieren Sie alle Legenden-Elemente mit dem Auswahlwerkzeug durch Aufspannen eines rechteckigen Bereiches. Alle in diesem Bereich enthaltenen Elemente werden markiert. Fassen Sie diese zusammen mit dem Menü:

Layout-Menüleiste

Grafik:
  Gruppieren

Die Legende ist jetzt wieder ein einziges Element und kann als Ganzes bearbeitet (z. B. verschoben) werden. Wird eine Legende auf diese Weise im Layout bearbeitet, so geht die dynamische Verbindung zum View verloren. Das bedeutet, dass eine Veränderung der Legende im View nicht mehr auf das Layout übertragen wird.

Übung zu Layouts

1) Starten Sie ArcView GIS mit einem neuen Projekt und laden Sie das folgende Thema in ein View:

  c:\esri\esridata\world\Cntry92.shp

2) Wählen Sie für das View die Projektion '**Transverse Mercator**' (Spheriod: Bessel, Central Meridian: 9, Maßstabsfaktor: 1, Ostverschiebung: 3 500 000).

3) Erstellen Sie das folgende oder ein ähnliches Layout:

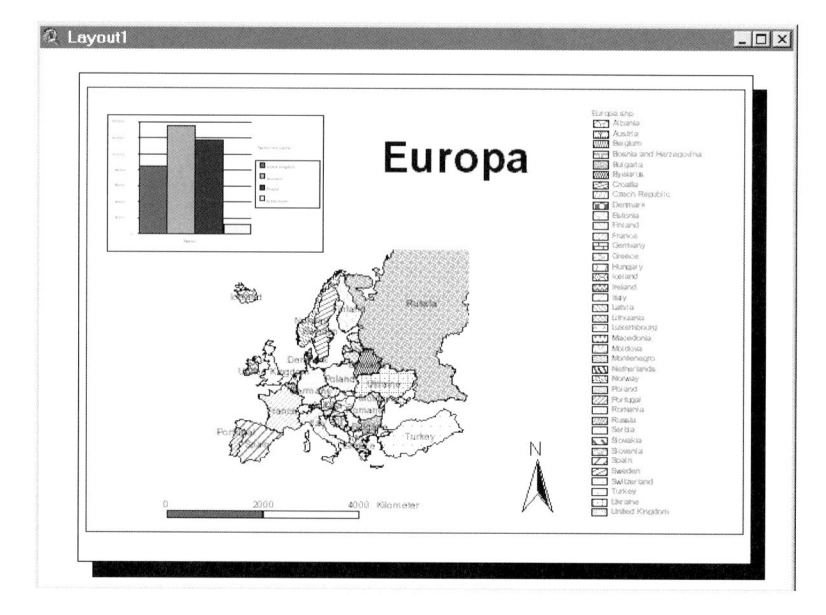

Hinweise zur Übung

zu 1) Starten Sie ArcView GIS und öffnen Sie ein neues View mit dem Schalter 'Neu' im Projektfenster. Laden Sie mit dem Werkzeug aus der View-Schaltflächenleiste das angegebene Thema in das View und zeichnen Sie es.

zu 2) Die Projektion für ein View wird unter den View-Eigenschaften eingestellt.

zu 3) Selektieren Sie im View die Länder von Europa und speichern Sie diese als Shapethema. Geben Sie bei der Frage, ob die projizierten Einheiten gespeichert werden sollen 'Nein' ein und fügen Sie das neue Shapethema dem View hinzu. Wählen Sie für das neue Thema die Einzelwert-Legende und beschriften Sie die Objekte. Erzeugen Sie vom Projektfenster aus ein neues Layout. Fügen Sie mit den Werkzeugen aus der Layout-Werkzeugleiste das View, die Legende des Views, eine Maßstabsleiste, einen Nordpfeil, einen Text (Europa) und ein Diagramm in das Layout ein. Das Diagramm muss zuvor mit Hilfe einer Tabelle erzeugt werden. Das Diagramm lässt sich nur in das Layout einfügen, wenn es geöffnet ist. Für die Maßstabsleiste müssen in den View-Eigenschaften zuvor die Abstands- und Karteneinheiten gesetzt werden.

9 ArcView GIS-Programmierung

9.1 Programmiersprache Avenue

ArcView GIS ist programmierbar. Es besitzt dafür die Programmiersprache 'Avenue'. Genau betrachtet, besteht ArcView GIS fast nur aus Avenue-Programmen. Die Benutzeroberfläche (ArcView GIS-Hauptfenster) mit allen Menüs, Schaltflächen und Werkzeugen starten Avenue-Programme (Scripts), die jeweils eine bestimmte Aufgabe erfüllen. Jedem Steuerelement (Menü, Schaltfläche, Werkzeug) ist ein solches Script zugeordnet, das aus Avenue-Anweisungen besteht.

Die gesamte Benutzeroberfläche von ArcView GIS lässt sich verändern. Es können Steuerelemente gelöscht oder hinzugefügt werden. Fügen Sie ein Steuerelement hinzu, so können Sie diesem ein vorhandenes oder selbstentwickeltes Script zuordnen und ausführen lassen.

Damit Sie eigene Scripts entwickeln können, ist es notwendig, sich mit der Struktur von Avenue und dessen Programm-Anweisungen vertraut zu machen. Avenue ist eine objektorientierte Programmiersprache, deren Handhabung für Programmierer herkömmlicher Sprachen etwas gewöhnungsbedürftig ist. Die Programmierung in dieser Sprache ist letztlich jedoch einfacher und effektiver als in herkömmlichen nicht objektorientierten, z. B. FORTRAN. Bei einer objektorientierten Sprache stehen für ein Fachgebiet (hier: GIS) fertige Objekte (z. B. Views, Tabellen) zur Verfügung, deren Eigenschaften gesteuert werden können. Damit findet die Programmierung auf einer höheren Ebene statt.

Dieser Abschnitt gibt eine erste Einführung in die objektorientierte Programmiersprache Avenue. Sie sollen hier anhand von Beispielen erkennen, wie Avenue arbeitet. Für tiefergehende Informationen verweise ich auf die Fachliteratur zur objektorientierten Programmierung. Wer erst einmal, durch die einfachen Beispiele in diesem Abschnitt, ein Gefühl für das Arbeiten mit Avenue entwickelt hat und schon ein wenig Programmiererfahrung hat, kann sich auf dieser Basis eine Vertiefung leicht selbst erarbeiten.

Zunächst werde ich mich mit der Struktur dieser Programmiersprache beschäftigen und anhand von Beispielen das Arbeiten mit den wichtigsten Objekten zeigen. Die Integration von ArcView GIS mit anderen Anwendungen (z. B. Excel) in einem Netzwerk soll ebenfalls an Beispielen erläutert werden.

In Avenue arbeiten Sie mit Objekten, die hierarchisch angeordneten Klassen zugeordnet sind. Objekte können entweder erzeugt oder deren Eigenschaften verändert werden. Das geschieht durch 'Methoden' (Request). Sie stellen eine Anforderung an eine Klasse oder ein Objekt. Die Klasse oder das Objekt bearbeitet dann die Anforderung und reagiert entsprechend.

Ein View ist z. B. ein Objekt. Es hat bestimmte Eigenschaften. Diese können mit einer Methode, also einer Anforderung an das Objekt, beeinflusst werden. Ein zugehöriger Avenue-Befehl sieht z. B. folgendermaßen aus:

theList = theView.GetActiveThemes

'theView' ist das Objekt. Die Methode, die hier angewendet wird, ist 'GetActiveThemes' und liefert in einer Liste alle aktiven Themen des Views. Eine Methode kann ein Objekt zurückgeben. In diesem Fall wird das Objekt 'theList', das die aktiven Themen des Views enthält, zurückgegeben.

Ein weiteres Beispiel für ein Objekt ist ein 'Shape' (z. B. Kreis) in einem View oder Layout. Dieses Objekt hat z. B. die Eigenschaft 'Position'. Sie können mit der Methode 'Move (x,y)' ein solches Objekt bewegen. Der Avenue-Befehl dazu lautet:

theShape.Move (x, y)

Tabellen, Zeichenketten (Strings), Layouts und Zahlen sind ebenso Objekte. Da Zahlen auch Objekte sind, können Methoden auf sie angewendet werden. Hierzu folgt je ein Beispiel für Zahlen und Zeichenketten. Im ersten Beispiel werden zwei Zahlen multipliziert oder in der Sprache der Objekt-Programmierung ausgedrückt: Die Methode 'Multiplikation' wird auf die Objekte 'anum1' und 'anum2' angewendet und erzeugt das neue Objekt 'anum'.

*anum = anum1 * anum2*

aString = aString1 + aString2

Das letzte Beispiel fügt zwei Zeichenketten zusammen. In Avenue gibt es eine Vielzahl von Objekten, auf die zahlreiche Methoden angewendet werden können. In der Online-Hilfe werden alle Methoden, Objekte und Klassen erläutert.

Klassen und Objekte

Objekte werden in Klassen definiert. Ein Objekt-Modell beschreibt die Beziehung zwischen den Klassen in ArcView GIS. Damit Sie die Objekte aus diesen Klassen nutzen können, müssen Sie die Grundstruktur des ArcView GIS-Objekt-Modells verstehen. Da die Klassen eine hierarchische Ordnung haben, gibt es die oberste oder allgemeine Klasse 'Obj'. Jede Unterklasse erbt das Verhalten seiner Oberklasse. Es führt hier zu weit, das gesamte Objekt-Modell von ArcView GIS in Form eines Diagramms aufzuzeichnen und zu erläutern. Einen Gesamtüberblick über alle Klasse erhalten Sie in der Hilfe über die:

<u>Script-Menüleiste</u>

Hilfe:
  Hilfethemen
    - Anpassen und Programmieren von ArcView mit Avenue
    - Übersicht über die Programmiersprache Avenue
    - ArcView Klassenhierachie

Anhand eines Auszugs aus der gesamten Klassenanordnung möchte ich Ihnen im Folgenden ein Beispiel zeigen. Der Ausschnitt (siehe nächste Abbildung) aus der Klassenhierarchie zeigt die Superklasse (höchste Klasse in der Hierarchie), 'Obj' und einige Unterklassen. Eine Eigenschaft dieser Klassen ist z. B. der Name. Die Eigenschaften und die zugehörigen Methoden wie 'GetName' oder 'SetName' werden an alle Unterklassen weitergegeben.

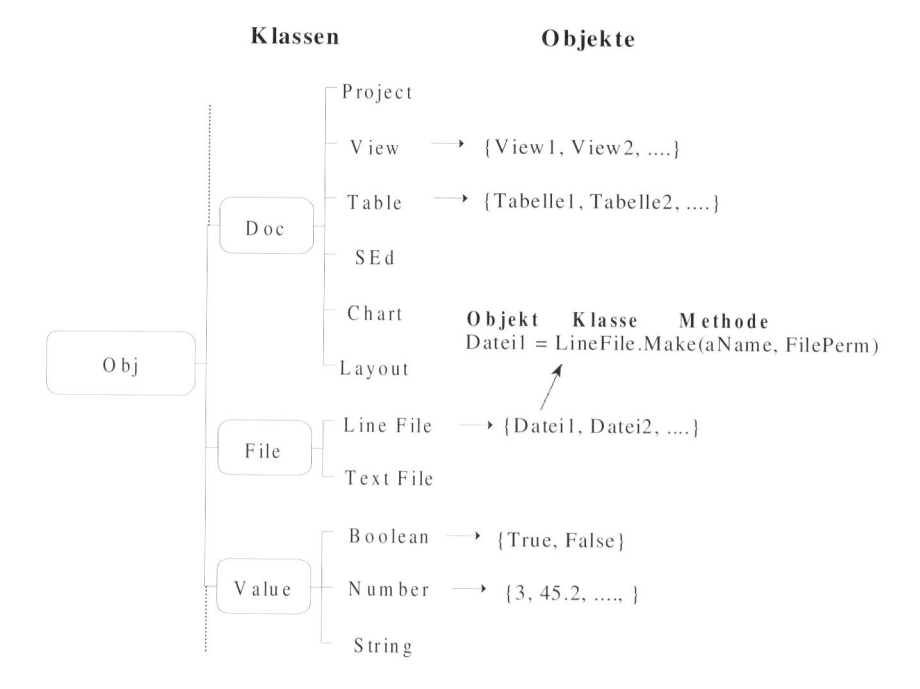

```
         Klassen                    Objekte

                    ┌─ Project
                    │
                    │  View      →  {View1, View2, ....}
                    │
                    │  Table     →  {Tabelle1, Tabelle2, ....}
           ┌─ Doc ──┤
           │        │  SEd
           │        │
           │        │  Chart        Objekt    Klasse    Methode
           │        │               Datei1 = LineFile.Make(aName, FilePerm)
 Obj ──────┤        └─ Layout                     ↑
           │                                      │
           │        ┌─ Line File →  {Datei1, Datei2, ....}
           ├─ File ─┤
           │        └─ Text File
           │
           │        ┌─ Boolean   →  {True, False}
           │        │
           └─ Value ┤  Number    →  {3, 45.2, ...., }
                    │
                    └─ String
```

Wie aus dem Diagramm zu ersehen ist, sind 'Doc', 'File' und 'Value' Unterklassen von 'Obj'. Die Eigenschaft von 'Obj', einen Namen zu besitzen und ändern zu können, wird auf diese Unterklassen übertragen; denn ein 'Doc'

(Dokument wie ein View, Tabelle...) und ein 'File' (Datei) haben ebenfalls einen Namen, der abgefragt und gesetzt werden kann. Die Unterklassen können noch zusätzliche Eigenschaften und Methoden haben. So besitzen z. B. ein Dokument und ein File einen Namen. Außerdem können beide geöffnet und geschlossen werden, aber ein File hat im Gegensatz zum Dokument kein Fenster. Steigt man noch weiter nach unten in die Hierarchie, so werden die Unterklassen von 'Doc' erkennbar. Bei ihnen handelt es sich um Project, View, Table (Tabellen), SEd (Script-Editor), Chart (Diagramme) und Layout. Alle Unterklassen haben die Eigenschaften der Klasse 'Doc' gemeinsam: Alle können z. B. geöffnet werden, besitzen ein Fenster und einen Namen. Jede einzelne hat für sich jedoch noch weitere Eigenschaften. Eine Tabelle kann z. B. sortiert werden, ein View aber nicht.

Klassen definieren (erzeugen) Objekte mit Hilfe von Methoden. Auf die Klasse 'Table' können mit der Methode 'Make' beispielsweise beliebig viele Tabellen erzeugt werden:

aTable1 = Table.Make (aVTab1)
aTable2 = Table.Make (aVTab2)

Methoden

Methoden können auf Objekte und auf Klassen angewendet werden. Die Anwendung auf Klassen beschränkt sich hauptsächlich auf die Erzeugung neuer Objekte. So erzeugt

theView = View.Make

ein neues View durch Anwendung der Methode 'Make' auf die Klasse 'View'. Methoden, die auf Objekte angewendet werden, beeinflussen deren Eigenschaften oder geben Informationen über die Objekte. Die Methode hat eine bestimmte Syntax, die die Funktion erkennen lässt. Mit der Methode 'GetName', die auf eine Tabelle angewendet wird, bekommen Sie z. B. den Namen der Tabelle. 'Get' beschreibt dabei die Aktion, 'Name' die Eigenschaft, auf die sich die Aktion bezieht. Alle Avenue-Methoden sind so aufgebaut. Einige Methoden benötigen Parameter oder erzeugen neue Objekte. Hier einige Beispiele:

'Add' fügt z. B. ein Objekt in eine Liste ein oder fügt einer Tabelle neue Felder zu.

theList.Add ("String1")

Das Objekt 'String1' (Zeichenkette) wird in die Liste 'theList' eingefügt.

Die Aktion **'As'** ändert die Klassenzuordnung eines Objektes.

aString = aNumber.AsString

Die Zahl, repräsentiert durch 'aNumber', wird durch die Methode 'AsString' in die Zeichenkette 'aString' umgewandelt.

Die Aktion **'Can'** liefert den Wert 'true', wenn eine bestimmte Funktion ausgeführt werden kann. Wollen Sie z. B. wissen, ob Sie einer VTab (Tabelle) ein neues Feld zufügen können, wenden Sie folgende Methode an:

Ret = aVtab.CanAddFields

Ist die Bearbeitung der Tabelle nicht gestattet, so liefert 'Ret' den Wert 'false'.

Die Aktion **'Find'** sucht und liefert ein Objekt. Suchen Sie z. B. das Objekt 'anObjekt' in einer Liste, so erhalten Sie die Indexnummer mit der das Objekt in der Liste verknüpft ist.

IndexNumber = aList.Find (anObjekt)

Die Aktion **'Get'** liefert Objekte. Sie liefert z. B. die Liste der Grafiken, die in einem View-Dokument enthalten sind.

TheList = aView.GetGraphics

Die Aktion **'Has'** zeigt den Status eines Objektes an.

Ret = aProject.HasDoc (aDokument)

Besitzt in diesem Beispiel das Projekt ein Dokument (View, Tabelle ...), so bekommt das Objekt 'Ret' den Wert 'true'.

Die Aktion **'Is'** gibt an, ob ein Zustand gesetzt ist oder nicht. Wollen Sie beispielsweise abfragen, ob das Thema 'aTheme' in einem View aktiv ist, so liefert

Ret = aTheme.IsActive

den Wert 'true', wenn das Thema aktiv ist. Ist das Thema nicht aktiv, so hat das Objekt 'Ret' den Wert 'false'.

9.2 Der Script-Editor

Mit dem Script-Editor werden Avenue-Programme eingegeben und bearbeitet. Ein Programm wird als Quelltext in ein Script-Dokument geschrieben. Zur Ausführung wird es dort übersetzt und danach gestartet. Einem Script kann ein Menü oder ein Menüeintrag zugeordnet werden. Ebenso lassen sich eine Schaltfläche oder ein Werkzeug zur Ausführung einem Script zuordnen. Mit dem Script-Editor können Texte kopiert, ausgeschnitten und eingefügt werden. Im Quelltext können Kommentare und Unterbrechungen eingebracht werden. Der Quelltext ist auf Datenträger speicherbar. Das Programm kann außer von den Steuerelementen (Menüs, Schaltflächen) auch vom Script-Editor aus gestartet werden. Im folgenden werden die Möglichkeiten aufgezeigt, die der Script-Editor bietet. Zum Editieren größerer Quelltexte ist unter Umständen die Benutzung eines komfortableren Editors besser geeignet. Sie können jeden beliebigen Editor verwenden. Die damit erstellte Textdatei kann vom Script-Editor eingelesen, übersetzt und ausgeführt werden.

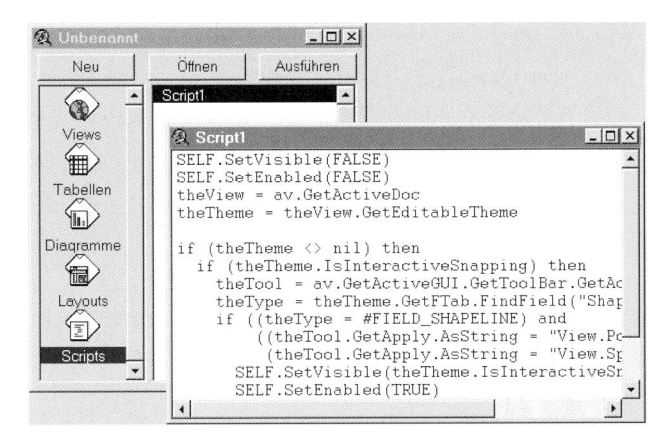

Das Script-Dokument

Script-Dokumente lassen sich vom Projektfenster aus öffnen, und zwar mehrere gleichzeitig. Öffnen Sie ein Script, so erscheint zunächst ein leeres Fenster, in das Sie den Quelltext mit der Tastatur eingeben oder als Text- bzw. Systemdatei einlesen können. Das Projektfenster organisiert die Scripts. Ist ein Scriptfenster geöffnet und aktiv, so erscheinen die zugehörige Menü- und Schaltflächenleiste. Die Werkzeugleiste ist in dieser ArcView GIS-Version leer, kann jedoch mit eigenen bestückt werden.

Die Script-Menüleiste

Die Script-Menüleiste besteht aus Pulldown-Menüs. Sie enthalten Menü-Einträge zum:

- Speichern und Drucken des Scripts
- Auswählen, Kopieren, Ausschneiden und Einfügen von Scripttext
- Setzen von Kommentaren und Unterbrechungen
- Laden von Textdateien
- Übersetzen (Kompilieren) und Ausführen des Scripts
- Untersuchen der Scriptvariablen
- Aufrufen der Online-Hilfe für Avenue.

Die Script-Schaltflächenleiste

Ein Teil der Einträge in der Menüleiste wurden als Schaltflächen realisiert. Diese können:

- Scripts laden und speichern
- den Scripttext bearbeiten
- Scripts übersetzen und ausführen
- Kommentare und Unterbrechungen setzen
- die Scriptvariablen untersuchen
- die Online-Hilfe für Avenue aufrufen.

- speichert das aktuelle Projekt

- schneidet Scripttext aus

- kopiert Scripttext

- fügt Scripttext ein

- macht die letzte Änderung am Scripttext rückgängig

- rückt die Scriptzeile zwei Stellen nach links

- rückt die Scriptzeile zwei Stellen nach rechts

- kompiliert das Script (Übersetzen)

- startet ein Script (Ausführen)
- führt das Script in Einzelschritten aus
- setzt oder entfernt Unterbrechungen
- zeigt die Werte von Variablen an
- fügt den Quellcode eines Systemscripts ein
- fügt eine Textdatei ein
- speichert das Script als Textdatei
- sucht Hilfe
- gibt kontextbezogene Hilfe.

Öffnen von Scripts

Ein Script wird in ein Script-Dokument geschrieben. Ist ein Script bereits in einem Projekt enthalten, so ist es im Projektfenster in der Liste unter Scripts aufgeführt. Aktivieren Sie das Projektfenster und dort das Symbol 'Script'. Sie öffnen ein in der Projektliste enthaltenes Script durch Doppelklick auf den Scriptnamen, oder Sie markieren das Script und drücken den Schalter 'Öffnen'. Ein neues, leeres Scriptfenster erhalten Sie mit dem Schalter 'Neu' im Projektfenster oder durch Doppelklick auf das 'Scriptsymbol'. Ein neues Script kann ebenfalls mit dem Script-Manager geöffnet und gleichzeitig ein Steuerelement zugeordnet werden. Betätigen Sie dazu das Menü:

Projekt-Menüleiste

Projekt:
  Anpassen

Wählen Sie im Definitions-Manager ein Steuerelement (z. B. Typ = View, Kategorie = Schaltfläche) und rufen Sie durch Doppelklick auf die Eigenschaft 'Click' den Script-Manager auf. Vom Script-Manager können Sie durch Drücken des Schalters 'Neu' ein neues leeres Scriptfenster aufrufen.

Script-Eigenschaften

Wie für jedes ArcView GIS-Dokument können auch für Scripts Eigenschaften eingestellt werden. Rufen Sie dazu für ein aktives Script das Fenster zum Einstellen der Eigenschaften auf mit dem Menü:

Script-Menüleiste

Script:
   Eigenschaften

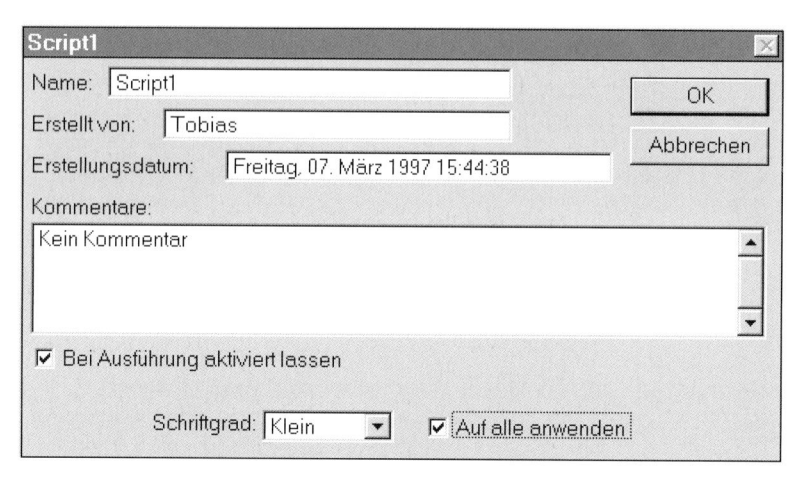

```
Script1                                                    [X]
Name:          Script1                              ┌─────────┐
Erstellt von:  Tobias                               │   OK    │
Erstellungsdatum: Freitag, 07. März 1997 15:44:38   ├─────────┤
Kommentare:                                         │Abbrechen│
Kein Kommentar                                      └─────────┘

☑ Bei Ausführung aktiviert lassen

       Schriftgrad: Klein  ▼   ☑ Auf alle anwenden
```

Geben Sie hier den Scriptnamen, den Namen des Erstellers und evtl. Kommentare zum Script ein. Das Erstellungsdatum ist automatisch vorgegeben und kann nicht verstellt werden. Bei der Ausführung des Scripts vom Script-Editor aus wird normalerweise das Fenster, das hinter dem Scriptfenster liegt, aktiv. Benötigen Sie z. B. für die Ausführung eines Scripts eine aktive Tabelle, so legen Sie diese hinter das Scriptfenster. Das Script aktiviert dann diese Tabelle für die Bearbeitung. Wollen Sie jedoch, dass das Scriptfenster bei der Ausführung aktiv bleibt, so klicken Sie in die Box 'Bei Ausführung aktiviert lassen'.

Ein Script kann in ein Projekt integriert (eingebettet) werden. Das bedeutet, dass das Script nicht in der Liste des Projektfensters zu sehen ist. Das Script erscheint jedoch in der Liste des Script-Managers und steht somit dem Projekt zur Verfügung. Wollen Sie ein Script in ein Projekt einbetten, so übersetzen Sie es und betätigen Sie das Menü:

Script-Menüleiste

Script:
   Script einbetten

Sie können ein eingebettetes Script wieder aus dem Projekt (Script-Manager) entfernen. Laden Sie das zu entfernende Script mit dem Script-Manager und markieren Sie es in der Projektliste. Betätigen Sie das Menü:

Script-Menüleiste

Script:
  Scripteinbettung aufheben

Jedem übersetzten Script lassen sich ein Menü, eine Schaltfläche oder ein Werkzeug zuordnen, die das Script ausführen. Sie können damit ein selbstgeschriebenes Script von der ArcView GIS-Benutzeroberfläche starten. Scripts werden mit Hilfe des Definitions-Managers in die ArcView GIS-Benutzeroberfläche eingebunden, den Sie z. B. von der Projekt-Menüleiste mit dem Menü 'Projekt: Anpassen' oder durch Doppelklick auf eine freie Stelle in der Werkzeug- oder Schaltflächenleiste starten können (siehe Abschnitt 9.7).

Scripts übersetzen und ausführen

Nachdem Sie den Quelltext für ein Script in ein Script-Dokument eingegeben haben, muss es, bevor es ausgeführt werden kann, übersetzt werden. Die Ausführung des Scripts kann auch schrittweise oder in Abschnitten mit Hilfe von Unterbrechungen durchgeführt werden. Während einer schrittweisen Ausführung kann die Belegung der lokalen oder globalen Variablen beobachtet werden. Übersetzt wird ein aktives Script mit einer Schaltfläche in der Script-Schaltflächenleiste oder dem Menü:

Script-Menüleiste

Script:
  Kompilieren

Während der Übersetzung können Fehler an der Syntax des Quelltextes erkannt werden. In einem Fenster wird auf eine mögliche Fehlerursache hingewiesen. Beheben Sie den Fehler. Das Script wird nur übersetzt und ist ausführbar, wenn alle Fehler behoben sind.

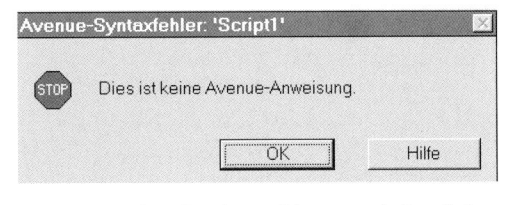

Ausgeführt wird das Script mit einer Schaltfläche in der Script-Schaltflächenleiste oder dem Menü:

Script-Menüleiste

Script:
  Ausführen ('F5')

Vom Projektfenster aus können Sie ein markiertes Script mit dem Schalter 'Ausführen' ebenfalls starten.

Bei der Ausführung des Programms können noch 'Run-Time (Laufzeit)'-Fehler auftreten, z. B. wenn Sie an ein Objekt eine Anforderung (Methode) stellen, die das Objekt nicht bearbeiten kann. Um 'Laufzeit'-Fehlern auf die Spur zu kommen, haben Sie die Möglichkeit, das Programm schrittweise oder mit Hilfe von Unterbrechungen abschnittsweise ablaufen zu lassen. Um das Programm schrittweise ablaufen zu lassen, steht eine Schaltfläche in der Script-Schaltflächenleiste, die Taste 'F8' bzw. folgendes Menü zur Verfügung:

Script-Menüleiste

Script:
  Schritt ('F8')

Sie können zum abschnittsweisen Ablauf des Programms Unterbrechungen setzen. Übersetzen Sie das Script und klicken Sie mit der Maus auf die Stelle im Script, bei der das Programm unterbrochen werden soll. Zum Setzen oder Entfernen der Unterbrechung betätigen Sie die Schaltfläche in der Script-Schaltflächenleiste oder das Menü:

Script-Menüleiste

Script:
  Unterbrechungspunkt ein- / ausschalten

Die Unterbrechung wird im Quelltext markiert. Mit der gleichen Schaltfläche entfernen Sie eine Unterbrechung. Wollen Sie alle Unterbrechungen auf einmal löschen, so können Sie das mit dem Menü:

Script-Menüleiste

Script:
  Alle Unterbrechungspunkte löschen

Unterbrechungen werden nicht mit dem Projekt gespeichert und gehen deshalb beim Speichern des Projektes verloren.

9.2 Der Script-Editor

Zur Fehlersuche ist es manchmal nützlich, die Variablen eines Programms während der Ausführung zu beobachten. Die Variablen werden während der Programmausführung besetzt. Während einer Unterbrechung können die Werte der Variablen eingesehen werden. Benutzen Sie dazu die Schaltfläche in der Script-Schaltflächenleiste oder das Menü:

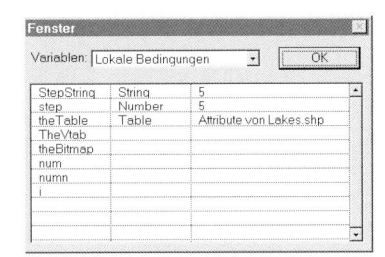

Script-Menüleiste

Script:
  Variablen untersuchen (STRG+E)

Im Fenster für die Variablen sind deren Namen, die zugehörige Objektklasse und der Variablenwert aufgelistet. Sie können die lokalen oder die globalen Variablen einsehen. Lokale Variable gelten nur für das geschriebene Script, globale Variable können in allen Scripts des Projektes benutzt werden.

Scripttext bearbeiten

Der Quelltext wird im Scriptfenster bearbeitet. Die wichtigsten Editiermöglichkeiten sind implementiert. Sie können markierten Text löschen, kopieren oder einfügen. Um Text zu bearbeiten, muss dieser zunächst markiert werden. Das Markieren geschieht - wie üblich - mit der Maus. Sie können auch den gesamten Text in einem Script markieren mit:

Script-Menüleiste

Bearbeiten:
  Alles auswählen

Für das Ausschneiden, Kopieren und Einfügen stehen die folgenden Schaltflächen und Menüs zur Verfügung:

Script-Menüleiste

Bearbeiten:
  Ausschneiden ('STRG+X')

Script-Menüleiste

Bearbeiten:
  Kopieren ('STRG+C')

Script-Menüleiste

Bearbeiten:
   Einfügen ('STRG+V')

Suchen Sie im Quelltext des Script-Dokuments einen bestimmten Text, so finden Sie diesen mit dem Menü:

Script-Menüleiste

Bearbeiten:
   Suchen / Weitersuchen ('F3')

Gehen Sie zuvor an die Stelle des Textes, von der aus der Suchvorgang gestartet werden soll. Suchen Sie den gleichen Text noch einmal, so drücken Sie die Taste 'F3'.

Wollen Sie einen bestimmten Text durch einen anderen ersetzen, so erreichen Sie das mit dem Menü:

Script-Menüleiste

Bearbeiten:
   Ersetzen

Gehen Sie zuvor an die Stelle im Text, ab der das Ersetzen erfolgen soll. Kommt der Text mehrmals vor, so können Sie alles ersetzen oder jeweils nur einen Teil.

Zum Löschen von Text gibt es zwei Möglichkeiten. Markieren Sie den Text und drücken Sie die Taste 'Entf' auf der Tastatur. Sie können den Text innerhalb einer Zeile links von der Cursorposition löschen mit dem Menü:

Script-Menüleiste

Bearbeiten:
   Links vom Cursor löschen ('STRG+U')

Sie können jeweils die zuletzt vorgenommene Löschung im Quelltext rückgängig machen. Betätigen Sie dazu die Schaltfläche in der Script-Schaltflächenleiste oder das Menü:

Script-Menüleiste

Bearbeiten:
   Rückgängig ('STRG+Z')

Um den Quelltext besser lesen zu können, haben Sie zwei Möglichkeiten, den Text zu formatieren. Dieses kann durch Einrücken einzelner Zeilen erreicht werden. Sie können mit Schaltflächen in der Script-Schaltflächenleiste Textzeilen um je zwei Stellen nach links oder rechts versetzen. Setzen Sie den Cursor an eine beliebige Stelle im Text und betätigen Sie die Schaltfläche.

Kommentare dienen der Beschreibung des Programms. Vor die Kommentare werden Anführungszeichen gesetzt (z. B. 'Kommentar) und sie bleiben bei der Übersetzung unberücksichtigt. Sie können die Anführungszeichen manuell oder mit einem Menüeintrag setzen. Markieren Sie den Text mit der Maus, der ein Kommentar werden soll, und betätigen Sie das Menü:

Script-Menüleiste

Bearbeiten:
 Kommentare

Sie können so auch ganze Textpassagen auf einmal von der Übersetzung ausschließen und später wieder aktivieren. Für das Entfernen von Kommentaren markieren Sie den entsprechenden Text und betätigen Sie das Menü:

Script-Menüleiste

Bearbeiten:
 Kommentare entfernen

Scripts verwalten

Scripts können geschlossen, gespeichert, umbenannt und gedruckt werden. Textdateien oder Systemscripts können außerdem in ein leeres oder in ein schon vorhandenes Script eingefügt werden. Umbenannt wird ein Script entweder im Fenster für die Script-Eigenschaften oder direkt vom Projektfenster aus. Aktivieren Sie das Projektfenster und dort das Script-Symbol. Markieren Sie in der Projektliste ein Script. Das Umbenennen erfolgt mit dem Menü:

Projekt-Menüleiste

Projekt:
 Umbenennen ('STRG+R')

Geben Sie den neuen Namen ein und drücken Sie 'OK'.

Auf die gleiche Weise werden vom Projektfenster aus Scripts aus dem Projekt gelöscht. Aktivieren Sie zuerst die zu löschenden Scripts und entfernen Sie sie mit:

Projekt-Menüleiste

Projekt:
  Löschen ('Entf')

Ein Script-Dokument wird auf die gleiche Weise wie jedes andere ArcView GIS-Dokument geschlossen.

Von der Script-Menüleiste schließen Sie ein aktives Fenster mit:

Script-Menüleiste

Datei:
  Schließen

Der Menüeintrag 'Alles schließen' schließt alle ArcView GIS-Dokumente außer dem Projektfenster.

Als Symbol legt man ein Script - wie bei Windows üblich - mit dem Symbol in der rechten oberen Ecke der Script-Fensterleiste in das ArcView GIS-Hauptfenster ab.

Der Quelltext wird beim Speichern des Projektes in der Projektdatei abgelegt. Sie können den Quelltext eines Scripts aber auch als Textdatei auf Datenträger ablegen. Dabei werden entweder der gesamte Quelltext oder nur die markierten Textteile gespeichert. Sie können dazu die Schaltfläche in der Script-Schaltflächenleiste oder das folgende Menü benutzen:

Script-Menüleiste

Script:
  In Textdatei schreiben

Umgekehrt lässt sich eine Textdatei in ein Script einfügen. So können Sie den Quelltext mit einem beliebigen Editor, an dessen Umgang sie gewöhnt sind, schreiben und zur Ausführung in ein Script-Dokument laden. Gehen Sie mit dem Cursor an die Stelle in das Script-Dokument, an der die Textdatei eingefügt werden soll. Betätigen Sie die Schaltfläche in der Script-Schaltflächenleiste oder das Menü:

Script-Menüleiste

Script:
   Textdatei laden

Auf diese Weise können Sie auch einen markierten Text in einem Script durch eine Textdatei ersetzen. Der markierte Text verschwindet nach dem Einfügen der Textdatei aus dem Script.

Ein Systemscript wird auf ähnliche Weise in ein Script-Dokument geladen wie eine Textdatei. Systemscripts werden mit ArcView GIS mitgeliefert und können für verschiedene Aufgaben eingesetzt werden. Eine Beschreibung der Systemscripts finden Sie mit der Online-Hilfe in der Script-Menüleiste. Gehen Sie mit dem Cursor an die Stelle im Script, an der das Systemscript eingefügt werden soll. Betätigen Sie die Schaltfläche in der Script-Schaltflächenleiste oder das Menü:

Script-Menüleiste

Script:
   Systemscript laden

Wählen Sie aus dem Script-Manager ein Script aus oder geben Sie den Namen des Scripts ein. Drücken Sie den Schalter 'OK'. Das Systemscript wird an der entsprechenden Stelle eingefügt.

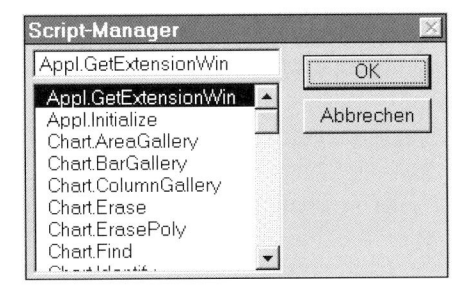

Für die Avenue-Programmierung stehen umfangreiche Hilfen zur Verfügung. Mit der Schaltfläche in der Script-Schaltflächenleiste können Sie eine Suchfunktion aufrufen. Markieren Sie einen Text im Script, für den Sie eine Hilfe benötigen, und betätigen Sie die Schaltfläche. Für den Text 'Add' erscheint dann z. B. nebenstehende Hilfe-Übersicht.

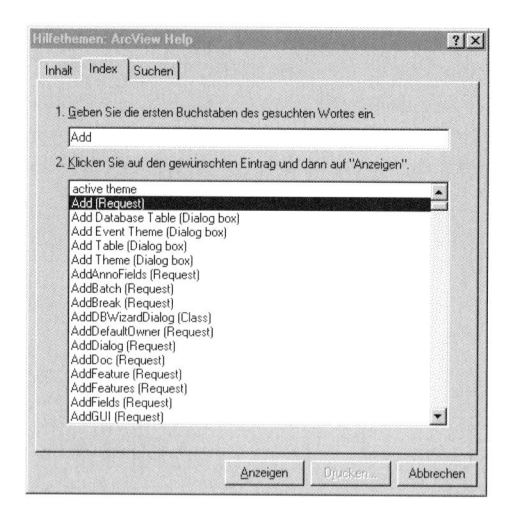

Mit dem Menü:

Script-Menüleiste

Hilfe:
Hilfethemen

erhalten Sie das Hauptinhaltsverzeichnis der Online-Hilfe. Dort finden Sie unter 'Anpassen und Programmieren von ArcView GIS mit Avenue' Informationen zur Programmierung und unter 'Beispielscripte und Erweiterungen' Script-Beispiele und Beispiele für ArcView GIS-Erweiterungen.

9.3 Einführungsbeispiel

Die vorangegangenen Erläuterungen über das Objektmodell von ArcView GIS sollen in diesem Abschnitt mit Beispielen demonstriert werden. Es ist unmöglich, im Rahmen dieses Buches alle Möglichkeiten und Einzelheiten, die Avenue bietet, darzustellen. Gelegen ist mir jedoch an einer Einführung, die ein Gefühl für das Arbeiten mit Avenue vermittelt.

Weiterhin wird gezeigt, wie Sie mit der Online-Hilfe für Avenue umgehen müssen, wenn Sie sich tiefer in die Programmierung einarbeiten wollen.

Starten Sie ArcView GIS, öffnen Sie ein Scriptfenster durch Doppelklick auf das Script-Symbol im Projektfenster, und öffnen Sie ebenso ein neues View-Dokument. Für das einführende Beispiel benötigen Sie ein View mit Themen. Laden Sie die folgenden Themen in das View:

  c:\esri\esridata\mexico\cities.shp

9.3 Einführungsbeispiel

c:\esri\esridata\mexico\states.shp
c:\esri\esridata\mexico\roads.shp

Das Script soll die Namen aller im View aktiven Themen mit Hilfe eines Fensters ausgeben. Dazu schreiben Sie in das Script-Dokument folgende Zeilen:

theView = av.GetActiveDoc
theThemeList = theView.GetActiveThemes
MsgBox.ListAsString (theThemeList, "Aktive Themen", "Themen")

Übersetzen Sie das Script und - wenn es fehlerfrei übersetzt ist - starten Sie es mit der Schaltfläche in der Script-Schaltflächenleiste. Es muss ein Fenster mit den Namen aller aktiven Themen des Views erscheinen. Achten Sie darauf, dass auch Themen im View aktiviert sind. Beachten Sie weiter, dass das View hinter dem Scriptfenster liegt, wenn das Script gestartet wird. Es erscheint sonst eine Fehlermeldung.

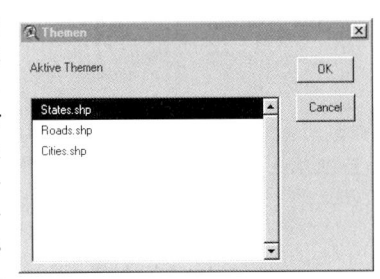

Ich möchte nun die einzelnen Schritte des Programms etwas genauer erläutern. Mit der ersten Programmzeile:

theView = av.GetActiveDoc

wird eine Methode (GetActiveDoc) auf die Klasse 'av' angewendet. Wenden Sie diese Methode auf 'av' an, so entsteht das neue Objekt 'theView', das das zur Zeit aktive Dokument (hier View1) repräsentiert. Sie können zur Methode 'GetActiveDoc' und zur Klasse 'av' die Online-Hilfe aufrufen. Die Hilfe ist gerade für den Anfänger sehr wichtig und sollte deshalb häufig eingesehen werden. Sie erhalten damit einen Überblick über die Klassen und Methoden. Markieren Sie den Text im Script, für den Sie Hilfe benötigen, und betätigen Sie die Hilfe-Schaltfläche (Fragezeichen) in der Script-Schaltflächenleiste. Im Hilfe-Fenster klicken Sie auf 'Application', wenn Sie Hilfe zur Klasse 'av' und den möglichen Methoden benötigen. Hier ist auch eine ausführliche Beschreibung der Methode 'GetActiveDoc' zu finden.

Durch den ersten Avenue-Befehl ist das neue Objekt 'theView' entstanden. Die Anwendung einer Methode auf das Objekt 'theView' liefert die gesuchten aktiven Themen in einer Liste:

theThemeList = theView.GetActiveThemes

Starten Sie nochmals die Hilfe (Hilfethemen und dort den Index) und suchen nach 'View (class)'. In der Hilfe finden Sie alle Methoden, die für die Klasse 'View' möglich sind, auch die Methode 'GetActiveThemes'. Klicken Sie darauf, so erhalten Sie die genaue Beschreibung und die Anwendung der Methode. Sie liefert als Ergebnis eine Liste (theThemeList), die ebenfalls ein Objekt ist. Auf dieses Objekt können wiederum Methoden angewendet werden. Welche Methoden möglich sind, ist in der Hilfe unter 'List (class)' ersichtlich.

Schließlich werden mit der Avenue-Anweisung

MsgBox.ListAsString (theThemeList, "Aktive Themen", "Themen")

die Themen ausgegeben. Suchen Sie in der Avenue-Hilfe nach 'MsgBox'. Alle Methoden werden dort erläutert, auch die Methode 'ListAsString (aList, aMsg, aTitle)'. Klicken Sie auf 'ListAsString' für weitere Erläuterungen. Die Methode gibt eine Liste (hier: theThemeList) auf dem Bildschirm aus. 'aTitle' ist einText, der in der Fensterleiste des Ausgabefensters erscheint. Der Text aus 'aMsg' erscheint ebenfalls im Ausgabefenster.

Sie können das Script einem Menü oder einer Schaltfläche zuordnen. Doppelklicken Sie auf eine freie Stelle in der Script-Werkzeugleiste. Wählen Sie im Definitions-Manager unter 'Typ' den Wert 'View' und unter 'Kategorie' den Wert 'Schaltfläche'. Fügen Sie mit dem Schalter 'Neu' eine neue Schaltfläche ein und weisen Sie ihr das Script zu (Doppelklick auf 'Click'). Aktivieren Sie das View und Sie können fortan mit der neuen Schaltfläche das Script starten. Bezüglich der Zuweisung von Scripts und Schaltflächen lesen Sie unter '9.7 Anpassen der Benutzeroberfläche' in diesem Kapitel nach.

Anwenden von Methoden auf Klassen und Objekte

Methoden können auf Klassen und auf Objekte angewendet werden. Methoden auf eine Klasse ergeben neue Objekte (Instanzen) dieser Klasse oder liefern Informationen. So erzeugt die Methode 'GetActiveDoc' auf die Superklasse 'av' z. B. ein Objekt aus der Klasse 'View'. Objektmethoden werden auf Objekte angewendet und können unterschiedliche Formen haben.

Form: *Objekt = Objekt.Methode*
Beispiel: *aThemeList = theView.GetThemes*

Hiermit entsteht eine Liste aller Themen aus einem View. Eine weitere Möglichkeit für eine Methode ist:

Form: *Objekt = Objekt Methode Objekt*
Beispiel: *Anumb = 5 + 3*

Das Ergebnis dieser Rechnung ist ein Objekt vom Typ 'Number'.

Arbeiten mit Variablen und Listen

Die Klasse 'Value' definiert verschiedene Unterklassen. Aufgeführt werden sie im einzelnen in der Online-Hilfe unter Value (Class). Die wichtigsten sind:

- **Strings (Zeichenketten)**
- **Numbers (Zahlen)**
- **Boolean (Logische Variable).**

Strings
Ein Stringobjekt ist eine Zeichenkette. Sie wird durch direkte Zuweisung oder durch Anwenden einer Methode auf ein anderes Objekt definiert:

Direkt: *aString = "Dies ist eine Zeichenkette"*
Methode: *aString = av.GetProject.GetName*

Im ersten Fall wird der Text direkt zugewiesen. Im Zweiten bekommt das Objekt 'aString' den Namen des Projektes in ArcView GIS zugewiesen. Strings können aus Einzelstrings zusammengesetzt werden:

aString = String1 ++ String2 + nl + String3

'nl' bedeutet, dass nach String2 eine neue Zeile beginnt. Das Doppelplus (++) vor String2 fügt ein Leerzeichen zwischen String1 und String2 ein. Um mit Strings (Zahlenstrings) rechnen zu können, ist es nötig, sie in ein Objekt vom Typ 'numbers' umzuwandeln:

aNumber = theString.AsNumber + 15

Auf Strings können auch Vergleichsoperatoren ($\leq$, $\geq$, <>, <, >) sowie andere Methoden, die den String manipulieren, angewendet werden:

theStringU = theString.Ucase

Die Methode 'Ucase' wandelt alle Zeichen im String in Großbuchstaben um.

Numbers
'Numbers' ist ebenso wie 'Strings' eine Unterklasse von 'Value'. Mit den Objekten dieser Klasse kann gerechnet werden. Als Rechenmethoden stehen alle üblichen mathematischen Operationen zur Verfügung, z. B.:

aNumber = 5.ln
aNumber = 7 + 3 * 12

Beachten Sie hier, dass die Operationen von links nach rechts abgearbeitet werden. Es gilt **nicht** die Punkt- vor Strichrechnung. Setzen Sie gegebenenfalls Klammern. Zahlen können mit der Methode 'SetDefFormat' formatiert werden:

aNumber = theNumber.SetDefFormat (d.dd)

Wollen Sie eine Zahl mit 'MsgBox' ausgeben, so muss sie in einen String umgewandelt werden. Dies ist möglich mit

aString = aNumber.AsString

Boolean
Logische Werte sind ebenfalls aus einer Unterklasse (Boolean) von 'Value'. Sie können nur die Werte 'true' oder 'false' haben. Diese Variablen werden häufig in 'if-Anweisungen' benutzt. Methoden, die den Status oder Fehler von Methoden oder Objekten kontrollieren, liefern logische Werte. Wollen Sie z. B. wissen, ob ein Thema in einem View aktiv ist, wenden Sie folgende Methode auf das Thema an:

Wert = aTheme.IsActiv

Ist das Thema aktiv, so wird Wert = 'true' geliefert, ist es inaktiv, dann 'false'. Wert kann dann in einer 'if-Anweisung' für eine Entscheidung benutzt werden:

If (Wert = "false") then
    aTheme.SetActive
end

Listen
Eine Liste kann gleichzeitig unterschiedliche Objekte enthalten, z. B. Strings, Numbers, Themes. Eine Liste besitzt einen Index, mit dem der Zugriff auf die Listenelemente möglich ist. Dabei hat der Index für das erste Element den Wert '0'. Eine Liste kann direkt eingegeben werden oder das Ergebnis einer Methode sein.

Direkt: *aList = {"Text", av.GetActiveDoc, x}*
Methode: *aList = theView.GetGraphics*

Eine leere Liste wird erzeugt mit:

aList = { }   oder   *aList = List.Make*

Mit der Methode 'Add' fügen Sie Objekte in eine Liste ein, mit 'Remove' entfernen Sie sie. Ein Thema z. B. fügen Sie an das Ende der Liste ein mit:

aList.Add (theTheme)

Mit der Methode 'Get' bekommen Sie ein Element aus einer Liste über die Indexnummer:

aGraphic = aList.Get (7)

Steuerung des Programmablaufs

Es gibt in Avenue verschiedene Möglichkeiten zur Steuerung des Programmablaufs.

Die **'for each'**-Anweisung führt Avenue-Kommandos für jedes Objekt der Klasse 'Collection' durch. Das kann beispielsweise eine Liste sein. Sehen Sie dazu in der Hilfe unter 'Collection' nach.

For each [Objekt] in [Collection]
    Avenue-Anweisungen
end

Das folgende Beispiel entfernt jedes zehnte Element aus der Liste 'aList'.

For each num in 1 .. 100 by 10
    aList.Remove (num)
end

Die **'while'**-Anweisung führt Avenue-Anweisungen solange durch, bis eine vorgegebene Bedingung erfüllt ist:

while (Bedingung)
    Avenue-Anweisung
end.

Erhält die Bedingung innerhalb der Schleife den Wert 'false', so wird sie abgebrochen.

Die **'if then else'**-Anweisung steuert den Programmablauf mit Hilfe von Bedingungen.

If (Bedingung) then
    Avenue-Anweisungsblock 1
  else
    Avenue-Anweisungsblock 2
end

Hat die Bedingung den Wert 'true', wird der Anweisungsblock 1, sonst der Anweisungsblock 2 durchgeführt. Das folgende Script prüft, ob ein Thema in einem View gezeichnet (Visible) oder nicht gezeichnet ist. Es werden alle gezeichneten Themen ausgeschaltet und alle nichtgezeichneten eingeschaltet.

Die Methode 'Invalidate' auf das Objekt 'theView' bewirkt, dass dieses neu initialisiert wird.

```
'Liste aller Themen erstellen und Themen ein- / ausschalten
    theView = av.GetActiveDoc
    aList = theView.GetThemes
    for each aTheme in aList
        if (aTheme.IsVisible) then
            aTheme.SetVisible (false)    'Thema nicht zeichnen
        else
            aTheme.SetVisible (true)    'Thema zeichnen
        end
    end
    theView.Invalidate
```

Ein- und Ausgabe über Tastatur und Bildschirm

Die Klasse 'MsgBox' ermöglicht die Ein- und Ausgabe durch den Benutzer. Die Ein- und Ausgabe erfolgt über Fenster. Wollen Sie z. B. einen String auf den Bildschirm ausgeben, so benutzen Sie die Methode 'Info' auf die Klasse 'MsgBox'. Als Avenue-Befehl geben Sie dafür ein:

MsgBox.Info (aMsg, aTitle)

Dabei muss 'aMsg' ein String sein. Wenn Sie eine Zahl ausgeben wollen, ist diese erst in einen String umzuwandeln:

aMsg = aNumber.asString

Die Anweisung:

MsgBox.Info ("Wert1", "Ausgabefenster")

erzeugt folgendes Fenster:

9.4 Beispiel zu Dateien und Tabellen

Als Beispiel für die Ein- und Ausgabe dient das folgende Programm. Mit der Methode 'ChoiceAsString' können Sie ein Objekt mit einem Pulldown-Menü auswählen. Dieses Objekt wird dann durch die Methode 'Info' auf die Klasse 'MsgBox' auf dem Bildschirm ausgegeben.

'Liste definieren
aList = {"Objekt1", "Objekt2", "Objekt3"}
'Objekt aus der Liste auswählen
aOb = MsgBox.ChoiceAsString (aList, "Objekt auswählen", "Eingabefenster")
'Objekt ausgeben
MsgBox.Info (aOb, "Ausgabe")

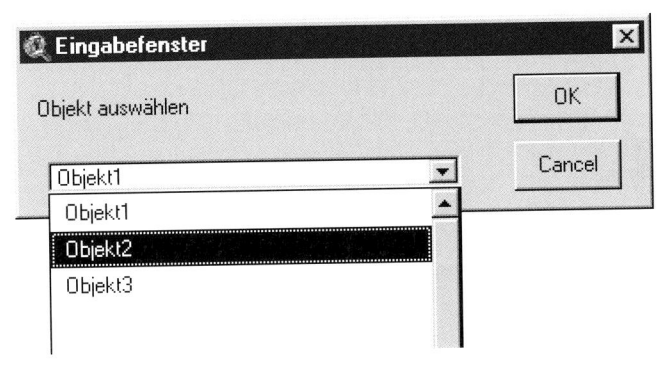

Andere Ein- und Ausgabemöglichkeiten sind mit der Avenue-Online-Hilfe unter 'MsgBox' zu finden.

9.4 Beispiel zu Dateien und Tabellen

Wie Sie mit Dateien und Tabellen in Avenue arbeiten können, wird anhand eines weiteren Beispiels erklärt. Für eine aktive Tabelle wird ein Feld ausgewählt und dessen Werte in eine Datei auf die Festplatte geschrieben. Anschließend wird im Projekt eine neue Tabelle definiert und die Werte aus der Datei in ein neues Feld eingelesen. Die Werte für ein zweites neues Feld werden aus den Werten des ersten berechnet. Es wird gezeigt wie:

- Felder einer Tabelle zugefügt werden
- Dateien gelesen und geschrieben werden
- eine neue Tabelle erstellt wird
- Tabellenwerte berechnet werden.

Starten Sie ArcView GIS und laden Sie folgendes Thema in ein neues View:

c:\esri\av_gis30\avtutor\arcview\qstart\attract.shp

Aktivieren Sie das Thema und rufen Sie die zugehörige Tabelle auf.

Pop_growth	Pct_white	Pct_black	Pct_asian
11.390000	99.120003	0.360000	0.40000
9.340000	98.839996	0.590000	0.06000
10.540000	99.500000	0.070000	0.03000
10.290000	99.349998	0.000000	0.21000
10.370000	99.610001	0.030000	0.17000
8.900000	83.040001	15.790000	0.02000
11.050000	99.580002	0.010000	0.19000
10.790000	97.169998	0.060000	0.18000
10.140000	99.339996	0.000000	0.12000
11.420000	99.430000	0.010000	0.15000
8.680000	96.230003	2.870000	0.00000

Öffnen Sie nun ein Script-Fenster und geben Sie das folgende Programm ein:

```
'Aktive Tabelle definieren
theTable = av.GetActiveDoc

'VTab für die Tabelle definieren
TheVTab = theTable.GetVTab
theField = theVTab.FindField ("Pct_black")

'Feldwerte in eine Datei schreiben
theFileName = "c:\tabv.txt".AsFileName
theFile = lineFile.Make (theFileName, #FILE_PERM_WRITE)
for each i in theVTab
   rec = theVTab.ReturnValueString (theField, i)
   theFile.WriteElt (rec)
end
theFile.Close


'VTab für die neue Tabelle erstellen mit zwei neuen Feldern
theVTabNew = VTab.MakeNew ("c:\test.dbf".asFileName, dBase)
theVTabNew.SetEditable (true)
NewField1 = Field.Make ("NeuesFeld1", #FIELD_FLOAT,10,3)
NewField2 = Field.Make ("NeuesFeld2", #FIELD_FLOAT,10,3)
theVTabNew.AddFields ( {NewField1, NewField2} )

'10 neue leere Datensätze der Tabelle hinzufügen
for each i in 0 .. 9
  theVTabNew.AddRecord
end

'10 Feldwerte aus Datei lesen und in 'NewField1' schreiben
theFileName = "c:\tabv.txt".AsFileName
theFile = lineFile.Make (theFileName, #FILE_PERM_READ)
```

9.4 Beispiel zu Dateien und Tabellen

```
for each i in 0 .. 9
  rec = theFile.ReadElt
  theVTabNew.SetValue (NewField1, i, rec)
end
theFile.Close
```

'Feldwerte für das zweite Feld aus den Feldwerten des ersten berechnen
```
expr = "( [NeuesFeld1] *10 )"
theVTabNew.Calculate (expr, NewField2)
theVTabNew.SetEditable (false)
```

'Tabelle erstellen und dem Projekt hinzufügen
```
theTableNew = Table.Make (theVTabNew)
av.GetProject.AddDoc (theTableNew)
```

Wenn Sie das Programm fehlerfrei eingegeben haben, übersetzen und starten Sie es. Achten Sie darauf, dass die Tabelle geöffnet ist und hinter dem Script-Fenster liegt, bevor Sie das Programm starten. Das Programm wickelt folgendes ab:

- Es wählt die aktive Tabelle 'attract.shp' und darin das Feld 'Pct-black' aus.
- Alle Werte aus 'Pct-black' werden in die Datei 'c:\tabv.txt' geschrieben.
- Es erstellt eine neue 'VTab', um eine neue Tabelle zu definieren. Die neue Tabelle und damit die zugehörige 'VTab' sollen zwei neue Felder mit je zehn Datensätzen haben.
- Die zehn Datensätze des ersten Feldes der neuen Tabelle werden mit den zehn ersten Werten aus der Datei 'tabv.txt' belegt.
- Das zweite Feld der neuen Tabelle wird aus den Werten des ersten Feldes berechnet.
- Die neue Tabelle wird dem Projekt zugefügt.

Tabelle1	
NeuesFeld1	NeuesFeld2
0.360000	3.600000
0.590000	5.900000
0.070000	0.700000
0.000000	0.000000
0.030000	0.300000
15.790000	157.900000
0.010000	0.100000
0.060000	0.600000
0.000000	0.000000
0.010000	0.100000
2.870000	28.700000

Nach Ablauf des Programms muss in der Projektliste unter 'Tabellen' eine neue Tabelle sein, die zwei Felder mit je zehn Datensätzen enthält. Öffnen Sie das Projektfenster und dort die Tabelle1, um zu testen, ob das Programm richtig gearbeitet hat. Vergleichen Sie die ersten zehn Datensätze im Feld 'Pct-black' aus der Tabelle 'attract.shp' mit den Werten der neuen Tabelle. Sie müssen sich im ersten Feld befinden. Im zweiten Feld sind die Werte des ersten Feldes mit dem Faktor 10 multipliziert.

Die Programmschritte sollen nun genau betrachtet werden.

Aktive Tabelle definieren

Mit dem Befehl

theTable = av.GetActiveDoc

erhalten Sie die aktive Tabelle von 'attract.shp', die durch das Objekt 'theTable' repräsentiert wird.

VTab für die Tabelle definieren und ein Feld auswählen

Jeder Tabelle ist eine 'VTab' zugeordnet. Sie erlaubt den Zugriff auf die Werte und Felder einer Tabelle. Um eine Tabelle zu bearbeiten, müssen Sie zunächst die zugehörige 'VTab' definieren. Das geschieht mit dem Befehl:

theVTab = theTable.GetVTab

Auf die 'VTab' können Methoden angewendet werden. So lässt sich ein in der Tabelle enthaltenes Feld auswählen. Um das Feld 'Pct_black' zu definieren, wenden Sie die Methode 'FindField ("Pct_black")' auf die 'VTab' an:

theField = theVTab.FindField ("Pct_black")

Feldwerte in eine Datei schreiben

Die Werte des ausgewählten Feldes 'theField' (hier "Pct_black") sollen nun in eine Datei geschrieben werden. Dazu müssen Sie zunächst einen Dateinamen festlegen und eine neue Datei öffnen:

theFileName = "c:\tabv.txt".AsFileName
theFile = lineFile (theFileName, #FILE_PERM_WRITE)

Der zweite Befehl erstellt eine Datei mit dem Namen 'theFileName' zum Schreiben. In der folgenden 'for each-Schleife' werden alle in der VTab enthaltenen Werte aus dem Feld 'theField' in die Datei geschrieben:

```
For each i in theVTab
   rec = theVTab.ReturnValueString (theField, i)
   theFile.WriteElt (rec)
end
TheFile.Close
```

9.4 Beispiel zu Dateien und Tabellen

Die Methode 'ReturnValueString' auf das Objekt 'theVTab' liefert einen Wert, der durch das Objekt 'rec' dargestellt wird. Mit der Methode 'WriteElt (rec)' auf das Objekt 'theFile' wird ein Wert in die Datei geschrieben. Der Befehl 'TheFile.Close' schließt die Datei 'c:\tabv.txt'.

Neue VTab mit zwei neuen Feldern erstellen

Nun soll eine VTab für die neue Tabelle erstellt werden. Dazu wird die neue Vtab 'theVTabNew' mit der Methode 'MakeNew' auf die Klasse 'VTab' erstellt.

theVTabNew = VTab.MakeNew ("c:\test.dbf".asFileName, dBase)

Die zu 'theVTabNew' gehörige Datei 'test.dbf' wird auf der Festplatte angelegt. Es werden jetzt zwei neue Felder erstellt, die Realzahlen mit der Breite '10' und 3 Nachkommastellen enthalten sollen. Damit die Felder zugefügt werden können, muss zunächst die Bearbeitung der VTab gestartet und die Felder müssen definiert werden.

theVTabNew.SetEditable (true)
NewField1 = Field.Make ("NeuesFeld1", #FIELD_FLOAT, 10, 3)
NewField2 = Field.Make ("NeuesFeld2", #FIELD_FLOAT, 10, 3)

Die Felder werden der VTab 'theVTabNew' zugefügt mit:

theVTabNew. AddFields ({NewField1, NewField2})

Sie werden hier als Liste und deshalb in geschweiften Klammern eingegeben.

Neue Datensätze zufügen

Der VTab 'theVTabNew' sollen zunächst zehn neue leere Datensätze zugefügt werden. Sie haben dadurch alle den Wert '0'.

For each i in 0 .. 9
 theVTabNew.AddRecord
end

Feldwerte aus Datei lesen und in 'NewField1' (Name: NeuesFeld1) schreiben

Legen Sie zunächst den Namen der Datei fest, aus der die Werte gelesen werden sollen und definieren Sie das Objekt 'theFile' zum Lesen.

theFileName = "c:\tabv.txt". AsFileName
theFile = lineFile.Make (theFileName, #FILE_PERM_READ)

Die Methode 'Make' auf die Klasse 'lineFile' definiert eine ASCII-Datei.

Mit 'ReadElt' auf 'theFile' und 'SetValue' auf 'theVTabNew' werden die ersten zehn Werte aus der Datei gelesen und in das Feld 'NewField1' geschrieben. Anschließend wird das Objekt 'theFile' geschlossen.

For each i in 0 .. 9
  rec = theFile.ReadElt
  theVTabNew.SetValue (NewField1, i, rec)
end
theFile.Close

'NeuesFeld2' aus 'NeuesFeld1', multipliziert mit 10, berechnen

Die Werte des zweiten Feldes sollen jetzt aus den Werten des ersten errechnet werden und zwar multipliziert mit '10'. Dazu wird das String-Objekt 'expr' definiert, das den mathematischen Ausdruck zur Berechnung enthält. Die Methode 'Calculate' auf 'theVTabNew' führt die Berechnung durch:

*expr = " ([Neues Feld1] * 10)"*
theVTabNew.Calculate (expr, NewField2)

Da die Bearbeitung der VTab jetzt beendet ist, wird diese abgeschaltet mit:

theVTabNew.SetEditable (false)

Tabellen erstellen und dem Projekt hinzufügen

Aus der VTab wird jetzt eine Tabelle erstellt und anschließend dem Projekt hinzugefügt:

theTableNew = Table.Make (theVTabNew)
av.GetProject.AddDoc (theTableNew)

9.5 Beispiel zu Views und Themen

Mit diesem zweiten Beispiel erfahren Sie etwas über das Arbeiten mit Views und Themen. Sie erstellen ein neues View und laden, aktivieren und zeichnen ein Thema. Außerdem werden Sie eine Legende erstellen und dem View eine Grafik (Kreis) hinzufügen. Sie lernen dabei:

- ein View zu erstellen
- ein Thema in ein View einzufügen
- die Legende eines Themas zu erstellen
- dem View eine Grafik hinzuzufügen und dessen Attribute zu verändern.

9.5 Beispiel zu Views und Themen

Starten Sie ArcView GIS und öffnen Sie ein leeres Scriptfenster. Geben Sie folgendes Programm ein:

```
'Ein View erstellen
theView = View.Make
theWin = theView.GetWin
theWin.Activate

'Ein Thema in ein View laden
theThemeName = SrcName.Make("c:\esri\esridata\mexico\states.shp")
If (TheThemeName <> nil)then
   theTheme = Theme.Make (TheThemeName)
   theView.AddTheme (theTheme)
   theTheme.SetActive (true)
   theTheme.SetVisible (true)
else
   MsgBox.Info ("Thema nicht vorhanden", "Fehler")
Exit
end

'Legende für das Thema erstellen
theLegend = theTheme.GetLegend
TheLegend.SetLegendType(#LEGEND_TYPE_COLOR)
theLegend.Interval(theTheme,"Area", 6)
theColorRamp = SymbolList.GetPreDefined(#SYMLIST
_TYPE_COLORRAMP).Get(5)
theLegend.GetSymbols.RampSavedColors(theColorRamp)
theTheme.UpdateLegend

'Kreis dem View hinzufügen
mycir = circle.Make (-110@16, 2)
mycirShape = GraphicShape.Make (mycir)
theView.GetGraphics.Add (mycirShape)

'Kreis rot ausfüllen
theSymbol = mycirShape.GetSymbol
theSymbol.SetStyle (#RASTERFILL_STYLE_SOLID)
theSymbol.SetColor (Color.GetRed)
mycirShape.SetSymbol (theSymbol)
```

Übersetzen Sie das Programm und starten Sie es. Nach Ablauf des Programms muss ein neues View mit dem Thema 'states.shp' zu sehen sein. Eine Legende mit sechs Symbolen, deren Farben von hellgrün nach dunkelgrün übergehen, ist im Inhaltsverzeichnis des Views zu sehen. Neben dem Thema im View muss sich ein rot ausgefüllter Kreis befinden.

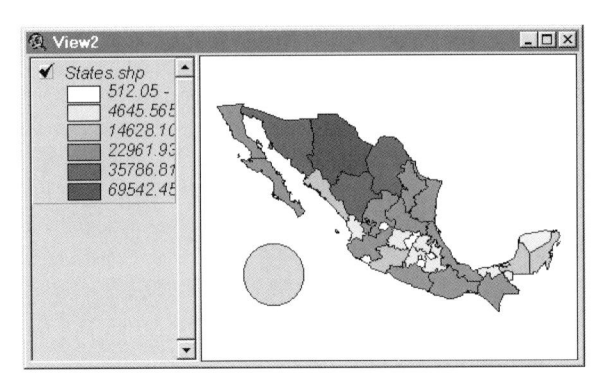

Das Programm erfüllt im einzelnen folgende Aufgaben:

- Es erzeugt ein View und ein Viewfenster und öffnet dieses.
- Es lädt das Thema 'states.shp' in das View ein.
- Es aktiviert und zeichnet das Thema.
- Es erstellt mit Hilfe des Feldes 'Area' eine Legende, deren Farben von hellgrün nach dunkelgrün übergehen.
- Es definiert einen Kreis und fügt ihn der Grafik-Liste des Views hinzu.
- Es füllt den Kreis rot aus.

Es werden nun die Programmschritte genauer betrachtet:

Ein View erstellen

Die Methode 'Make' auf die Klasse 'View' erzeugt das neue Objekt 'theView'. Das zugehörige Fenster wird mit der Methode 'GetWin' auf dieses View erzeugt.

theView = View.Make
theWin = theView.GetWin

Das View-Fenster wird geöffnet mit:

theWin.Activate

Ein Thema in ein View laden

Ein Thema hat einen Quellennamen, der auf die Datenquelle (Datei) zeigt. Das Thema 'states.shp' hat die Datenquelle

c:\esri\esridata\mexico\states.shp

Bevor ein Thema mit der Methode 'Make' auf die Klasse 'Theme' definiert werden kann, muss der Quellenname festgelegt werden. Das geschieht mit:

9.5 Beispiel zu Views und Themen

theThemeName = SrcName.Make("c:\esri\esridata\mexico\states.shp")

Das Thema wird erzeugt, in das View geladen, aktiviert und gezeichnet mit:

If (TheThemeName <> nil) then
  theTheme = Theme.Make (TheThemeName)
  theView.AddTheme (theTheme)
  theTheme.SetActive (true)
  theTheme.SetVisible (true)
else
  MsgBox.Info ("Thema nicht vorhanden", "Fehler")
  Exit
end

Die Methode 'Make' auf die Klasse 'Theme' erzeugt das Thema. 'AddTheme' auf 'theView' fügt dem View das Thema zu. 'SetActive' und 'SetVisible' auf das Thema aktiviert und zeichnet es in das View. Die Befehle innerhalb des oberen Teils der 'if then'-Struktur werden nur ausgeführt, wenn bei der Festlegung des Themennamens kein Fehler auftritt. Tritt ein Fehler auf (z. B. die Datei ist nicht vorhanden), wird für 'theThemeName' ein Objekt geliefert, das 'nil' heißt. Dieses Objekt ist leer, wird als 'Nichts' definiert und dient der Erkennung von Fehlern bei der Anwendung von Methoden. Im unteren Teil der 'If'-Struktur wird dann mit 'MsgBox.Info' eine Fehlermeldung ausgegeben.

Legende für das Thema erstellen

Ein Objekt 'Legende' erhält man durch die Methode 'GetLegend' auf das Objekt 'theTheme'.

theLegend = theTheme.GetLegend
TheLegend.SetLegendType(#LEGEND_TYPE_COLOR)
theLegend.Interval(theTheme,"Area", 6)
theColorRamp = SymbolList.GetPreDefined(#SYMLIST
_TYPE_COLORRAMP).Get(5)
theLegend.GetSymbols.RampSavedColors(theColorRamp)

Mit der Methode 'SetLegendType' wird zunächst der Typ der Legende festgelegt. 'Interval', angewandt auf das Objekt 'theLegend', legt die Anzahl der Klassen, das Thema sowie das Attribut-Feld, mit dessen Werten die Legende erstellt werden soll, fest. Das Objekt 'theColorRamp' definiert den Farbverlauf der Symbole.

Die Legende wird neu gezeichnet mit:

theTheme.UpdateLegend

Diese Methode entspricht dem Drücken des Schalters 'Anwenden' im Legenden-Editor.

Dem View einen Kreis hinzufügen und rot ausfüllen

Schließlich soll ein rot ausgefüllter Kreis in das View eingefügt werden. Er wird definiert mit:

mycir = circle.Make (-110@16, 2)
mycirShape = GraphicShape.Make (mycir)
theView.GetGraphics.Add (mycirShape)

Sehen Sie in der Online-Hilfe nach, welche Aufgaben diese Methoden ausführen.

Die Attribute von Grafiken werden durch Symbole festgelegt. Attribute eines Kreises sind die Beschaffenheit seiner Kreislinie, seines Füllmusters und seiner Füllfarbe. Die Symbole einer Grafik können geändert werden. Das geschieht mit den folgenden Methoden:

theSymbol = mycirShape.GetSymbol
theSymbol.SetStyle (#RASTERFILL_STYLE_SOLID)
theSymbol.SetColor (Color.GetRed)
mycirShape.SetSymbol (theSymbol)

'SetStyle' bestimmt hier die vollflächige Ausfüllung des Kreises, 'SetColor' die Farbe. Die Methode 'SetSymbol' auf die Grafik aktiviert die Veränderung des Symbols und zeichnet den rot ausgefüllten Kreis in das View.

9.6 Integration von ArcView GIS

ArcView GIS bietet Möglichkeiten (IAC = Inter-Application-Communication) zur Integration von anderen Anwendungen, die auf Rechnern innerhalb eines Netzwerkes laufen.

So kann ArcView GIS z. B. Systembefehle an das Betriebssystem weitergeben. Mit DDE (Dynamic-Data-Exchange)-fähigen Windows-Anwendungen ist ein Datenaustausch möglich. Auf der UNIX-Ebene ist es möglich, Funktionen eines anderen Programms aufzurufen (RPC = Remote Procedure Call). Ein Datenaustausch zwischen Windows-Anwendungen über die Zwischenablage (Clipboard) ist ebenfalls möglich. IAC ist eine Client-Server-Verbindung zwischen zwei oder mehr Anwendungen. Der Client ist eine Anwendung, der eine Anfrage an einen Server stellt. Der Server bearbeitet diese Anfrage. ArcView GIS auf einem PC kann z. B. eine AML (ARC/INFO -Macro-Language) in ARC/INFO starten, die innerhalb eines

Netzes auf einer UNIX-Workstation läuft. In diesem Fall ist ArcView GIS auf dem PC der Client und ARC/INFO der Server.

ArcView GIS kann bei DDE und bei RPC sowohl Client als auch Server sein. Im folgenden werden die Kommunikationsmöglichkeiten von ArcView GIS an Beispielen erläutert.

Systembefehle abschicken

In ArcView GIS können Sie mit einer einfachen Methode auf die Klasse 'System' ein Betriebssystem-Kommando abschicken, jedoch nur lokal und nicht über Netzwerk. Sie können z. B. von ArcView GIS aus ein neues Verzeichnis erstellen oder eine andere Windows-Anwendung (z. B. Notepad = Windows-Editor) starten. Die Avenue-Befehle dazu lauten:

System.Execute ("C:\Command.com /k Mkdir c:\Test")
System.Execute ("C:\Windows\Notepad.exe")

Probieren Sie die beiden Befehle aus.

Auf die Klasse 'System' können noch weitere Methoden angewendet werden. Sie dienen hauptsächlich dem Setzen von Systemwerten, Systemaktionen und dem Abfragen von Tastatur und Maus. Diese abstrakte Klasse enthält keine Objekte (Instanzen). Alle Methoden werden direkt ausgeführt. Hier sind einige Beispiele:

Erzeugen eines Signaltons:
System.Beep

Die Systemvariable 'AVHOME' neu setzen:
aString = "c:\Arc"   aVar = "AVHOME"
System.SetEnvVar (aVar, aString)

Die Tastatur abfragen, ob die Shifttaste gedrückt ist:
Ret = System.IsShiftKeyDown

'Ret' hat den Wert 'true', wenn die Shift-Taste gedrückt ist.

DDE (Dynamic-Data-Exchange)

DDE dient zum Austausch von Daten und Kommandos zwischen Windows-Anwendungen. Die beteiligten Anwendungen müssen DDE unterstützen. ArcView GIS unterstützt DDE, wie viele andere Windows-Anwendungen, z. B. 'Excel', 'VisualBasic', 'Word', oder 'WordPerfect'. Dabei wird die Anwendung, die eine Anforderung schickt, ein 'Client' und die Anwendung, die diese Anforderung bearbeitet, ein 'Server' genannt. ArcView GIS unterstützt beide Möglichkeiten. Für die Kommunikation benötigen Sie den **Namen** des Servers, ein **Thema** und ein **Item**. Wollen Sie mit ArcView GIS als Client eine Verbindung mit Excel (Server) aufbauen, so ist der Name des Servers = 'Excel'. Das Thema kann eine Tabelle (Mappe), die in Excel bearbeitet wird, und das Item eine Zelle in dieser Tabelle sein.

ArcView GIS als DDE-Client

Um eine DDE-Verbindung mit ArcView GIS als Client aufzubauen, definieren Sie ein Objekt (TheClient) auf die Klasse 'DDEClient':

TheClient = DDEClient.Make (ServerName, Thema)

z. B. für 'Excel' als Server

TheClient = DDEClient.Make ("Excel", "Mappe1")

Sie können gleichzeitig mehrere DDE-Clients definieren, die Zugriff auf einen oder verschiedene Server haben. Das Thema kann auch 'System' sein. Die meisten Server unterstützen dieses Thema. Welche Themen ein DDE-Server zur Verfügung stellt, können Sie im Handbuch des jeweiligen Programms nachsehen. ArcView GIS als Server unterstützt nur das Thema 'System'.

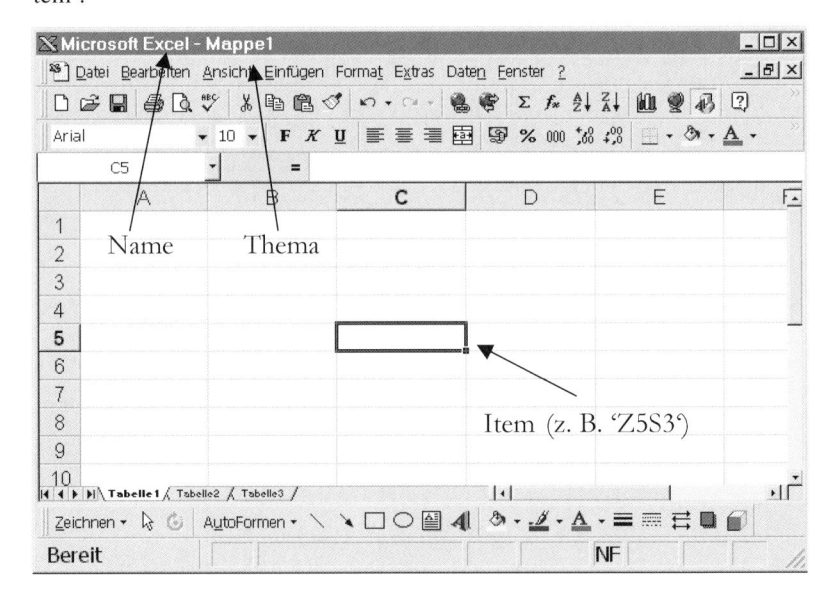

Auf das erzeugte Objekt 'TheClient' können Methoden angewendet werden.

Die Methode

> ***TheClient.Execute (Kommando)***

sendet ein Kommando zum Server, der es dann ausführt.

Es können Daten zum Server übertragen werden mit:

> ***TheClient.Poke (Item, Daten)***

Das Item ist das Ziel, in das die Daten übertragen werden. Ist 'Excel' der Server, so kann das Item z. B. die Zelle 'Z5S3' (Zeile 5, Spalte 3) sein.

Um Daten vom Server zu holen, wird folgende Methode angewendet:

> ***Daten = TheClient.Request (Item)***

Die Daten aus 'Item' werden in die Variable 'Daten' des Client übertragen. Eine DDE-Client-Verbindung wird geschlossen mit:

> ***TheClient.Close***

ArcView GIS als DDE-Server

Beim Start wird ArcView GIS automatisch als DDE-Server geladen. Sollte der DDE-Server aus irgendeinem Grund einmal gestoppt worden sein, so können Sie ihn starten mit:

> ***theServer = DDEServer.Start***

oder mit einem selbstdefinierten Server-Namen 'aServerName', abweichend vom Standard-Namen 'ArcView':

> ***theServer = DDEServer.StartNamed (aServerName)***

Angehalten wird der Server mit der Methode

> ***theServer = DDEServer.Stop***

ArcView GIS als Server wird durch einen Client unter dem Namen 'ArcView' und dem Thema 'System' angesprochen. Das Item ist immer ein Avenue-Script. Dadurch hat der Client vollen Zugriff auf das Objekt-Modell von ArcView GIS und alle seine Methoden. So kann z. B. eine DDE-fähige Anwendung wie Excel ein Avenue-Script in ArcView GIS starten. Für den

Syntax des Client-Befehls sehen Sie bitte im entsprechenden Handbuch nach. Als Parameter in diesem Befehl geben Sie an:

Servername = 'ArcView'
Thema = 'System'

und für das Item z. B. ein Avenue-Kommando oder ein Avenue-Script:

av.GetActiveDoc.AsString
av.Run("Script1", "Data")

Beispiel zu DDE (ArcView als DDE-Client)

Für das folgende Beispiel müssen Sie zunächst 'Excel' starten und ein Formular mit dem Namen 'Mappe1' muss geöffnet sein. Starten Sie außerdem ArcView GIS und öffnen dort ein View mit dem Thema:

c:\esri\esridata\usa\states.shp

Rufen Sie zu diesem Thema die Attributtabelle auf und aktivieren Sie dort das Feld 'State_Name'. Geben Sie das unten stehende Script ein, übersetzen und starten Sie es. Das Programm bewirkt, dass die Werte des Feldes 'Name' aus der Tabelle in die erste Spalte des Excel-Formulars 'Mappe1' übertragen werden. Danach wird umgekehrt ein Wert aus dem Excel-Formular gelesen und in einer ArcView GIS-Anzeigebox angezeigt.

```
'DDE-Objekt herstellen
theClient = DDEClient.Make ("Excel", "Mappe1")

'Aktive Tabelle, die zugehörige VTab und das aktive Feld definieren
theTable = av.GetActiveDoc
theVTab = theTable.GetVTab
theField = theTable.GetActiveField

'Alle Werte aus der VTab lesen und in das Excel-Formular schreiben
For each rec in theVTab
   datas = theVTab.ReturnValueString (theField, rec)
   recstring = (rec +1).AsString
   theClient.Poke ("z"+recstring+"s1", datas)
end

'Einen Wert aus der Zelle (Zeile 7; Spalte 1) des Excel-Formulars
'lesen und in ArcView GIS anzeigen
city = theClient.Request ("z7s1")
Msgbox.Info ("Wert=:"+city, "Info")
```

RPC (Remote Procedure Call)

Mit RPC kann ein Client die Funktionen (Befehle) eines Servers über Netzwerk starten. So ist es z. B. möglich mit ArcView GIS (Client), das auf einem PC installiert ist, Funktionen von ARC/INFO (Server) aufzurufen, das auf einer Workstation unter UNIX läuft. ArcView GIS kann aber auch ein Server sein. Sie können z. B. von ARC/INFO (Client) über Netz ein Script in ArcView GIS (Server) starten.

Um die Verbindung eines Client mit einem Server herzustellen, werden der 'Hostname' (Name des Rechners, auf dem sich der Server befindet), die Identifikationsnummer des Servers (Programms) und eine Versionsnummer benötigt. Ist ARC/INFO der Server, so bekommen Sie diese Informationen, indem Sie ARC/INFO starten und folgendes Kommando eingeben:

    Arc: &type [iacopen]

Die Informationen *'Host: Rechner1 Program no: 40000000 Version no: 1'* benötigen Sie zur Definition des Clients.

Damit ist ARC/INFO als Server gestartet und kann von den Clients angesprochen werden.

Der Server wird angehalten mit:

    Arc: &type [iacclose]

Ist ArcView GIS der Client, so erzeugen Sie diesen durch die Methode 'Make' auf die Klasse 'RPCClient'.

    aRPCClient = RPCClient.Make ("Rechner1", 0x40000000, 1)

Auf das Objekt 'aRPCClient' können Methoden angewendet werden. Um auf dem Server eine Funktion aufzurufen, führen Sie die Methode 'Execute' auf dem definierten Client 'aRPCClient' aus. Wollen Sie z. B. eine AML (Makrosprache von ARC/INFO) ausführen, so lautet der Avenue-Befehl:

Form: *ret = aRPCClient.Execute (Proz-id, Kommando, retClass)*
Befehl: *ret = aRPCClient.Execute (1, "test.aml", string)*

Proz-id = 1 bewirkt die Ausführung einer Funktion
Proz-id = 2 gibt den Status des Servers wieder
ret = ein vom Server zurückgegebenes Objekt (Typ wird mit 'retClass' festgelegt).

ArcView GIS startet die Funktion und wartet nicht, bis der Server die Funktion beendet hat. Es kann eine 'Timeout-Zeit' festgelegt werden. Wird vom Client ein 'Execute' abgeschickt und reagiert der Server nicht innerhalb dieser Zeit, so wird die Bearbeitung der Funktion abgebrochen. Für das Timeout gibt es zwei Methoden:

TimeOut = aRPCClient.GetTimeout
aRPCClient.SetTimeout (Sekunden)

Die erste Methode zeigt den zur Zeit eingestellten 'Timout-Wert' an. Die zweite setzt den Timeout-Wert, angegeben in Sekunden.

Weitere Methoden dienen zur Handhabung von Fehlern während und beim Aufbau der Verbindung. Ein RPCClient wird geschlossen mit der Methode:

aRPCClient.Close

Um ArcView GIS als Server zu starten oder zu beenden gibt es die Kommandos:

aRPCServer.Start (0x40000000, 1)
aRPCServer.Stop

Beispiel zu RPC

Das folgende Programm demonstriert, wie Sie mit PC-ArcView GIS auf einer UNIX-Workstation ARC/INFO-Befehle aufrufen können. ARC/INFO ist hier auf dem Rechner 'Rech05' (Hostname) installiert. Die Rechner müssen in einem Netzwerk mit dem Netzwerk-Protokol 'TCP/IP' installiert sein. Die Befehle bewirken, dass ArcEdit gestartet und das Coverage 'Cov01' gezeichnet wird. Starten Sie zuerst ARC/INFO auf der Workstation und geben Sie dort folgenden Befehl ein:

ARC: &type [iacopen]

Geben Sie das folgende Script in PC-ArcView GIS ein und starten Sie es.

'RPC-Objekt herstellen
RPCC = RPCClient.Make ("Rech05", 0x40000000, 1)

'ARC/INFO Befehle abschicken
RPCC.Execute (1, "ae", string)
RPCC.Execute (1, "display 9999", string)
RPCC.Execute (1, "editc cov01", string)
RPCC.Execute (1, "drawen all", string)
RPCC.Execute (1, "draw", string)

Clipboard (Zwischenablage)

ArcView GIS hat eine eigene Zwischenablage (Clipboard). Sie müssen daher unterscheiden zwischen der ArcView GIS- und der System-Zwischenablage (Windows). Der Austausch von Objekten wie Strings, Grafiken oder Themen erfolgt über die ArcView GIS-Zwischenablage. So können Sie z. B. ein Thema zwischen zwei Views austauschen. Der Austausch von Daten zwischen der ArcView GIS- und der System-Zwischenablage ist nur mit Text und nicht mit Grafiken möglich, da sich die Grafikformate in beiden Systemen unterscheiden.

Die ArcView GIS-Zwischenablage wird definiert mit einer Methode auf die Klasse 'Clipboard':

aClipboard = ClipBoard.The

Das so erzeugte Objekt ist eine Liste, da die Klasse 'Clipboard' eine Unterklasse von 'List' ist. Sie können daher die Methoden 'Add' und 'Get', die für alle Listen gelten, auch für die Klasse 'Clipboard' verwenden. Die Methode

aClipboard.Add (aTheme)

fügt das Thema 'aTheme' in die ArcView GIS-Zwischenablage ein. Die Methode

aTheme = aClipboard.Get (0)

definiert den ersten Eintrag in der Zwischenablage als das Thema 'aTheme'. Auf 'Clipboard' können noch weitere Methoden angewendet werden. So können Sie alle Objekte aus der Zwischenablage entfernen mit:

aClipboard.Empty

Sie können die Zwischenablage nach bestimmten Objekten abfragen, ob diese enthalten sind oder nicht.

aClipboard.HasKindOf (aClass)

Der Austausch von Daten zwischen der ArcView GIS- und der System-Zwischenablage erfolgt mit der Methode 'Update'. Dieser Austausch (Synchronisation) erfolgt nicht automatisch, sondern nur beim Ausführen folgender Methode:

aClipboard.Update

Sind in der ArcView GIS-Zwischenablage Stringobjekte (Texte) vorhanden, so werden diese mit 'Update' in die System-Zwischenablage übertragen. Die ArcView GIS-Strings werden dabei in Windows-Texte umgewandelt. Sind in der ArcView GIS-Zwischenablage keine Objekte vorhanden, so übernimmt diese das letzte Element aus der System-Zwischenablage. Windows-Texte werden in ArcView GIS-Strings umgewandelt. Grafiken werden ignoriert.

Beispiel zum Clipboard

Zur Demonstration werden zwei Beispiele gezeigt. Im ersten wird ein Grafik-Objekt von einem View in ein zweites über das ArcView GIS-Clipboard kopiert. Das zweite Beispiel zeigt, wie ein markierter Text aus dem Windows-Editor 'Notepad' über die System-Zwischenablage in ArcView GIS übertragen und dort als Name für ein View verwendet wird.

Für das erste Beispiel starten Sie ArcView GIS und öffnen dort zwei Views mit den Namen 'View1' und 'View2'. Fügen Sie in 'View1' eine Grafik, z. B. einen Kreis ein. Starten Sie das Programm. Die Grafik wird von 'View1' nach 'View2' über die ArcView GIS-Zwischenablage übertragen.

```
'Erstellung der Objekte 'View1' und 'View2'
theView1 = av.GetProject.FindDoc ("View1")
theView2 = av.GetProject.FindDoc ("View2")

'Definition der ArcView GIS-Zwischenablage
appClipB = ClipBoard.The

'ArcView GIS-Zwischenablage löschen
appClipB.Empty

'Erstellen der Grafiklisten für 'View1' und 'View2'
GraphicList1 = theView1.GetGraphics
GraphicList2 = theView2.GetGraphics

'Übernahme des Grafikobjektes aus der Grafikliste von 'View1' und 'Ü-
bertragung in die Zwischenablage von ArcView GIS
theGraphic = GraphicList1.Get (0)
appClipB.Add (theGraphic)

'Das Objekt 'theGraphic' kann jetzt aus dem Projekt entfernt und später
'aus der ArcView GIS-Zwischenablage in die Grafikliste von 'View2'
'wieder eingefügt werden
theGraphic2 = appClipB.Get (0)
GraphicList2.Add (theGraphic2)
```

9.6 Integration von ArcView GIS

Das zweite Beispiel zeigt, wie ein Text aus der System-Zwischenablage nach ArcView GIS eingelesen und als Name für ein View verwendet wird. Starten Sie ArcView GIS und öffnen Sie dort ein leeres View. Es hat den Namen 'View1'. Starten Sie jetzt unter Windows den Editor 'Notepad', geben Sie dort einen kurzen Text ein (ca. 10 Zeichen), markieren Sie ihn und kopieren Sie ihn in die System-Zwischenablage. Geben Sie das folgende Script ein und starten Sie es. Der markierte Text aus dem Editor erscheint als Name im View (View-Fensterleiste).

'ArcView GIS Zwischenablage definieren
appClipB = ClipBoard.The

'Alle Einträge aus der ArcView GIS-Zwischenablage entfernen
appClipB.Empty

'Update auf eine leere ArcView GIS-Zwischenablage bewirkt, dass der
'Inhalt der System-Zwischenablage in die ArcView GIS-Zwischenablage
'übertragen wird
newB = appClipB.Update

'Den neuen 'View1'-Namen aus der ArcView GIS-Zwischenablage lesen
'und dem 'View1' zuweisen
newName = appClipB.Get (0).clone
theView = av.GetActiveDoc
theView.SetName (newName)

9.7 Anpassen der Benutzeroberfläche

Beim Starten von ArcView GIS wird das ArcView GIS-Standardprojekt geladen. Die Menüs, Schalt- und Werkzeugflächen haben dort eine vorgegebene Anordnung und Bedeutung. Diese kann jedoch geändert werden. ArcView GIS gibt uns die Möglichkeit, die Steuerelemente der Standard-Benutzeroberfläche zu ändern, d. h., Menüs, Schalt- und Werkzeugflächen zu entfernen bzw. neue einzufügen. Jedem dieser Steuerelemente können Programme (Scripts) zugewiesen werden. Diese werden bei Aktivierung der Steuerelemente ausgeführt. Solche Scripts können Systemscripts oder selbst entwickelte Programme sein. Systemscripts sind in ArcView GIS enthaltene Programme.

Definitions-Manager

Die Benutzeroberfläche wird mit dem Definitions-Manager verändert. Dieses Fenster wird von der Projekt-Menüleiste aufgerufen mit:

Projekt-Menüleiste

Projekt:
 Anpassen

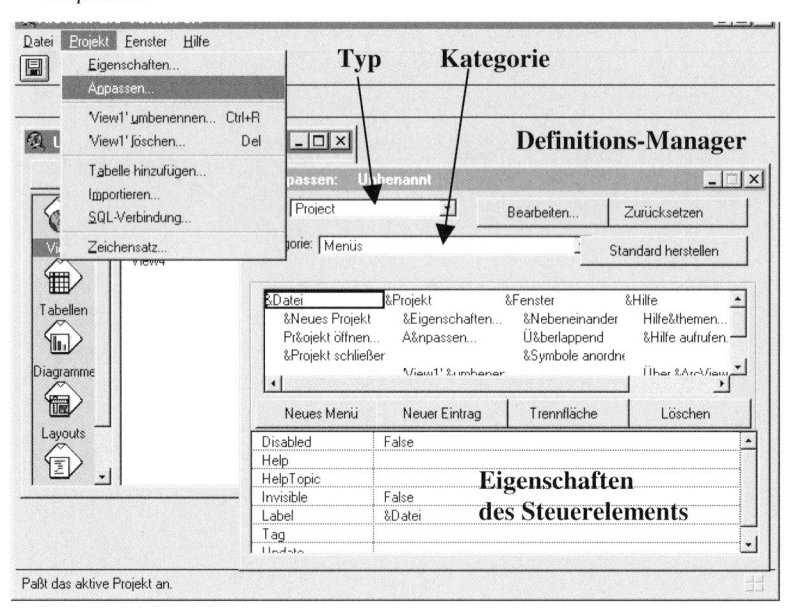

Der Definitions-Manager kann auch durch Doppelklick auf eine leere Stelle in der Schaltflächen- oder Werkzeugleiste aufgerufen werden. Er besitzt

Pulldown-Menüs zur Festlegung des 'Typs' und der 'Kategorie' des Steuerelementes, das bearbeitet werden soll.

Der **Typ** legt das ArcView GIS-Dokument, in der ein Steuerelement bearbeitet, eingefügt oder gelöscht werden soll, fest:

- Applikation
- Diagramm
- Layout
- Projekt
- Script
- Tabelle
- View.

Die **Kategorie** legt die Art des Steuerelementes fest:

- Menüs
- Schaltflächen
- Werkzeuge
- Popups.

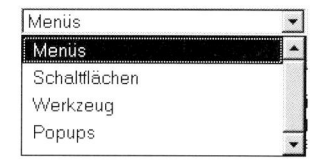

Wollen Sie z. B. die Schaltflächen des ArcView GIS-Dokuments 'View' bearbeiten, so wählen Sie für den Typ 'View' und für die Kategorie 'Schaltflächen'. In der Mitte des Definitions-Managers werden die gewünschten Steuerelemente bearbeitet. Es können neue Menüs mit neuen Einträgen sowie Trennflächen zwischen den Menüs eingefügt oder gelöscht werden. Dies ist ebenso mit Schaltflächen und Werkzeugen möglich.

Im unteren Teil des Definitions-Managers, dem Eigenschaften-Fenster, werden die Eigenschaften der Steuerelemente definiert. Wird ein Steuerelement ausgewählt, so erscheinen diese im Eigenschaften-Fenster. Es können folgende Eigenschaften für die Steuerelemente eingestellt werden:

- Angabe des Scripts, das bei Aktivierung gestartet werden soll
- Hilfetext für die Statusleiste festlegen
- Verweis auf die Online-Hilfe
- Festlegung des Cursors für ein Werkzeug
- Symbol für eine Schaltfläche und ein Werkzeug festlegen
- Festlegung, ob ein Steuerelement aktiv sein soll
- Festlegung, ob ein Steuerelement sichtbar sein soll
- Festlegung einer Tastenkombination zur Aktivierung.

Die Eigenschaften variieren je nach Steuerelement, das bearbeitet wird. Eine genauere Erläuterung erfolgt jeweils in den nachfolgenden Abschnitten.

Im oberen Teil des Definitions-Managers befinden sich außerdem drei Schaltflächen:

- Bearbeiten
- Zurücksetzen
- Standard herstellen.

Mit der Schaltfläche 'Bearbeiten' starten Sie den Editor für das Projektfenster. Mit diesem verändern Sie die Funktionen und das Aussehen des Projektfensters. Die im Projektfenster enthaltenen Symbole können verändert,

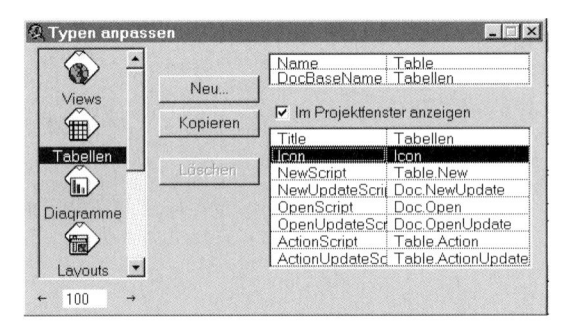

gelöscht, neue hinzugefügt oder deren Reihenfolge verändert werden. Das Verhalten der Schaltflächen im Projektfenster können Sie ebenfalls verändern. Den Schaltern und Symbolen sind Avenue-Scripts zugeordnet. Sie können diese Zuordnung beeinflussen. Doppelklicken Sie dazu auf die entsprechende Eigenschaft im Editor. Durch Löschen bestimmter Symbole im Projektfenster können Sie z. B. die Funktionen von ArcView GIS für Spezial-Anwendungen einschränken bzw. durch Hinzufügen erweitern.

Mit der Schaltfläche 'Zurücksetzen' im Definitions-Manager wird die von Ihnen bearbeitete Benutzeroberfläche wieder auf die ArcView GIS-Standardoberfläche zurückgesetzt.

Mit der Schaltfläche 'Standard herstellen' wird die von Ihnen erstellte Benutzeroberfläche als Standardprojekt 'default.apr' in das Home-Verzeichnis von ArcView GIS abgelegt. Beim Start von ArcView GIS wird zunächst das ArcView GIS-Standardprojekt geladen, das sich im Verzeichnis '..etc' befindet. Die Datei '..\etc\default.apr' darf nicht gelöscht werden. Befindet sich jedoch im Home-Verzeichnis von ArcView GIS eine Datei 'default.apr' (erzeugt durch die Schaltfläche 'Standard herstellen'), so wird diese als Projekt geladen. ArcView GIS startet solange mit der von Ihnen erstellten Benutzeroberfläche, wie sich die Datei 'default.apr' im Home-Verzeichnis befindet. Wollen Sie beim Start von ArcView GIS wieder die ArcView GIS-Standardoberfläche, so entfernen Sie die Datei 'default.apr' aus dem Home-Verzeichnis. Die von Ihnen erstellte Benutzeroberfläche kann aber auch nur für das bearbeitete Projekt wirksam bleiben. Dazu wird das Projekt einfach ge-

9.7 Anpassen der Benutzeroberfläche 315

speichert. Beim nächsten Öffnen des Projektes wird die neue Definition der Benutzeroberfläche wieder mitgeladen.

Anpassen der Menüs und Menü-Einträge

Die Veränderung der Menüleisten und deren Menü-Einträge geschieht mit dem Definitions-Manager. Sie können Pulldown- oder Popup-Menüs bearbeiten. Pulldown-Menüs werden mit der linken Maustaste in der Menüleiste aktiviert. Ein Popup-Menü aktivieren Sie mit der rechten Maustaste in dem ArcView GIS-Dokument, in dem es definiert wurde. Das 'View-Dokument' hat bereits ein definiertes Popup-Menü. Probieren Sie dieses aus, indem Sie ein neues View öffnen und mit der rechten Maustaste in das Viewfenster klicken.

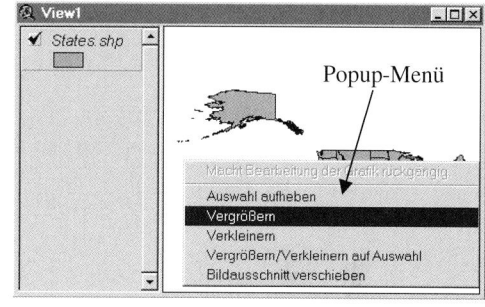

Zum Anpassen der Menüs rufen Sie den Definitions-Manager auf mit:

Projekt-Menüleiste

Projekt:
  Anpassen

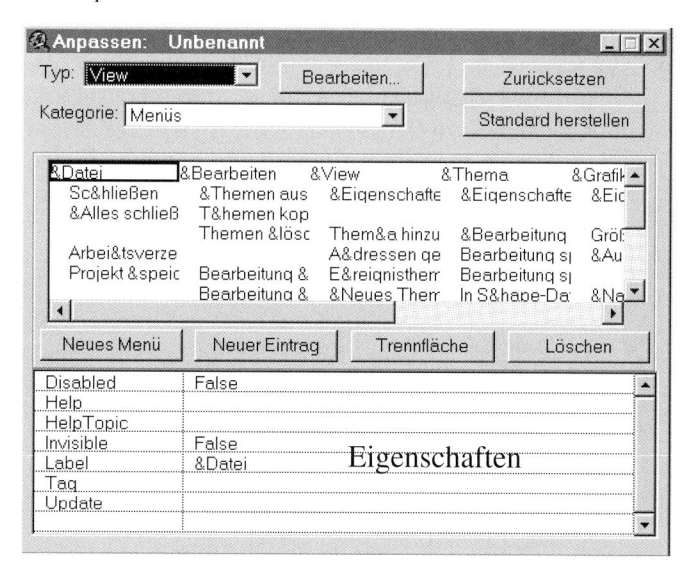

Hier wird zunächst unter 'Typ' das ArcView GIS-Dokument festgelegt, dessen Menü-Leiste bearbeitet werden soll (z. B. View). In 'Kategorie' wählen Sie 'Menüs' oder 'Popups' aus. Folgende Ausführungen gelten sowohl für 'Menüs' als auch für 'Popups'.

Neue Menüs einfügen
Klicken Sie mit der Maus auf das Menü im Definitions-Manager, neben dem ein neues erzeugt werden soll. Betätigen Sie den Schalter 'Neues Menü'. Das neue Menü erscheint mit dem Standardnamen 'Menü' in der Menüleiste. Um den Namen zu ändern, muss die Eigenschaft 'Label' im Eigenschaften-Fenster geändert werden. Es können beliebig viele Menüs eingefügt werden. Wenn die Menüleiste voll ist, wird eine weitere darunter erzeugt. Beachten Sie jedoch, dass zu viele Menüs unübersichtlich sind und somit die Arbeit erschweren.

Neuen Menü-Eintrag einfügen
Um einen neuen Menü-Eintrag einzufügen, klicken Sie mit der Maus auf den Menü-Eintrag im Definitions-Manager, hinter dem der neue Menü-Eintrag erzeugt werden soll. Betätigen Sie den Schalter 'Neues Element'. Der neue Eintrag erscheint mit dem Standardnamen 'Item' im Menü. Um den Namen zu ändern, muss die Eigenschaft 'Label' im Eigenschaften-Fenster geändert werden.

Trennlinie zwischen den Menü-Einträgen einfügen
Zur besseren Übersicht der Menü-Einträge können Trennlinien eingefügt werden. Klicken Sie mit der Maus auf den Menü-Eintrag, hinter dem Sie die Trennlinie erzeugen wollen. Betätigen Sie den Schalter 'Trennsymbol'. Im Menü werden die Menü-Einträge entsprechend getrennt.

Menü oder Menü-Eintrag löschen
Ein Menü oder ein Menü-Eintrag wird gelöscht, indem Sie mit der Maus auf diesen klicken und dann die Schaltfläche 'Löschen' drücken. Der Eintrag verschwindet sofort aus der Menüleiste.

Verschieben eines Menüs oder eines Menü-Eintrages
Klicken Sie mit der Maus auf den zu verschiebenden Eintrag und ziehen Sie diesen (Maustaste festhalten) an die neue Stelle. Trennlinien können ebenfalls auf diese Weise verschoben werden. Das Verschieben der Menü-Einträge ist nur innerhalb eines Menüs möglich.

Eigenschaften der Menüs und Menüeinträge einstellen
Für die Menüs und Menü-Einträge können folgende Eigenschaften eingestellt werden:

9.7 Anpassen der Benutzeroberfläche 317

Click
Hier wird der Name des Scripts angegeben, das ausgeführt wird, wenn das Menü oder eine Schaltfläche betätigt wird. Doppelklick auf 'Click' im Definitions-Manager ruft den Script-Manager auf. Aus dieser Liste kann das entsprechende Script ausgewählt werden, z. B. ein System- oder auch ein selbstentwickeltes Script. Der 'Click'-Parameter arbeitet nur mit Menüs und Schaltflächen.

Disabled
Dieser Parameter kann auf den Wert 'True' oder 'False' gesetzt werden. Doppelklick auf 'Disabled' wechselt zwischen beiden Werten. 'True' bedeutet, dass das entsprechende Steuerelement nicht bedient werden kann. In diesem Fall wird der Eintrag ausgeblendet und ist nur schwach sichtbar.

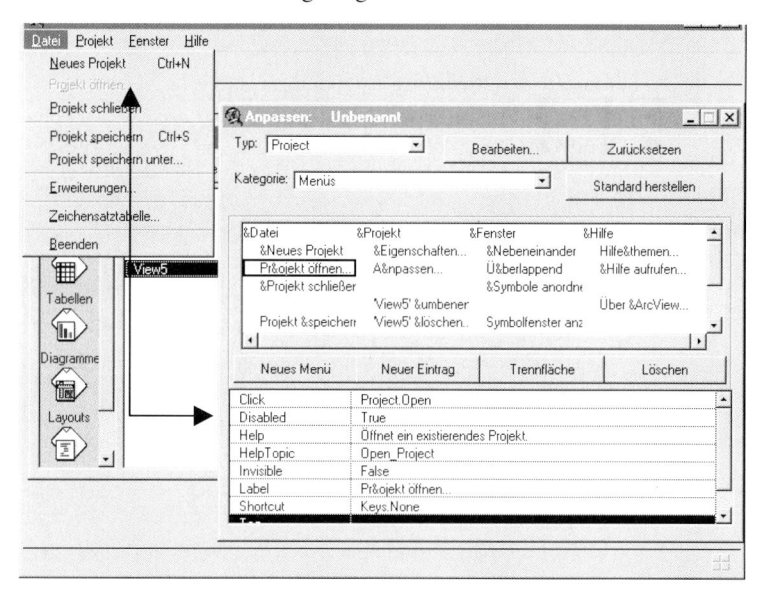

Help
Hier kann ein kurzer Hilfetext eingegeben werden, der in der Statuszeile sichtbar wird, sobald die Maus auf das Menü bewegt wird. Durch Doppelklick auf 'Help' erscheint ein Eingabefenster für den Hilfetext.

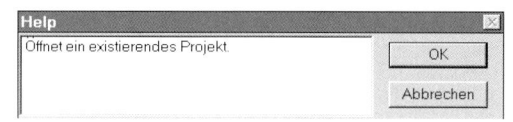

Help Topic
Doppelklick auf diesen Parameter ruft ein Eingabefenster für ein Schlüsselwort der Online-Hilfe auf. Dieses Schlüsselwort aktiviert den entsprechenden Teil der Online-Hilfe, wenn mit der kontextbezogenen Hilfe auf das Menü geklickt wird. Diese kontextbezogene Hilfe aktivieren Sie z. B. mit der

Schaltfläche in der Projekt-Schaltflächenleiste. Wenn Sie auf diese Schaltfläche klicken, verändert sich der Mauszeiger zu einem Fragezeichen. Gehen Sie auf das Steuerelement, für das Sie Hilfe brauchen. So erhalten Sie die gesuchte Information aus der Online-Hilfe.

Invisible
'Invisible' macht ein Menü, eine Schaltleiste oder ein Werkzeug vorübergehend unsichtbar, d. h., das Steuerelement wird herausgenommen. Doppelklick auf 'Invisible' wechselt zwischen den Werten 'True' oder 'False'. 'True' macht den Eintrag unsichtbar.

Label
Diese Eigenschaft legt den Namen der Menüs oder eines Menü-Eintrages fest. Das Zeichen '&' wird vor den Buchstaben gesetzt, der zusammen mit der ALT-Taste die Menü-Aktion auslöst. Die Wahl dieses Buchstabens muss für alle vorhandenen Menüs eindeutig sein.

Shortcut
Ein Menü-Eintrag kann auch durch eine Tastenkombination ausgelöst werden. Doppelklick auf 'Shortcut' ruft eine Tabelle mit den möglichen Tastenkombinationen auf. Die Wahl der Tastenkombination muss für alle Menü-Einträge eindeutig sein, da ArcView GIS eine Doppeldeutigkeit nicht unterscheidet und daher unter Umständen ein Befehl aufgerufen wird, der nicht erwünscht ist.

Update
Legt den Namen eines Scripts fest, das immer dann ausgeführt wird, wenn z. B. im aktiven Fenster eine Veränderung vorgenommen wird. Durch Doppelklick auf 'Update' erscheint der Script-Manager für die Auswahl des Scripts. Ein Beispiel ist das Fenster des Definitions-Managers. Verändern Sie in diesem Fenster z. B. einen Menü-Eintrag, so erscheint die Veränderung sofort in der ArcView GIS-Benutzeroberfläche. Dieses wird ausgelöst durch das Script 'Project.CustomizeUpdate', das als Parameter in 'Update' des Menü-Eintrages 'Anpassen' eingetragen ist.

Tag / ObjectTag
Mit 'Tag' und 'ObjectTag' können Sie einem Objekt (z. B. einem Menü oder einer Schaltfläche) eine zusätzliche Information anhängen. Während ein 'ObjectTag' ein beliebiges Objekt sein kann, ist ein 'Tag' ein String. Beide dienen z. B. der Bezeichnung und Steuerung von Objekten bei der Programmierung mit Avenue.

Anpassen der Schaltflächen

Die Bearbeitung von Schaltflächen geschieht mit dem Definitions-Manager. Er wird aufgerufen mit dem Menü:

Projekt-Menüleiste

Projekt:
  Anpassen

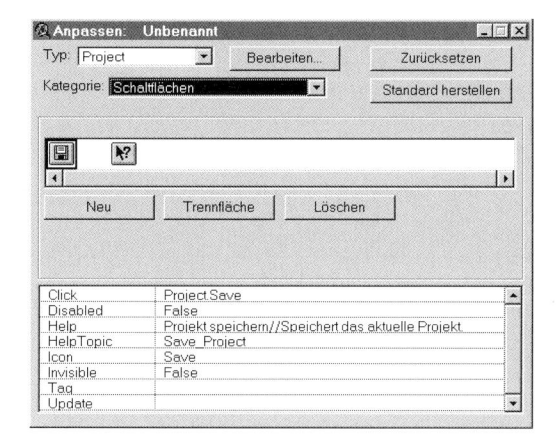

Im Definitions-Manager legen Sie unter 'Typ' das ArcView GIS-Dokument fest, für das die Schaltflächen bearbeitet werden sollen (z. B. View oder Projekt). In 'Kategorie' wählen Sie 'Schaltfläche' aus.

Neue Schaltfläche einfügen
Klicken Sie mit der Maus auf die Schaltfläche im Definitions-Manager, neben der eine neue eingefügt werden soll. Betätigen Sie den Schalter 'Neu'. Eine neue leere Schaltfläche (ohne Symbol) erscheint in der Schaltflächenleiste. Um die Schaltfläche mit einem Symbol zu versehen, muss der Parameter 'Icon' im Eigenschaften-Fenster eingestellt werden.

Leerstelle einfügen
Zur besseren Übersicht können Leerstellen eingefügt werden. Klicken Sie mit der Maus auf die Schaltfläche, neben der rechts ein Zwischenraum erzeugt werden soll. Betätigen Sie den Schalter 'Trennsymbol'. In der Schaltflächenleiste werden die Schaltflächen entsprechend getrennt.

Schaltfläche löschen
Eine Schaltfläche wird gelöscht, indem Sie mit der Maus darauf klicken und den Schalter 'Löschen' betätigen. Die Schaltfläche verschwindet aus dem Definitions-Manager und aus der Schaltflächenleiste.

Verschieben einer Schaltfläche
Klicken Sie mit der Maus auf die zu verschiebende Schaltfläche und ziehen Sie sie (Maustaste festhalten) an die neue Stelle. Trennflächen können ebenfalls auf diese Weise verschoben werden.

Für die Schaltflächen können folgende Eigenschaften eingestellt werden, die teilweise schon im Abschnitt 'Anpassen der Menüs und Menü-Einträge' genauer erläutert wurden:

- *Click*
- *Disabled*
- *Help*
- *Help Topic*
- *Invisible*
- *Update*.

Icon
Ein Symbol für eine Schaltfläche wird mit der Eigenschaft 'Icon' festgelegt. Durch Doppelklick auf 'Icon' erscheint der 'Symbol-Manager' mit allen verfügbaren Symbolen. Eigene Symbole können mit der Schaltfläche 'Laden' in den Symbol-Manager geladen werden. Diese müssen in einer der folgenden Grafik-Formate vorliegen:

- TIFF-Bitmap (*.tif)
- Windows-Bitmap (*.bmp)
- X Bitmap (*.xbm)
- Sun-Raster (*.rs)
- MacPaint (*.mcp)
- CompuServe GIF (*.gif).

Anpassen der Werkzeuge

Die Bearbeitung der Werkzeuge geschieht mit dem Definitions-Manager. Es werden einzelne Werkzeuge oder Werkzeug-Menüs definiert. Die Festlegung geschieht auf ähnliche Weise wie bei den Pulldown- oder den Popup-Menüs. Der Definitions-Manager wird aufgerufen mit dem Menü:

Projekt-Menüleiste

Projekt:
    Anpassen

Im Definitions-Manager wird unter 'Typ' das ArcView GIS-Dokument festgelegt, für das die Werkzeugleiste bearbeitet werden soll (z. B. View oder Diagramm). In 'Kategorie' wird 'Werkzeug' ausgewählt.

9.7 Anpassen der Benutzeroberfläche 321

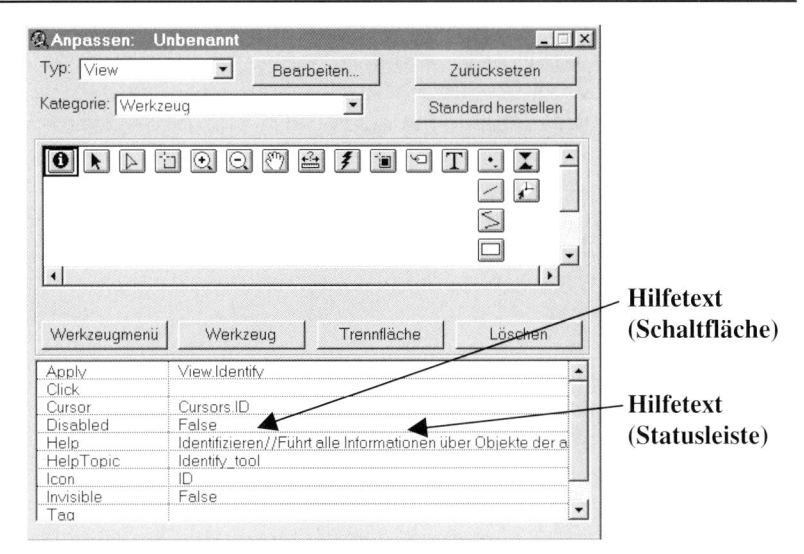

Das Einfügen, Löschen und Verschieben von Werkzeugen geschieht auf die gleiche Weise wie bei den Schaltflächen. Leerstellen werden ebenso eingefügt.

Für die Werkzeugflächen können folgende Parameter eingestellt werden:

Apply
Hier wird der Name des Scripts eingegeben, das ausgeführt wird, wenn die Werkzeugfläche aktiv ist. Doppelklick auf 'Apply' ruft den Script-Manager auf. Aus dieser Liste kann das entsprechende Script ausgewählt werden, z. B. ein System- oder auch ein selbstentwickeltes Script. Der Apply-Parameter arbeitet nur mit den Werkzeugflächen.

Cursor
Dieser Parameter legt für ein Werkzeug den Typ des Cursors fest. Doppelklick auf 'Cursor' zeigt eine Liste aller verfügbaren Cursortypen. Der Cursor-Parameter arbeitet nur mit den Werkzeugflächen. Weitere schon unter Menüs und Schaltflächen besprochene Parameter sind:

- *Disabled*
- *Help*
- *Help Topic*
- *Icon*
- *Invisible*
- *Update*.

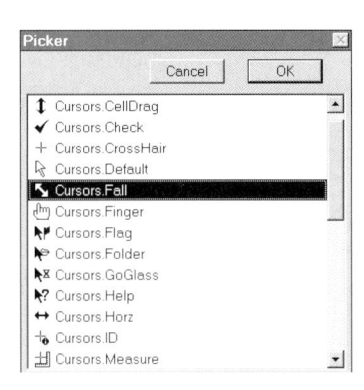

Beispiel zum Anpassen der Menüs und Leisten

In dem folgenden Beispiel soll die Projekt-Menüleiste und die Projekt-Schaltflächenleiste verändert werden. Es wird ein neues Menü und eine Schaltfläche hinzugefügt und mit den erforderlichen Parametern versorgt. Das Ergebnis wird als neues Projekt gespeichert und kann dann mit den neuen Menüs und Schaltflächen wieder geladen werden. Das so neu entstandene Projekt kann auch als Standardprojekt gespeichert werden, so dass bei einem Neustart von ArcView GIS die neuen Menüs und Schaltleisten zu sehen sind.

Das Beispiel hat folgende Schritte:

- **Erstellen eines neuen Menüs**
- **Erstellen einer neuen Schaltfläche**
- **Speichern der Veränderung.**

Erstellen eines neuen Menüs
Wir werden jetzt zur Projekt-Menüleiste ein neues Menü hinzufügen. Rufen Sie nach dem Neustart von ArcView GIS das Fenster für die Definition der Menüs und Schaltleisten auf (Definitions-Manager) mit:

<u>Projekt-Menüleiste</u>

Projekt:
  Anpassen

Um ein neues Menü in die Projekt-Menüleiste einzufügen, stellen Sie die Box 'Typ' auf 'Projekt' und die Box 'Kategorie' auf 'Menüs'. Bewegen Sie den Schieber im Definitions-Manager ganz nach rechts und klicken Sie einmal mit der Maus auf den Menüeintrag '&Hilfe'. Im Eigenschaften-Fenster erscheinen die Parameter für dieses Menü. Rechts neben diesem Menü soll jetzt ein neues Menü angehängt werden. Drücken Sie den Schalter 'Neues Menü'. Rechts neben '&Hilfe' und in der Projekt-Menüleiste erscheint das neue Menü mit dem Namen 'Menü'. Fügen Sie unter dem neuen Menü durch Drücken des Schalters 'Neues Element' einen neuen Menü-Eintrag ein. Unter 'Menü' wird der neue Menü-Eintrag mit dem Namen 'Item' eingetragen. Um die neuen Einträge zu definieren, müssen die Parameter für den jeweiligen Eintrag gesetzt werden. Dazu klicken Sie einmal auf den Eintrag 'Menü'. In der Liste für die Eigenschaften erscheinen die Standard-Parameter. Für 'Menü' setzen Sie folgende Parameter:

```
Disabled:    False
Help:
HelpTopic:
Invisible:   False
```

9.7 Anpassen der Benutzeroberfläche

Label: V&iew
Tag:
Update:

Das Setzen der Parameter geschieht durch Doppelklick auf den entsprechenden Parameter. Doppelklick auf 'Disabled' und 'Invisible' ändert den Zustand von 'False' auf 'True'. Doppelklick auf 'Label' ruft ein Fenster zur Eingabe des Labels auf. Ein '&' wird vor den Buchstaben gesetzt, der in der Menüleiste unterstrichen dargestellt wird. Das Menü kann durch diesen Buchstaben zusammen mit der 'ALT-Taste' aktiviert werden. Kontrollieren Sie die Projekt-Menüleiste. Dort muss jetzt das Menü 'View' eingetragen sein.

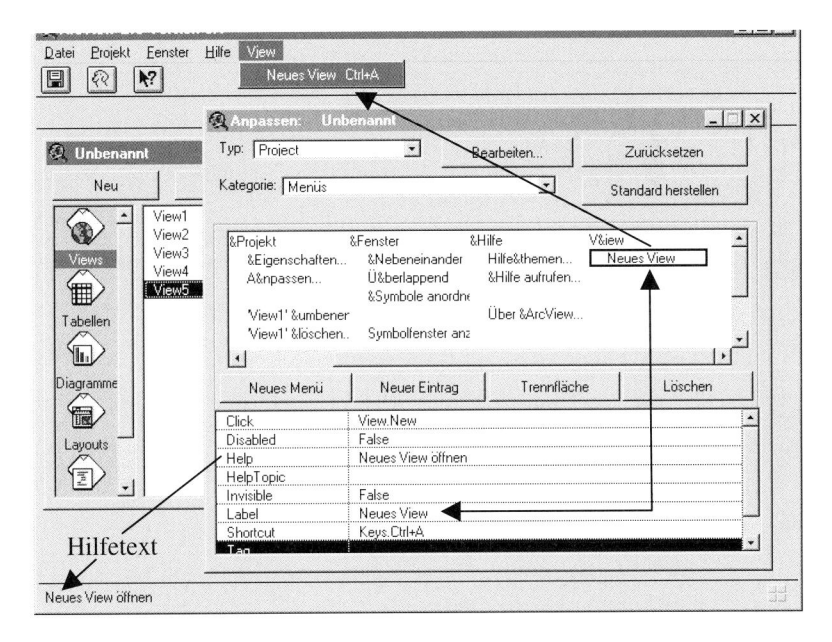

Nun sollen Sie die Parameter für den Menü-Eintrag 'Item' einstellen. Durch die Betätigung dieses Menü-Eintrages soll ein neues View-Dokument geöffnet werden. Klicken Sie einmal auf den Eintrag 'Item'. Es erscheinen die Standard-Parameter für diesen Menü-Eintrag. Ändern Sie wie nachfolgend beschrieben die Parameter auf folgende Werte:

Click: View.New
Disabled: False
Help: Neues View öffnen
HelpTopic:
Invisible: False
Label: Neues View
Shortcut: Keys.STRG+A

Tag:
Update:

Bei Doppelklick auf den Parameter 'Click' erscheint der Script-Manager. Wählen Sie dort das Script 'View.New' aus. Dieses Script öffnet ein neues View. Durch Doppelklick auf den Parameter 'Help' erscheint ein Fenster, in das ein kurzer Hilfetext für die Statusleiste eingegeben werden kann. In 'Label' wird der Name des Menü-Eintrages eingegeben. Der Menü-Eintrag kann auch mit einer Tastenkombination ausgelöst werden. Dazu wird der Parameter 'Shortcut' eingestellt. Durch Doppelklick auf den Parameter erscheint eine Auswahl von möglichen Tastenkombinationen. Wählen Sie hier 'Key.Ctrl+A' aus.

Sind alle Parameter eingetragen, testen Sie den Menüeintrag in der Projekt-Menüleiste. Es muss ein neues Viewfenster erscheinen. Schließen Sie es. Drücken Sie die Tasten 'STRG+A'. Jetzt muss ebenfalls ein neues Viewfenster erscheinen. Schließen Sie das View und fahren Sie mit der Maus auf den Menü-Eintrag 'Neues View'. In der Statusleiste erscheint der Hilfetext.

Die Definition des neuen Menüs ist nun fertig und soll gespeichert werden. Schließen Sie den Definitions-Manager, speichern Sie das Projekt und beenden Sie ArcView GIS. Starten Sie ArcView GIS erneut und laden Sie das eben gespeicherte Projekt. Das neu definierte Menü ist Bestandteil des neuen Projektes.

Erstellen einer neuen Schaltfläche
Es soll jetzt eine neue Schaltfläche in die Projekt-Schaltflächenleiste eingefügt werden. Rufen Sie den Definitions-Manager auf:

Projekt-Menüleiste

Projekt:
  Anpassen

Um eine neue Schaltfläche in die Projekt-Schaltflächenleiste einzufügen, stellen Sie die Box 'Typ' auf 'Project' und die Box 'Kategorie' auf 'Schaltflächen'. Klicken Sie im Definitions-Manager auf die erste Schaltfläche mit der 'Diskette' als Symbol. Rechts neben dieser Schaltfläche soll jetzt eine neue eingefügt werden. Drücken Sie den Schalter 'Neu'. Es erscheint eine neue leere Schaltfläche. Mit 'Trennsymbol' können Sie Zwischenräume für die Schaltflächen einfügen. Um den neuen Eintrag zu definieren, müssen die Eigenschaften für diesen gesetzt werden. Klicken Sie auf die neue Schaltflä-

9.7 Anpassen der Benutzeroberfläche

che. In der Liste für die Eigenschaften stehen noch die Standard-Eigenschaften. Für die neue Schaltfläche setzen Sie neue Eigenschaften. Das geschieht durch Doppelklick auf die entsprechenden Eigenschaften.

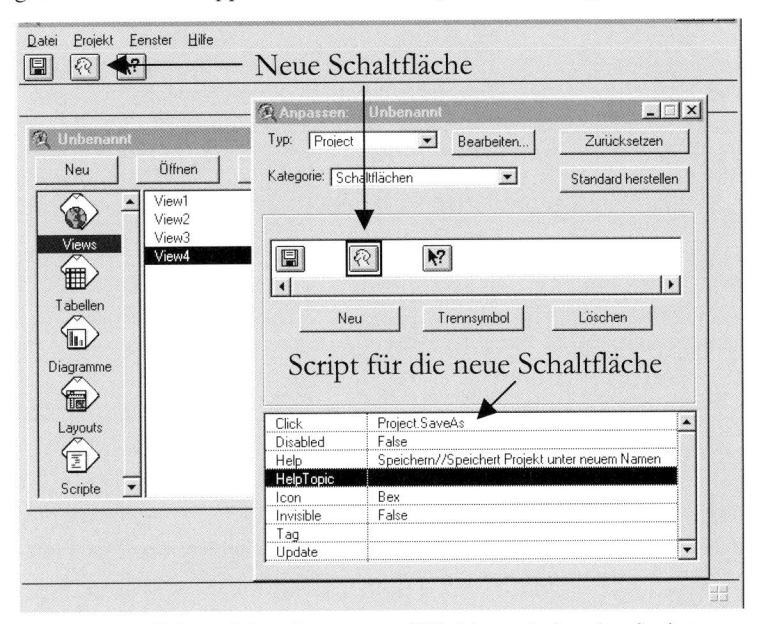

Bei Doppelklick auf den Parameter 'Click' erscheint der Scriptmanager. Wählen Sie dort das Script 'Project.SaveAs' aus. Dieses Script speichert das aktuelle Projekt unter neuem Namen. Durch Doppelklick auf die Eigenschaft 'Icon' erscheint der Icon-Symbol-Manager mit einer Auswahl von möglichen Symbolen für die Schaltfläche.

Click: Project.SaveAs
Disabled: False
Help: Speichern//Speichert Projekt unter neuem Namen
HelpTopic:
Icon: Bex
Invisible: False
Tag:
Update:

Sind alle Parameter eingetragen, testen Sie die neue Schaltfläche in der Projekt-Schaltflächenleiste. Aktivieren Sie die ArcView GIS-Benutzeroberfläche und gehen Sie mit der Maus auf die neue Schaltfläche, ohne die Maustaste zu drücken. Es erscheint der Hilfetext 'Speichern' an der Schaltfläche und der Text 'Speichert Projekt unter neuem Namen' in der Statuszeile der ArcView-Benutzeroberfläche.

Speichern der Veränderung
Die Definition der neuen Schaltfläche ist nun fertig und soll gespeichert werden. Schließen Sie den Definitions-Manager, speichern Sie das Projekt und beenden Sie ArcView GIS. Starten Sie ArcView GIS erneut und laden Sie das eben gespeicherte Projekt. Die neue Schaltfläche ist Bestandteil des Projektes.

Um beim Start von ArcView GIS nicht die ArcView GIS-Standardoberfläche zu laden, sondern die eben definierte Oberfläche mit dem neuen Menü und der neuen Schaltfläche, muss es im Home-Verzeichnis von ArcView GIS als Standardprojekt eingetragen werden. Das geschieht mit dem Definitions-Manager. Rufen Sie diesen auf mit:

Projekt-Menüleiste

Projekt:
 Anpassen

Drücken Sie dort den Schalter 'Standard herstellen'. Die Benutzeroberfläche des aktuellen Projektes wird jetzt in das Home-Verzeichnis als 'default.apr' gespeichert und bei jedem neuen Aufruf von ArcView GIS geladen. Das Home-Verzeichnis wird durch die Systemvariable $HOME festgelegt und ist ohne Festlegung das Verzeichnis 'c:\tmp'. Beenden Sie ArcView GIS und starten Sie ArcView GIS gleich wieder. ArcView GIS startet jetzt mit der neuen Benutzeroberfläche. Wollen Sie beim Start wieder das ArcView GIS-Standardprojekt, so entfernen Sie die Datei 'default.apr' aus dem Home-Verzeichnis.

10 Erweiterungen für ArcView GIS

10.1 Allgemeines über Erweiterungen

Erweiterungen sind zusätzliche Programm-Module, die in ArcView GIS zugeladen werden können. Sie können einem Projekt zugeordnet werden. Speichern Sie ein Projekt mit einer Erweiterung, wird beim Wiederöffnen das entsprechende Erweiterungs-Modul automatisch zugeladen. Das Zuladen einer Erweiterungen erfolgt mit einem Menü in der Projekt-Menüleiste:

Projekt-Menüleiste

Datei:
    Erweiterungen

Im Erweiterungs-Dialogfenster werden die zu ladenden Module eingestellt. Markieren Sie diese (Haken) und drücken Sie 'OK'. Möchten Sie, dass bestimmte Module beim Start von ArcView GIS automatisch geladen werden, so markieren Sie diese im Erweiterungs-Dialogfenster und drücken den Schalter 'Standard herstellen'. Der Schalter 'Zurücksetzen' stellt den ursprünglichen Zustand wieder her. In der Box 'Info' wird für jede Erweiterung eine Kurzbeschreibung gegeben, wenn mit der Maus auf den Namen des Moduls gefahren wird.

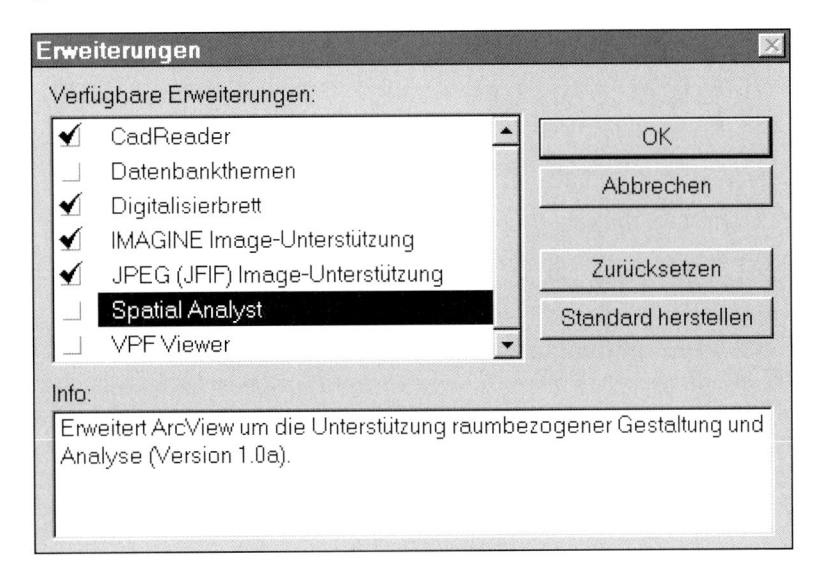

Soll eine Erweiterung im Erweiterungs-Dialogfenster erscheinen, um sie laden zu können, muss die zu jeder Erweiterung gehörige Datei (*.avx) in das Verzeichnis

c:\esri\av_gis30\arcview\ext32

kopiert werden.

Die im Verzeichnis

c:\esri\av_gis30\arcview\tools

enthaltenen Erweiterungsdateien werden beim Start von ArcView GIS immer automatisch eingeladen. Die Funktionen dieser Erweiterungen sind somit als fester Bestandteil von ArcView GIS zu sehen. Eine Beschreibung finden Sie in den entsprechenden Kapiteln in diesem Buch unter dem jeweiligen Thema.

Im Verzeichnis

c:\esri\av_gis30\arcview\samples\ext

befinden sich viele Erweiterungen, die mit ArcView GIS kostenlos geliefert oder zur Verfügung gestellt werden. Diese werden jedoch nicht von ESRI supported. Oft dienen diese als Grundlage oder Anregung für eigene Entwicklungen. Eine Beschreibung dieser Module finden Sie im Abschnitt 10.3. Um eine solche Erweiterung zu nutzen, kopieren Sie die zugehörige *.avx-Datei entweder in das Verzeichnis

c:\esri\av_gis30\arcview\ext32

oder

c:\esri\av_gis30\arcview\tools

Erweiterungen erhalten Sie auch im Internet (www.esri.com/arcscripts) sowie von Fremdfirmen oder ESRI-Partnern. Bei ESRI-Deutschland gibt es einen Partner-Katalog mit der Beschreibung von ArcView GIS Applikationen und Erweiterungen. Diese müssen in der Regel gekauft werden. ESRI vertreibt und entwickelt eigene Erweiterungen, die optional erworben werden können. Diese dienen u. a. zur Bearbeitung und Auswertung von Netzen (Straßen, Leitungsnetze, ...), zur Analyse von Rasterdaten und zur Erstellung und Auswertung von 3-D-Darstellungen. Eine Beschreibung finden Sie im Abschnitt 10.4. Sie können Erweiterungen auch selber erstellen. Dazu gibt es die Erweiterung (extbuild.avx). Sie ist bei der Erstellung behilflich.

10.1 Allgemeines über Erweiterungen 329

In Kapitel 10 werden folgende Erweiterungen genauer beschrieben:

Unterstützte Erweiterungen (10.2):

- **Legendenhilfsmittel:** Erweiterte Legenden in einem Layout (Seite 332)
- **Gradnetze und Messraster:** Geografische Linien erzeugen (Seite 334)
- **Dialog-Designer:** Dialog-Controls für ArcView GIS (Seite 335)
- **CadReader:** Unterstützung des AutoCad V. 15 Formats (Seite 338)
- **Report Writer:** Erstellung von Berichten für Tabellen (Seite 339)
- **Geoverarbeitung:** Zusätzliche GIS-Analysemodule (Seite 340)

Zusätzliche Erweiterungen / Sample Extensions (10.3):

- **Sample Browser:** Zugriff auf die Sample-Extensions (Seite 349)
- **Class Browser:** Listet Avenue Requests auf (Seite 349)
- **Datum Converter:** Konverter für Projektions-Ellipsoiden (Seite 350)
- **Extension Builder:** Erstellung einer eigenen Erweiterung (Seite 350)
- **Load/Save Graphic Text:** Lädt/Speichert Textgrafiken (Seite 351)
- **Remember Saved Projects:** Merkt sich die letzten Projekte (Seite 351)
- **Named Extents:** Benannte View-Ausschnitte (Seite 352)
- **Overview:** Übersichtsfenster für ein View (Seite 353)
- **Point Dispersion:** Verteilt Punkte in einem View (Seite 354)
- **Port Project Utilites:** Vereinfacht Austausch von Projekten (Seite 355)
- **Projector:** Projektion von Themen (Seite 356)
- **Script Editor Utilities:** Zusätzliche Editor-Werkzeuge (Seite 358)
- **Shapefile Description Dialog:** Beschreibt ein Thema (Seite 359)
- **ODB Table:** Speichert 'Alias'-Namen mit einer Tabelle (Seite 360)

Zusätzliche Erweiterungen / DemoTools (10.3):

- **Erstellen eines Imagekatalogs** (Seite 362)
- **Graphik-Shape** Konvertierung (Seite 362)
- **Fläche, Umfang und Länge** von Objekten (Seite 363)
- Import von **Generate-Dateien** (*.E00) aus ARC/INFO (Seite 363)
- **Koordinaten** eines Punktethemas anzeigen (Seite 364)
- **Objekte** eines Themas um einen Winkel **drehen** (Seite 364)
- Setzen von **Labelpunkten** in einem Polygonthema (Seite 365)
- **RGB-Farbwerte** anzeigen (Seite 365)
- Anzeige von **View-Legenden** ändern (Seite 366)
- **Summe von Attributwerten** für Tabellen anzeigen (Seite 367)
- Zweipunkt-**Georeferenzierung** (Seite 367)
- **Statistik** für selektierte Objekte berechnen (Seite 368)
- **Attributtabelle** bearbeiten (Seite 368)
- **Diagramme** in ein View zeichnen (Seite 369)
- **Objekte** mit Hilfe von Grafiken **selektieren** (Seite 370)

- **Import von Excel**-Tabellen direkt aus Excel (Seite 371)
- **Export von Excel**-Tabellen direkt nach Excel (Seite 371)
- **Tabelle** in ein Layout einfügen (Seite 372)

Optionale Erweiterungen (10.4):

- **Spatial Analyst:** Analyse raumbezogener Daten (Seite 374)
- **3D Analyst:** Erstellen und Analyse von 3-D-Modellen (Seite 378)
- **Network Analyst:** Analyse von Netzwerken (Seite 382)
- **Image Analysis Extension:** Bildverarbeitung in ArcView (Seite 386)

10.2 Unterstützte Erweiterungen

Die in diesem Abschnitt beschriebenen Erweiterungen werden von ESRI unterstützt und befinden sich nach der Installation von ArcView GIS im Verzeichnis:

c:\esri\av_gis30\arcview\ext32

Sie können bei Bedarf zugeladen werden und liefern zusätzliche GIS-Funktionen, die bisher nur in einem professionellen GIS wie ARC/INFO zur Verfügung standen. Es kann auf eine Vielzahl von neuen Vektor- und Rasterformaten zugegriffen werden. Die Erstellung von Legenden wurde verbessert, und es kann ein Kartenrahmen in ein Layout eingebaut werden. Für die Analyse stehen neue Werkzeuge zur Verfügung. Der Programmierer kann über Dialog-Controls verfügen.

Erweiterungen zur Eingabe raumbezogener Daten

Die folgende Aufzählung zeigt, mit welchen zusätzlichen Erweiterungen Raster- und Vektorformate in ArcView GIS eingelesen werden können. Weiterhin ist die Digitalisierung von Vektordaten und der Zugriff auf SDE 3.0-Daten möglich.

ADRG Image Support (Adrg.avx), CADRG Image Support (Cadrg.avx)
ermöglicht das Einlesen von ADRG und CADRG-Images.

CIB Image Support (Cib.avx)
ermöglicht das Einlesen von CIB-Images.

JPEG (JFIF) Image Support (Jfif.avx)
ermöglicht das Einlesen von JPEG(JFIF)-Images.

MrSID Image Support (Mrsid.avx), NITF Image Support (Nitf.avx)
ermöglicht das Einlesen von MrSID- und NITF-Images.

Projector Utility (projutil.avx)
ermöglicht die Transformation von Themen in unterschiedliche Projektionen (z. B. UTM nach Gauß-Krüger).

Database Access (dbaccess.avx)
ermöglicht die Anzeige, Abfrage und Analyse von SDE 3.x Daten.

Digitizer (digit.avx)
ermöglicht das Digitalisieren in ArcView GIS mit einem Digitalisierbrett.

Legendenerstellung in einem Layout (Legends.avx)

Die Erweiterung 'Legendenhilfsmittel' bietet Möglichkeiten, Legenden in einem Layout besser zu gestalten, als die bisherige einspaltige Standardlegende. Es können neben mehrspaltigen Legenden auch die Abstände und Form der Legendensymbole ein-gestellt werden.

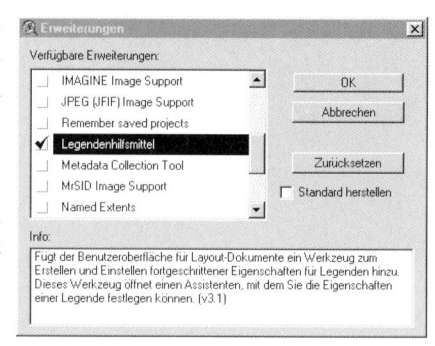

Nach dem Laden der Erweiterung wird zunächst im View für alle Themen der Legendentyp (Einzelsymbol, abgestufte Farben, Einzelwert ...) ausgewählt und ein Layout geöffnet. Im Layout erscheint zunächst die Standardlegende. Durch die Erweiterung befindet sich ein neues Werkzeug in der Layout-Werkzeugleiste. Betätigen Sie dieses und klicken Sie im Layout auf die Stelle, die die untere linke Ecke der neuen Legende sein soll.

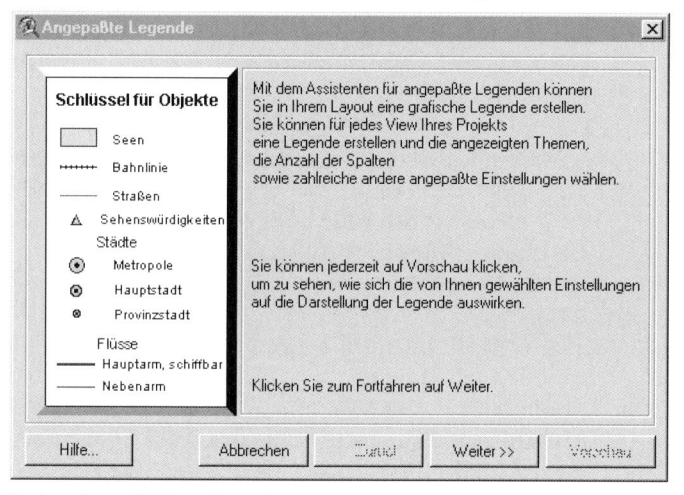

In den darauf folgenden Eingabefenstern werden die Eigenschaften der neuen Legende eingegeben. Folgende Einstellungen sind möglich:

- Sie können die Themen des Views auswählen, die in der neuen Legende enthalten sein sollen. Darüber hinaus können Sie die Anzahl der Legendenspalten pro Thema angeben.
- Für die Überschrift der neuen Legende kann die Schriftart und ihre Position eingestellt werden.
- Um die Legende kann ein Rand gesetzt werden. Für diesen kann die Linienstärke, -farbe und -typ eingestellt werden. Ebenso können die Ecken des Randes abgerundet und Schatten gesetzt werden.

10.2 Unterstützte Erweiterungen

- Die Legendensymbole können für Polygone als Rechtecke, Quadrate oder Ovale und für Linien als Geraden, Zickzack- oder S-Kurven eingestellt werden.
- Die Abstände zwischen den Symbolen, den Spalten sowie den Texten zu den Symbolen können individuell gewählt werden.

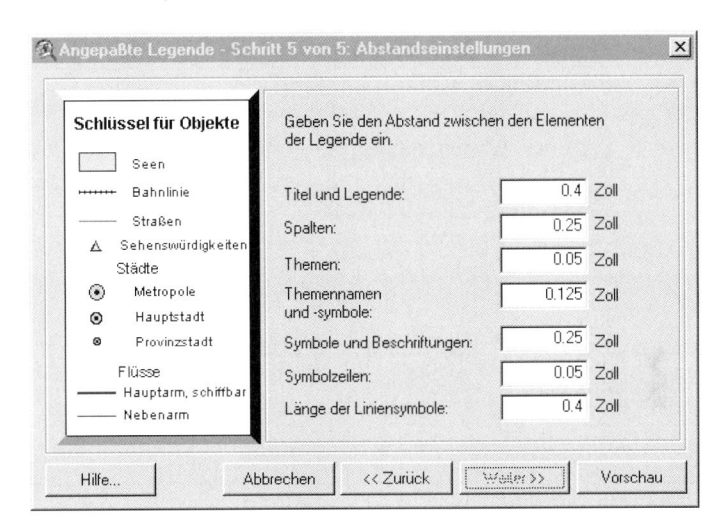

Drücken Sie im letzten Fenster auf 'Vorschau', um die Einstellungen anzusehen und anschließend auf 'Fertigstellen', um die Legende in das Layout einzufügen. Sie können die Legende durch Selektion mit der Maus und der 'Entf'-Taste auf der Tastatur wieder aus dem Layout löschen.

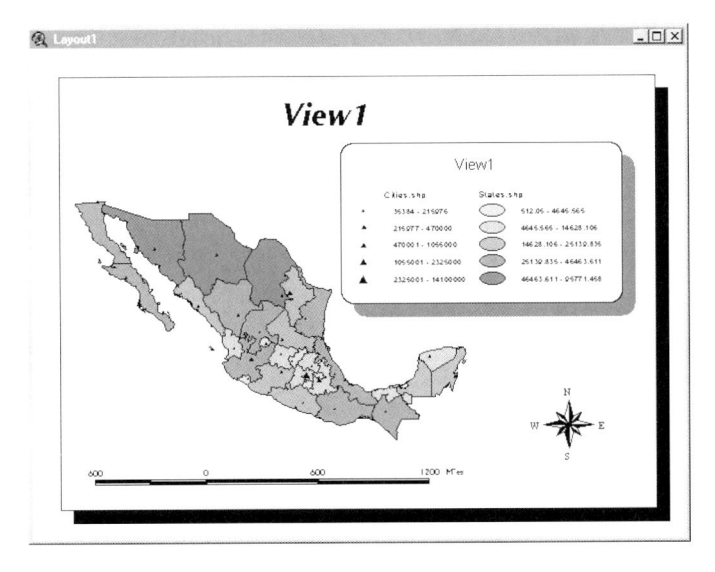

Kartenrahmen und geografische Hilfslinien (GratGrid.avx)

Die Erweiterung 'Gradnetze und Meßraster' (GradGrid.avx) erzeugt um einen View-Rahmen in einem Layout einen Kartenrahmen sowie für Themen, die in dezimalen geografischen Koordinaten vorliegen, Hilfslinien mit Längen- und Breitenangaben der geografischen Koordinaten.

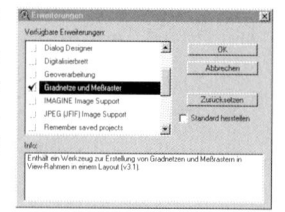

Um einen Kartenrahmen (z. B. für Gauß-Krüger-Koordinaten) zu erzeugen, muss das entsprechende View projiziert sein. Das geschieht, wie üblich, unter den View-Eigenschaften.

In der Layout-Schaltflächenleiste erscheint nach dem Laden der Erweiterung eine neue Schaltfläche. Wenn Sie sie betätigen, werden Sie in mehreren Fenstern aufgefordert, die Eigenschaften des zu setzenden Kartenrahmens und der geografischen Hilfslinien zu definieren. Sie können folgende Eigenschaften einstellen:

- Kartenrahmen und/oder geografische Hilfslinien (Längen- und Breitenangaben)
- Abstände (Grad), die Linienstärke und -farbe der geografischen Hilfslinien festlegen sowie die Schriftart definieren
- für das Gitter im Kartenrahmen den Gitterabstand, die Linienstärke und -farbe sowie die Schriftart
- die Art des Kartenrahmens (Stil und Farbe).

Betätigen Sie im letzten Fenster den Schalter 'Vorschau', um die Eingaben zu testen oder 'Fertigstellen', um den Kartenrahmen endgültig in das Layout zu zeichnen. Der Kartenrahmen kann durch Selektion mit der Maus und der 'Entf'-Taste auf der Tastatur wieder aus dem Layout entfernt werden.

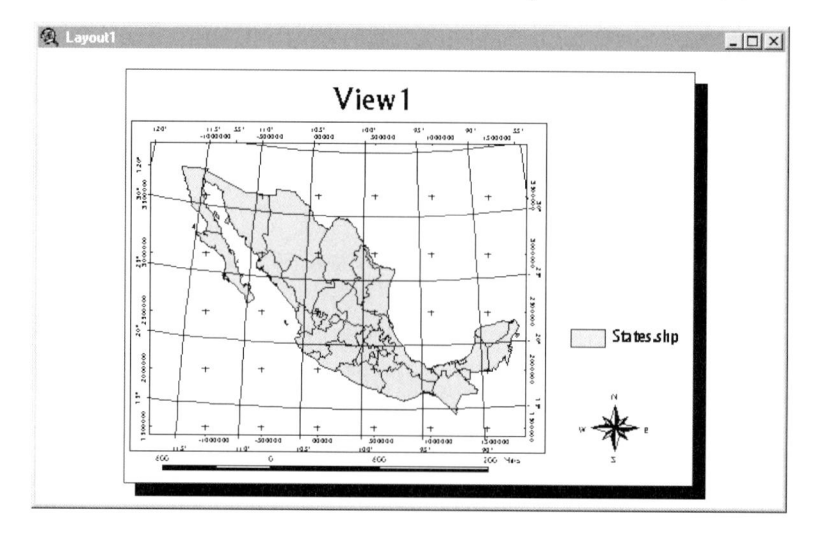

Dialog-Controls für ArcView GIS (Dialog.avx)

Der 'Dialog-Designer' (Dialog.avx) stellt dem Avenue-Programmierer neue Werkzeuge (Controls) für die Steuerung seiner Scripts zur Verfügung. Mit diesen Controls können Daten programmgesteuert aus- bzw. eingelesen werden. Ebenso lassen sich Avenue-Scripts aus dem neuen ArcView GIS-Dokument 'Dialogfelder' oder aus einem View mit Hilfe einer Schaltfläche starten. Die Controls, die der Dialog-Designer zur Verfügung stellt, sind ähnlich denen, die eine moderne Programmiersprache wie z. B. Visual Basic besitzt. Es lassen sich damit in ArcView GIS moderne Bedieneroberflächen entwickeln. Nach dem Laden der Erweiterung stellt ArcView GIS im Projektfenster das neue ArcView GIS-Dokument 'Dialogfelder' zur Verfügung. Sie öffnen ein solches Dialog-Dokument (Dialogfelder) durch Doppelklick auf das Symbol im Projektfenster. In das Dokument können mit Hilfe der neuen Werkzeuge aus der Dialog-Werkzeugleiste Controls, die nachfolgend aufgeführt sind, ausgewählt werden. Mit Hilfe des folgenden Menüs können die zur Verfügung stehenden Controls ebenfalls ausgewählt werden.

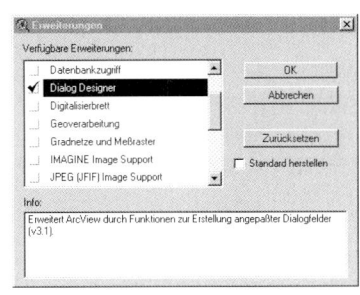

Dialog-Menüleiste

Fenster:
   Steuerelement-Werkzeuge einblenden

Folgende Controls sind vorhanden (siehe auch folgende Abbildung):

- **Label Button:** Startet ein Script. Der Schalter ist beschriftet.
- **Button:** Startet ein Script. Der Schalter ist nicht beschriftet.
- **Combo Box:** Auswahlbox für Texte
- **List Box:** Ausgabe von Texten
- **Text Line:** Line-Editor zur Eingabe von Texten
- **Text Box:** Multiline-Editor zur Eingabe von Texten
- **Text Label:** Beschriftung
- **Check Box:** Zur Abfrage bei Programmverzweigungen
- **Radio Button:** Zur Auswahl bei Programmverzweigungen
- **Slider:** Eingabe von Werten über einen Schieber
- **Icon Box:** Anzeige eines Icons (z. B. Bitmap)
- **Control Panel:** Gruppierung von Controls.

Ein Control wird in ein Dialogfenster mit der Maus eingefügt. Klicken Sie auf das gewünschte Control und ziehen Sie mit der Maus ein Rechteck auf.

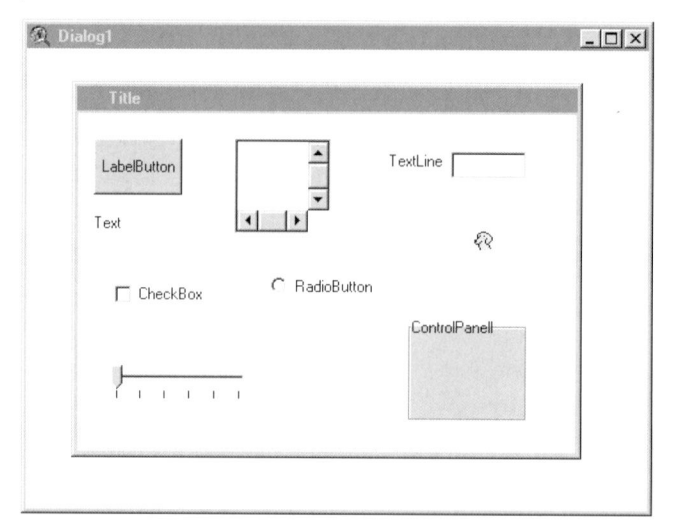

Jedes Control hat bestimmte Eigenschaften. Diese werden durch Doppelklick auf das entsprechende Control im Dialogfenster angezeigt und können durch Doppelklick auf die entsprechende Eigenschaft geändert werden.

Controls können auch in ein View-Dokument eingefügt werden. Zur Verdeutlichung dient das folgende Beispiel, bei dem ein Control (Label Button) in ein View eingefügt wird, mit dem dann ein Thema geladen werden kann.

Starten Sie ArcView GIS und laden Sie die Erweiterung 'Dialog-Designer'. Öffnen Sie ein neues View und laden Sie ein Thema in das View.

Öffnen Sie das Fenster mit den zur Verfügung stehenden Controls mit Hilfe des Menüs:

View-Menüleiste

Fenster:
  Steuerelement-Werkzeuge einblenden

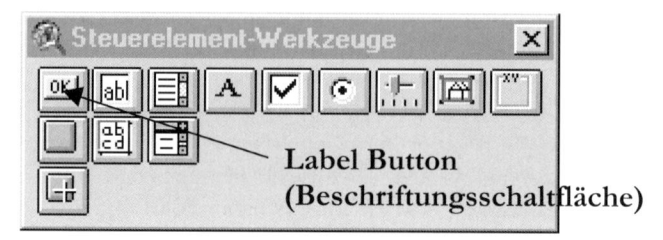

10.2 Unterstützte Erweiterungen 337

Betätigen Sie dort die Schaltfläche für die 'Beschriftungsschaltfläche' und ziehen Sie im View mit der Maus ein Rechteck auf.

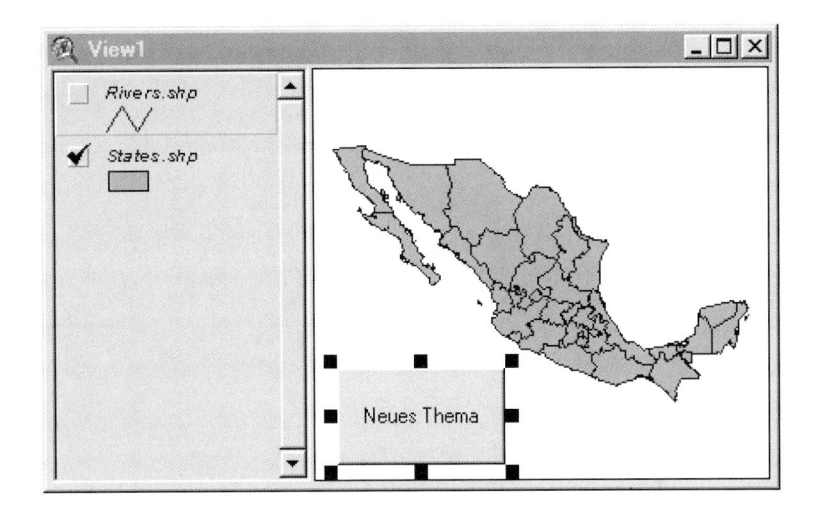

Doppelklicken Sie auf das Control im View. Dadurch erscheint das Eigenschaften-Fenster für dieses Control. Ändern Sie zunächst die Beschriftung des Controls. Doppelklicken Sie dazu auf die Eigenschaft 'Label' und ändern Sie den Text. Das Script, das durch das Control gestartet werden soll, wird unter der Eigenschaft 'Click' eingegeben. Doppelklick auf 'Click' ruft den Scriptmanager auf. Wählen Sie dort das Script 'View.Add' aus.

Um die Funktion des Controls zu zeigen, muss das Control gestartet werden. Dies geschieht mit dem Menü:

View-Menüleiste

Grafik:
   Steuerelemente ausführen

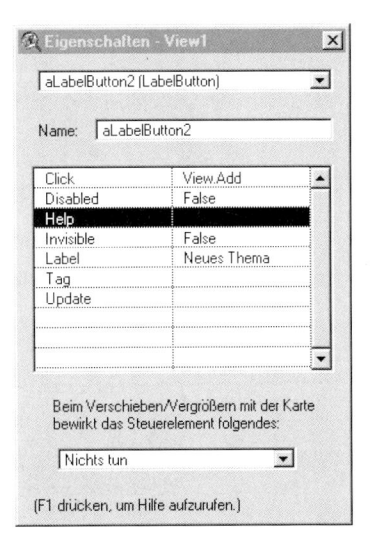

Wenn Sie jetzt auf das Control im View klicken, erscheint das Dateiauswahlfenster zum Laden eines neuen Themas.

Unterstützung des AutoCad V.15 Formats (CadView.avx)

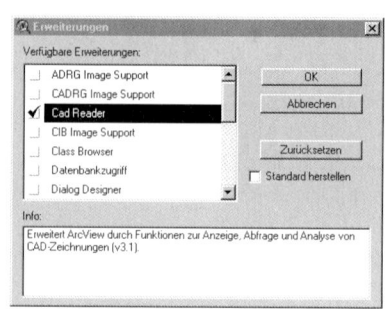

Mit der Erweiterung 'CadReader' (CadView.avx) können Layer aus AutoCad in ein View eingelesen werden. Nach Laden der Erweiterung entstehen keine neuen Menüs oder Schaltflächen. Das Einladen einer Cad-Datei erfolgt wie das Einlesen einer Shapedatei mit dem folgenden Menü oder nebenstehender Schaltfläche aus der View-Schaltflächenleiste:

View-Menüleiste

View:
  Thema hinzufügen ('STRG+T')

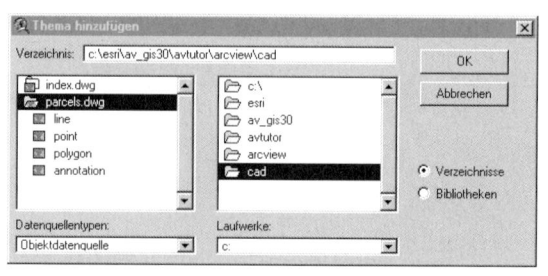

Im Dateiauswahlfenster wird unter Datenquellentyp 'Objektdatenquelle' eingestellt. Die einzelnen Layer einer Cad-Datei erscheinen, wenn Sie auf das Symbol links neben dem Namen klicken. Mit der Maus und gleichzeitig gedrückter Shift-Taste können mehrere Layer ausgewählt werden. Drücken Sie den Schalter 'OK' und die Layer werden in das View geladen. Die eingelesenen Themen können wie alle anderen im View behandelt werden. Insbesondere können die Daten dargestellt, abgefragt und analysiert werden. Eine Cad-Datei kann nicht im View bearbeitet werden. Um die Sachdaten (Tabelle) zu bearbeiten, müssen Sie das Cad-Thema zuvor in eine Shapedatei umwandeln.

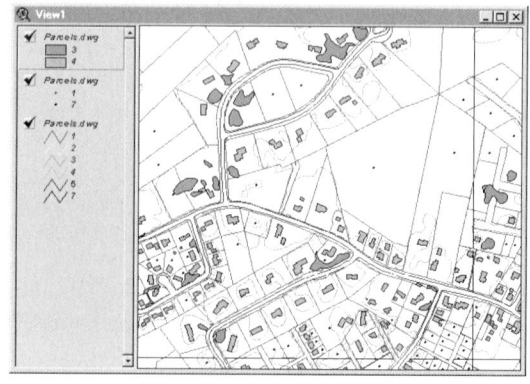

10.2 Unterstützte Erweiterungen 339

Report Writer (report.avx)

Die Erweiterung 'Report Writer' erstellt aus den Attributen eines Themas einen Bericht. Die Berichte werden mit dem Programm 'Crystal Reports', das mit ArcView GIS mitgeliefert wird, erstellt. Die Daten einer Tabelle lassen sich damit beliebig selektieren und in Form eines Berichtes einfach zusammenstellen.

Sie erstellen einen Bericht mit folgendem Menü:

(View) Tabellen-Menüleiste

(Thema) Tabelle:
   Bericht erstellen

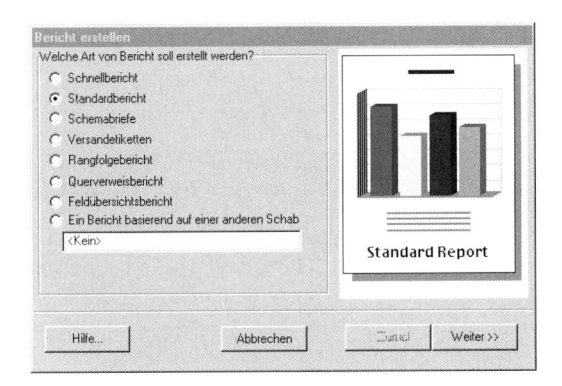

Sie haben die Möglichkeit, verschiedene Formen eines Berichtes zu wählen. Die einfachste Form ist der 'Schnellbericht'. Dieser kann auch erstellt werden, wenn das Programm 'Crystal Reports' nicht auf Ihrem Rechner installiert ist. Alle anderen Formen, wie der Standardbericht, der Bericht in Form eines Briefes usw., benötigen die Installation von 'Crystal Reports'.

Der folgende einfache Bericht ist mit Hilfe der Option 'Schnellbericht' für ein Thema erstellt worden.

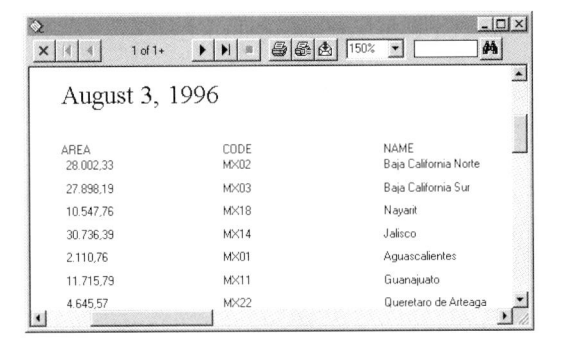

Zusätzliche GIS-Analysemodule (geoproc.avx)

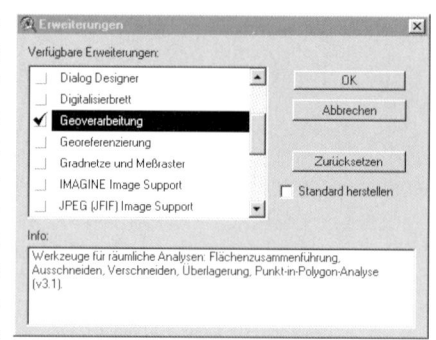

Die Erweiterung 'Geoverarbeitung' (Advgeo.avx) bietet sechs neue Analysemöglichkeiten für raumbezogene Daten. Sie können die Objekte eines Themas mit Hilfe eines Attributs zusammenfassen (Flächen zusammenführen), Themen zusammenfassen (Themen zusammenführen), Teile aus einem Thema herausschneiden (Ausschneiden), raumbezogene Daten verschneiden (Themen verschneiden, Themen überlagern) und Sachdaten (Tabellen) mit Hilfe geometrischer Bedingungen verknüpfen (Punkt-in-Polygon-Analyse).

Die Erweiterung hat einen neuen Eintrag unter View in der View-Menüleiste. Um die Analyse zu starten, betätigen Sie folgendes Menü:

View-Menüleiste

View:
　Assistent zur Geoverarbeitung

Es erscheint ein Auswahlfenster mit den Analysemöglichkeiten.

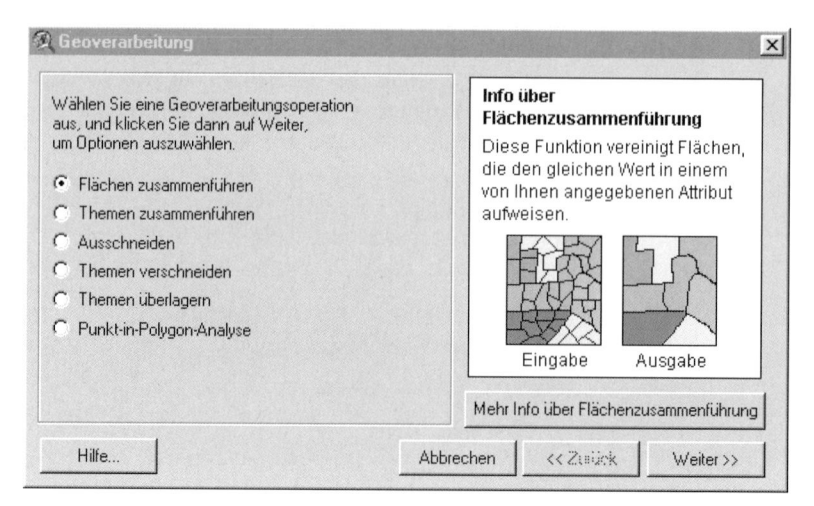

10.2 Unterstützte Erweiterungen

Objekte zusammenfassen (Flächen zusammenführen)

Die Funktion fasst Objekte eines Themas mit Hilfe eines Attributs zusammen. In den beiden folgenden Eingabefenstern werden das Thema, dessen Objekte zusammen gefasst werden sollen, und das Attribut, mit dessen Hilfe die Objekte zusammengefasst werden, angegeben. Weiterhin wird eine Shapedatei genannt, unter der das neue Thema gespeichert werden soll. Sollen weitere Attribute für das Ausgangsthema in der zugehörigen Tabelle zusammengefasst werden, so können diese im zweiten Eingabefenster angegeben werden.

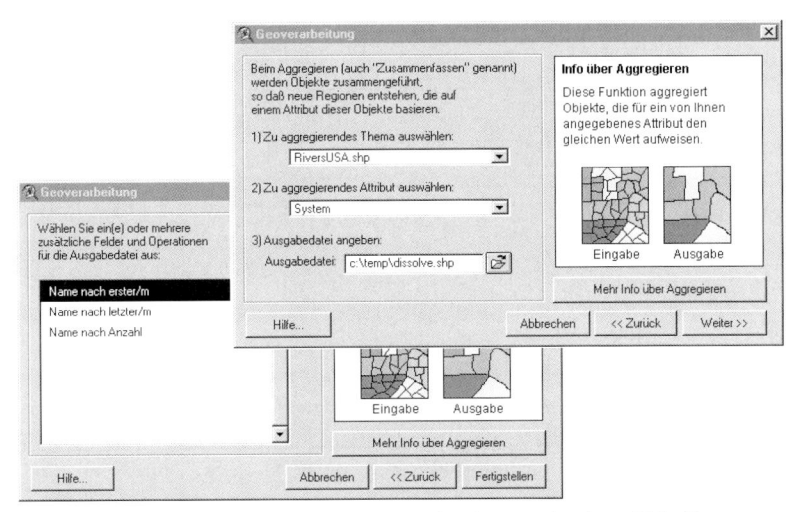

Als Beispiel sollen die Flüsse eines Themas, die zu einem Flusssystem gehören, zusammengefasst werden. Laden Sie dazu das Thema:

c:\esri\esridata\usa\rivers.shp

in ein View. Fassen Sie mit der Funktion 'Flächen zusammenführen' und dem Attribut 'System' die Objekte zusammen. Es entsteht ein neues Thema, das nur noch die Flusssysteme (z. B. Mississippi) als Objekte enthält.

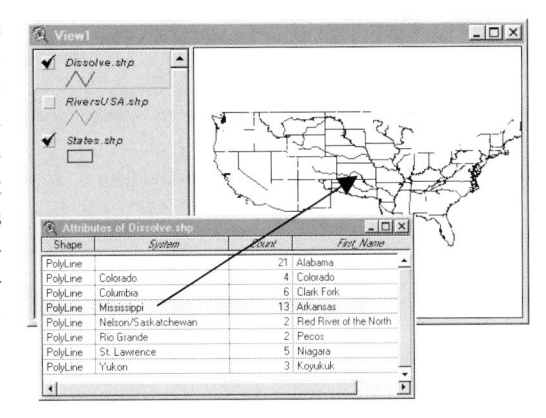

Themen zusammenfassen (Themen zusammenführen)
Mit der Funktion können mehrere Einzelthemen (Eingangsthemen) in einem View zu einem Thema (Ausgangsthema) zusammengesetzt werden. Wählen Sie mindestens zwei Themen mit der Maus und gedrückter SHIFT-Taste aus

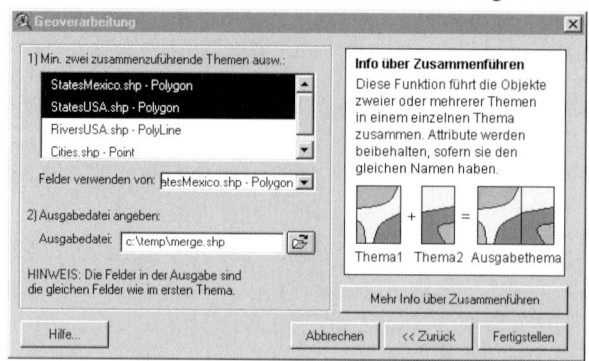

und geben Sie den Namen des Ausgangsthemas an. Für die Attribute (Tabelle) des zusammengefassten Themas können die Attribute eines der Eingangsthemen gewählt werden. Geben Sie dazu das Thema unter 'Felder verwenden von:' ein. Ist für alle Eingangsthemen ein gemeinsames Attribut (Feld) vorhanden, so können für alle Objekte aller Themen die Attributwerte in die Tabelle des Ausgangsthemas eingesetzt werden. Ist kein gemeinsames Attribut vorhanden, bleiben die Datensätze für die Objekte eines der Eingangsthemen leer. Das folgende Beispiel zeigt die Zusammenfassung der Themen 'c:\esri\esridata\mexico\states.shp' und 'c:\esri\esridata\usa\states.shp'. Das zusammengefasste Thema 'merge.shp' enthält alle Objekte der beiden Themen. Die Attribute wurden aus dem Thema 'states.shp (Mexico)'

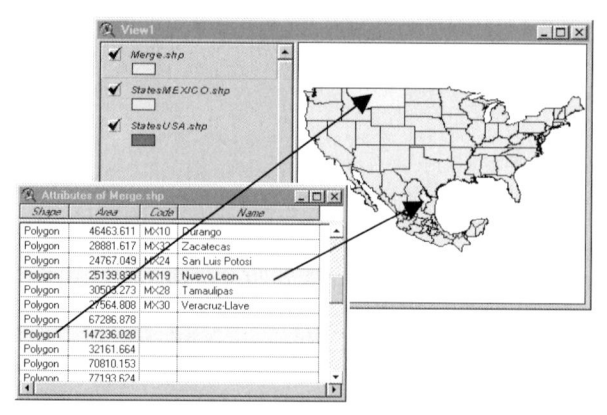

übernommen. Da für das Thema 'states.shp (USA)' das Attribut 'Code' nicht vorhanden ist, können für die Objekte dieses Themas keine Attributwerte gesetzt werden. Ebenso haben die beiden Eingangsthemen kein gemeinsames Attribut 'Name'. Für das Attribut 'Area', das in beiden Themen vorhanden ist, können für alle Objekte die Attributwerte in der Tabelle gesetzt werden.

10.2 Unterstützte Erweiterungen

Themen ausschneiden (Ausschneiden)

Diese Funktion erzeugt einen Ausschnitt eines Themas mit Hilfe der selektierten Objekte eines Clipthemas. Geben Sie das Thema (Eingangsthema, aus dem Objekte herausgeschnitten werden sollen) unter 'Auszuschneidendes Eingabethema auswählen:' ein. Unter 'Polygon-Überlagerungsthema auswählen:' wird das Thema (Clipthema) angegeben, dessen Objekte die Objekte des Eingangsthemas ausschneiden. Der Name für das neue Thema (Ausgangsthema) wird unter 'Ausgabedatei' angegeben. Es können Polygone, Linien- und Punktethemen ausgeschnitten werden. Das Clipthema muss immer ein Polygonthema sein. Die Attribute des Ausgangsthemas sind die gleichen wie die des Eingangsthemas.

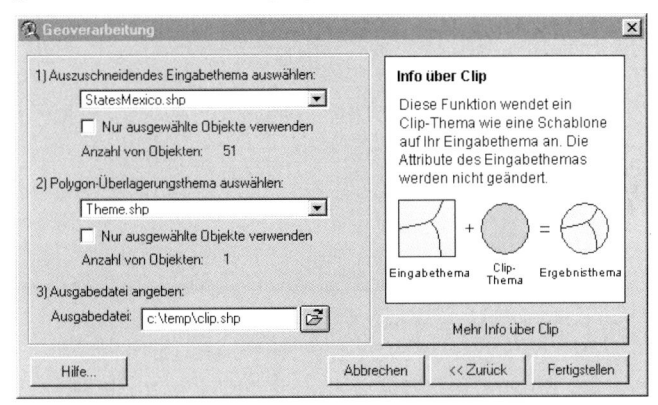

Das folgende Beispiel zeigt die Erstellung eines rechteckigen Ausschnittes (repräsentiert durch 'Theme.shp' (Clipthema)) des Themas 'StatesMexico.shp'. Die Attribute bleiben für die ausgeschnittenen Objekte erhalten.

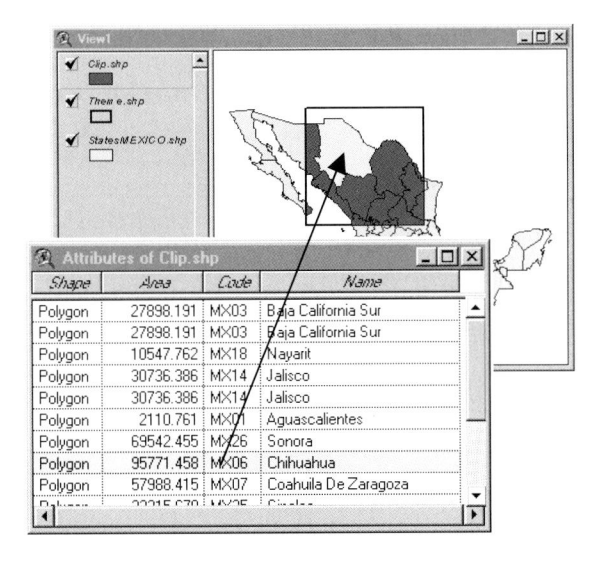

Zwei Themen verschneiden oder überlagern

Die Funktion 'Themen verschneiden' schneidet mit Hilfe eines Polygonthemas (Intersectthema) Objekte eines Punkte-, Linien- oder Polygonthemas aus und verschneidet die beiden Themen zu einem Ausgangsthema. Nur die Objekte im gemeinsamen Bereich der beiden Themen werden verschnitten und in das Ausgangsthema übertragen, die Objekte außerhalb des gemeinsamen Bereiches dagegen ignoriert. Das Ausgangsthema enthält die Attribute des Eingangs- und des Intersectthemas.

Die Funktion 'Themen überlagern' erzeugt die Verschneidung zweier Polygonthemen (Eingangsthemen). Das Ausgangsthema enthält die verschnittenen Objekte (Polygone) und alle Objekte der Eingangsthemen. Das Ausgangsthema enthält die Attribute beider Eingangsthemen.

In den folgenden Beispielen werden mit den Themen 'StatesMexico.shp' und 'Theme.shp' (Rechteck) als Eingangsthemen die Funktionen 'Themen verschneiden' und 'Themen überlagern' demonstriert.

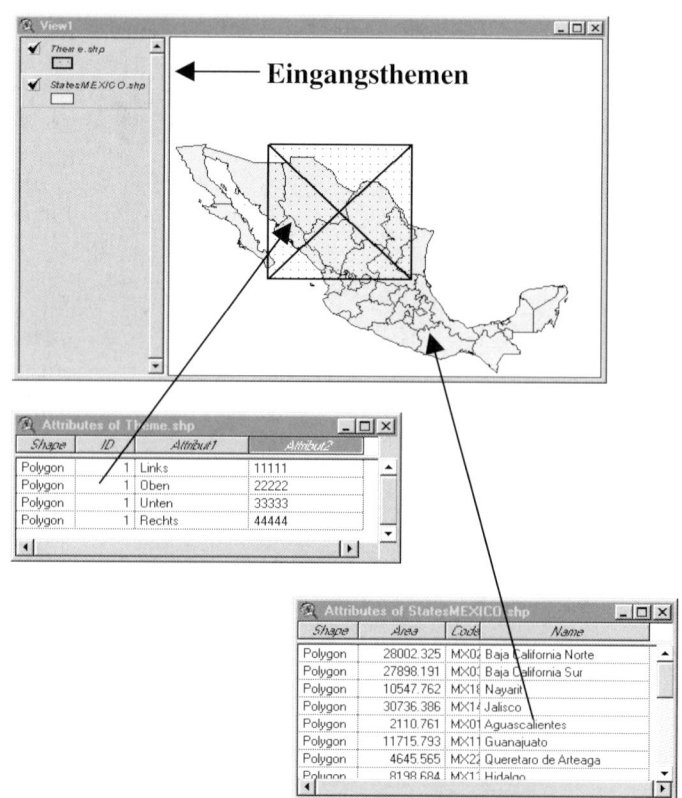

Folgende Eingangsthemen wurden gewählt:

Zwei Themen verschneiden

Die beiden Themen 'StatesMexico.shp' (Eingangsthema) und 'Theme.shp' (Intersectthema) werden zu dem Ausgangsthema 'Intersect.shp' verschnitten.

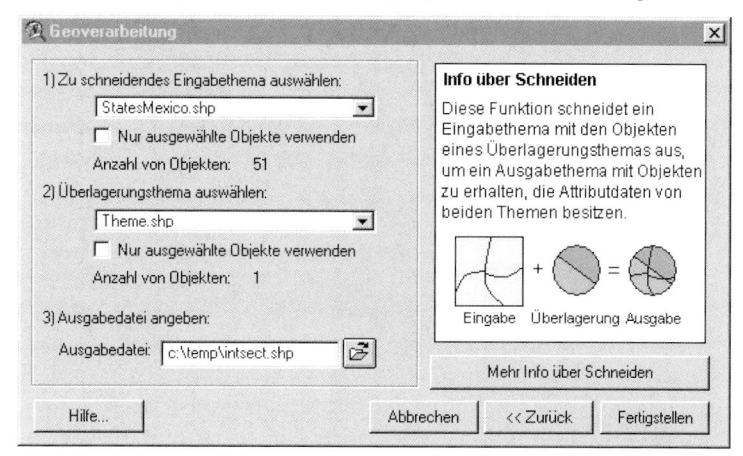

Dieses enthält nur die Objekte im gemeinsamen Bereich der Eingangsthemen. Dort, wo sich die Polygonlinien der beiden Eingangsthemen schneiden, werden neue Polygone gebildet. Die Attributtabelle für das Ausgangsthema wird für alle neu entstandenen Polygone berechnet. Die Tabelle enthält außerdem alle Attribute des Eingangs- und des Intersectthemas.

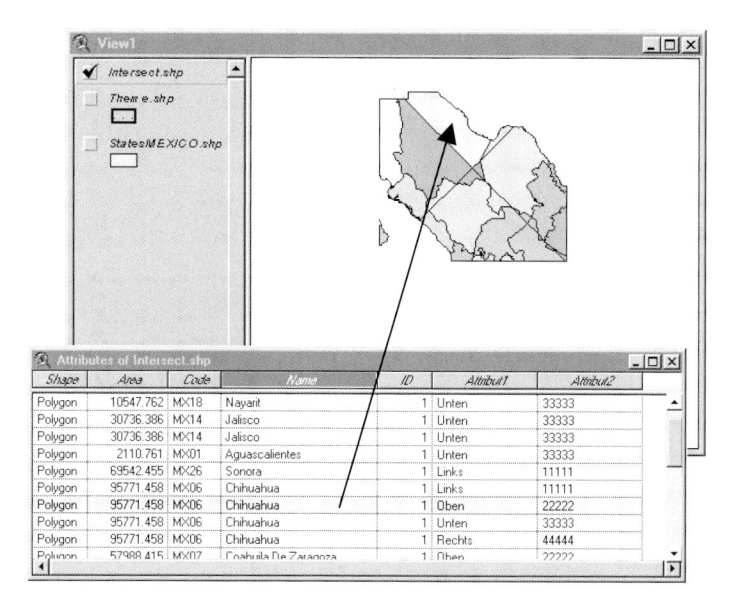

Zwei Themen überlagern

Mit den gleichen Eingangsthemen wie im vorherigen Beispiel wird im folgenden die Funktion 'Themen überlagern' durchgeführt.

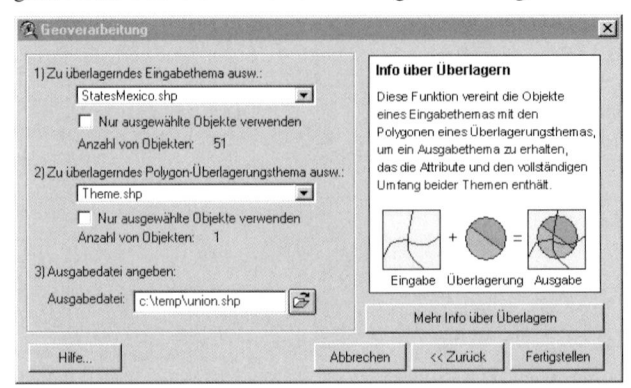

An den Schnittpunkten der Polygonlinien werden neue Polygone gebildet. Das Ausgangsthema (union.shp) enthält alle Objekte (Polygone) der beiden Eingangsthemen 'StatesMexico.shp' und 'Theme.shp' sowie die durch Verschneidung im gemeinsamen Bereich entstandenen Polygone.

Die Attributtabelle wird für alle neu entstandenen Polygone erstellt. Die Tabelle des Ausgangsthemas enthält alle Attribute der beiden Eingangsthemen. Nur im gemeinsamen Bereich der beiden Themen sind alle Datensätze mit Werten besetzt. Ansonsten enthalten die Datensätze nur die Werte des jeweiligen Themas.

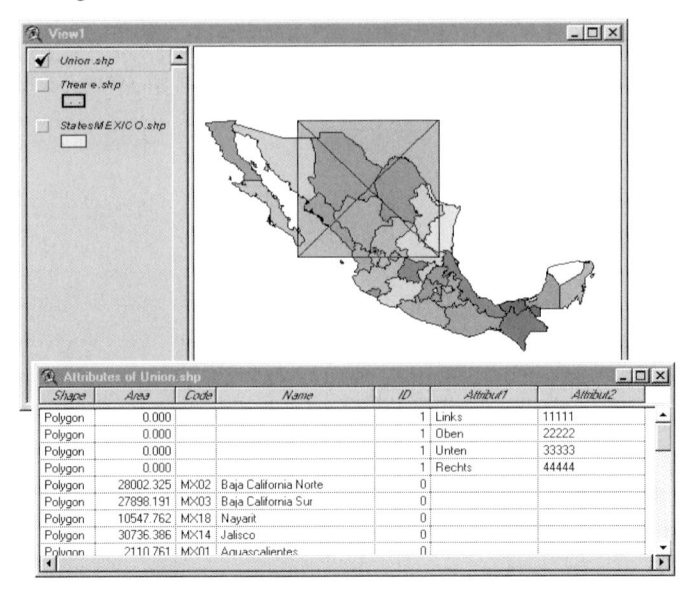

10.2 Unterstützte Erweiterungen

Raumbezogene Verbindung von Tabellen (Punkt-in-Polygon-Analyse)
Die Funktion verbindet die Datensätze zweier Themen mit Hilfe einer geometrischen Bedingung. So werden z. B. zwei Datensätze eines Punkte- und eines Polygonthemas verbunden, wenn ein Punkt innerhalb eines Polygons liegt.

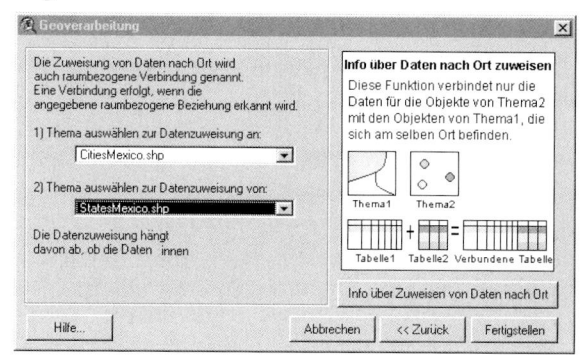

Die Funktion verbindet die Datensätze zweier Themen unter folgenden geometrischen Bedingungen:

- Ein Punkt liegt innerhalb eines Polygons.
- Ein Punkt liegt in der Nähe eines Punktes.
- Ein Punkt liegt in der Nähe einer Linie.
- Eine Linie ist ein Teilstück einer Linie.
- Eine Linie liegt innerhalb eines Polygons.
- Ein Polygon liegt innerhalb eines Polygons.

-

Im folgenden Beispiel werden die Datensätze des Themas 'CitiesMexico.shp' mit denen des Themas 'StatesMexico.shp' dann verbunden, wenn Punkte (Cities) innerhalb von Polygonen (States) liegen. Da hier jedes Polygon genau einen Punkt enthält, werden alle Datensätze miteinander verbunden (1:1-Verbindung).

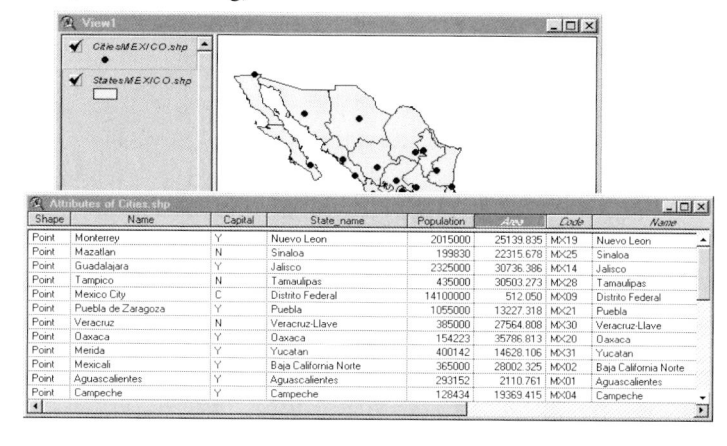

10.3 Zusätzliche Erweiterungen

Sample-Extensions

Im Verzeichnis

c:\esri\av_gis30\arcview\samples\ext

befinden sich zusätzliche Erweiterungen, die bei der Installation von ArcView GIS dort abgelegt werden. Die Erweiterungen stehen auch als Projekte zur Verfügung (*.apr). Doppelklicken Sie auf eine solche Projektdatei, so wird ArcView GIS mit diesem Projekt gestartet.

Eine Beschreibung der Erweiterungen finden Sie in der Online-Hilfe im Index unter 'Extension, samples'.

Um eine Sample-Extension in ArcView GIS nutzbar zu machen, müssen Sie die zugehörige Datei (*.avx) in das Verzeichnis

c:\esri\av_gis30\arcview\ext32

kopieren. In diesem Abschnitt werden nur Erweiterungen beschrieben, die keine zusätzlichen Erweiterungen wie z. B. den 'Spatial Analyst' oder den 3D Analyst benötigen:

- **Sample Browser:** Erlaubt einfachen Zugriff auf die Sample-Extentions
- **Class Browser:** Listet Avenue Requests auf
- **Datum Converter:** Konvertiert Punkte zwischen Ellipsoiden
- **Extension Builder:** Erlaubt die Erstellung einer eigenen Erweiterung
- **Load/Save Graphic Labels:** Lädt/Speichert Grafiken in einem View
- **Remember Saved Projects:** Merkt sich die letzten Projekte
- **Named Extents:** Menü-Zugriff auf unterschiedliche View-Ausschnitte
- **Overview:** Stellt ein Übersichtsfenster für ein View zur Verfügung
- **Point Dispersion:** Verteilt übereinanderliegende Punkte in einem View
- **Port Project Utility:** Vereinfacht den Austausch von Projekten
- **Projector:** Projektion von Themen
- **Script Editor Utilities:** Stellt zusätzliche Werkzeuge zur Verfügung
- **Shapefile Description Dialog:** Beschreibt ein Thema
- **ODB Table:** Speichert 'Alias'-Namen mit einer Tabelle.

Sample Browser (seesmple.avx)

Nach dem Laden dieser Erweiterung gibt es im Menü 'Datei' der Projekt-Menüleiste den neuen Eintrag 'Browse Sample Extension'. Mit diesem haben Sie Zugriff auf die Erweiterungen, die in 'c:\esri\Av_gis30\arcview\samples\ext' enthalten sind.

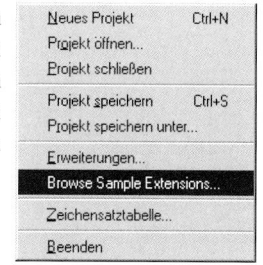

Projekt-Menüleiste

Datei:
> *Browse Sample Extension*

Sie können damit die 'Sample Extensions' ansehen, laden und wieder entladen.

Mit dem neuen Eintrag 'Load Sample Scripts' im Menü 'Script' in der Script-Menüleiste erhalten Sie einen schnellen Zugriff auf die im Verzeichnis 'c:\esri\Av_gis30\arcview\samples\scripts' enthaltenen Avenue-Scripts. Die Scripts können in ein neues Script-Dokument geladen werden.

Class Browser (clsbrwsr.avx)

Die Erweiterung fügt das neue ArcView GIS-Dokument 'Requests' in das Projektfenster ein. Dort sind zwei Tabellen enthalten. In 'ArcView 3.x Requests' finden Sie alle Avenue-Methoden (Requests) mit den zugehörigen Parametern (Arguments, Returns) aufgelistet.

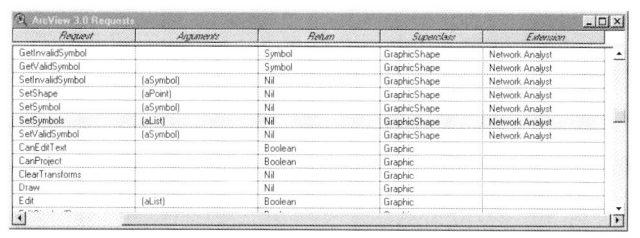

Request	Arguments	Return	Superclass	Extension
GetInvalidSymbol		Symbol	GraphicShape	Network Analyst
GetValidSymbol		Symbol	GraphicShape	Network Analyst
SetInvalidSymbol	(aSymbol)	Nil	GraphicShape	Network Analyst
SetShape	(aPoint)	Nil	GraphicShape	Network Analyst
SetSymbol	(aSymbol)	Nil	GraphicShape	Network Analyst
SetSymbols	(aList)	Nil	GraphicShape	Network Analyst
SetValidSymbol	(aSymbol)	Nil	GraphicShape	Network Analyst
CanEditText		Boolean	Graphic	
CanProject		Boolean	Graphic	
ClearTransforms		Nil	Graphic	
Draw		Nil	Graphic	
Edit	(aList)	Boolean	Graphic	

In der zweiten Tabelle 'Changed Requests' sind alle neuen und die seit der letzten Version geänderten Methoden aufgelistet.

Mit der Erweiterung wird die Suche nach den in Avenue enthaltenen Methoden erleichtert. Es können alle Funktionen für Tabellen (suchen, sortieren...) genutzt werden.

Datum Conversion (datum.avx)

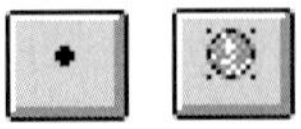

Die Erweiterung konvertiert entweder die Koordinaten eines einzelnen Punktes oder alle Punkte eines Themas (aktive), basierend auf einem bestimmten Ellipsoiden (Datum), in Koordinaten basierend auf einen anderen Ellipsoiden. Dazu gibt es zwei neue Schaltflächen in der View-Schaltflächenleiste. Für das Arbeiten mit dieser Erweiterung muss die Datei 'datum.par' im Verzeichnis 'c:\esri\Av_gis30\arcview\samples\ext' enthalten sein.

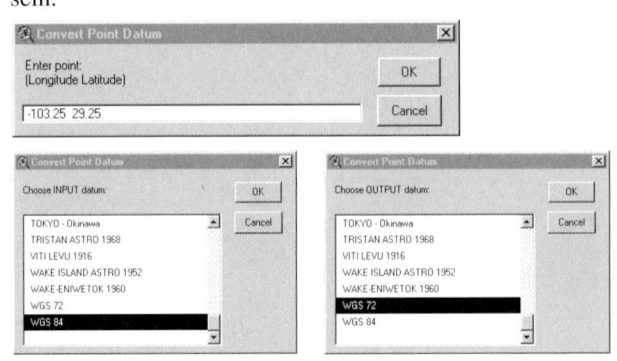

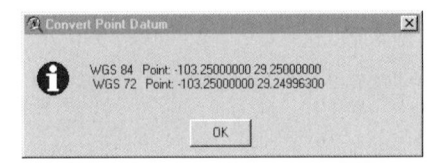

Extension Builder Sample (extbuild.avx)

Der 'Extension Builder' hilft bei der Erstellung eigener Erweiterungen. Nach dem Laden befinden sich drei neue Scripts im Script-Dokument, mit denen die neue Erweiterung erstellt wird. Dazu brauchen Sie nur das Script 'My Extension Make' zu bearbeiten und zu starten. Zuvor wird jedoch ein Projekt (entspricht der neuen Erweiterung) erstellt, das alle Elemente der neuen Erweiterung enthält. Danach wird das Script 'My Extension Make' bearbeitet. Sie tragen hier den Namen und die Datei der neuen Erweiterung sowie die Objekte ein, wie sie im Kommentar des Scripts 'My Extension Make' erläutert sind. Übersetzen und starten Sie 'My Extension Make'. Ihre Erweiterung wird damit erstellt. Die beiden anderen Scripts 'My Extension Install' und 'My Extension Uninstall' brauchen nicht bearbeitet zu werden.

10.3 Zusätzliche Erweiterungen

Load and Save Graphic Text Labels (gtext.avx)

Mit dieser Erweiterung können Texte (Beschriftung) aus einem View in eine Datei (*.avt) gespeichert und für den Austausch in andere Projekte (Views) wieder eingeladen werden. Es werden nur markierte Texte gespeichert. Das Speichern und Laden geschieht mit zwei neuen Menüeinträgen in der View-Menüleiste:

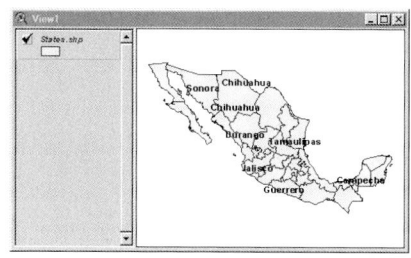

View-Menüleiste

Grafik:
> *Load (Save) Grafic Text*

Beachten Sie, dass beim Einladen einer Datei in ein neues View die Texte verschoben sind, wenn das View andere Koordinatenwerte besitzt.

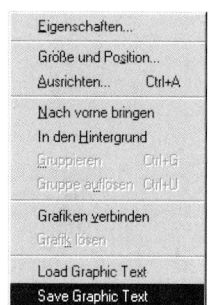

Remember Saved Projects (last4.avx)

Mit dieser Erweiterung erinnert sich ArcView GIS an die letzten vier Projekte, die bearbeitet wurden. Mit Hilfe einer Liste im Menü:

Projekt-Menüleiste

Datei:
> *1 c:/projekt1.apr*
> *2 c:/projekt2.apr*
> *3 c:/projekta.apr*
> *4 c:/projektb.apr*

können Sie per Menüeintrag eines der letzten vier Projekte einladen. Falls Sie diese, bei vielen Windows-Anwendungen übliche Funktion, fest in ArcView GIS einbauen wollen, betätigen Sie im Extension-Fenster (Menü: Datei/Erweiterungen in der Projekt-Menüleiste) den Schalter 'Standard herstellen'. Die Funktion wird dann bei jedem Start von ArcView GIS automatisch mit eingeladen.

Named Extents (namedext.avx)

Die Erweiterung gibt die Möglichkeit, mit Hilfe eines Menüeintrages vorher festgelegte View-Ausschnitte wieder aufzurufen. Beim Laden der Erweiterung wird zunächst die Menüleiste (View) festgelegt, in der das neue Menü eingetragen werden soll.

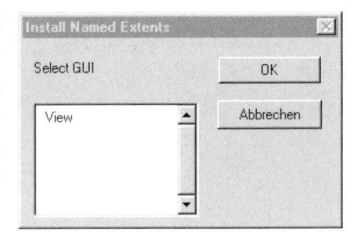

Das neue Menü enthält die Menüeinträge 'Add named extent' und 'Delete named extent'. Zoomen Sie im View zu einem bestimmten View-Ausschnitt und betätigen Sie das Menü:

View-Menüleiste

Extents:
  Add named extent

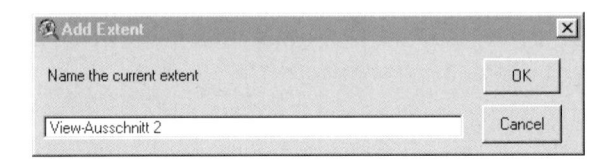

Mit dem neu entstandenen Menüeintrag unter 'Extents' kann dieser View-Ausschnitt jederzeit wieder aufgerufen werden. Verfahren Sie so mit weiteren Ausschnitten.

Die Menüeinträge für die View-Ausschnitte können mit dem Menüeintrag 'Delete named extent' wieder entfernt werden.

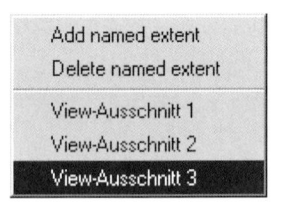

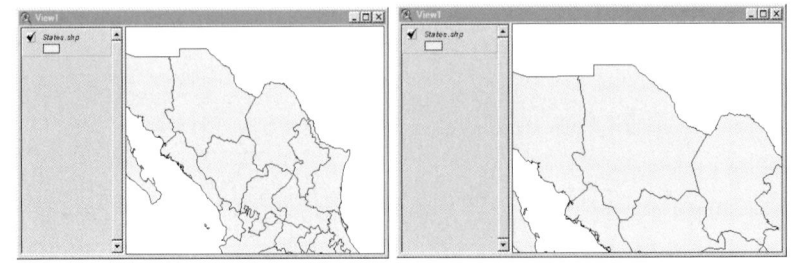

Die Festlegung der View-Auschnitte gilt nur für das aktuelle View. Für ein neues View müssen diese auch neu festgelegt werden.

Overview (overview.avx)

Die Erweiterung erzeugt ein Übersichtsfenster für ein View. Es enthält die volle Ausdehnung des Views und ein Rechteck, mit dem der aktuelle Ausschnitt des Views gekennzeichnet ist. Das Übersichtsfenster wird mit folgendem Menü erstellt:

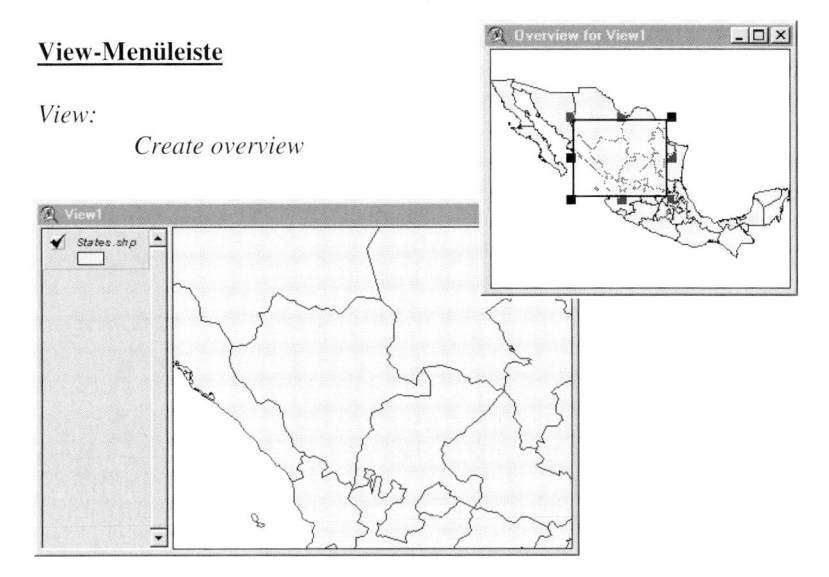

View-Menüleiste

View:
    Create overview

Verändern Sie im View den Ausschnitt, so ändert sich im Übersichtsfenster das Rechteck so, dass immer der aktuelle Ausschnitt des Views gekennzeichnet wird. Umgekehrt kann im Übersichtsfenster das Rechteck verschoben, vergrößert oder verkleinert werden. Dementsprechend ändert sich der View-Ausschnitt.

Das Übersichtsfenster hat eine eigene Menü-, Schaltflächen- und Werkzeugfeiste. So können im Übersichtsfenster mit folgendem Menü z. B. auch die Themen angezeigt werden (TOC = Inhaltsverzeichnis des Views):

Overview-Menüleiste

Edit:
    Display TOC

Wird ein View mit einem zugehörigen Übersichtsfenster geschlossen/geöffnet, so wird dieses ebenfalls geschlossen/geöffnet.

Point Dispersion (pntdisp.avx)

Diese Erweiterung verteilt übereinanderliegende Punkte eines Punktethemas nach unterschiedlichen Methoden. Sie können die Punkte linear (auf einer Linie liegend), radial (auf einem Kreis liegend) oder zufällig verteilen. Die verteilten Punkte können als Grafiken oder auch als ein neues Thema im View abgelegt werden.

Starten Sie die Erweiterung mit der Schaltfläche in der View-Schaltflächenleiste und wählen Sie eine Verteilung aus.

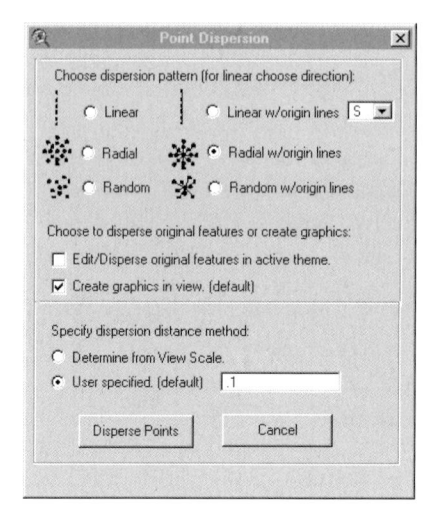

Im folgenden Beispiel sind die übereinanderliegenden Punkte (Dreieckssymbole) eines Themas radial verteilt worden.

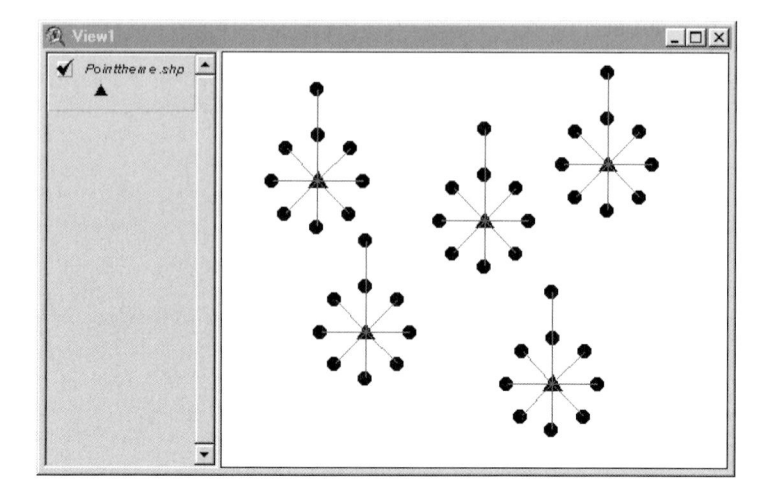

Port Project Utilities (portproj.avx)

Die Erweiterung erleichtert den Austausch von Projekten zwischen unterschiedlichen Computern. Liegen z. B. die Daten (Themen, Tabellen) eines Projektes, erstellt auf einem Ausgangsrechner, in anderen Verzeichnissen als auf dem Zielrechner, fragt ArcView GIS beim Laden des Projektes nach der Lage der Daten. Sind viele Daten in einem Projekt, so kann es unter Umständen sehr mühsam sein, das Projekt zu laden.

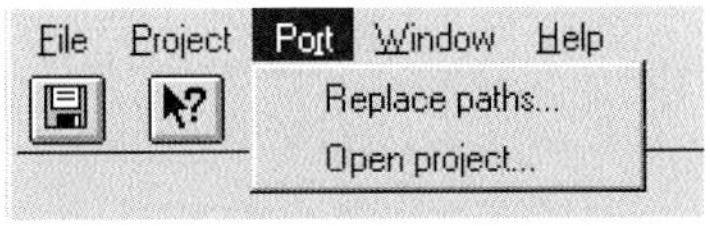

Die Erweiterung erzeugt das neue Menü 'Port' in der Projekt-Menüleiste mit zwei Einträgen. Soll ein Projekt an einen anderen Rechner übertragen werden, laden Sie die Erweiterung und betätigen sie zunächst das folgende Menü:

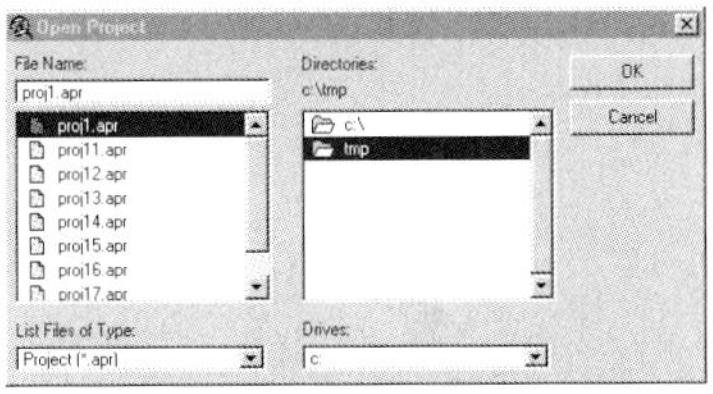

Projekt-Menüleiste

Port:
    Replace Path ...

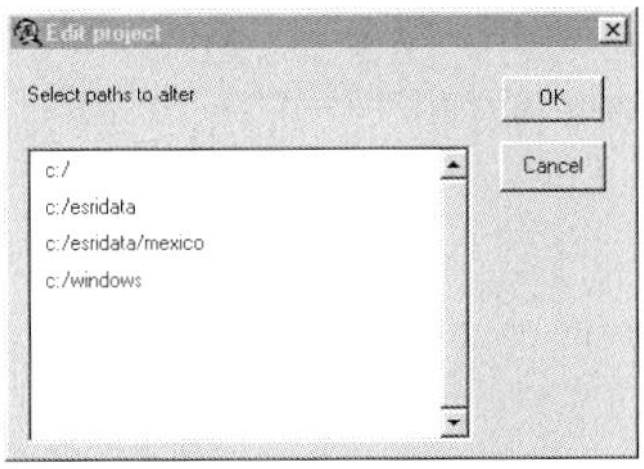

Nach Eingabe des Projektes wird in der Projektdatei nach allen Verzeichnissen gesucht. Sie werden aufgefordert, für die gefundenen Verzeichnisse Namen (Variablen) zu vergeben. Danach wird ein neues Projekt und eine ODB-Datei (*.env) erstellt. Das neue Projekt enthält jetzt in den Verzeichnissen die Variablen, und die ODB-Datei enthält die Zuordnung der Variablen zu den ursprünglichen Verzeichnissen. Das neue Projekt und die ODB-Datei werden auf den neuen Rechner kopiert. Das Projekt wird auf dem neuen Rechner mit folgendem Menü eingeladen:

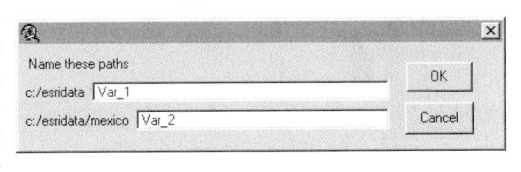

Projekt-Menüleiste

Port:
    Open Project ...

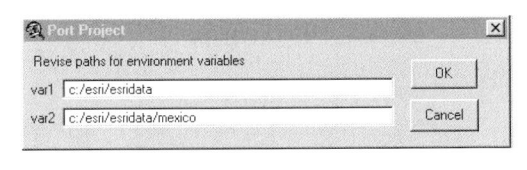

Nach Eingabe der neuen Verzeichnisse für die Daten wird das Projekt auf den neuen Rechner geladen. Die Eingabe der Verzeichnisse braucht nur einmal vorgenommen werden. Danach lässt sich das Projekt normal in ArcView GIS einladen.

Projector (prjctr.avx, projutil.avx)

Mit der Erweiterung 'prjctr.avx' sind Sie in der Lage, aktive Themen zu projizieren und als Shapethemen permanent auf Datenträger zu speichern. Sie können ein Thema einer beliebigen Projektion (soweit von ArcView GIS unterstützt) in jede andere Projektion transformieren. Für ein oder mehrere aktive Themen in einem View betätigen Sie dazu die neue Schaltfläche in der View-Schaltflächenleiste. Die beiden folgenden Beispiele sollen die Funktion der Erweiterung erläutern.

Die Erweiterung 'projutil.avx' projiziert ebenfalls Themen, ist jedoch benutzergeführt und dadurch leichter zu bedienen. Es gibt sie nur für die ArcView GIS Version 3.2. Das Programm kann auch direkt unter Windows unter 'Programme: Esri: ArcViewGIS3.2: Projektor Utility' gestartet werden. Die beiden folgenden Beispiele lassen sich ebenfalls mit dieser Erweiterung durchführen.

Projektion eines Themas, gegeben in geografischen Koordinaten (Längen- und Breitengrade), in eine beliebige andere Projektion(mit 'prjctr.avx')

Laden Sie das zu projizierende Thema in ein View und aktivieren sie es. Das Thema muss geografische Koordinaten haben. Die Karteneinheiten bei den View-Eigenschaften müssen auf 'Dezimale Gradangaben' stehen. Betätigen Sie die Schaltfläche.

Geben Sie im ersten Eingabefenster die Karteneinheiten für das Ausgangsthema an (UTM = Meter).

Im folgenden Eingabefenster wird die Ausgangsprojektion eingestellt. Für 'UTM' muss je nach Lage auf der Erdoberfläche die entsprechende Zone angegeben werden.

Sie werden danach gefragt, ob das projizierte Thema in das View eingefügt werden soll sowie nach dem Namen. Unter diesem Namen wird das Thema mit den projizierten Koordinaten auf Datenträger abgelegt und kann jederzeit wieder in ein View geladen werden.

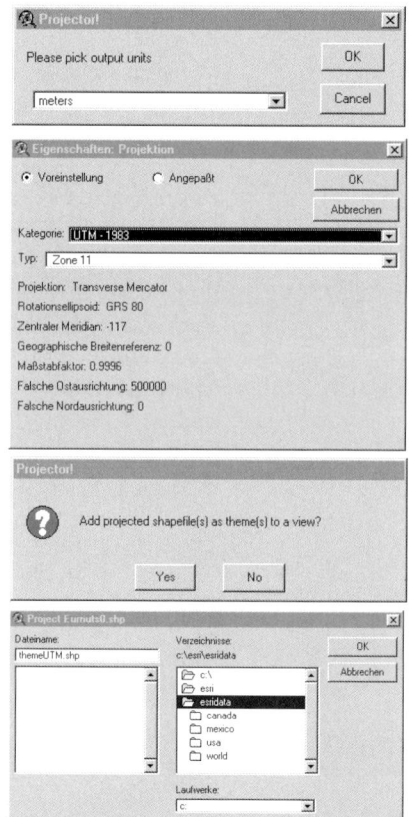

Transformation einer beliebigen Projektion in eine andere (z. B. Gauß-Krüger 3. Streifen nach Gauß-Krüger 2. Streifen mit prjctr.avx)

Laden Sie ein Thema (z. B. gegeben in Gauß-Krüger-Koordinaten im 3. Streifen) in ein View. Stellen Sie unter den View-Eigenschaften die Karteneinheiten (hier: Meter) ein. Aktivieren Sie das Thema und betätigen Sie die Schaltfläche für die Projektion in der View-Schaltflächenleiste.

Geben Sie jetzt die Projektion ein, die den Koordinaten des Themas zugrunde liegen. Wählen Sie dazu den Schalter 'Angepaßt' und dann folgende Parameter:

Projektion: Transverse Mercator
Rotationsellipsoid: Bessel
Zentralmeridian: 9
Ostverschiebung: 3 500 000

Drücken sie 'OK' und geben Sie die Karteneinheiten des Ausgangsthemas ein (Meter).

Für das Ausgangsthema werden folgende Werte eingegeben:

Projektion: Transverse Mercator
Rotationsellipsoid: Bessel
Zentralmeridian: 6
Ostverschiebung: 2 500 000

Drücken Sie 'OK'. Das Thema wird projiziert, unter dem angegebenen Namen auf Datenträger abgelegt und kann, wenn gewünscht, in ein View eingeladen werden.

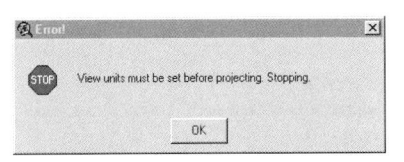

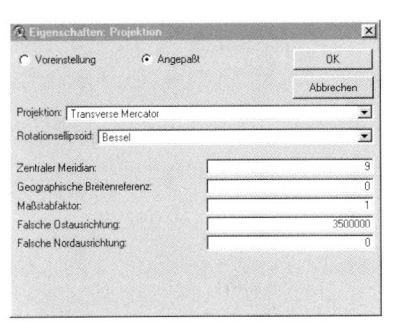

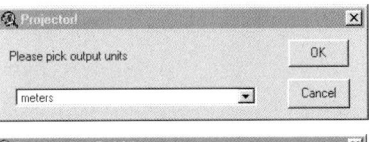

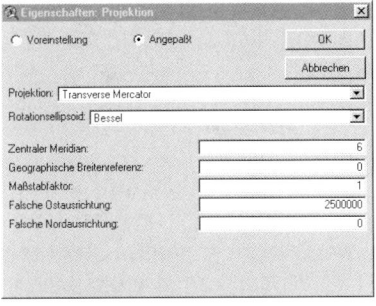

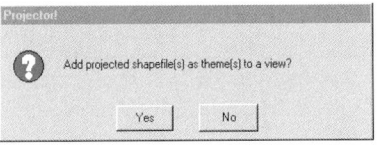

Script Editor Utilities (sedtools.avx)

Diese Erweiterung stellt zusätzliche Werkzeuge für den Script-Editor zur Verfügung.

Eine neue Schaltfläche in der Script-Schaltflächenleiste erlaubt die Benutzung eines eigenen Editors. Standardmäßig ist der 'Notepad' aus Windows eingestellt. Wollen Sie einen anderen Editor einstellen, müssen Sie das zugehörige Script editieren.

Ein Popup-Menü (rechte Maustaste) im Scriptfenster bietet die Umwandlung von Groß- in Kleinbuchstaben und umgekehrt. Mit dem Eintrag 'Trim' werden Leerstellen (am Anfang und Ende eines selektierten Textes) entfernt. Eine 'MessageBox' lässt sich ebenfalls in das Script eintragen.

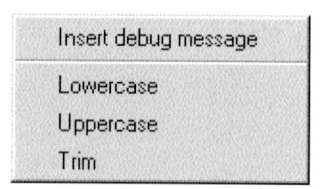

Das neue Menü 'Utilities' in der Script-Menüleiste bietet folgende Möglichkeiten:

- Einen Avenue-Befehlsinterpreter. Hier können Sie ein Avenue Kommando ausprobieren, indem Sie es eingeben und ausführen lassen. Das Ergebnis wird angezeigt.

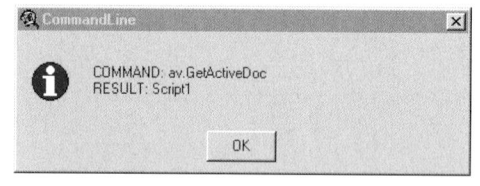

- Das Scriptfenster aktualisieren (Refresh).
- Die Scriptzeilen nummerieren.

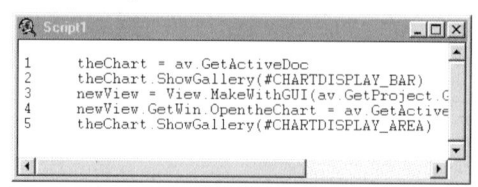

- Kommentiert, unkommentiert oder löscht alle 'Debug'-Kommandos in einem Script.
- Sucht nach nicht übersetzten Scripts in einem Projekt.
- Überprüft, ob alle Steuerelemente (Menüs, Schaltflächen, Werkzeuge) existierenden Scripts zugeordnet sind.

Shapefile Description Dialog (shpdesc.avx)

Diese Erweiterung zeigt Informationen über das erste aktive Thema in einem Info-Fenster an. Es werden das Verzeichnis, auf dem sich die Shapedatei befindet, die Anzahl der Objekte und die Anzahl der selektierten Objekte angegeben sowie die zugehörige Attributtabelle beschrieben. Dort wird, neben den Feldnamen mit zugehörigen Alias auch der Feldtyp angegeben. Die Erweiterung arbeitet nur mit einem Shapethema (Objektthema) und nicht mit einem Bildthema (Rasterthema).

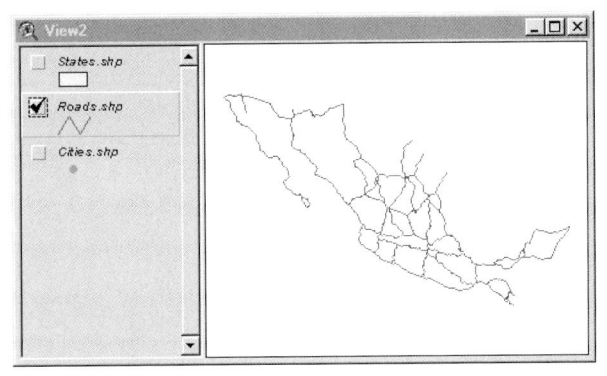

Es wird eine neue Schaltfläche in der View-Schaltflächenleiste zur Verfügung gestellt. Die Informationen werden nach Betätigung der Schaltfläche für das erste aktive Thema im View angezeigt.

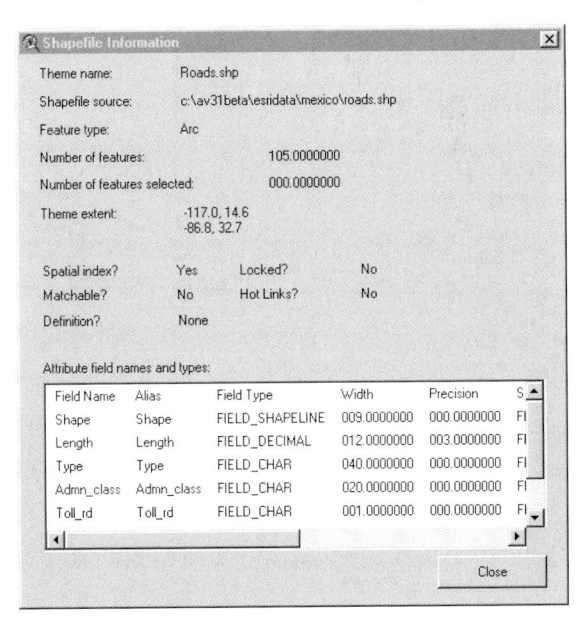

ODB Table Extension (tablex.avx)

Setzen Sie in einer Tabelle, unter den Tabelleneigenschaften, für ein Feld einen neuen Namen (Alias), so wird dieser ohne diese Erweiterung nicht gespeichert. D. h., laden Sie die Tabelle (oder Attributtabelle eines Themas) in ein neues Projekt, so gehen die neuen Namen verloren.

Diese Erweiterung legt für den Alias von Tabellenfelder eine *.ODB-Datei an, in der die Namen gespeichert werden. Laden Sie dann eine solche Tabelle (Thema) in ein neues Projekt, bleiben die Alias erhalten.

Die Erweiterung hat keine neuen Menüs, Schaltflächen oder Werkzeuge. Ist diese geladen, so wird eine *.ODB-Datei angelegt, in der die Alias geschrieben werden. Beim Einladen der Tabelle in ein neues Projekt werden die Namen aus der *.ODB-Datei geholt und in den Tabelleneigenschaften gesetzt.

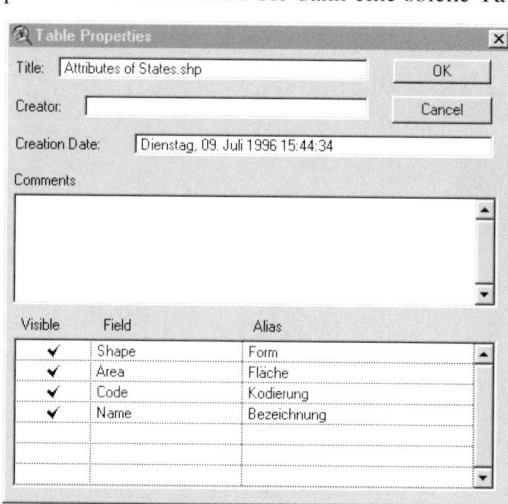

Ist die Erweiterung nicht geladen, so wird die Tabelle (Thema) ohne die Alias geladen.

Demo-Tools

'Demo-Tools' ist eine Erweiterung, die von ESRI-Deutschland entwickelt wurde und eine nützliche Sammlung von zusätzlichen Funktionen für ArcView GIS. Die Funktionen stammen teilweise aus den Sample-Extensions, wobei die Dialoge ins Deutsche übersetzt wurden. Die Erweiterung 'Demo-Tools' wird von ESRI nicht 'unterstützt'. Die Funktionen können jedoch als Grundlage für eigene Entwicklungen verwendet werden. Sie erhalten die Demo-Tools kostenfrei bei ESRI-Deutschland. Zu erwähnen sind auch die 'Xtools'. Diese enthalten ähnliche und weitere Funktionen wie die 'Demo-Tools', sind jedoch in Englisch. Einen Hinweis zum Download dieser nützlichen Erweiterung finden Sie auf der deutschen ESRI-Hompage 'www.ESRI-germany.de'.

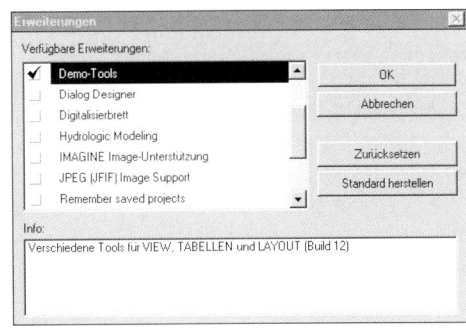

Die Funktionen von 'Demo-Tools' überschneiden sich teilweise mit den Grundfunktionen von ArcView GIS und den Sample-Extensions. Es werden daher im folgenden nur die Funktionen beschrieben, die sonst nicht vorkommen, und zwar:

- Erstellen eines Imagekatalogs
- Grafik-Shape Konvertierung
- Berechnung von Fläche, Umfang und Länge von Objekten
- Import von Generate-Dateien (*.gen) aus ARC/INFO
- Koordinaten eines Punktethemas anzeigen
- Objekte eines Themas um einen Winkel drehen
- Setzen von Labelpunkten in einem Polygonthema
- RGB-Farbwerte anzeigen
- Anzeige von View-Legenden ändern
- Summe von Attributwerten für selektierte Objekte anzeigen
- Zweipunkt-Georeferenzierung
- Statistik für selektierte Objekte berechnen
- Attributtabelle bearbeiten
- Diagramme in ein View zeichnen
- Objekte mit Hilfe von Grafiken (Kreis, Polygon, Linie) selektieren
- Import von Excel-Tabellen direkt aus Excel
- Export von ArcView-Tabellen direkt nach Excel
- Tabelle in ein Layout einfügen.

Erstellen eines Imagekataloges

Die Funktion erzeugt einen Imagekatalog, der alle in einem View vorkommenden Bildthemen (georeferenzierte Rasterthemen) enthält. Laden Sie die Images in ein View und betätigen Sie folgendes Menü:

View-Menüleiste

DemoTools:
   Erstellen eines Imagekataloges

Der Imagekatalog kann dann wie ein Rasterthema in ein View eingeladen werden.

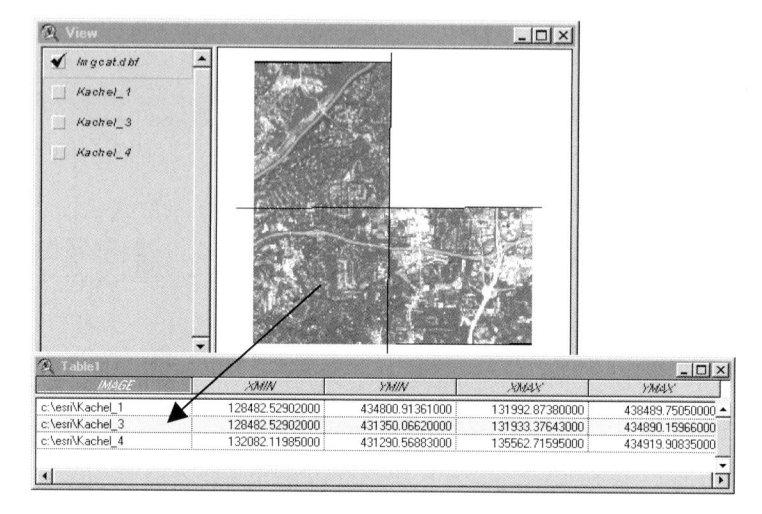

Graphik to Shape

wandelt alle in einem View befindlichen Grafiken in Shapes (Shapethema) um. Es können Polygone, Linien oder Punkte konvertiert werden. Die Umwandlung ist unabhängig von der Selektion der Grafiken und wird mit folgendem Menü gestartet:

View-Menüleiste

DemoTools:
   Graphik zu Shape

Geben Sie den Namen des neu zu erstellenden Themas an. Das neue Thema hat eine Attributtabelle, die außer dem 'Shape'-Attribut noch das 'ID'-Attribut hat. Dort sind die Objekte durchnummeriert.

10.3 Zusätzliche Erweiterungen 363

Fläche/Umfang/Länge

Die Funktion berechnet und speichert den Flächeninhalt und Umfang eines aktiven Polygon- oder die Länge eines aktiven Linienthemas. Die berechneten Attribute werden an die zugehörige Tabelle des Themas angehängt. Sind schon Felder mit den Namen 'Area', 'Perimeter' oder 'Length' vorhanden, so werden diese mit den neu berechneten Werten überschrieben. Die Berechnung ist unabhängig von den selektierten Objekten und beruht auf den eingestellten Karteneinheiten unter den View-Eigenschaften. Sie wird mit folgendem Menü gestartet:

View-Menüleiste

DemoTools:
    Fläche/Umfang/Länge

Berechnete Fläche und Umfang

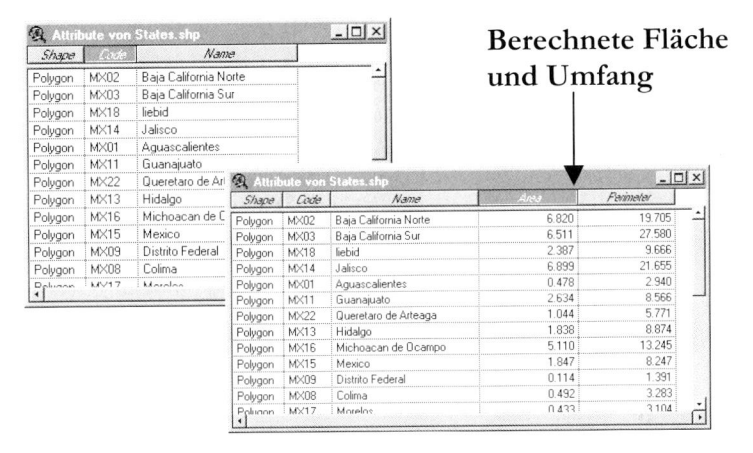

Import: Generate to Shape

Die Funktion importiert das ARC/INFO-Generate-Format (*.gen) in das ArcView-Shapeformat. Starten Sie die Funktion mit folgendem Menü und geben Sie den Namen der ARC/INFO-Generatedatei an:

View-Menüleiste

DemoTools:
    Import: Generate zu Shape

Für den Import von ARC/INFO-Coverages (Export-Format *.E00) kann das mit ArcView GIS gelieferte Programm 'Import71' benutzt werden. Sie finden es (nach einer Standard-Installation von ArcView GIS) in der Windows-Benutzeroberfläche unter 'Programme/ESRI/ArcView32'.

Koordinaten in Tabelle

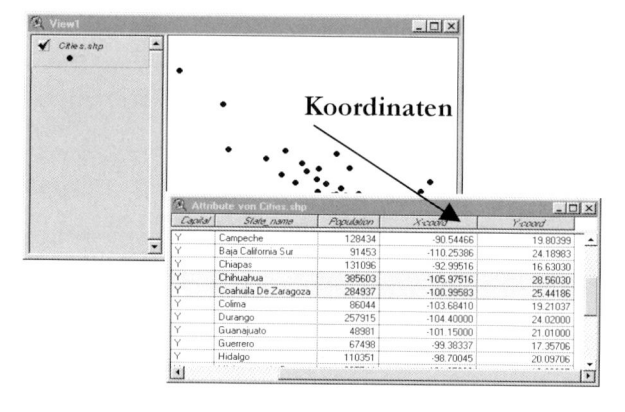

Diese Funktion speichert die Koordinaten von Punkte- oder Polygonthemen (Flächenschwerpunkt) in die zugehörige Tabelle. Die Berechnung der Koordinaten wird nur für die selektierten Objekte durchgeführt. Für alle anderen werden die Koordinatenwerte '0' ausgegeben. Aktivieren Sie das Thema und selektieren Sie die Objekte, für die Koordinaten berechnet werden sollen, im View. Die Berechnung wird dann mit folgendem Menü gestartet:

View-Menüleiste

DemoTools:
     Koordinaten in Tabelle

Rotiere Thema

Die Funktion dreht selektierte Objekte eines aktiven Themas um einen in dezimalen Grad angegebenen Winkel im Uhrzeigersinn. Der Drehpunkt ist der View-Mittelpunkt. Selektieren Sie die zu drehenden Objekte (oder keines, wenn alle gedreht werden sollen) und geben Sie den Drehwinkel an (z. B. 30 Grad) an. Betätigen Sie folgendes Menü:

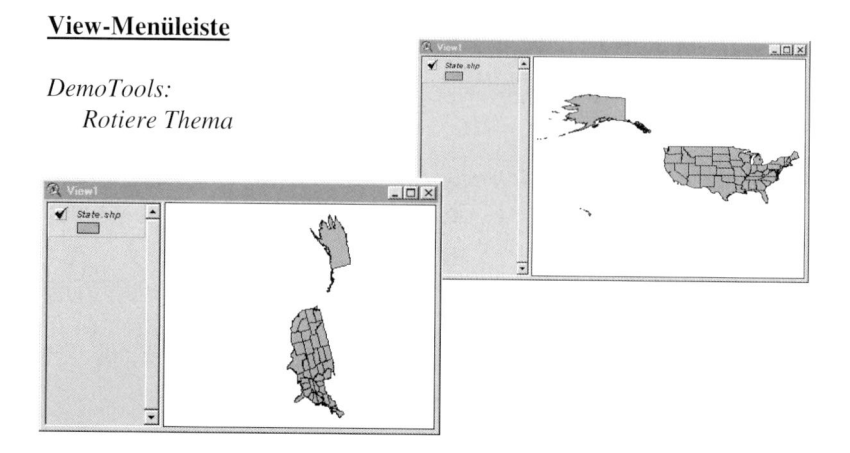

View-Menüleiste

DemoTools:
     Rotiere Thema

Labelpunkte

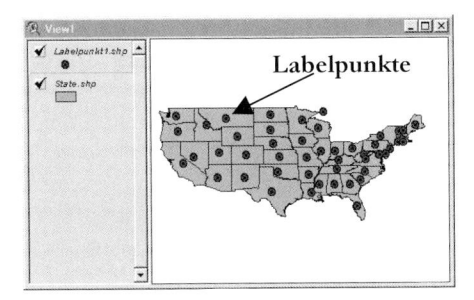

Die Funktion setzt Punkte (Labelpunkte) an selektierte Objekte eines aktiven Polygon-, Linien- oder Punktethemas. Es entsteht ein neues Punktethema. Dieses hat die gleichen Attribute und Werte wie das Eingangsthema. Betätigen Sie folgendes Menü:

View-Menüleiste

DemoTools:
    Labelpunkte

RGB-Werte ausgeben

Für die in der Farbpalette vorhandenen Farben können mit dieser Funktion die RGB-Anteile angezeigt werden. Betätigen Sie folgendes Menü:

View-Menüleiste

SymbolTools:
    RGB-Werte ausgeben

Geben Sie die Nummer des Symbols (beginnend bei '0') aus der Farbpalette ein und drücken Sie 'OK'.

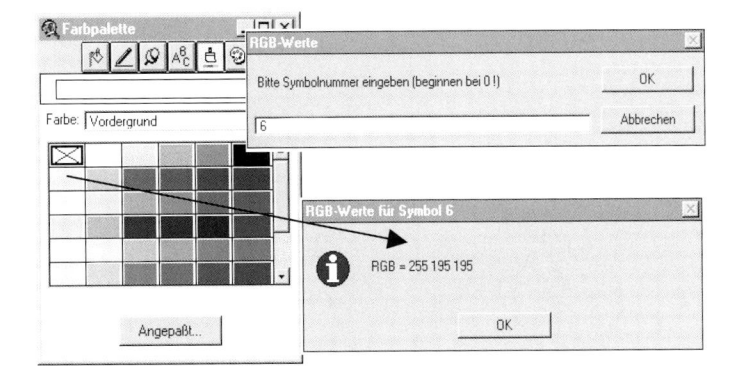

View-Legenden

Die folgenden Funktionen beeinflussen die View-Legende. Die Legenden einzelner Themen können verschoben oder EIN/AUS geschaltet werden. Um z. B. alle Legenden in einem View auszuschalten, betätigen Sie folgendes Menü:

View-Menüleiste

LegendTools:
  Alle Legenden aus

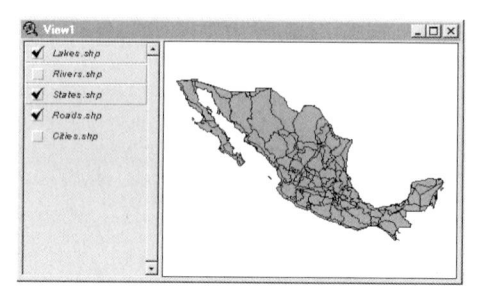

Weitere Funktionen finden Sie unter dem gleichen Menü in der View-Menüleiste:

View-Menüleiste

LegendTools:
  Alle Legenden an
  Unterstes Thema nach oben
  Oberstes Thema nach unten
  Alle aktiven Themen nach oben

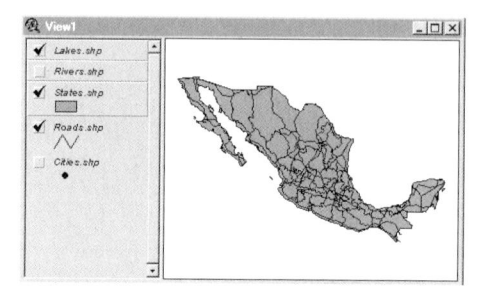

In der View-Schaltflächenleiste gibt es eine Schaltfläche, die die Legenden aller aktiven Themen EIN/AUS schaltet.

10.3 Zusätzliche Erweiterungen 367

Summe Selektion

Die in der View-Schaltflächenleiste enthaltene Schaltfläche schaltet die Berechnung der Summe eines Attributes, für selektierte Objekte eines aktiven Themas, EIN oder AUS. Das Thema, das Feld und die Summe werden in der

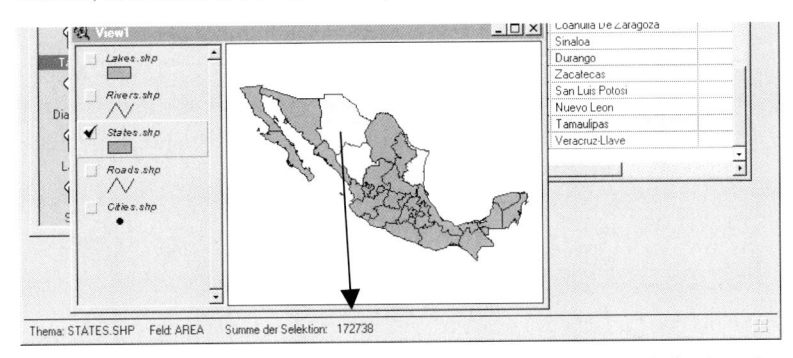

Statuszeile von ArcView GIS angezeigt. Die Berechnung und die Anzeige werden ausgeschaltet, wenn Sie die Schaltfläche nochmals betätigen.

Georeferenzierung

Diese Funktion führt für ein TIF- oder BMP-Image eine einfache Zweipunkt-Georeferenzierung (Erzeugung eines World-Files für TIF- und BMP-Images) durch. Betätigen Sie für ein aktives Rasterthema das Werkzeug in der View-Werkzeugleiste und geben Sie die beiden Referenzpunkte mit der Maus in

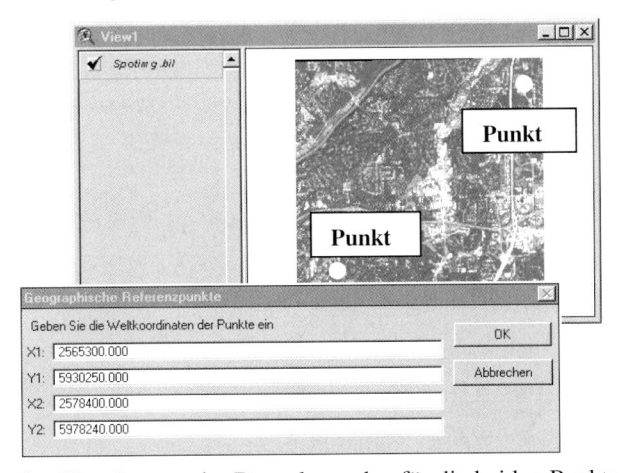

das Viewfenster ein. Danach werden für die beiden Punkte die zugehörigen Weltkoordinaten angegeben. Nach dem Drücken von 'OK' wird das Rasterthema in das neue Koordinatensystem umgerechnet. Es wird jedoch kein neues Rasterbild erzeugt. Für eine Drehung oder Entzerrung mit mehr als zwei Punkten wird ein Zusatztool benötigt.

Statistik-Report Umkreis

Diese Funktion berechnet für die Objekte eines Punkte-, Linien- oder Polygonthemas, die von einem Kreisgebiet durchschnitten werden, und für ein anzugebendes Attribut statistische Werte, z. B. Mittelwert, Max., Min. usw.

Betätigen Sie für ein aktives Thema das Werkzeug in der View-Werkzeugleiste und klicken Sie mit der Maus an die Stelle, an der der Kreismittelpunkt sein soll. Geben Sie anschließend den Kreisradius an. Die Einheit für den Kreisradius entspricht dem eingestellten Wert für die Abstandseinheiten in den View-Eigenschaften. Der Kreis verschwindet aus dem View, wenn der View-Ausschnitt (Zoom) verändert wird.

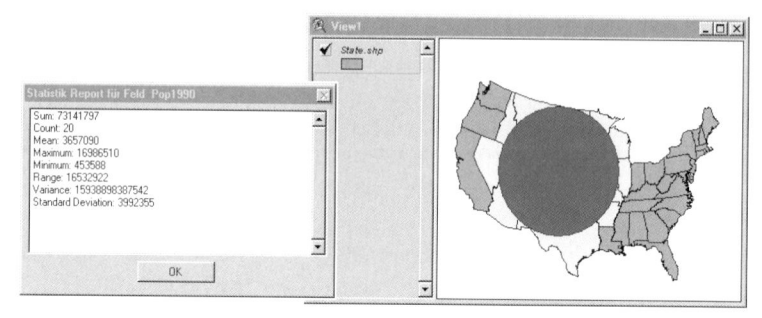

Attributtabelle bearbeiten

Die Funktion erleichtert die Bearbeitung der Attributwerte (Tabelle) eines Themas. Betätigen Sie das Werkzeug in der View-Werkzeugleiste und klicken Sie mit der Maus auf ein Objekt im View. In einem Fenster erscheinen zu diesem Objekt alle Attributwerte, die dort dann bearbeitet werden können. Die Änderung wird unmittelbar in der zugehörigen Datei vorgenommen. Eine Veränderung lässt sich nicht mehr rückgängig machen.

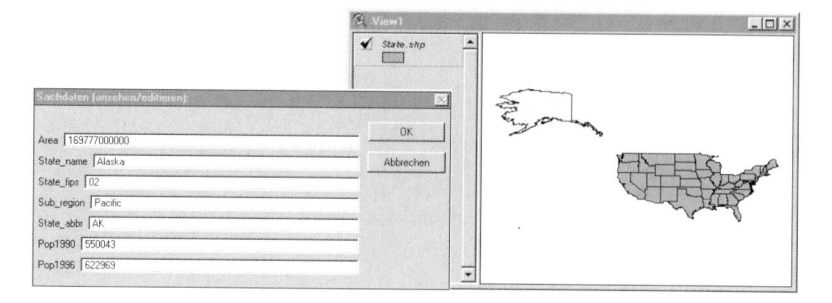

Diagramme im View

Die Funktion erzeugt für alle selektierten Objekte eines Polygonthemas Diagramme, die an die Objekte im View gezeichnet werden. Eine Legende dazu wird ebenfalls in das View gezeichnet.

Aktivieren Sie ein Thema, selektieren Sie Objekte und betätigen Sie das neue Werkzeug (Werkzeugmenü) aus der View-Werkzeugleiste für die Auswahl des Diagrammtyps. Für ein Kreisdiagramm müssen jetzt im View zwei Kreise (minimale und maximale Größe des Diagramms) mit der Maus aufgezogen werden. Danach werden die Farben für das Diagramm und die Attributwerte ausgewählt, die dargestellt werden sollen. Folgende Diagrammtypen sind möglich:

Kreisdiagramm mit Legende
erzeugt Kreisdiagramme auf den selektierten Flächen eines Themas.

Kreisdiagramm mit herausgezogenem Segment und Legende
erzeugt Kreisdiagramme auf den selektierten Flächen eines Themas.

Balkendiagramm mit Legende
erzeugt Balkendiagramme auf den selektierten Flächen eines Themas.

Säulendiagramm mit Legende
erzeugt Säulendiagramme auf den selektierten Flächen eines Themas.

Die erzeugten Diagramme sind normale Grafiken und können entsprechend behandelt werden (verschieben, vergößern, löschen usw.).

Objekte mit Kreis, Polygon oder Linie selektieren

Die Funktion selektiert für aktive Themen mit Hilfe einer Linie, eines Polygons oder eines Kreises Objekte in einem View.

Aktivieren Sie die Themen, für die Objekte selektiert werden sollen, und betätigen Sie das entsprechende Werkzeug (Pulldown-Werkzeug-Menü) in der View-Werkzeugleiste. Zeichnen Sie mit der Maus eine Linie (Polygon, Kreis) über die Objekte, die selektiert werden sollen. Doppelklick beendet die Eingabe der Grafik.

Selektion Kreis
selektiert grafisch in allen aktiven Themen alle Objekte, die von dem eingegebenen Kreis geschnitten werden.

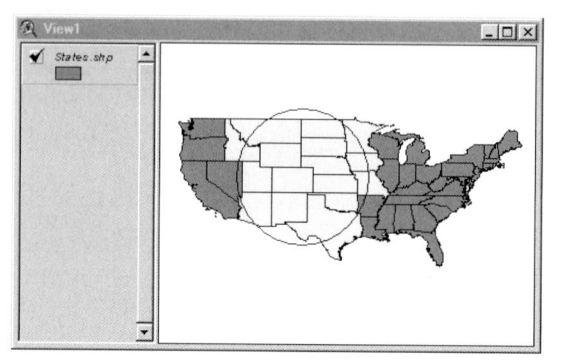

Selektion Polygon
selektiert grafisch in allen aktiven Themen alle Objekte, die von dem eingegebenen Polygon geschnitten werden.

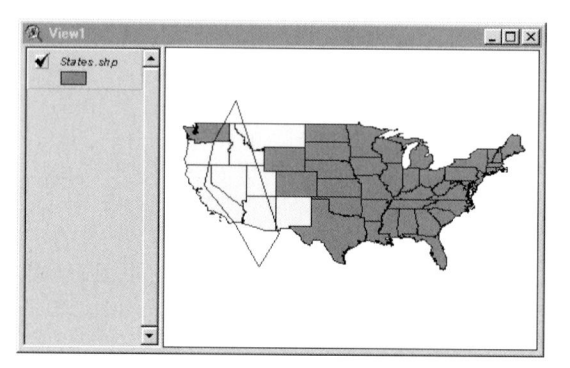

Selektion Linie
selektiert grafisch in allen aktiven Themen alle Objekte, die von der eingegebenen Linie durchschnitten werden.

10.3 Zusätzliche Erweiterungen

Datenübernahme von EXCEL (Import Excel)

Die Funktion überträgt markierte Daten aus einer Excel-Mappe (Excel muss gestartet sein) direkt in eine ArcView GIS-Tabelle.

Markieren Sie die zu übertragenden Werte in Excel und betätigen Sie das folgende Menü. Die EXCEL-Tabelle muss aktiv sein und in der ersten Zeile die Feldnamen enthalten.

Tabellen-Menüleiste

Tools:
    Import Excel deutsch
    Import Excel englisch

Es wird eine neue Tabelle in ArcView GIS geöffnet, in der die Werte aus Excel eingetragen werden.

Datenübergabe an EXCEL (Export Excel)

Mit dieser Funktion können selektierte Datensätze einer aktiven Tabelle aus ArcView GIS direkt an Excel übergeben werden.

Betätigen Sie die Schaltfläche in der Tabellen-Schaltflächenleiste. Excel wird automatisch gestartet und die Daten in eine Excel-Mappe eingetragen. Die Daten können dort weiterverarbeitet oder gespeichert werden.

Es werden alle selektierten Datensätze einer aktiven ArcView GIS-Tabelle nach Excel übertragen. Unsichtbare Felder einer Tabelle werden ebenfalls übertragen.

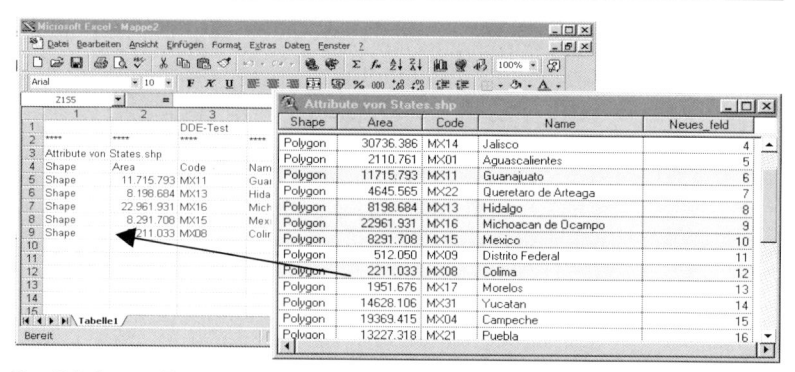

Der Pfad zum Programm 'Excel.exe' muss evtl. für Ihren Rechner angepasst werden. Editieren Sie dazu die Datei 'demotool.avx', suchen Sie nach dem Pfad 'c:\w32app\MSOffice\Excel\Excel.exe' und ersetzen ihn durch das Verzeichnis in dem 'Excel.exe' auf Ihrem Rechner enthalten ist.

Tabelle einem Layout hinzufügen

Diese Funktion fügt selektierte Werte aus einer Tabelle in ein Layout. Es werden nur die selektierten Werte der Tabelle ohne Tabellenrahmen in das Layout eingelesen. Das Feld 'Shape' wird nicht mit angezeigt. Die Felder der Tabelle, die in den Tabellen-Eigenschaften unsichtbar geschaltet wurden, werden nicht in das Layout übertragen.

Betätigen Sie das Werkzeug in der Layout-Werkzeugleiste und ziehen Sie im Layout mit der Maus ein Rechteck auf, in das die Tabellenwerte geschrieben werden sollen. Im anschließenden Dialog werden Sie nach der Tabelle gefragt, die im Projekt vorhanden sein muss. Sie können zusätzlich für ein Feld angeben, ob die Werte in aufsteigender oder abfallender Reihenfolge sortiert dargestellt werden sollen.

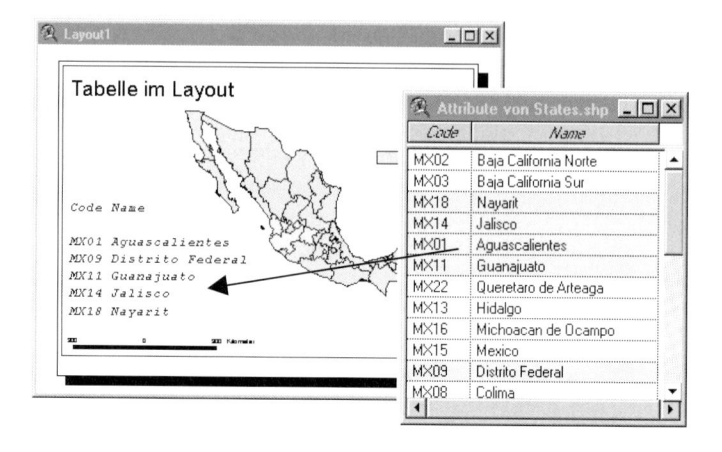

10.4 Optionale Erweiterungen

Auf dem Markt gibt es eine große Anzahl optionaler Erweiterungen für ArcView GIS, die von ESRI oder anderen käuflich erworben werden können. Die wichtigsten sind anschließend aufgelistet. Danach werden der Spatial, 3D und Network Analyst sowie die Image-Analysis Extension ausführlicher beschrieben.

Spatial Analyst
Raumbezogene Analysen mit Vektor- und Rasterdaten (Abfragen von Rasterzellen, Erstellen von Modellen mit Rasterzellen und Interpolationen) sind möglich. Der Spatial Analyst hat ähnliche Funktionen wie das GRID-Modul aus ARC/INFO.

3D Analyst
Erstellen von Oberflächenmodellen sowie deren Visualisierung und Bearbeitung. Berechnen von Dreiecksvermaschungen (TIN). Der 3D Analyst hat ähnliche Funktionen wie das TIN-Modul aus ARC/INFO.

Network Analyst
Analyse und Darstellung von Netzwerken wie z. B. Telefonnetze, Straßennetze, Abwassersysteme, Stromnetze. Bei Straßennetzen kann z. B. der kürzeste Weg zwischen zwei Punkten berechnet werden.

Tracking Analyst
Mit dem Tracking Analyst können bewegte Objekte, die mit GPS ausgestattet sind, in ArcView verfolgt werden. Ein Transportunternehmen kann damit z. B. die Position der Schiffe, Flugzeuge oder LKW verfolgen.

Image Analysis
Die Image Analysis Extension ist eine Entwicklung von ERDAS und stellt Methoden der professionellen Bildverarbeitung in ArcView GIS zur Verfügung.

Internet Map Server
Mit dieser Erweiterung können Sie Ihre eigenen Geodaten im Internet zur Verfügung stellen.

PlanzV
Hiermit werden viele Symbole nach der Planzeichenverordnung in ArcView GIS zur Verfügung gestellt.

ArcPress
ArcPress dient der Aufbereitung sehr großer Plot-Dateien, um eine Ausgabe auf knapp ausgestattete Ausgabegeräte (Plotter, Drucker) zu ermöglichen.

ArcView Spatial Analyst

Der 'ArcView Spatial Analyst' ist eine optionale Erweiterung für ArcView GIS. ArcView GIS erhält hiermit neue Werkzeuge für die Visualisierung und Analyse raumbezogener Rasterdaten. Insbesondere wird die Verarbeitung kontinuierlich verteilter Daten, wie z. B. Höheninformationen, mit dieser Erweiterung wesentlich vereinfacht. Die Verarbeitung geschieht mit dem ESRI-Datenformat 'GRID', das schon lange in ARC/INFO bei der Bearbeitung von Rasterdaten Anwendung findet.

Ein großer Vorteil dieser Erweiterung ist die Möglichkeit, Raster- und Vektordaten gleichzeitig zu visualisieren und zu analysieren. Um z. B. die beste Lage für ein neues Geschäft zu finden, benötigen Sie für ein in Frage kommendes Gebiet viele Informationen, wie z. B die Anzahl der Einwohner, Art

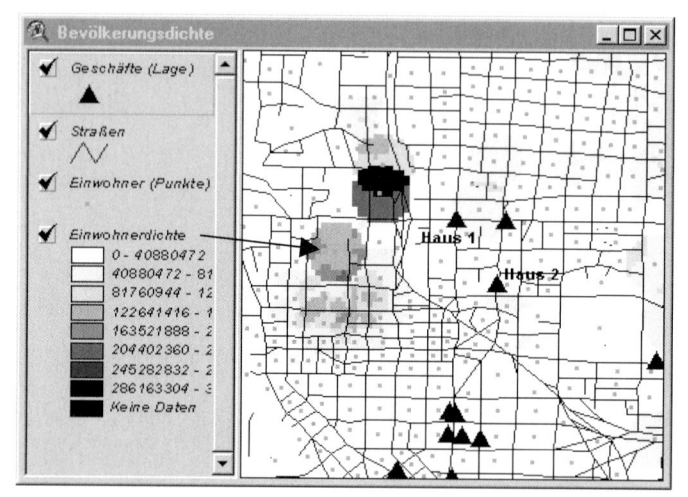

und Zustand von Zufahrtsstraßen und Informationen über evtl. Mitbewerber. Die Kombination von kontinuierlich verteilten Rasterdaten (Einwohner) mit Vektordaten (Straßen, Konkurrenten), zusammen mit den Werkzeugen von ArcView GIS und dem Spatial Analyst, ermöglicht die Lösung solcher Probleme in kurzer Zeit.

Eine weitere Anwendung wäre z. B. die Analyse von Messstationen, deren Messergebnisse von der Geländehöhe abhängig sind. Die Verwendung von Geländehöhen (Rasterdaten) und Messstationen als Punktethemen (Vektordaten) führt mit dem Spatial Analyst schnell zu Ergebnissen.

Die Erweiterung erzeugt neue Menüs und Schaltflächen, mit denen eine Vielzahl von Funktionen zur Verfügung gestellt werden. Avenue-Anwender können mit neu definierten Klassen und Methoden weitere Funktionen entwickeln.

10.4 Optionale Erweiterungen 375

Der Spatial Analyst bietet folgende Möglichkeiten:

- Klassifizierung und Legendenerstellung von Rasterdaten
- Import und Export von Rasterdaten
- Erstellen von Isolinien (Konturlinien)
- Berechnung von Steilheit (Neigung)
- Berechnung von Aspekt (Richtung des steilsten Abstiegs)
- Berechnung von Schummerung (beleuchtete Oberfläche)
- Modellierung (Berechnungen mit Rasterzellen)
- Selektion von Rasterzellen (geometrische und mit Attributen)
- Visualisierung der Rasterzellenwerte mit Histogrammen
- Abfrage von Rasterzellen über mehrere Themen
- Erstellen von Profilen und Sichtbarkeitslinien
- Interpolation von Punktethemen
- Filterung von Rasterdaten (z. B. Glättung von Oberflächen)
- Distanzberechnungen
- Dichteberechnungen einer Oberfläche aus Punktinformationen
- Zusammenfassung von Rasterdaten mit Hilfe eines anderen Themas.

Im folgenden werden einige Beispiele für Funktionen des Spatial Analyst ausführlicher erläutert und mit Abbildungen dargestellt.

Erstellen von Isolinien (Konturlinien)
Das Erstellen von Isolinien -eine Isolinie hat über ihre gesamte Länge den gleichen Wert- für ein Rasterthema (GRID) ist einfach möglich. Sie können

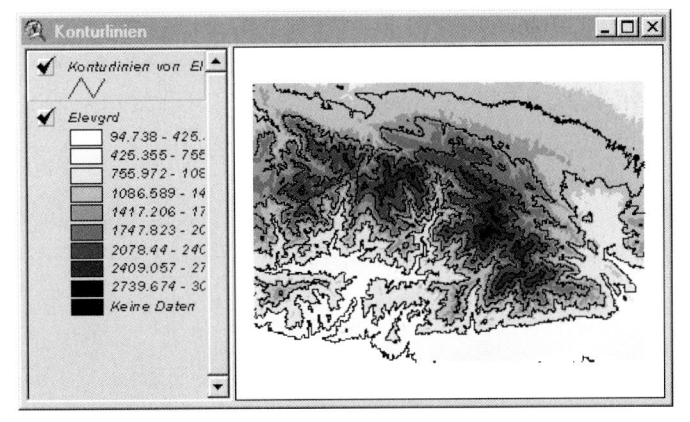

sowohl einzelne Isolinien (durch Mausklick) als auch -durch Vorgabe eines Abstandes- eine Schar von Isolinien als Thema oder Grafik berechnen und in ein View einfügen.

Berechnung von Steilheit (Neigung)

Für ein Geländemodell (gibt die Höhen in einem Gebiet an) kann die Steilheit (z. B. Hangneigung) berechnet werden. Das Ergebnis gibt z. B. Auskunft über die Rauigkeit eines Geländes oder über die Änderung von raumbezogenen Daten (Rasterdaten) in einem Gebiet.

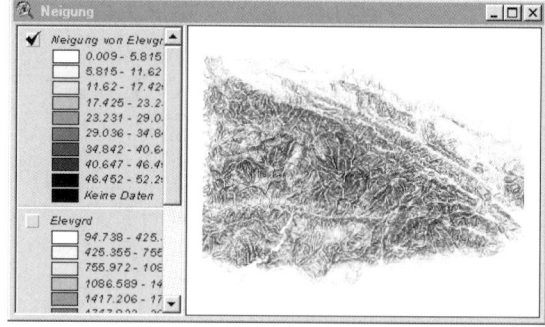

Berechnung von Schummerung (beleuchtete Oberfläche)

Die 'Schummerung' eines Rasterthemas hebt z. B. die Konturen eines Geländes besonders deutlich hervor. Die Berechnung simuliert eine beleuchtete Fläche, bei der die Position des Beleuchtungskörpers im Winkel und in der Höhe eingestellt werden können.

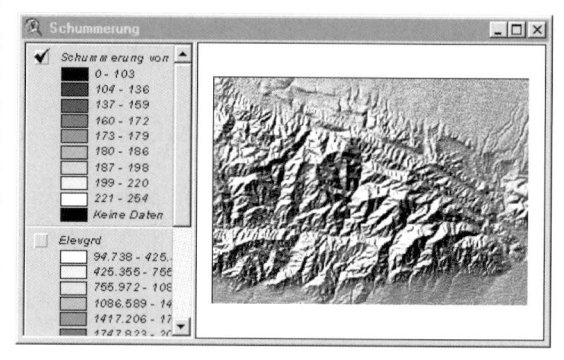

Selektion von Rasterzellen (geometrische und mit Attributen)

Auf die Werte von Rasterzellen kann eine Abfrage gemacht werden, um bestimmte Rasterzellen zu selektieren. Die Abfrage ist über alle Themen im View möglich. Beispielsweise können in einem Geländemodell die Zellen, die eine bestimmte Höhe überschreiten selektiert werden.

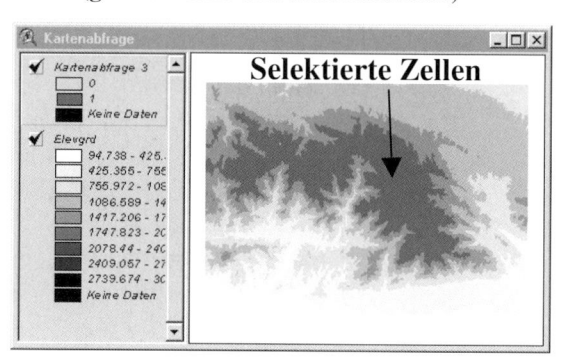

Erstellen von Profilen und Sichtbarkeitslinien

Für ein Geländemodell, aber auch für andere Rasterdaten (z. B. Temperaturverteilung) ist die Berechnung von Profilen, die den Verlauf der Werte längs einer Linie angeben, sehr wichtig. Für den Bau von Aussichtstürmen und Funkstationen müssen Sichtbarkeitsprüfungen erstellt werden. Sie können mit dem Spatial Analyst eine Sichtbarkeitslinie berechnen lassen. Diese zeigt die Rasterzellen an, die von einem bestimmten Punkt im Gelände sichtbar sind, wenn ein bestimmtes Ziel anvisiert wird.

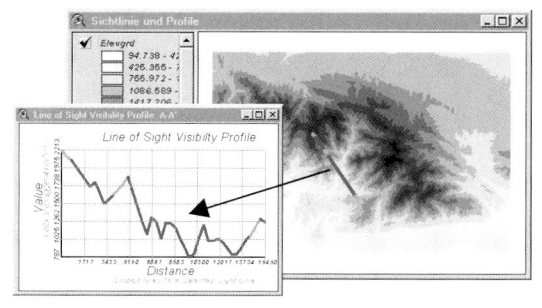

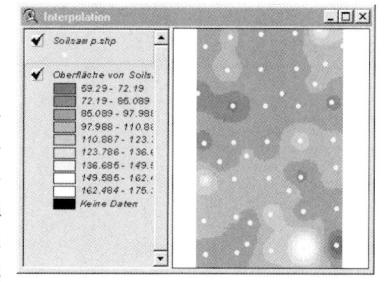

Interpolation von Punktethemen

Für ein Punktethema kann eine Interpolation berechnet werden. Diese berechnet nach einem vorgegebenen Interpolationalgorithmus ein Rasterthema für alle Positionen, die zwischen den Punkten des Punktethemas liegen. Aus Einzelmessungen kann z. B. ein kontinuierlicher Verlauf der Messwerte über das gesamte Gebiet erstellt werden.

Filterung von Rasterdaten (z. B. Glättung von Oberflächen)

Mit einer Filterung wird die 'Rauhigkeit' eines Rasterthemas geglättet. Dabei wird der Wert einer Rasterzelle aus den umliegenden Werten neu berechnet (z. B. Mittelwert). Mit der Funktion kann aber auch eine Analyse aus umliegenden Zellen erstellt werden (z. B. das Ausbreiten von Feuer in einem Gelände).

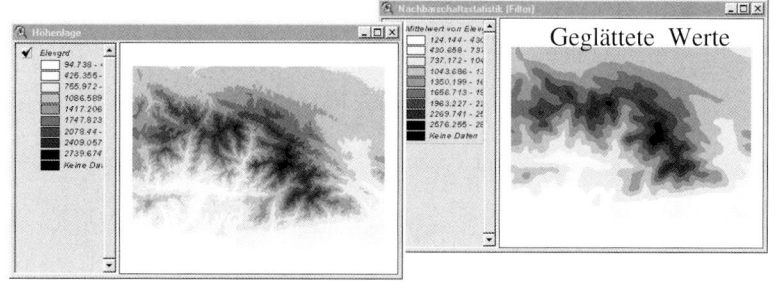

ArcView 3D Analyst

Der 3D Analyst bringt die dritte Dimension nach ArcView GIS. Sie erhalten damit perspektivische interaktive Ansichten und Analysemöglichkeiten in der dritten Dimension. Für den 3D Analyst ist das zweidimensionale Shapeformat um eine weitere Dimension erhöht worden. Der Höhenwert (z) braucht jetzt nicht mehr als ein zusätzliches Attribut in der zugehörigen Tabelle gespeichert zu werden. Zweidimensionale Shapethemen sind jedoch weiterhin nutzbar und können zusammen mit dreidimensionalen Shapethemen dargestellt und analysiert werden.

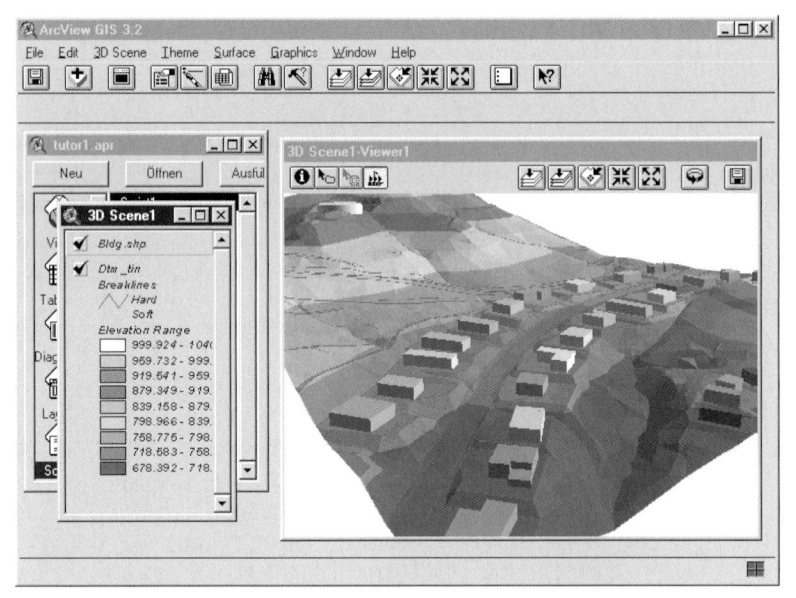

Nach dem Laden der Erweiterung wird das neue ArcView GIS-Dokument '3D Scene' in das Projektfenster eingefügt. Mit diesem sind dreidimensionale Ansichten möglich. Die dreidimensionale Darstellung geschieht mit Hilfe eines TIN (Triangulated Irregular Network). Die perspektivische Ansicht kann vergrößert, verkleinert, in alle Richtungen gedreht und verschoben werden. Zweidimensionale Shapethemen können über die 3-D-Ansicht gelegt werden. Das Aufsetzen von 3-D-Blockdiagrammen (z. B. Häuser) auf ein Landschaftsmodell ist möglich. Ebenso lassen sich Themen unterhalb des Landschaftsmodells darstellen und analysieren, z. B die große Anzahl von Versorgungsleitungen im Erdboden einer Stadt.

Die Erweiterung erzeugt neue Menüs und Schaltflächen, mit denen eine Vielzahl von Funktionen zur Verfügung gestellt werden. Avenue-Entwickler können mit neu definierten Klassen und Methoden weitere Funktionen entwickeln.

10.4 Optionale Erweiterungen

Der 3D Analyst bietet folgende Analyse- und Darstellungs-Möglichkeiten:

- gleichzeitige Darstellung von Vektor- und Rasterdaten
- perspektivische Darstellung von Shapethemen und Oberflächen
- Erzeugung eines TINs aus Punkte-, Linien- oder Polygonthemen
- Erzeugen von GRIDs aus TINs oder Punktethemen (Interpolation)
- Berechnung von dreidimensionalen Isolinien (Konturlinien)
- Berechnung von Steilheit (Hangneigung) einer 3-D-Oberfläche
- Berechnung von Aspekt (Richtung des steilsten Abstiegs) in 3-D
- Berechnung von Schummerung (beleuchtete Oberfläche) in 3-D
- Berechnung von Oberflächen und projizierten Oberflächen
- Berechnung von Veränderungen zweier Oberflächenzustände
- Aufsetzen von Blockdiagrammen (z. B. Häuser) auf eine Oberfläche
- Aufsetzen zweidimensionaler Shapethemen auf eine Oberfläche
- Darstellung von Objekten, die unter der Erdoberfläche liegen
- Erstellen von Profilen
- Erstellen von Sichtbarkeitslinien und Sichtbarkeitsflächen
- Berechnung des steilsten Abgangs (z. B. Fließrichtungen)
- Berechnung von Volumen von einer Bezugshöhe aus
- interaktive Abfragen von 3-D-Themen.

Im folgenden werden einige Beispiele für Funktionen des 3D Analyst ausführlicher erläutert und mit Abbildungen dargestellt.

Gleichzeitige Darstellung von Vektor- und Rasterdaten
Es lassen sich gleichzeitig Vektor-, Rasterdaten und TINs dreidimensional darstellen. In dem gezeigten Beispiel werden Versorgungsleitungen (Vektordaten), Brunnen (Vektordaten) und das Gelände (TIN) zusammen dargestellt. Ebenso lässt sich das Gelände als Foto (Rasterdaten) sowie Blockdiagramme (Häuser) in diese Darstellung mit einbringen.

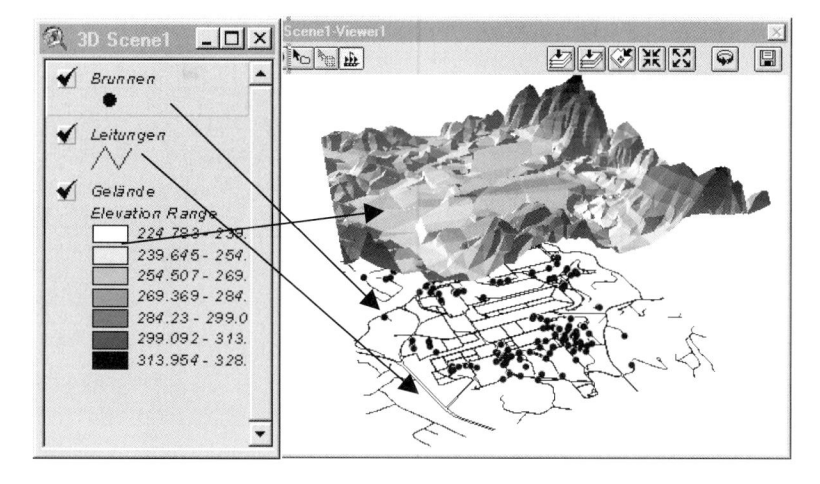

Erzeugung eines TINs aus einem Punktethema
Für die Analyse dreidimensionaler Daten wird ein Oberflächenmodell benötigt. Dies kann ein GRID oder ein TIN sein. Die Modelle werden im allgemeinen aus Vektordaten (Punkte in einem Gelände, Höhenlinien, Niveauflächen) berechnet. Der 3D Analyst erlaubt die Erstellung von TINs aus Punkte-, Linien- und Polygonthemen sowie GRIDs aus Punktethemen. Mit den so

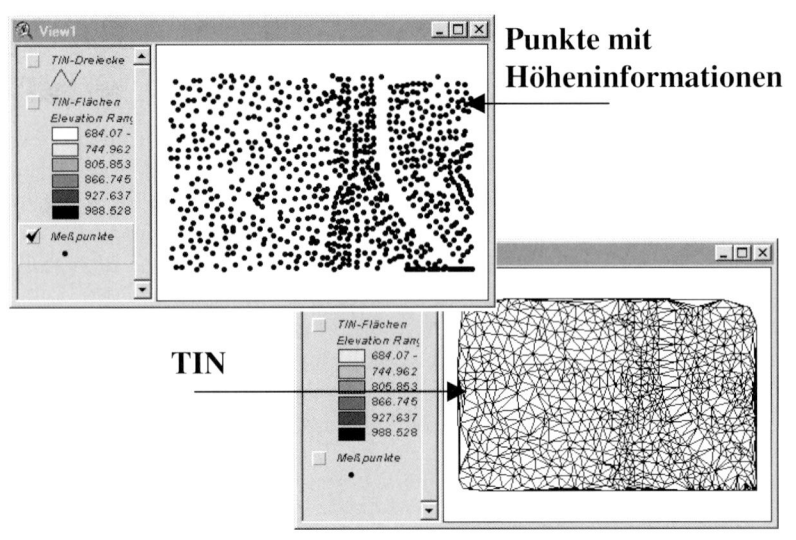

Punkte mit Höheninformationen

TIN

gewonnenen TINs oder GRIDs können dann vielfältige Analysen, wie z. B. Flächen- und Volumenberechnungen, Sichtbarkeitsprüfungen, Profile und vieles mehr, erstellt werden. Die Abbildungen zeigen, wie aus einem Punktethema (die Punkte enthalten die Höheninformation als Attribut) ein TIN berechnet wird.

Für die Berechnung eines TIN können Punkte (enthalten Höhenwerte), Linien (die z. B. Abbruchkanten simulieren) und Polygone (Ebenen, Seen, Inseln, Randpolygon) benutzt werden. TINs können auch bearbeitet und dreidimensional mit unterschiedlichen Klassifizierungen und Farbsymbolen dargestellt werden.

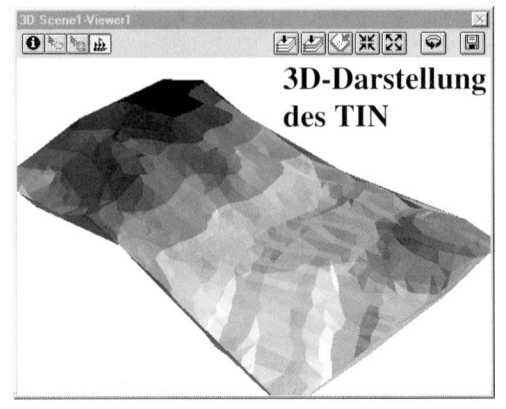

3D-Darstellung des TIN

10.4 Optionale Erweiterungen

Erstellen von Sichtbarkeitsflächen aus einem TIN

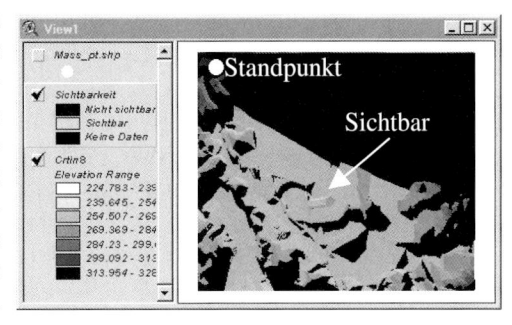

Für einen vorgegebenen Standpunkt können alle Punkte eines TIN berechnet werden, die von dort aus sichtbar oder unsichtbar sind. Umgekehrt wird damit auch angegeben, welche Punkte im TIN den vorgegebenen Standpunkt sehen können. Die Funktion findet z. B. Anwendung bei der Suche nach Standorten für Aussichtstürme oder Funkstationen.

Berechnung des steilsten Abgangs aus einem TIN

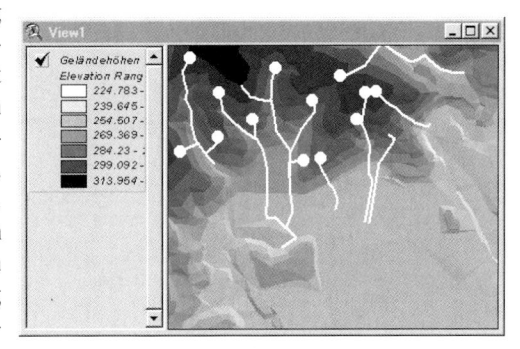

Für ein TIN kann der Weg des steilsten Abgangs berechnet werden. Dies ist die Strecke, die z. B. von einem Ball oder von Wasser zurückgelegt wird, wenn dieses bergab läuft. Die Strecken können auch in 3-D dargestellt werden und für die Modellierung von hydraulischen Modellen benutzt werden.

Berechnung von Volumen und Oberflächen

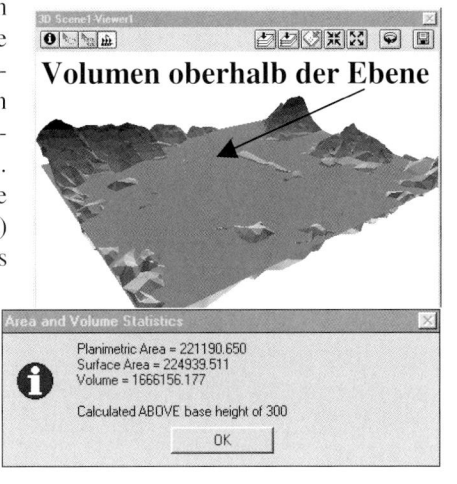

Für ein TIN kann, ausgehend von einem bestimmten Niveau, die Oberfläche (Flächeninhalt) (Surface Area) und das Volumen oberhalb oder unterhalb der Niveaufläche berechnet werden. Außerdem wird der projizierte Flächeninhalt (Planimetric Area) angegeben. Dieser ergibt sich aus der senkrecht von oben betrachteten Fläche und ist im allgemeinen kleiner als die Surface Area. Ebenso lässt sich das Volumen für die Differenz zweier TINs berechnen.

ArcView Network Analyst

Der ArcView Network Analyst löst allgemeine Netzprobleme in raumbezogenen Netzen, wie Straßen, Flüsse und Leitungen (Telefon, Strom, Wasser). Das Suchen nach einer kürzesten Verbindung von einem Punkt A zu einem Punkt B oder das Auffinden einer nächstliegenden Einrichtung sind typische Analysen in Netzwerken. Der ArcView Network Analyst enthält einen Teil der Funktionen des ARC NETWORK, der Netzsoftware für das professionelle GIS ARC/INFO. Sie haben Zugriff auf alle Linienthemen, ARC/INFO-Coverages sowie CAD-Dateien.

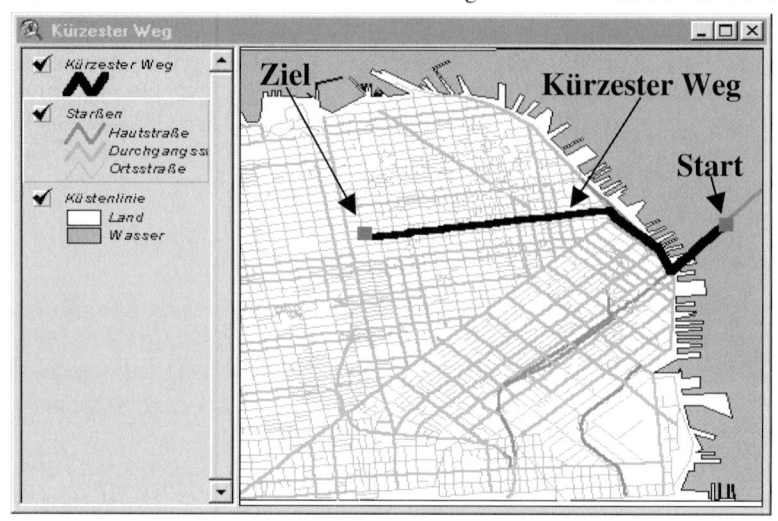

Mit dem ArcView Network Analyst sind folgende Netzprobleme lösbar:

- die Suche nach einer optimalen Verbindung beim Anlauf mehrerer Punkte
- das Auffinden einer nächstliegenden Einrichtung
- die Berechnung aller umliegenden Ziele, die innerhalb einer Strecken- oder Zeitdistanz liegen
- die Suche nach einer besten Verbindung zwischen zwei Punkten
- die Ausgabe von Wegbeschreibungen und Fahrtrichtungen.

Die Erweiterung erzeugt neue Menüs und Schaltflächen, mit denen eine Vielzahl von Funktionen zur Verfügung gestellt werden. Avenue-Entwickler können mit neu definierten Klassen und Methoden weitere Funktionen entwickeln.

Suche nach dem kürzesten Weg, bei mehreren Anlaufstationen mit Angabe der Wegbeschreibung

Für einen Lieferservice ist es z. B. von großer Wichtigkeit, einen optimalen Weg bezüglich der Zeit, der Verkehrslage, der Straßenart (Einbahnstraßen) und der Weglänge bei der Anfahrt seiner Kunden zu bestimmen. Mit dem ArcView Network Analyst können Sie einen solchen optimalen Weg bezüglich der Entfernung, der Zeit oder einer anderen Variablen berechnen.

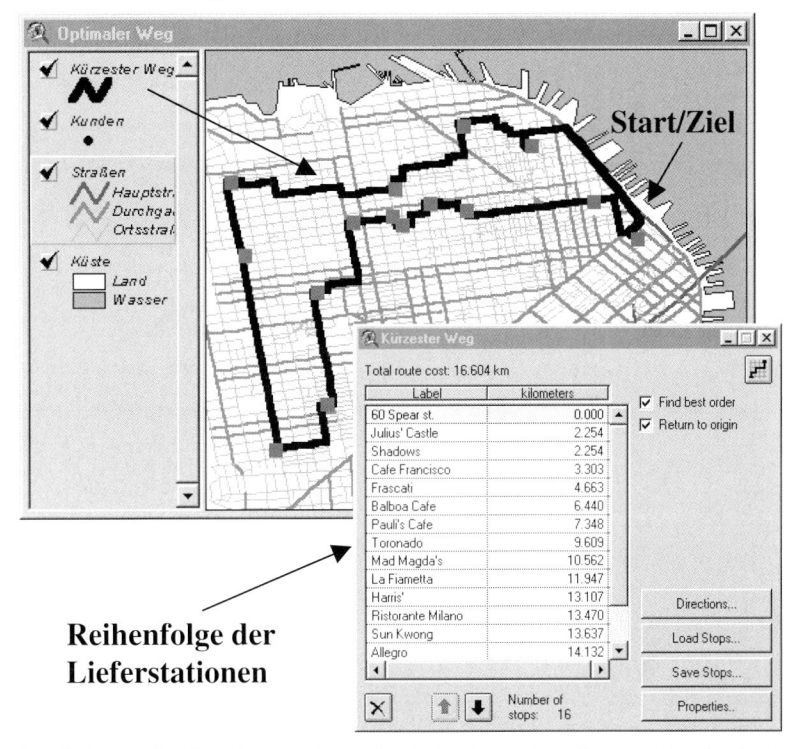

Zur Lösung des Problems geben Sie einfach nur den Startpunkt (als Punkt oder Adresse), den Zielpunkt sowie die anzufahrenden Lieferstationen an. Mit einem Knopfdruck wird die optimale Strecke berechnet und in ein View gezeichnet. Eine Liste mit der Reihenfolge der anzulaufenden Stationen sowie deren Entfernungen wird ebenfalls angegeben.

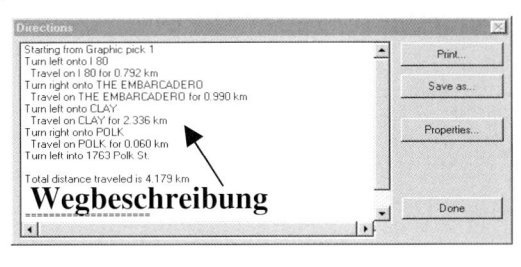

Für den Fahrer kann eine genaue Wegbeschreibung mit Angabe der Fahrtrichtungen ausgegeben werden.

Suchen der nächstgelegenen Einrichtung

Der ArcView Network Analyst findet, ausgehend von einem beliebigen Punkt, die nächstliegende gewünschte Einrichtung. Es wird außerdem der optimale Weg zu dieser Einrichtung bezüglich der Länge (kürzester Weg), der Zeit (schnellster Weg) oder einer anderen Variablen berechnet. Ein Beispiel für eine derartige Anwendung ist z. B. die Bestimmung des nächstliegenden Krankenhauses für einem bestimmten Unfallort. Der Feuerwehrstandort, der einem Feuer am nächsten liegt, muss ausgewählt werden. Der Network Analyst berechnet auch die nächstliegenden Einrichtungen, die innerhalb einer bestimmten Zeit erreicht werden können.

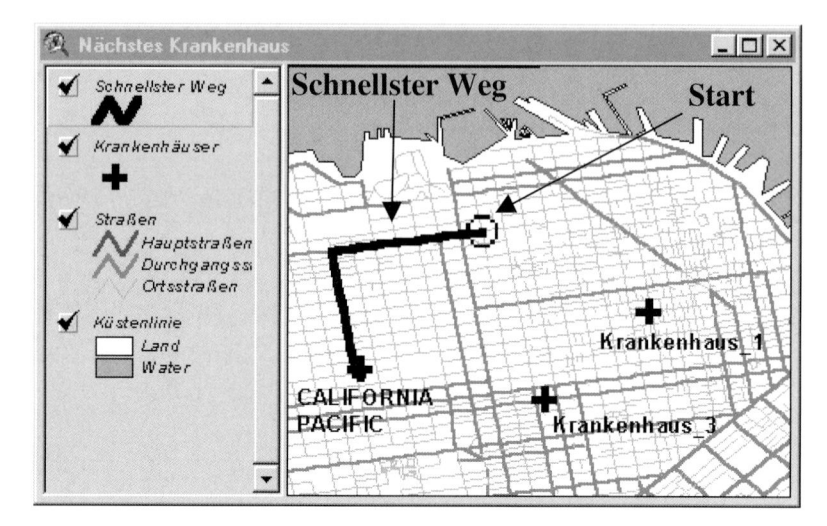

Zur Lösung eines solchen Netzproblems geben Sie einfach nur den Ausgangspunkt (z. B. Unfallort) interaktiv mit der Maus und die in Frage kommenden Einrichtungen als Punktethema in ein View ein.

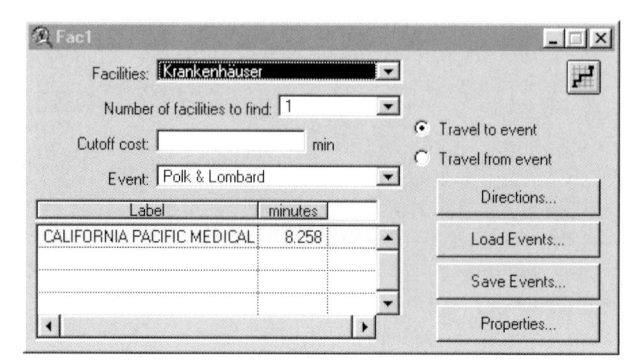

Eine Zeit, in der die Einrichtung erreicht werden muss, kann ebenfalls vorgegeben werden. Die Auswertung liefert auch eine Wegbeschreibung.

10.4 Optionale Erweiterungen

Berechnung von Zielen, die innerhalb einer Strecken- und Zeitdistanz liegen

Mit dem ArcView Network Analyst können Sie Gebiete für eine bestimmte Position in einem Netz berechnen, die innerhalb einer vorgegebenen Entfernung oder Zeit erreichbar sind. Beispielsweise können für einen Standort alle Kunden bestimmt werden, die in dem Netz innerhalb von 30 Minuten erreichbar oder nicht weiter als 10 km entfernt sind. So kann es z. B. für einen Supermarkt wichtig sein, dass die potenziellen Kunden das Geschäft in einer annehmbaren Zeit erreichen können.

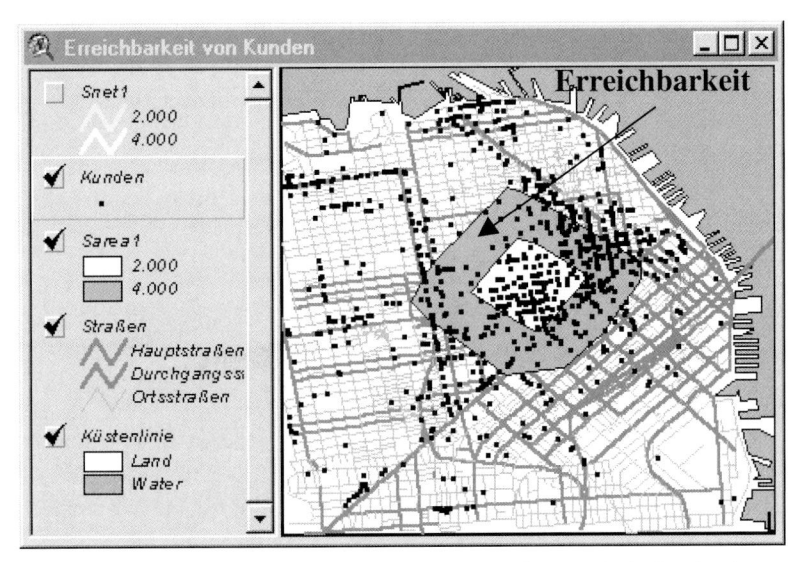

Zur Lösung des Problems benötigen Sie ein Straßen- und ein Punktethema zur Beschreibung der Kundenstandorte. Nach Vorgabe der Position, für die die Erreichbarkeit errechnet werden soll, sowie eines Zeit- oder Streckenintervalls wird der Bereich als Polygonthema im View angezeigt. Bei der Vorgabe mehrerer Zeiten oder Entfernungen werden Polygonringe um die Position gelegt. Außerdem werden alle Straßen, die nach Vorgabe erreichbar sind, als ein neues Thema ausgeben.

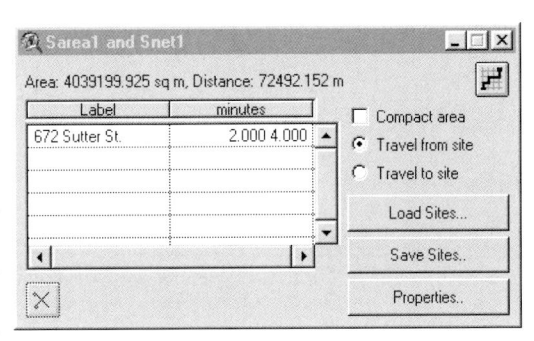

ArcView Image Analysis Extension

Die Verwendung von Luft- und Satellitenbilddaten hat sich in den letzten Jahren zu einer wichtigen Komponente moderner GIS- und Kartographiesysteme entwickelt. Die ArcView Image Analysis Extension stellt Werkzeuge zur Verfügung, um ArcView GIS Nutzern den Zugriff auf eine große Bandbreite heute verfügbarer digitaler Fernerkundungsdaten zu ermöglichen. Dies beinhaltet u. a. Luftbilder, digitale Orthophotos, Satellitenbilder unterschiedlicher Auflösung - aber auch andere Daten auf Rasterbasis, wie z. B. gescannte Karten. Die ArcView Image Analysis Extension ist ein ERDAS® Produkt, welches aus einer engen Kooperation von ESRI und ERDAS entstanden ist, um wichtige Funktionen bisheriger ERDAS Produkte auch innerhalb von ArcView GIS zur Verfügung zu stellen.

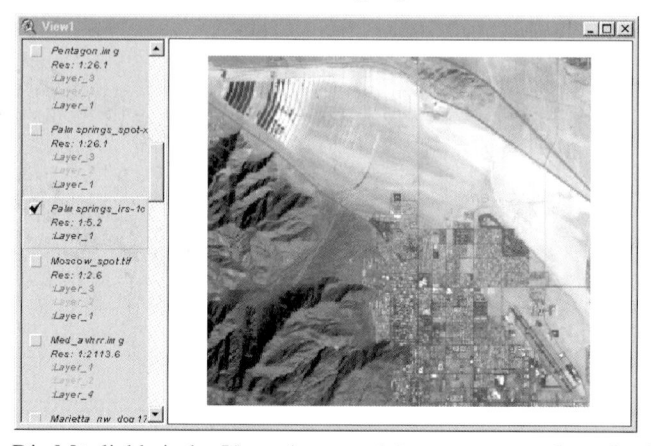

Die Möglichkeit der Verwaltung und Auswertung auch großer Bilddatensätze eröffnet dem ArcView GIS Nutzer eine Reihe neuer Anwendungsgebiete. Dazu gehören z. B. die Erstellung von Luft- und Satellitenbildkarten, Kartenfortführung, Luftbildinterpretation, Umweltmonitoring. Obwohl die Anzahl möglicher Anwendungen der Image Analysis Extension nahezu unbegrenzt ist, sind die Anwendungsschwerpunkte sicherlich in den Bereichen Forst- und Landwirtschaft, Umweltmonitoring und Naturschutz, Stadt- und Regionalplanung sowie Kartographie im weitesten Sinne zu finden.

Die Image Analysis Extension beinhaltet beispielsweise Funktionen zur Analyse von Vegetationsstatus, Biomasse und Biodiversität sowie deren Veränderungen über einen längeren Zeitraum, wobei die Ergebnisse unmittelbar für die weitere Auswertung in ArcView GIS und im Spatial Analyst zur Verfügung stehen. Typische Einsatzmöglichkeiten von Luft- und Satellitenbildern in den Bereichen Forstwirtschaft und Naturschutz sind:

- Forstplanung und Forstinventur
- Erntevorhersagen

10.4 Optionale Erweiterungen 387

- Umweltverträglichkeitsstudien
- Schädlingsbekämpfung
- Biotopkartierung
- Planung von Erholungsgebieten
- Überwachung und Management landwirtschaftlicher Anbauflächen ('Precision Farming')
- Analyse von Erosionsgefährdungen
- Altlastenerfassung
- Umweltüberwachung.

Eines der Haupteinsatzgebiete der Image Analysis Extension, speziell in Kombination mit dem Spatial Analyst, ist sicherlich die Raum- und Umweltplanung, da hier die Verwendung von Fernerkundungsdaten einen integralen Bestandteil vieler Projekte bildet. Die Verwendung von Satelliten- und Luftbildern in Verbindung mit thematischen Informationen ist etwa in der Regionalplanung, bei der Trassen- und Standortoptimierung, in der Vermessung und im Katasterwesen nahezu unverzichtbar. Ebenso wichtig sind aktuelle Bildinformationen für wasserwirtschaftliche Fragestellungen, wie z. B. die Kartierung von Feuchtgebieten, die Erfassung von Hochwassergefährdungsgebieten oder die Analyse der Schadstoffausbreitung in Gewässern.

Ein weiteres großes Einsatzgebiet ist allgemein die Kartographie, insbesondere die Kartenerstellung und -fortführung, basierend auf Luft- oder Satelliten-Orthobildern. Die Image Analysis Extension erlaubt eine einfache Kartendigitalisierung und Editierung in ArcView GIS, basierend auf genauen, orthokorrigierten Bilddaten.

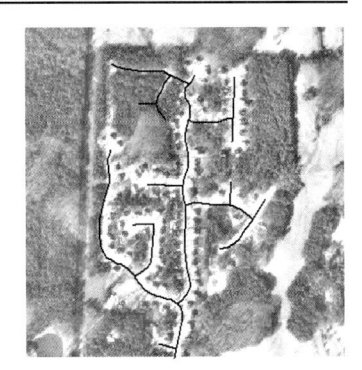

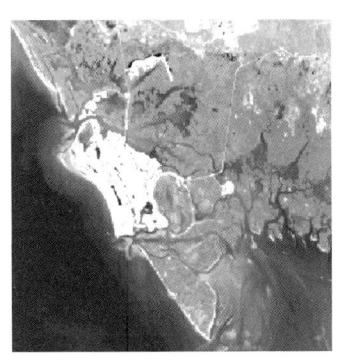

Die Image Analysis Extension beinhaltet folgende Gruppen von Funktionen:

Zugriff auf Rasterdatenformate
Innerhalb des Moduls stehen zwei unterschiedliche Mechanismen des Zugriffs auf Standard-Rasterdatenformate zur Verfügung, nämlich Importfunktionen für die wichtigsten Satellitenbildformate, wie z. B. Landsat, SPOT, sowie für DOQ und RPF Daten und daneben noch die sogenannten 'Dynamically Linked Libraries' (DLL's) für den Direktzugriff auf Datensätze, ohne

dass ein Datenimport erforderlich wäre. Über diese Technik ist der Zugriff auf ERDAS IMAGINE Files, GRID-Files und TIFF- bzw. GeoTIFF-Files möglich. Die Liste der Datenimporter wird laufend erweitert.

Schnelle Visualisierung und Manipulation von Rasterdaten
Ein entscheidendes Kriterium für den effektiven Einsatz und damit die Akzeptanz von Bilddaten ist die Geschwindigkeit des Bildaufbaus. Gerade bei Luft- und Satellitenbildern handelt es sich oft um sehr große Datenmengen in der Größenordnung von einigen 100 Megabyte - ein langsamer Bildaufbau wirkt sich hier sehr negativ auf die Akzeptanz seitens der Nutzer aus. Die Verwendung einer speziellen Datenstruktur und der Einsatz von Bildpyramiden gewährleistet eine sehr schnelle Bilddarstellung und Bildverschiebung in jedem Darstellungsmaßstab. Funktionen für Messungen in Bildern, die freie Zuordnung von Spektralkanälen und ein Abfragecursor für Pixelwerte ergänzen den Visualisierungsteil der Image Analysis Extension.

Bildverbesserung
Möglichkeiten der Manipulation der Kontrastverhältnisse und der Farbdarstellung sind unverzichtbare Hilfsmittel zur Verbesserung der Interpretierbarkeit von Bildern. Schwer sichtbare Details lassen sich damit hervorheben. Die Betonung bestimmter Merkmale, z. B. von linearen Strukturen wie etwa Straßen, oder die Reduktion unerwünschter Störungen wird durch unterschiedliche Filterverfahren ermöglicht.

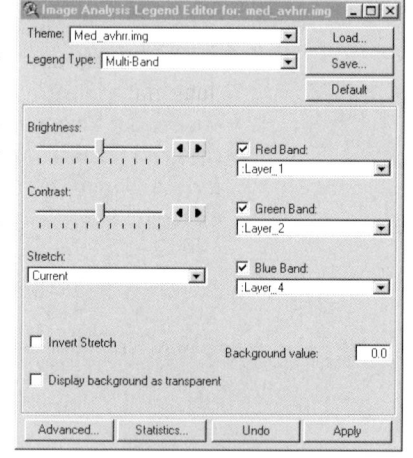

Bildregistrierung
Voraussetzung für jegliche Art der Analyse raumbezogener Daten ist ihre Abbildung auf ein kartographisches Bezugssystem. Um den Nutzer bei dieser Aufgabe zu entlasten, wurde dieser Prozess weitestgehend automatisiert. So werden z. B. die Ephemeriden-Daten bei Satellitenbildern herangezogen, um bereits ohne die interaktive Bestimmung von Passpunkten eine Georeferenzierung der Rohdaten zu erreichen. Daneben unterstützt das Modul die interaktiv gesteuerte Abbildung von Rohdaten auf Shapefiles

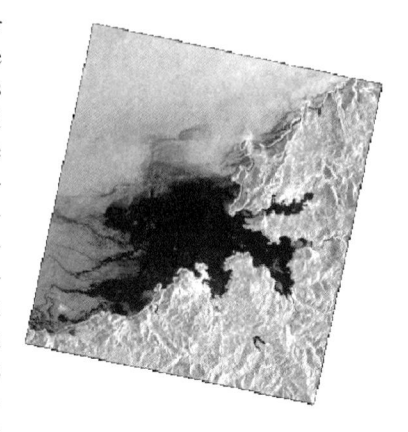

oder Coverages in Echtzeit. Ebenso ist eine Bild-zu-Bild-Entzerrung vorhanden, um multitemporale Bildvergleiche zu ermöglichen.

Bildanalyse
Für die weitere Interpretation und Auswertung der Bilddaten steht ein Spektrum von interaktiven und halbautomatischen Methoden der Informationsgewinnung aus Luft- und Satellitenbildern zur Verfügung. Zu den Analysefunktionen gehören:

- die unüberwachte automatische Klassifikation spektral ähnlicher Gebiete
- die Identifikation spektral ähnlicher Gebiete nach Vorgabe eines Trainingsgebietes
- die Nachbearbeitung der so gewonnenen thematischen Karten aufgrund von Nachbarschaftsbeziehungen
- die automatische Berechnung des Vegetationsindexes (NDVI)
- die automatische Abgrenzung einzelner Gebiete, basierend auf einem interaktiv vorgegebenen Startpunkt innerhalb des Gebietes
- Werkzeuge zum Vergleich von Bildern oder thematischen Karten.

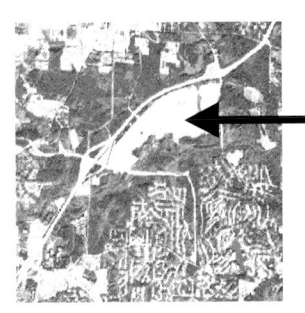

Integration mit ArcView GIS
Um die aus einer automatischen Analyse gewonnenen Informationen unmittelbar in ArcView GIS und seinen anderen Erweiterungen, wie etwa dem Spatial Analyst, weiter verwenden zu können, beinhaltet die Image Analysis Extension:

- eine Raster/Vektor-Konversion (in Shapefiles)
- eine Image/GRID-Konversion
- den Zugriff auf GRID-Files
- den Zugriff auf alle ArcView GIS Funktionen und Befehle für Legenden, Tabellen, Layouts etc.

Zusätzlich ist die Image Analysis Extension mit Avenue programmierbar und lässt sich damit an kundenspezifische Anforderungen anpassen.

Anhang: Übersicht über die ArcView GIS-Funktionen

Dieser Anhang gibt für jede ArcView GIS-Funktion die anzuwählenden Menüs, Schaltflächen und Werkzeuge an. Weitere Informationen und Beispiele sind unter der angegebenen Seite nachzulesen. Das entsprechende Menü, das für die Ausführung der Funktionen zuständig ist, wird jeweils in folgender Form angegeben. Dabei ist *ArcView Dokument* entweder ein Projekt, View, Tabelle, Diagramm, Layout oder ein Script.

ArcView Dokument-Menüleiste: Pulldown-Menü: Menü-Eintrag   Seite xxx

Beispiel: **Speichern eines Projektes**
Projekt-Menüleiste: Datei: Projekt speichern ('STRG+S')   Seite xxx

Die folgende Liste ist eine Übersicht für den Anhang. Sie ist gegliedert nach ArcView GIS Dokumenten (Projekte, Views, Tabellen, Diagramme, Layouts und Scripts). Die allgemeinen Menüs wie 'Fenster', 'Drucken' und 'Hilfe' sind in jeder ArcView GIS-Menüleiste vorhanden und können von dort aufgerufen werden. Die Seitenangabe verweist auf einen Abschnitt in diesem Anhang.

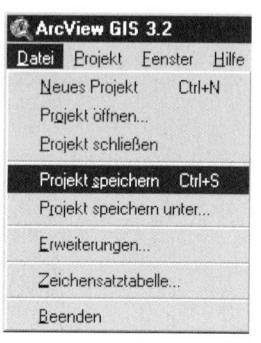

Allgemeine Menüs	391
Fenster-Menüs	391
Drucken von ArcView GIS-Dokumenten	391
Hilfe für ArcView GIS	391
Projekte	392
Projekte und ArcView GIS Dokumente verwalten	392
Benutzeroberfläche (Steuerelemente) anpassen	393
Erweiterungen (nur unterstützte Erweiterungen)	394
Views und Themen	394
Views verwalten	394
Views bearbeiten	395
Themen verwalten	396
Themen bearbeiten	396
Objekte auswählen	398
Objekte und Grafiken bearbeiten	398

Tabellen	400
Tabellen (allgemein)	400
Tabellenwerte und Datensätze	401
Tabellenfelder	402
Diagramme	403
Diagramme (allgemein)	403
Diagramme erstellen und bearbeiten	403
Layouts	404
Layouts (allgemein)	404
Layouts erstellen und bearbeiten	404
Layout-Elemente und -Grafiken	406
Scripts	407
Scripts (allgemein)	407
Scripts bearbeiten	407

Allgemeine Menüs

Fenster-Menüs

Fenster nebeneinander anordnen	30
ArcView Dokument-Menüleiste: Fenster: Nebeneinander	
Fenster überlappend anordnen	30
ArcView Dokument-Menüleiste: Fenster: Überlappend	
Projekt-Symbole anordnen	30
ArcView Dokument-Menüleiste: Fenster: Symbole anordnen	
Symbolfenster anzeigen	136
ArcView Dokument-Menüleiste: Fenster:	
Symbolfenster anzeigen ('STRG+P')	

Drucken von ArcView GIS-Dokumenten

Drucken eines ArcView GIS-Dokuments	49
ArcView Dokument-Menüleiste: Datei: Drucken	
Drucken eines ArcView GIS-Dokuments in eine Datei	50
ArcView Dokument-Menüleiste: Datei: Drucken:	
Umleiten in Datei	
Drucker einrichten	50
ArcView Dokument-Menüleiste: Datei: Druckereinrichtung	

Hilfe für ArcView GIS

Gezielte Hilfe mit der Maus aufrufen	47
ArcView Dokument-Schaltflächenleiste	

Hilfe-Inhaltsverzeichnis aufrufen 46
ArcView Dokument-Menüleiste: Hilfe: Hilfethemen
Hilfemöglichkeiten zu ArcView GIS aufrufen 47
ArcView Dokument-Menüleiste: Hilfe: Hilfe aufrufen
Lizenz und Versions-Info aufrufen 46
ArcView Dokument-Menüleiste: Hilfe: Über ArcView

Projekte

Projekte und ArcView GIS Dokumente verwalten

Arbeitsverzeichnis eines Projektes einstellen 55
Projekt-Menüleiste: Projekt: Eigenschaften: Arbeitsverzeichnis

ArcView GIS beenden 54
ArcView Dokument-Menüleiste: Datei: Beenden

Autostart (wird beim Aufrufen eines Projektes aktiv) 55
Projekt-Menüleiste: Projekt: Eigenschaften: Projektstart

Eigenschaften eines Projektes einstellen 54
Projekt-Menüleiste: Eigenschaften

**Einlesen eines ArcView1-Projektes (*.av)
in ein aktives Projekt** 203
Projekt-Menüleiste: Projekt: Importieren: View (*.av)

**Einlesen eines ArcView-Projektes (*.apr)
in ein aktives Projekt** 203
Projekt-Menüleiste: Projekt: Importieren: Projekt (*.apr)

End-Datei (wird beim Beenden eines Projektes aktiv) 55
Projekt-Menüleiste: Projekt: Eigenschaften: Projektende

Erstellungsdatum eines Projektes einsehen 56
Projekt-Menüleiste: Projekt:Eigenschaften: Erstellungsdatum

Erweiterungen zuladen 327
ArcView Dokument-Menüleiste: Datei: Erweiterungen

Farbe für selektierte Objekte einstellen 56
Projekt-Menüleiste: Projekt: Eigenschaften: Auswahlfarbe

Kommentare für ein Projekt eingeben 56
Projekt-Menüleiste: Projekt: Eigenschaften: Kommentare

Löschen eines ArcView GIS-Dokuments 53
Projekt-Menüleiste: Projekt: Löschen ('Entf')

Name des Projekt-Erstellers angeben 56
Projekt-Menüleiste: Projekt: Eigenschaften: Erstellt von

Neues Projekt starten 48
Projekt-Menüleiste: Datei: Neues Projekt ('STRG+N')

Öffnen eines vorhandenen Projektes 48
Projekt-Menüleiste: Datei: Projekt öffnen

Schließen eines Projektes 48
Projekt-Menüleiste: Datei: Projekt schließen

	Speichern eines Projektes unter gleichem Namen	49
	ArcView Dokument-Menüleiste: Datei: Projekt speichern ('STRG+S')	
	Speichern eines Projektes unter neuem Projektnamen	49
	ArcView Dokument-Menüleiste: Datei: Projekt speichern unter	
	Umbenennen eines ArcView GIS-Dokuments	53
	Projekt-Menüleiste: Projekt: Umbenennen ('STRG+R')	
	Zeichensatztabelle einstellen	50
	ArcView Dokument-Menüleiste: Datei: Zeichensatztabelle	

Benutzeroberfläche (Steuerelemente) anpassen

Ändern der Anwendungs-Steuerelemente   312
Projekt-Menüleiste: Projekt: Anpassen: Typ: Appl

Ändern der Diagramm-Steuerelemente   312
Projekt-Menüleiste: Projekt: Anpassen: Typ: Diagramm

Ändern der Layout-Steuerelemente   312
Projekt-Menüleiste: Projekt: Anpassen: Typ: Layout

Ändern der Projekt-Steuerelemente   312
Projekt-Menüleiste: Projekt: Anpassen: Typ: Projekt

Ändern der Script-Steuerelemente   312
Projekt-Menüleiste: Projekt: Anpassen: Typ: Script

Ändern der Tabellen-Steuerelemente   312
Projekt-Menüleiste: Projekt: Anpassen: Typ: Tabelle

Ändern der View-Steuerelemente   312
Projekt-Menüleiste: Projekt: Anpassen: Typ: View

Eigene Menüs erstellen   315
Projekt-Menüleiste: Projekt: Anpassen: Kategorie: Menüs

Eigene Popup-Menüs erstellen   315
Projekt-Menüleiste: Projekt: Anpassen: Kategorie: Popups

Eigene Schaltflächen erstellen   319
Projekt-Menüleiste: Projekt: Anpassen:
Kategorie: Schaltflächen

Eigene Werkzeuge erstellen   320
Projekt-Menüleiste: Projekt: Anpassen:
Kategorie: Werkzeug

Eigenschaften und Funktionen von Steuerelementen   312
Projekt-Menüleiste: Projekt: Anpassen

Leerstelle zwischen Steuerelementen einfügen   316
Projekt-Menüleiste: Projekt: Anpassen: Trennsymbol

Löschen von Steuerelementen   316
Projekt-Menüleiste: Projekt: Anpassen: Löschen

Neues Steuerelement hinzufügen   316
Projekt-Menüleiste: Projekt: Anpassen: Neues Element

Standard für die Steuerelemente herstellen   314
Projekt-Menüleiste: Projekt: Anpassen: Standard herstellen

Zurücksetzen der Steuerelemente   314
Projekt-Menüleiste: Projekt: Anpassen: Zurücksetzen

Erweiterungen (nur unterstützte Erweiterungen)

Berichte für Sachdaten erstellen (Report Writer)	339
View-Menüleiste: Thema: Bericht erstellen	
Cad-Datei hinzufügen (CadReader)	338
View-Menüleiste: View: Thema hinzufügen ('STRG+T')	
Dialog Controls für ArcView GIS (Dialog Designer)	335
View-Menüleiste: Fenster: Steuerelement-Werkzeuge einblenden	
Erweiterte Legendenerstellung im Layout (Legendenhilfsmittel)	332
Layout-Werkzeugleiste	
Erweiterung zuladen	327
ArcView Dokument-Menüleiste: Datei: Erweiterungen	
Geometrische Verbindung von Tabellen (Geoverarbeitung)	347
View-Menüleiste: View: Assistent für Geoverarbeitung	
Kartenrahmen erstellen (Gradnetze und Meßraster)	334
Layout-Schaltflächenleiste	
Objekte ausschneiden (Geoverarbeitung)	343
View-Menüleiste: View: Assistent für Geoverarbeitung	
Objekte zusammenfassen (Geoverarbeitung)	341
View-Menüleiste: View: Assistent für Geoverarbeitung	
SDE-Unterstützung (Database Access)	331
View-Menüleiste: View: Datenbankthema hinzufügen	
Themen überlagern (Geoverarbeitung)	346
View-Menüleiste: View: Assistent für Geoverarbeitung	
Themen verschneiden (Geoverarbeitung)	345
View-Menüleiste: View: Assistent für Geoverarbeitung	
Themen zusammenfassen (Geoverarbeitung)	342
View-Menüleiste: View: Assistent für Geoverarbeitung	

Views und Themen

Views verwalten

Abstandseinheiten setzen	67
View-Menüleiste: View: Eigenschaften: Abstandseinheiten	
Arbeitsverzeichnis neu festlegen	66
View-Menüleiste: Datei: Arbeitsverzeichnis festlegen	
ArcView GIS vom View-Menü aus beenden	54
View-Menüleiste: Datei: Beenden	
Erstellungsdatum einsehen	66
View-Menüleiste: View: Eigenschaften: Erstellungsdatum	
Exportieren eines Views in eine Datei	71
View-Menüleiste: Datei: Exportieren: Dateityp	
Inhaltsverzeichnis Stil ändern	61
View-Menüleiste: View: Inhaltsverzeichnis - Eigenschaften	
Interessenbereich festlegen	67
View-Menüleiste: View: Eigenschaften: Interessenbereich	

Karteneinheiten setzen		67
View-Menüleiste: View: Eigenschaften: Karteneinheiten		
Kommentare eingeben		67
View-Menüleiste: View: Eigenschaften: Kommentare		
Layout vom View-Menü starten		240
View-Menüleiste: View: Layout		
Name des Views ändern		66
View-Menüleiste: View: Eigenschaften: Name		
Projektion einstellen		68
View-Menüleiste: View: Eigenschaften: Projektion		
Schließen eines Views		65
View-Menüleiste: Datei: Schließen		
Schließen aller ArcView GIS-Dokumente		66
View-Menüleiste: Datei: Alles schließen		
Shapedateien verwalten		102
View-Menüleiste: Datei: Datenquellen verwalten		
Speichern des aktuellen Projektes		54
View-Menüleiste: Datei: Projekt speichern ('STRG+S')		

Views bearbeiten

Aktion (Hot-Link) auslösen		157
View-Werkzeugleiste: Hot-Link-Werkzeug		
Bildausschnitt verschieben		71
View-Werkzeugleiste: Verschiebungswerkzeug		
Längenmessung in einem View		76
View-Werkzeugleiste: Meßwerkzeug		
Vergrößern vom View-Mittelpunkt aus		71
View-Menüleiste: View: Vergrößern		
Vergrößern in einem Rechteck		71
View-Werkzeugleiste: Vergrößerungswerkzeug		
Vergrößern auf alle Themen		69
View-Menüleiste: View: Volle Ausdehnung		
Vergrößern oder verkleinern auf aktive Themen		70
View-Menüleiste: View: Vergrößern oder Verkleinern auf Themen		
Vergrößern oder verkleinern auf ausgewählte Objekte		70
View-Menüleiste: View: Vergrößern oder Verkleinern auf Auswahl		
Vorherigen View-Ausschnitt wieder zurückholen		71
View-Menüleiste: View: Vorherigen Ausschnitt		
Verkleinern vom View-Mittelpunkt aus		71
View-Menüleiste: View: Verkleinern		
Verkleinern in einem Rechteck		71
View-Werkzeugleiste: Verkleinerungswerkzeug		

Themen verwalten

Alle Themen ausschalten   80
View-Menüleiste: View: Themen aus

Alle Themen einschalten (zeichnen)   80
View-Menüleiste: View: Themen ein

Bildthema (Rasterthema) einem View zufügen   79
View-Menüleiste: View: Thema hinzufügen: Bilddatenquelle

Eigenschaften Thema einstellen   83
View-Menüleiste: Thema: Eigenschaften

Einfügen eines Ereignisthemas   199
View-Menüleiste: View: Ereignisthema hinzufügen

Einfügen eines Datenbankthemas (Erweiterung)   331
View-Menüleiste: View: Datenbankthema hinzufügen

Erstellen eines neuen Themas   80
View-Menüleiste: View: Neues Thema

Objektthema einem View zufügen   79
View-Menüleiste: View:
Thema hinzufügen: Objektdatenquelle

Themen löschen und in die Zwischenablage ablegen (Ausschneiden)   82
View-Menüleiste: Bearbeiten: Themen ausschneiden

Themen in die Zwischenablage kopieren   82
View-Menüleiste: Bearbeiten: Themen kopieren

Themen löschen   82
View-Menüleiste: Bearbeiten: Themen löschen

Themen aus der Zwischenablage einfügen   82
View-Menüleiste: Bearbeiten: Einfügen ('STRG+V')

Thema einem View zufügen   79
View-Menüleiste: View: Thema hinzufügen ('STRG+T')

Zeichnen eines Themas unterbrechen   80
View: Esc-Taste drücken

Themen bearbeiten

Abgleich Geocodierung (Neuer Abgleich)   173
View-Menüleiste: Thema: Adressen erneut abgleichen

Aktives Thema in eine Shapedatei umwandeln   100
View-Menüleiste: Thema: In Shape-Datei umwandeln

Allgemeine Einpassungstoleranz für ein Thema festlegen   87
View-Werkzeugleiste: Einpassungswerkzeug

Anzeigemaßstab für ein Thema festlegen   85
View-Menüleiste: Thema: Eigenschaften: Anzeigen

Art der Objekt-Beschriftung festlegen   84
View-Menüleiste: Thema: Eigenschaften: Textbeschriftungen

	Auswahl von Themen oder Grafiken mit der Maus	80
	View-Werkzeugleiste: Auswahlwerkzeug	
	Automatische Beschriftung aktiver Themen	154
	View-Menüleiste: Thema: Autom. Beschriftung ('STRG+L')	
	Bearbeitung eines Themas starten oder beenden	102
	View-Menüleiste: Thema: Bearbeiten starten/beenden	
	Bearbeitung eines Themas speichern	103
	View-Menüleiste: Thema: Änderungen speichern	
	Bearbeitung eines Themas speichern unter	103
	View-Menüleiste: Thema: Änderungen speichern unter	
	Beschriftungstext-Eigenschaften festlegen	154
	View-Menüleiste: Grafik: Text- und Beschriftungsstandardwerte	
	Beschriftung entfernen	155
	View-Menüleiste: Thema: Beschriftung entfernen ('STRG+R')	
	Definition der Objekte eines Themas (Selektion)	83
	View-Menüleiste: Thema: Eigenschaften: Definition	
	Einpassung (Snap) festlegen	86
	View-Menüleiste: Thema: Eigenschaften: Bearbeitung	
	Erzeugen von Pufferzonen um Objekte	175
	View-Menüleiste: Thema: Puffer erstellen	
	Geocodierung festlegen	86
	View-Menüleiste: Thema: Eigenschaften: Geocodierung	
	Hot-Link Verknüpfung eines Themas festlegen	85
	View-Menüleiste: Thema: Eigenschaften: Hot-Link	
	Interaktive Einpassungstoleranz für ein Thema festlegen	87
	View-Werkzeugleiste: Einpassungswerkzeug	
	Legende eines Themas bearbeiten	125
	View-Menüleiste: Thema: Legende bearbeiten	
	Legenden eines aktiven Themas ein- und ausblenden	125
	View-Menüleiste: Thema: Legende ausblenden/anzeigen	
	Tabelle eines aktiven Themas öffnen	81
	View-Menüleiste: Thema: Tabelle	
	Thema sperren	85
	View-Menüleiste: Thema: Eigenschaften: Sperrung	
	Überlappende Beschriftung entfernen	155
	View-Menüleiste: Thema: Überlappende Beschriftung entfernen	
	Überlappende Beschriftung umwandeln	156
	View-Menüleiste: Thema: Überlappende Beschriftung umwandeln ('STRG+O')	

Objekte auswählen

	Abfragemanager starten, um Objekte zu selektieren	92
	View-Menüleiste: Thema: Abfragen ('STRG+Q')	

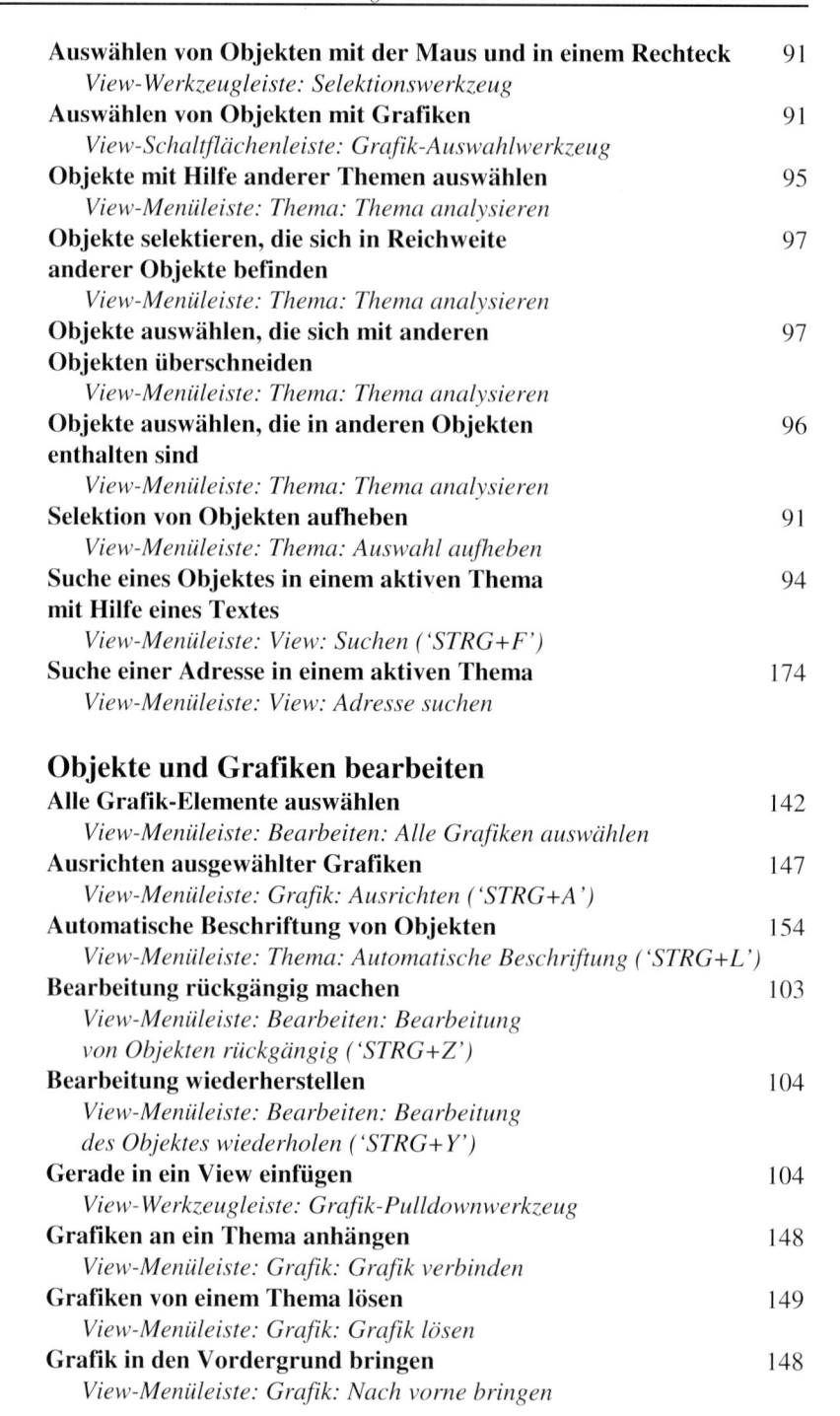

	Auswählen von Objekten mit der Maus und in einem Rechteck	91
	View-Werkzeugleiste: Selektionswerkzeug	
	Auswählen von Objekten mit Grafiken	91
	View-Schaltflächenleiste: Grafik-Auswahlwerkzeug	
	Objekte mit Hilfe anderer Themen auswählen	95
	View-Menüleiste: Thema: Thema analysieren	
	Objekte selektieren, die sich in Reichweite anderer Objekte befinden	97
	View-Menüleiste: Thema: Thema analysieren	
	Objekte auswählen, die sich mit anderen Objekten überschneiden	97
	View-Menüleiste: Thema: Thema analysieren	
	Objekte auswählen, die in anderen Objekten enthalten sind	96
	View-Menüleiste: Thema: Thema analysieren	
	Selektion von Objekten aufheben	91
	View-Menüleiste: Thema: Auswahl aufheben	
	Suche eines Objektes in einem aktiven Thema mit Hilfe eines Textes	94
	View-Menüleiste: View: Suchen ('STRG+F')	
	Suche einer Adresse in einem aktiven Thema	174
	View-Menüleiste: View: Adresse suchen	

Objekte und Grafiken bearbeiten

	Alle Grafik-Elemente auswählen	142
	View-Menüleiste: Bearbeiten: Alle Grafiken auswählen	
	Ausrichten ausgewählter Grafiken	147
	View-Menüleiste: Grafik: Ausrichten ('STRG+A')	
	Automatische Beschriftung von Objekten	154
	View-Menüleiste: Thema: Automatische Beschriftung ('STRG+L')	
	Bearbeitung rückgängig machen	103
	View-Menüleiste: Bearbeiten: Bearbeitung von Objekten rückgängig ('STRG+Z')	
	Bearbeitung wiederherstellen	104
	View-Menüleiste: Bearbeiten: Bearbeitung des Objektes wiederholen ('STRG+Y')	
	Gerade in ein View einfügen	104
	View-Werkzeugleiste: Grafik-Pulldownwerkzeug	
	Grafiken an ein Thema anhängen	148
	View-Menüleiste: Grafik: Grafik verbinden	
	Grafiken von einem Thema lösen	149
	View-Menüleiste: Grafik: Grafik lösen	
	Grafik in den Vordergrund bringen	148
	View-Menüleiste: Grafik: Nach vorne bringen	

Grafik in den Hintergrund bringen 148
  View-Menüleiste: Grafik: Nach hinten bringen
Grafik-Eigenschaften einstellen 143
  View-Menüleiste: Grafik: Eigenschaften
Größe und Position einer ausgewählten Grafik festlegen 143
  View-Menüleiste: Grafik: Größe und Position
Gruppierung von Grafiken 147
  View-Menüleiste: Grafik: Gruppieren ('STRG+G')
Gruppierung von Grafiken wieder aufheben 147
  View-Menüleiste: Grafik: Gruppe auflösen ('STRG+U')
Informationen eines Objektes mit der Maus aufrufen 88
  View-Werkzeugleiste: Informationswerkzeug
Koordinaten von Objekten (Grafiken) bearbeiten 110
  View-Popup-Menü: Shape-Eigenschaften
Kreis in ein View einfügen 106
  View-Werkzeugleiste: Grafik-Pulldownwerkzeug
Linie einfügen zum Zerschneiden von Linien 113
  View-Werkzeugleiste: Grafik-Pulldownwerkzeug
Linie einfügen zum Zerschneiden von Polygonen 111
  View-Werkzeugleiste: Grafik-Pulldownwerkzeug
Linienzug in ein View einfügen 105
  View-Werkzeugleiste: Grafik-Pulldownwerkzeug
Objekte eines Themas beschriften 152
  View-Werkzeugleiste: Beschriftungswerkzeug
Objekt (Grafik) einfügen 109
  View-Menüleiste: Bearbeiten: Einfügen ('STRG+V')
Objekt (Grafik) löschen und in die Zwischenablage ablegen (ausschneiden) 108
  View-Menüleiste: Bearbeiten: Objekt(Grafik) ausschneiden ('STRG+X')
Objekt (Grafik) löschen 109
  View-Menüleiste: Bearbeiten: Objekt(Grafik) löschen ('Entf')
Objekt (Grafik) in die Zwischenablage kopieren 109
  View-Menüleiste: Bearbeiten: Objekt(Grafik) kopieren ('STRG+C')
Objekte (Grafiken) kombinieren 118
  View-Menüleiste: Bearbeiten: Objekte(Grafiken) kombinieren
Objekte (Grafiken) subtrahieren 118
  View-Menüleiste: Bearbeiten: Objekte(Grafiken) subtrahieren
Objekte (Grafiken) überlagern 117
  View-Menüleiste: Bearbeiten: Objekte(Grafiken) überlagern
Objekte (Grafiken) überschneiden 119
  View-Menüleiste: Bearbeiten: Sich überschneidende Objekte(Grafiken)
Polygon in ein View einfügen 106
  View-Werkzeugleiste: Grafik-Pulldownwerkzeug

	Polygon an ein Polygon anfügen	107
	View-Werkzeugleiste: Grafik-Pulldownwerkzeug	
	Punkt in ein View einfügen	104
	View-Werkzeugleiste: Grafik-Pulldownwerkzeug	
	Punkt-, Flächen-, Liniensymbol festlegen	136
	View-Menüleiste: Fenster: Symbolfenster anzeigen ('STRG+P')	
	Rechteck in ein View einfügen	106
	View-Werkzeugleiste: Grafik-Pulldownwerkzeug	
	Stützpunkte von Grafiken und Objekten bearbeiten	109
	View-Werkzeugleiste: Bearbeitungswerkzeug	
	Texteigenschaften im View festlegen	141
	View-Menüleiste: Grafik: Text- und Beschriftungsstandardwerte	
	Text in ein View einfügen	140
	View-Werkzeugleiste: Text-Pulldownwerkzeug	
	Text-Schriftart festlegen	141
	View-Menüleiste: Grafik: Text- und Beschriftungsstandardwerte	

Tabellen

Tabellen (allgemein)

Aktualisierung einer Tabelle		193
Tabellen-Menüleiste: Tabelle: Aktualisieren		
Alle Tabellen-Verbindungen aufheben		198
Tabellen-Menüleiste: Tabelle: Alle Verbindungen lösen		
Bericht für Tabellenwerte erstellen		339
Tabellen-Menüleiste: Tabelle: Bericht erstellen		
dBase-Datei (*.dbf) als Tabelle hinzufügen		201
Projekt-Menüleiste: Projekt: Tabelle hinzufügen: dBase (.dbf)*		
Diagramm aus selektierten Tabellenwerten erstellen		213
Tabellen-Menüleiste: Tabelle: Diagramm		
Erstellungsdatum der Tabelle einsehen		182
Tabellen-Menüleiste: Tabelle: Eigenschaften: Erstellungsdatum		
Exportieren einer Tabelle als dBase-Datei		184
Tabellen-Menüleiste: Datei: Exportieren: dBase		
Exportieren einer Tabelle als INFO-Datei		184
Tabellen-Menüleiste: Datei: Exportieren: INFO		
Exportieren einer Tabelle als Text-Datei		184
Tabellen-Menüleiste: Datei: Exportieren: Begrenzter Text		
INFO-Datei als Tabelle hinzufügen		201
Projekt-Menüleiste: Projekt: Tabelle hinzufügen: INFO		
Kommentare zu einer Tabelle eingeben		182
Tabellen-Menüleiste: Tabelle: Eigenschaften: Kommentare		

	Name der Tabelle ändern	182
	Tabellen-Menüleiste: Tabelle: Eigenschaften: Titel	
	Name des Tabellen-Erstellers eingeben	182
	Tabellen-Menüleiste: Tabelle: Eigenschaften: Erstellt von	
	SQL-Verbindung herstellen	204
	Projekt-Menüleiste: Projekt: SQL-Verbindung: Verbinden	
	Tabellen Eigenschaften einstellen	182
	Tabellen-Menüleiste: Tabelle: Eigenschaften	
	Text-Datei als Tabelle hinzufügen	202
	Projekt-Menüleiste: Projekt: Tabelle hinzufügen: Begrenzter Text	
	Verbinden einer aktiven Tabelle mit einer anderen	197
	Tabellen-Menüleiste: Tabelle: Verbinden ('STRG+J')	
	Verbindung von Tabellen aufheben	198
	Tabellen-Menüleiste: Tabelle: Alle Verbindungen lösen	
	Verknüpfen einer aktiven Tabelle mit einer anderen	199
	Tabellen-Menüleiste: Tabelle: Verknüpfen	
	Verknüpfung von Tabellen aufheben	199
	Tabellen-Menüleiste: Tabelle: Alle Verknüpfungen lösen	
	Zeichensatz anzeigen	50
	Tabellen-Menüleiste: Tabelle: Zeichensatz	

Tabellenwerte und Datensätze

	Abfrage-Manager aufrufen, um Datensätze auszuwählen	186
	Tabellen-Menüleiste: Tabelle: Abfragen ('STRG+Q')	
	Alle Datensätze auswählen	185
	Tabellen-Menüleiste: Bearbeiten: Alles auswählen	
	Ausgewählte Datensätze aus der Tabelle löschen	193
	Tabellen-Menüleiste: Bearbeiten: Datensätze löschen	
	Ausgewählte Datensätze an den Tabellenanfang schieben	187
	Tabellen-Menüleiste: Tabelle: Hochschieben	
	Bearbeitung von Tabellen starten	191
	Tabellen-Menüleiste: Tabelle: Bearbeitung starten	
	Bearbeitung von Tabellen beenden	195
	Tabellen-Menüleiste: Tabelle: Bearbeitung beenden	
	Bearbeitung von Tabellen rückgängig machen	193
	Tabellen-Menüleiste: Bearbeitung: Bearbeitung rückgängig ('STRG+J')	
	Bearbeitung von Tabellen speichern	194
	Tabellen-Menüleiste: Tabelle: Änderung speichern	
	Bearbeitung von Tabellen unter neuem Namen speichern	194
	Tabellen-Menüleiste: Tabelle: Änderung speichern unter	
	Berechnung von Tabellenwerten	188
	Tabellen-Menüleiste: Feld: Berechnen	
	Datensätze mit der Maus auswählen	185
	Tabellen-Werkzeugleiste: Auswahlwerkzeug	

Datensatz-Auswahl umkehren 185
Tabellen-Menüleiste: Bearbeiten: Auswahl umkehren

Informationen über einen Datensatz mit der Maus abfragen 193
Tabellen-Werkzeugleiste: Informationswerkzeug

Keinen Datensatz auswählen (Auswahl löschen) 185
Tabellen-Menüleiste: Bearbeiten: Nichts auswählen

Neuen Datensatz an das Tabellenende anfügen 192
Tabellen-Menüleiste: Bearbeiten: Datensatz hinzufügen ('STRG+A')

Markierten Tabellenwert aus einer Tabelle ausschneiden 192
Tabellen-Menüleiste: Bearbeiten: Ausschneiden ('STRG+X')

Markierten Tabellenwert in die Zwischenablage kopieren 192
Tabellen-Menüleiste: Bearbeiten: Kopieren ('STRG+C')

Suchen eines bestimmten Tabellenwertes (nur Text) 185
Tabellen- Menüleiste: Tabelle: Suchen ('STRG+F')

Tabellenwert aus der Zwischenablage übernehmen 192
Tabellen-Menüleiste: Bearbeiten: Einfügen ('STRG+V')

Tabellenwerte bearbeiten 191
Tabellen-Werkzeugleiste: Änderungswerkzeug

Tabellenfelder

Feld aus einer Tabelle löschen 195
Tabellen-Menüleiste: Bearbeiten: Feld löschen

Neues Feld einer Tabelle hinzufügen 194
Tabellen-Menüleiste: Bearbeiten: Feld hinzufügen

Sichtbar-/Unsichtbarmachen von Tabellenfeldern 182
Tabellen-Menüleiste: Tabelle: Eigenschaften: Sichtbar

Statistik eines Tabellenfeldes berechnen 189
Tabellen-Menüleiste: Feld: Statistik

Tabellenfeld absteigend sortieren 187
Tabellen-Menüleiste: Feld: Absteigend sortieren

Tabellenfeld aufsteigend sortieren 187
Tabellen-Menüleiste: Feld: Aufsteigend sortieren

Tabellenindex für schnellen Zugriff erstellen 186
Tabellen-Menüleiste: Feld: Index erstellen

Tabellenindex wieder entfernen 186
Tabellen-Menüleiste: Feld: Index entfernen

Zusammenfassen von Datensätzen 190
Tabellen-Menüleiste: Feld: Feldstatistik

Diagramme

Diagramme (allgemein)

Eigenschaften eines Diagramms einstellen 217
Diagramm-Menüleiste: Diagramm: Eigenschaften

Gelöschte Werte in einem Diagramm zurückholen 228
Diagramm-Menüleiste: Bearbeiten: Rückgängig-Löschen

Informationen über einen Datensatz im Diagramm anzeigen 227
Diagramm-Werkzeugleiste: Informationswerkzeug

Diagramme erstellen und bearbeiten

Ändern der Farbe von Diagrammelementen 229
Diagramm-Werkzeugleiste: Farbwerkzeug

Balkendiagramm erstellen 220
Diagramm-Menüleiste: Diagrammauswahl: Balken

Bearbeiten der Diagramm-Elemente (Achsen usw.) 229
Diagramm-Werkzeugleiste: Bearbeitungswerkzeug

Diagrammtitel ein- oder ausblenden 231
Diagramm-Menüleiste: Diagramm: Titel anzeigen / ausblenden

Diagrammwerte aus einem Diagramm mit der Maus löschen 227
Diagramm-Werkzeugleiste: Löschwerkzeug

Flächendiagramm erstellen 219
Diagramm-Menüleiste: Diagrammauswahl: Fläche

Kreisdiagramm erstellen 223
Diagramm-Menüleiste: Diagrammauswahl: Kreis

Legende ein- oder ausblenden 231
Diagramm-Menüleiste: Diagramm: Legende anzeigen / ausblenden

Liniendiagramm erstellen 222
Diagramm-Menüleiste: Diagrammauswahl: Linien

Spaltendiagramm erstellen 220
Diagramm-Menüleiste: Diagrammauswahl: Spalten

Suchen nach bestimmten Werten in einem Diagramm 226
Diagramm-Menüleiste: Diagramm: Suchen ('STRG+F')

Werte mit Hilfe von Polygonen aus einem Streudiagramm entfernen 227
Diagramm-Werkzeugleiste: Polygon-Löschwerkzeug

X-Achse ein- und ausblenden 230
Diagramm-Menüleiste: Diagramm: X-Achse anzeigen/ausblenden

Y-Achse ein- und ausblenden 230
Diagramm-Menüleiste: Diagramm: Y-Achse anzeigen / ausblenden

XY-Streudiagramm erstellen 224
Diagramm-Menüleiste: Diagrammauswahl: XY-Streu

	Zwischen Reihen und Datensätzen wechseln	226
	Diagramm-Menüleiste: Diagramm: Reihe aus Feldern	

Layouts

Layouts (allgemein)

Abstand Unterlegraster festlegen	245
Layout-Menüleiste: Layout: Eigenschaften: Rasterabstand	
Ausgabeauflösung (Normal, Niedrig, Hoch) festlegen	246
Layout-Menüleiste: Layout: Seite einrichten: Ausgabeauflösung	
Beliebiges Grafik-Objekt in einem Layout als Nordpfeil speichern	251
Layout-Menüleiste: Layout: Nordpfeile abspeichern	
Eigenschaften einstellen	245
Layout-Menüleiste: Layout: Eigenschaften	
Exportieren eines Layouts in eine Datei	256
Layout-Menüleiste: Datei: Exportieren	
Layout-Elemente an das Unterlegraster anpassen	245
Layout-Menüleiste: Layout: Eigenschaften: An Raster anpassen	
Layout-Rahmen (Schablone) verwenden	257
Layout-Menüleiste: Layout: Schablone verwenden	
Name ändern	245
Layout-Menüleiste: Layout: Eigenschaften: Name	
Schablone speichern	257
Layout-Menüleiste: Layout: Als Schablone speichern	
Seite einrichten	246
Layout-Menüleiste: Layout: Seite einrichten	
Seitengröße eines Layouts festlegen	246
Layout-Menüleiste: Layout: Seite einrichten: Seitengröße	
Seitenausrichtung (Hochformat, Querformat) festlegen	246
Layout-Menüleiste: Layout: Seite einrichten: Ausrichtung	
Seitenrand festlegen	246
Layout-Menüleiste: Layout: Seite einrichten: Ränder	
Seitenrand im Layout anzeigen oder ausblenden	246
Layout-Menüleiste: Layout: Ränder anzeigen / ausblenden	
Unterlegraster im Layout anzeigen oder ausblenden	246
Layout-Menüleiste: Layout: Raster anzeigen / ausblenden	

Layouts erstellen und bearbeiten

Alle Layout-Elemente auswählen	258
Layout-Menüleiste: Bearbeiten: Alles auswählen	
Auswahl von Layout-Elementen mit der Maus	258
Layout-Werkzeugleiste: Auswahlwerkzeug	

Anhang: Übersicht über die ArcView GIS-Funktionen

	Layout auf ausgewählte Elemente verkleinern oder vergrößern	261
	Layout-Menüleiste: Layout: Vergrößern/Verkleinern auf Auswahl	
	Layout auf Originalgröße verkleinern oder vergrößern	261
	Layout-Menüleiste: Layout: Vergrößern/Verkleinern auf Originalgröße	
	Layout auf Seitengröße verkleinern oder vergrößern	260
	Layout-Menüleiste: Layout: Vergrößern/Verkleinern auf Seitengröße	
	Layout schrittweise vom Mittelpunkt aus verkleinern oder vergrößern	261
	Layout-Menüleiste: Layout: Vergrößern / Verkleinern	
	Layout schrittweise oder mit Rechteck verkleinern oder vergrößern	261
	Layout-Werkzeugleiste: Vergrößerungs- / Verkleinerungswerkzeug	
	Layout-Element ausschneiden	258
	Layout-Menüleiste: Bearbeiten: Ausschneiden ('STRG+X')	
	Layout-Element in die Zwischenablage kopieren	258
	Layout-Menüleiste: Bearbeiten: Kopieren ('STRG+C')	
	Layout-Element aus der Zwischenablage einfügen	258
	Layout-Menüleiste: Bearbeiten: Einfügen ('STRG+V')	
	Layout-Elemente (View, Legende, Maßstabsleiste, Nordpfeil, Diagramm, Tabellen, Rasterbild) in ein Layout einfügen	247
	Layout-Werkzeugsleiste: Layout-Rahmenwerkzeuge	
	Löschen von ausgewählten Layout-Elementen	258
	Layout-Menüleiste: Bearbeiten: Löschen ('Entf')	
	Punkt, Linie, Polygon, Rechteck, Kreis einem Layout zufügen	254
	Layout-Werkzeugleiste: Grafikwerkzeuge	

Stützpunkte von Linien und Polygonen bearbeiten 259
Layout-Werkzeugleiste: Bearbeitungswerkzeug

Text einem Layout zufügen 252
Layout-Werkzeugleiste: Textwerkzeuge

Verschieben des Layouts mit der Maus 261
Layout-Werkzeugleiste: Verschiebungswerkzeug
Umrandungen für Layout-Elemente setzen 255
Layout-Menüleiste: Layout: Kartenrahmen hinzufügen

Layout-Elemente und -Grafiken
Ausgewählte Layout-Elemente nach vorne bringen 260
Layout-Menüleiste: Grafik: Nach vorne bringen
Ausgewählte Layout-Elemente in den Hintergrund bringen 260
Layout-Menüleiste: Grafik: Nach hinten bringen
Ausgewählte Layout-Elemente zu einer Gruppe zusammenfassen 259
Layout-Menüleiste: Grafik: Gruppieren ('STRG+G')
Ausgewählte Layout-Elemente in einem Layout ausrichten 260
Layout-Menüleiste: Grafik: Ausrichten ('STRG+A')
Größe und Position eines Layout-Elementes festlegen 259
Layout-Menüleiste: Grafik: Größe und Position
Gruppe von Layout-Elementen wieder auflösen 259
Layout-Menüleiste: Grafik: Gruppe auflösen ('STRG+U')
Layout-Element-Eigenschaften einstellen 259
Layout-Menüleiste: Grafik: Eigenschaften
Texteigenschaften im Layout festlegen 254
Layout-Menüleiste: Grafik: Textwerkzeugstandardwerte
Vereinfachung (Zerlegen) von ausgewählten Layout-Elementen 260
Layout-Menüleiste: Grafik: Vereinfachen

Anhang: Übersicht über die ArcView GIS-Funktionen   407

Scripts

Scripts (allgemein)

Ausgewählten Text eines Scripts in einer Textdatei speichern   284
Script-Menüleiste: Script: In Textdatei schreiben

Eigenschaften einstellen   278
Script-Menüleiste: Script: Eigenschaften

Erstellungsdatum des Scripts einsehen   278
Script-Menüleiste: Script: Eigenschaften: Erstellungsdatum

Hilfe zum Scripttext   285
Script-Schaltflächenleiste: Hilfewerkzeug

Kommentar (Beschreibung) zu einem Script eingeben   278
Script-Menüleiste: Script: Eigenschaften: Kommentare

Kompilieren (Übersetzen) eines Scripts   279
Script-Menüleiste: Script: Kompilieren

Name des Script-Erstellers eingeben   278
Script-Menüleiste: Script: Eigenschaften: Erstellt von

Script in Einzelschritten ausführen   280
Script-Menüleiste: Script: Schritt ('F8')

Script-Name ändern   278
Script-Menüleiste: Script: Eigenschaften: Name

Script starten   279
Script-Menüleiste: Script: Ausführen ('F5')

Script in ein Projekt einbinden   278
Script-Menüleiste: Script: Script einbetten

Scripteinbindung aufheben   279
Script-Menüleiste: Script: Scripteinbettung aufheben

Systemscript an aktueller Cursor-Position im Editor einfügen   285
Script-Menüleiste: Script: Systemscript laden

Textdatei an aktueller Cursor-Position im Editor einfügen   285
Script-Menüleiste: Script: Textdatei laden

Zeichensatz anzeigen   50
Script-Menüleiste: Script: Zeichensatz

Scripts bearbeiten

Aktuelle Werte lokaler und globaler Variablen anzeigen   281
Script-Menüleiste: Script: Variable untersuchen ('STRG+E')

Gesamten Text auswählen   281
Script-Menüleiste: Bearbeiten: Alles auswählen

Letzte Änderung in einem Script rückgängig machen   282
Script-Menüleiste: Bearbeiten: Rückgängig ('STRG+Z')

Markierten Text aus Script ausschneiden und in die Zwischenablage ablegen   281
Script-Menüleiste: Bearbeiten: Ausschneiden ('STRG+X')

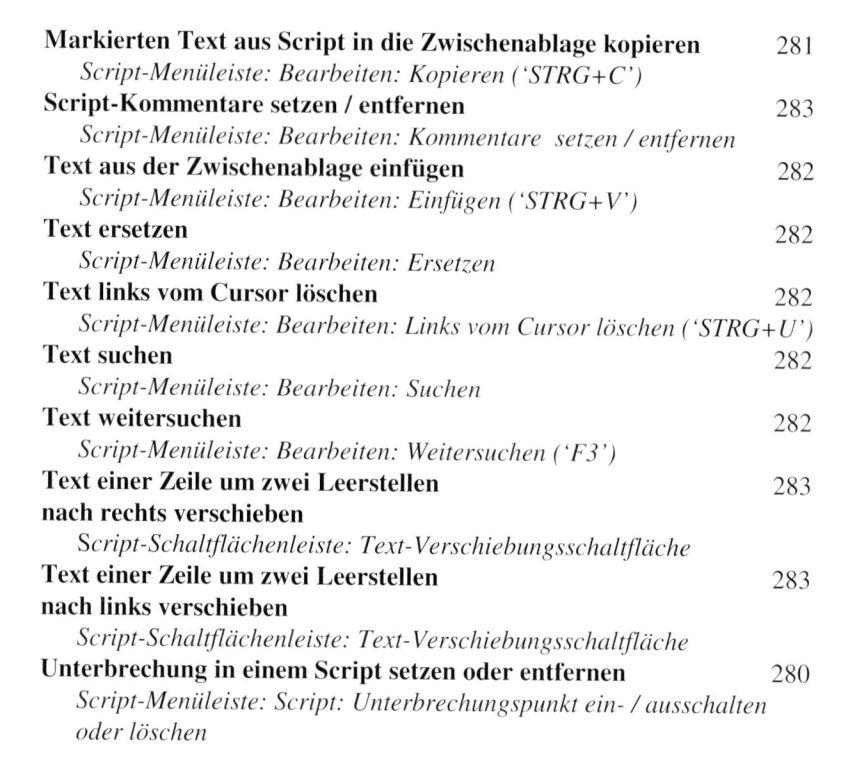

	Markierten Text aus Script in die Zwischenablage kopieren	281
	Script-Menüleiste: Bearbeiten: Kopieren ('STRG+C')	
	Script-Kommentare setzen / entfernen	283
	Script-Menüleiste: Bearbeiten: Kommentare setzen / entfernen	
	Text aus der Zwischenablage einfügen	282
	Script-Menüleiste: Bearbeiten: Einfügen ('STRG+V')	
	Text ersetzen	282
	Script-Menüleiste: Bearbeiten: Ersetzen	
	Text links vom Cursor löschen	282
	Script-Menüleiste: Bearbeiten: Links vom Cursor löschen ('STRG+U')	
	Text suchen	282
	Script-Menüleiste: Bearbeiten: Suchen	
	Text weitersuchen	282
	Script-Menüleiste: Bearbeiten: Weitersuchen ('F3')	
	Text einer Zeile um zwei Leerstellen nach rechts verschieben	283
	Script-Schaltflächenleiste: Text-Verschiebungsschaltfläche	
	Text einer Zeile um zwei Leerstellen nach links verschieben	283
	Script-Schaltflächenleiste: Text-Verschiebungsschaltfläche	
	Unterbrechung in einem Script setzen oder entfernen	280
	Script-Menüleiste: Script: Unterbrechungspunkt ein- / ausschalten oder löschen	

Index

3
3D Analyst 378

A
Abfragen 19
   Datensätze 186
   Objekte 90
Abfragemanager 93, 186
Abstandseinheiten 67
Achsen 229
Adressen
   geocodieren 170
   suchen 174
Adressen-Ereignisse 201
Adressen-Geocodierung 169
Adressentabelle 169
ADRG Image Support 331
Aktionen (s. Hot-Links)
Alias 89
Analysewerkzeuge 17
Anpassen
   Beispiel 322
   Benutzeroberfläche 312
   Menüs 315
   Schaltfläche 319
   Werkzeuge 320
Anzeige-Maßstab 85
Apply 321
Arbeitsverzeichnis 55
ArcData Katalog 59
ArcData Publishing 59
ArcPress 373
ArcView GIS
   Aufbau 26
   beenden 43
   Benutzeroberfläche 27
   Einführung 24
   Einführungsbeispiel 31
   Erweiterungen 327
   Fenster 29
   Hilfe 25, 46
   Infos 47
   Integration 302
   Programmkomponenten 24
   Projekt 26
   Verzeichnis-Struktur 25
ArcView GIS-Dokument
   drucken 49
   löschen 49
   umbenennen 49
ASCII-Datei 184
Attribute
   anzeigen 36, 88
   Objekte 88
Attributtabelle bearbeiten 368
Ausblenden
   Legende 125
   Tabellenfelder 182
Autostart 55
Auswahl
   alles auswählen 185
   aufheben 91
   Beispiel 98
   Datensätze 184
   einengen 96
   erweitern 96
   geometrische 94
   mit Attributen 92
   mit der Maus 91
   mit Grafik 91
   mit logischen Abfragen 92
   mit Text 94
   mit Themen 94
   neue 96
   nichts auswählen 185
   Objekte 90
   Rasterzellen 376
   raumbezogene 94
   umkehren 185
Auswahlfarbe 90
Auswahlwerkzeug 117
Avenue 270
   Beispiel Dateien 293
   Beispiel Tabellen 293
   Beispiel Themen 298

Beispiel Views 298
Einführungsbeispiel 286
Hilfe 272

B

Balkendiagramme 220
Bearbeitung
  beenden 103, 195
  starten 102, 187
Beispiel
  Anpassen 322
  Avenue Dateien 293
  Avenue Tabellen 293
  Avenue Themen 298
  Avenue Views 298
  Beschriftung 156
  Bildthema bearbeiten 167
  Clipboard 310
  DDE 306
  Diagramm 232
  Einführung ArcView GIS 31
  Grafik 149
  Hot-Link 159
  Layout 262
  Polygone zusammenfasssen 116
  Projekt 52, 56
  Pufferzonen 176
  raumbezogene Auswahl 98
  RPC 308
  Tabellen hinzufügen 202
  View 72
Benutzeroberfläche
  anpassen 312
Beschriftung
  automatische 154
  Beispiel 156
  Eigenschaften 84, 152, 156
  entfernen 155
  löschen 155
  manuelle 152
  Text 153
  überlappende entfernen 155
  überlappende umwandeln 156
Beschriftungseigenschaften 84
Bildanalyse 389

Bildregistrierung 388
Bildthemen
  Beispiel 167
  Legenden-Editor 164
Bildverarbeitung 386
Bildverbesserung 388
Boolean 290
Buffer (s. Pufferzonen)

C

CAD 3, 338
CIB Image Support 331
Click 317
Client 304
Clipboard 309
  Beispiel 310
Conversion-Utility 25
Coverage 100
Cursor 321

D

Database Access 331
Datenbank 8, 204
Datenbankmodelle 9
Dateneingabe 16
Datenfehler 12
Datengruppen 214
Datenmarken 214
  löschen 227
  selektieren 225
  suchen 226
Datenqualität 12
Datenreihe 214
  vertauschen 226
Datensätze
  an Tabellenanfang 187
  hinzufügen 192
  löschen 193
  sortieren 186
  selektieren 188
  suchen 185
Datenverwaltung 8
dBase 201
dBase-Datei 184

Index

DDE (Beispiel) 306
DDE (Dynamic-Data-Exchange) 303
DDE-Client 304
DDE-Server 305
Definitions-Manager 312
Demo-Tools 329, 361
Desktop GIS 4, 24
Diagramm 213
   Ausgabe 218
   bearbeiten 225
   Bearbeitung rückgängig 228
   Beispiel 232
   drucken 219
   Eigenschaften 217
   erstellen 41, 217
   Legende 230
   Legende ein-/ausblenden 231
   löschen 218
   Menüleiste 214
   öffnen 216
   Schaltflächenleiste 214
   schließen 218
   Titel 230
   Titel ausblenden/anzeigen 231
   Übung 232
   umbenennen 218
   verwalten 216
   Werkzeugleiste 215
   x/y-Achse ein-/ausblenden 230
Diagrammachsen 229, 236
   einstellen 229
Diagramm-Dokument 213
Diagrammelemente
   bearbeiten 228
   Eigenschaften 236
Diagrammtypen
   Balken 220
   Flächen 219
   Kreis 223
   Linien 222
   Spalten 220
   Streu 224
Digitizer 331
Disabled 317
Dokument (ArcView GIS)
   Diagramm 26, 28

   Layout 26, 28
   Script 26, 28
   Tabelle 26, 27
   View 26, 27
Drucken
   ArcView GIS Dokument 49
Druckerrahmen 246
Durchschnitt 118, 119

E

Eigenschaften
   Diagramm 217
   Layout 245
   Projekt 54
   Script 278
   Tabellen 182
   Thema 83
   View 66
Einführungsbeispiel
   ArcView GIS 31
   Avenue 286
Einpassung 86
   allgemeine 105
   Begrenzung 88
   Endpunkt 88
   interaktive 106
   Schnittpunkt 88
   Stützpunkt 88
Ereignisthema 199
   hinzufügen 200
Erreichbarkeit 385
Erweiterungen 327
   3D Analyst 378
   Analysemodule 340
   ArcPress 373
   Attributtabelle bearbeiten 368
   AutoCad 338
   Class Browser 349
   Daten an Excel 371
   Daten von Excel 371
   Datum Converter 350
   Demo-Tools 361
   Diagramme im View 369
   Dialog Controls 335
   Extension Builder 350

Fläche/Umfang/Länge 363
Generate to Shape 363
Georeferenzierung 367
Grafic to Shape 362
Image Analysis 373, 386
Imagekatalog 362
Internet 328
Internet Map Server 373
Kartenrahmen 334
Koordinaten in Tabelle 364
Labelpunkte setzen 365
laden 327
Legendenerstellung 332
Named Extents 352
Network Analyst 382
Objekte ausschneiden (Clip) 343
Objekte selektieren 370
Objekte zusammenfassen 341
ODB Table 360
optionale 373
Overview 353
Planzeichenverordnung 373
Point Dispersion 354
Port Project Utility 355
Projector 356
Remember Saved Projects 351
Report Writer 339
RGB Werte ausgeben 365
Rotiere Thema 364
Sample-Extensions 348
Samples Browser 349
Save/Load Graphic 351
Script Editor Utilities 358
Shapefile Description 359
Spatial Analyst 374
Statistik Report 368
Summe Selektion 367
Tabelle in Layout 372
Tabellen verbinden 347
Themen überlagern 344
Themen verschneiden 344
Themen zusammenfassen 342
Tracking Analyst 373
Übersicht 329
unterstützte 331
View Legenden 366

ESRI-HOME-Page 328
Excel 371
Exportieren
    Layout 256
    Tabelle 184
    View 71

F

Fachinformationssystem 3
Fachzeitschriften 60
Farbbelegung 167
Farbpalette 139
Feld
    Alias 182
    berechnen 188
    hinzufügen 194
    Index 186
    löschen 41, 195
    selektieren 188
    sortieren 187
    Standardabweichung 189
    Statistik 189
    Summe 189
    verschieben 195
Felddefinition 195
Feldstatistik 189, 210
Fenster
    schließen 31
    vergrößern 30
    verkleinern 30
    verschieben 30
Filterung 377
Flächendiagramme 219
Flächensymbolpalette 138
Flächenüberlagerung 20
Flächenverschneidung 20
for each 291

G

Generalisierung 22
Geocodierung 86, 169
    Eigenschaften 169
    starten 170
Geocodierungs-Editor 171

Geocodierungsprozess 169
Geo-Informationssystem 2
Georeferenzierung 367
Gitter (Layout)
   ein-/ausblenden 246
GIS 2
Grafiken 140, 259
   ausrichten 147, 260
   ausschneiden 144
   auswählen 142
   bearbeiten 144
   Beispiel 149
   Bearbeitung rückgängig 146
   Durchschnitt 146
   Eigenschaften 143, 259
   einfügen 145
   Größe 143, 259
   gruppieren 147, 259
   Gruppierung auflösen 147, 259
   hinzufügen 142
   in den Hintergrund 148, 260
   in den Vordergrund 148, 260
   kombinieren 145
   kopieren 145
   mit Thema verbinden 148
   Position 143, 259
   Stützpunkte bearbeiten 145
   subtrahieren 146
   überlagern 146
   überschneiden 146
   Verbindung lösen 149
   vereinfachen 249, 260

H

Hardware 13
Help Topic 317
Hilfe 46
   ArcView 46
   Avenue 272
Hintergrundfarbe (View) 66
Hochformat 246
Hot-Links 85, 157
   auslösen 161
   Beispiel 159
   Eigenschaften 161
   mit ArcView GIS-Dokument 159
   mit Avenue-Script 159
   mit Bilddatei 159
   mit Projekt 159

I

IAC 302
Icon 320
Identische Zuordnung 166
if then else 291
Image Analysis 373, 386
Import 65, 25
Importieren 203
   Projekt 203
Index
   entfernen 186
   erstellen 186
INFO 201
INFO-Datei 184
Informationssystem 2
Informationswerkzeug 227
Integration 302
Interessenbereich 67
Internet 47, 60
   Erweiterungen 328
Internet Map Server 373
Interpolation 22, 377
Intervall-Zuordnung 166
Invisible 318
Isolinien 375

J

JPEG (JFIF) Image Support 331

K

Karteneinheiten 67
Kategorie 313
Klassen 271, 288
Klassifizierungsmethoden
   gleiche Fläche 134
   gleiches Intervall 134
   Natürliche Unterbrechung 134
   Quantil 134

Standardabweichung 135
kontinuierliche Ereignisse 201
Konturlinien 375
Kreisdiagramme 223
Kürzester Weg 383

L

Label 318
LAN 14
Layer 8
Layout 240
   Ausgabe 256
   Bearbeitung rückgängig 262
   Beispiel 262
   Diagramme einfügen 251
   drucken 256
   erstellen 42, 240
   exportieren 256
   Grafik einfügen 254
   Maßstabsleiste einfügen 249
   Menüleiste 241
   neues 244
   Nordpfeil einfügen 250
   Nordpfeile abspeichern 251
   öffnen 244
   Ränder anzeigen/ausblenden 246
   Rasterbild einfügen 252
   Schablonen speichern 257
   Schablonen verwenden 257
   Schaltflächenleiste 241
   schließen 244
   Seite einrichten 246
   Tabellen einfügen 251
   Text einfügen 252
   Übung 268
   Umrandung einfügen 255
   vergrößern 260
   verkleinern 260
   Werkzeugleiste 243
   Zoom auf Auswahl 261
   Zoom auf Seitengröße 260
   Zoom schrittweise 261
   zusammenstellen 264
Layout-Dokument 240
Layout-Elemente 243

ausschneiden 258
auswählen 258
bearbeiten 259
einfügen 258
kopieren 258
löschen 258
Layoutrahmen 247
Legende
   abgestufte Farben 128
   abgestufte Symbole 129
   An/Aus 366
   anzeigen 125
   ausblenden 125
   bearbeiten 125
   Bildthema bearbeiten 165
   Diagramm 133, 230
   Einzelsymbol 127
   Einzelwert 131
   erstellen 35, 125
   Normalisierung 135
   Nullwerte 135
   Punktedichte 132
Legenden-Editor
   Bildthemen 164
   Objektthemen 124
Legendentypen 126
Lineare Ereignisse 201
Lineare Zuordnung 165
Linien
   zerschneiden 113
   zusammenfassen 115
Liniendiagramme 222
Liniensymbole
   skalieren 136
Liniensymbolpalette 138
Listen 290

M

Maximalwert 189
Menüleiste 28
   Diagramm 214
   Layout 241
   Script 276
   Tabelle 179
   View 62

Index

Menüs
    anpassen 315
Methoden 273, 288
MIF To Shape 25
Minimalwert 189
Mittelwert 189
MrSID Image Support 331
MS-Access 204
MsgBox 292

N

Neigung 376
Network Analyst 373, 382
Netzwerk (LAN) 14
Neue Auswahl 96
NITF Image Support 331
Nordpfeil 250
Normalisierung 135
Nullwerte 135
Numbers 289

O

Oberflächen 381
Objekt-GIS 6
ObjectTag 318
Objekte 90, 271, 288
    Attribute 88
    auswählen 36, 90
    bearbeiten 108
    beschriften 152
    einfügen 104
    Koordinaten bearbeiten 110
    kopieren 108
    Pufferzonen 175
    selektieren 90
    überlagern 116
    vergrößern 108
    verschieben 108
    zusammenfasssen 115
Objektmodell 6
Online-Hilfe 46
Overview 353

P

Paletten-Manager 137
PlanzeichenVerordnung 373
Polygone
    Durchschnitt berechnen 119
    kombinieren 118
    subtrahieren 118
    zerschneiden 111
    zusammenfasssen 115
Popup-Menüs 62
Popups 62, 71, 313
Präsentation 17
Profile 377
Programmiersprache
    objektorientiert 270
Programmierung 270
Projekt 44
    Allgemeines 44
    Arbeitsverzeichnis 55
    Autostart 55
    Beispiel 52, 56
    Eigenschaften 54
    importieren 203
    Menüleiste 45
    neues 48
    öffnen 32, 48
    Schaltflächenleiste 45
    speichern 36, 54
    verwalten 48
    Werkzeugleiste 45
Projektfenster 26, 45
Projektion (Gauß-Krüger) 357
Projektionen 20, 68
Projektleisten 45
Pufferzonen 175
    Beispiel 176
Punkte
    bearbeiten 109
    einfügen 104
    löschen 109
    verschieben 109
Punkt-Ereignisse 201
Punktsymbole
    drehen 136
    skalieren 136

Q

Quantil 134
Quelltabelle 196
Querformat 246

R

Ränder 246
Raumbezogene Abfragen 94
   Reichweite 97
   Report Writer 339
RGB-Werte 365
Rasterdaten 9, 24, 164, 388
Referenzthema 169
Relationale Datenbank 9
RPC (Remote Procedure Call) 307
   Beispiel 308
Rückgängig
   Bearbeitung 103
Run-Time Fehler 280

S

Sachdaten 9
Sample-Extentions 329, 348
Schablonen 257
Schaltfläche
   Anpassen 319
Schaltflächenleiste 28
   Diagramm 214
   Layout 241
   Projekt 45
   Script 276
   Tabelle 179
   View 63
Scheitelpunkte (s. Stützpunkte)
Schriftartpalette 139
Schummerung 376
Script 270
   ausführen 279
   Eigenschaften 278
   einbetten 278
   Einbettung aufheben 279
   Hilfe 285
   in Textdatei schreiben 284
   kompilieren 279
   löschen 284
   Menüleiste 276
   öffnen 277
   Schaltflächenleiste 276
   schließen 284
   schrittweise ausführen 280
   speichern 284
   Systemscript laden 285
   übersetzen 279
   umbenennen 283
   Unterbrechungen 280
   Variablen ansehen 281
   verwalten 283
Script-Dokument 275
Script-Editor 275
Script-Manager 277
Scripttext
   alles auswählen 281
   ausschneiden 281
   bearbeiten 281
   Bearbeitung rückgängig 282
   einfügen 282
   ersetzen 282
   Kommentare 283
   links löschen 282
   suchen 282
Seitengröße 246
Selektion (s. Auswahl)
Selektionsfarbe 55
Shapedateien 79
   kopieren 101, 102
   löschen 101, 102
   umbenennen 101, 102
   verwalten 101
Shapethema 79, 100
   erzeugen 100
Shortcut 318
Sichtbarkeitsflächen 381
Sichtbarkeitslinien 377
Software 13, 15
Sortieren
   absteigend 187
   aufsteigend 187
   Datensätze 186
Spaltendiagramme 220

Spatial Analyst 373, 374
Speichern
    Projekt 36, 54
    Script 284
Splines 22
SQL-Verbindung 204
Standardabweichung 189
Statistik
    Feld 189
Statusleiste 28
Streckensystem-Ereignisse 201
Streudiagramme 224
Strings 289
Stützpunkte
    einfügen 109
    löschen 109
    verschieben 109
Suchen
    Adresse 174
    Datensatz 185
    Scripttexte 282
Summe 189
Symbole
    anordnen 30
Symbolpaletten 136
Systembefehl 303
Systemscript 285

T

Tabellen 178
    aktualisieren 193
    Ausgabe 184
    bearbeiten 191
    Bearbeitung rückgängig 193
    Bearbeitung speichern 194
    Bearbeitung starten 191
    Bearbeitung wiederholen 193
    Beispiel 205
    Eigenschaften 182
    exportieren 184
    hinzufügen 201, 203
    Index 186
    löschen 183
    Menüleiste 179
    öffnen 181

Schaltflächenleiste 179
    schließen 183
    sortieren 187
    Übung 205, 211
    umbenennen 183
    verbinden 196, 211
    Verbindung lösen 198
    verknüpfen 198
    Verknüpfung aufheben 199
    verwalten 181
    Werkzeugleiste 180
Tabellendaten 24
Tabellen-Dokument 178
Tabellenfeld
    hinzufügen 207
Tabellenwerte 184
    ausschneiden 192
    bearbeiten 191
    berechnen 187, 207
    einfügen 192
    kopieren 192
    selektieren 207
    Zuordnung 196
    zusammenfassen 189
Tag 318
Text
    bearbeiten 140
    Einstellung 141
    hinzufügen 140
Textdateien 202
Themen 58, 79
    Anzeige-Maßstab 85
    ausschalten 80
    ausschneiden 82
    bearbeiten 100
    Bearbeitung beenden 103
    Bearbeitung rückgängig 103
    Bearbeitung speichern 103
    Bearbeitung starten 102
    Bearbeitung wiederherstellen 104
    Beschriftungseigenschaften 84
    Eigenschaften 83
    Einfügen 82
    Einpassung 86
    einschalten 80
    hinzufügen 79

in Shapedatei umwandeln 76
kopieren 82
laden 33, 79
Legende 124
Linie einfügen 105
löschen 82
neu erstellen 80
Objekte definieren 83
Objekte einfügen 104
öffnen 79
Polygone einfügen 106
Punkte einfügen 104
sperren 85
Übung 77
verwalten 79
zeichnen 80
Thema nach oben 366
Thema nach unten 366
TIN 380
Toleranz 87
Tracking Analyst 373
Triangulation 23
Typ (Anpassen) 313

U

Übereinstimmungsgrad 171
Übung
    Beschriftung 162
    Diagramm 232, 237
    Layout 262, 268
    Legende 162
    Objekte bearbeiten 119
    Objekte überlagern 122
    Objekte zerschneiden 121
    Projektion 162
    Thema 77
    View 77
Umbenennen
    ArcView GIS-Dokument 49
    Shapedatei 102
Umrandung 255
Union 346
Unterbrechung (Script) 280
Update 318

V

Variablen 289
Vektordaten 9, 24
Verbindung 196
    räumliche (Tabellen) 197
Verbindungsfeld 196
Verknüpfung 198
Verschneidung 20
View 58
    Arbeitsverzeichnis 66
    Beispiel 72
    Eigenschaften 32, 66, 75
    exportieren 71
    Inhaltsverzeichnis 61
    Menüleiste 62
    öffnen 32, 65, 72
    Schaltflächenleiste 63
    schließen 65
    TOC 61
    Übung 77
    umbenennen 66, 73
    vergrößern 71
    verkleinern 71
    verschieben 71
    Verwaltung 65
    Volle Ausdehnung 69
    Werkzeugleiste 64
    Zoom 69
View-Dokument 60
View-Inhaltsverzeichnis 61
Virtual Campus 47
Volumen 381
VPF Viewer 331

W

Wahlthema 94
Wegbeschreibung 383
Werkzeuge
    Anpassen 320
Werkzeugleiste 28
    Diagramm 215
    Layout 243
    Tabelle 180
    View 64
while 291

X
XY-Ereignisse 199

Z
Zeichensatztabellen 50
Zerschneiden
 Linien 111, 113
 Polygone 111
Zieltabelle 196
Zusammenfassen (Datensätze) 189
Zielthema 94
Zoom 69
 auf aktive Themen 70
 auf ausgewählte Objekte 70
Zwischenablage 309

GEODÄSIE/GEOINFORMATIK
GEOINFORMATIONSSYSTEME

Wolfgang Liebig und Jörg Schaller (Hrsg.)
ArcView GIS
GIS-Arbeitsbuch
2., völlig neu bearbeitete und erweiterte Auflage
2000. 445 Seiten. Mit CD-ROM.
€ 66,– sFr 107,–
ISBN 3-87907-346-5

Dieser Band ermöglicht dem GIS-Einsteiger, die Funktionsweise von Geoinformationssystemen am Beispiel von ArcView kennen und verstehen zu lernen. Die CD-ROM enthält ArcView GIS- und ArcExplorer Projekte, die die im Buch beschriebenen Anwendungsbeispiele abbilden, sowie eine zeitlich begrenzte Vollversion von ArcView GIS. Dieses Arbeitsbuch eignet sich für Praktiker, Studierende und Wissenschaftler aus den Bereichen Geowissenschaften, Marketing, Planung, Öffentliche Verwaltung, Ökologie, Verkehr und Transport.

Gerhard Gröger
Modellierung raumbezogener Objekte und Datenintegrität in GIS
2000. IX, 188 Seiten. Kartoniert.
€ 40,– sFr 67,–
ISBN 3-87907-354-6

Dieses Buch bietet eine Einführung in die objektorientierte Modellierung von Geodaten. Es zeigt, wie ein systematisches Vorgehen bei der Datenmodellierung zu Strukturen führt, die den Einsatz automatischer Werkzeuge zur Zertifizierung sowohl von Datenbeständen als auch von Fortführungen ermöglichen. Gleichzeitig wird ein Überblick über verschiedene Möglichkeiten gegeben, den Raum zu modellieren und räumliche Objekte zuverlässig und effizient zu organisieren. Entwickler, Anwender, Studenten und Wissenschaftler finden hier grundlegende Informationen zur Beurteilung, Behandlung, Auswahl und Fortführung raumbezogener Daten.

Herbert Wichmann Verlag, Hüthig GmbH & Co. KG
Postfach 10 28 69 · 69018 Heidelberg
Tel. 0 62 21/4 89-3 95 · Fax: 0 62 21/4 89-6 23

Ausführliche Informationen unter
http://www.huethig.de

GEODÄSIE / GEOINFORMATIK
GEOINFORMATIONSSYSTEME

Ellen Sallet
Fachwörterbuch Fernerkundung und Geoinformation
Englisch – Deutsch

2002. XIV, 350 Seiten. Gebunden.
€ 56,– sFr 91,–
ISBN 3-87907-378-3

Die Fachsprache im Bereich der Fernerkundung, der Photogrammetrie und der Vermessung ist Englisch; die wesentliche Literatur wird in Englisch publiziert. Da die einschlägigen Begriffe bislang nur weit verstreut, d. h. nicht zusammengefasst in einem Wörterbuch zu finden sind, besteht seit Jahren die Nachfrage nach einem Fachwörterbuch zu diesem Themenbereich.

Diese Lücke schließt nun das neue **Fachwörterbuch Fernerkundung und Geoinformation**. Es beinhaltet 106 Begriffsgruppen mit ca. 13.000 Begriffen von der Bildaufnahme bis zur Datenanalyse. Diese Einteilung ermöglicht einen schnellen Überblick über den jeweils gewünschten Bereich und erleichtert das Auffinden des gesuchten Begriffs.

Ralf Bill und Marco L. Zehner.
Lexikon der Geoinformatik

2001. VII, 312 Seiten. Gebunden.
€ 56,– sFr 91,–
ISBN 3-87907-364-3

Mit der zunehmenden Etablierung der Geoinformatik als eigenständiges Fachgebiet hat sich eine große Anzahl neuer Begriffe entwickelt. Es wurde immer erforderlicher, diese Begriffe zusammenzutragen, aufzuarbeiten und sie einer breiten Nutzerzahl zur Verfügung zu stellen, um auch zu einer einheitlichen Nutzung und Standardisierung beizutragen.

Dieser Aufgabe stellt sich das neue Geoinformatik-Lexikon mit rund 3.000 Begriffen und Abkürzungen. Von A wie Abfragesprache bis Z wie Z-Wert enthält dieses Nachschlagewerk alle relevanten Begriffe der GI-Technologie.

Hier wird ein klassisches Lexikon umgesetzt, das durch Abbildungen, Verweise und Verzeichnisse ergänzt wird.

Herbert Wichmann Verlag, Hüthig GmbH & Co. KG
Postfach 10 28 69 · 69018 Heidelberg
Tel. 0 62 21/4 89-3 95 · Fax: 0 62 21/4 89-6 23

Ausführliche Informationen unter
http://www.huethig.de

GEODÄSIE/GEOINFORMATIK
GEOINFORMATIONSSYSTEME

Thomas Blaschke (Hrsg.)
Fernerkundung und GIS
Neue Sensoren – innovative Methoden
2002. VII, 264 Seiten. Zahlreiche Abbildungen. Kartoniert.
€ 42,– sFr 70,–
ISBN 3-87907-369-4

Das Buch bietet eine aktuelle und umfassende Stoffsammlung zu folgenden Themengebieten:

- Neue Sensoren (digitale Luftbildkameras, hochauflösende Satellitendaten, Hyperspektraldaten) und neue Applikationen
- Objektorientierte Bildklassifikation
- Multi-Source Data Fusion (räumlich hochauflösend und multispektral bzw. hyperspektral)
- Segmentierung und kontextorientierte Verfahren
- Einbeziehen von Textur und Form in der Klassifikation
- Integration von Fernerkundung und GIS in der Bildanalyse
- Monitoring: Operationalisierung, Standardisierung

Gabriele Braun, Reiner Buzin und Theodor Wintges (Hrsg.)
GIS und Kartographie im Umweltbereich
Grundlagen, Anwendungen, Trends
2001. XIV, 209 Seiten. Zahlreiche Abbildungen. Kartoniert. Mit CD-ROM.
€ 40,– sFr 67,–
ISBN 3-87907-356-2

Alle für den Umweltbereich relevanten GIS- und Kartographiethemen werden hier zusammenfassend dargestellt. Trends und neue Entwicklungen zeigen künftige Einsatzmöglichkeiten auf. Beispielanwendungen in GIS und Kartendarstellungen sind in erweiterter Form auf der beiliegenden CD-ROM enthalten.

Herbert Wichmann Verlag, Hüthig GmbH & Co. KG
Postfach 10 28 69 · 69018 Heidelberg
Tel. 0 62 21/4 89-3 95 · Fax: 0 62 21/4 89-6 23

Ausführliche Informationen unter
http://www.huethig.de

Näher am Thema
Geoinformation
Geodäsie

Fordern Sie Ihr kostenloses Probeheft an:

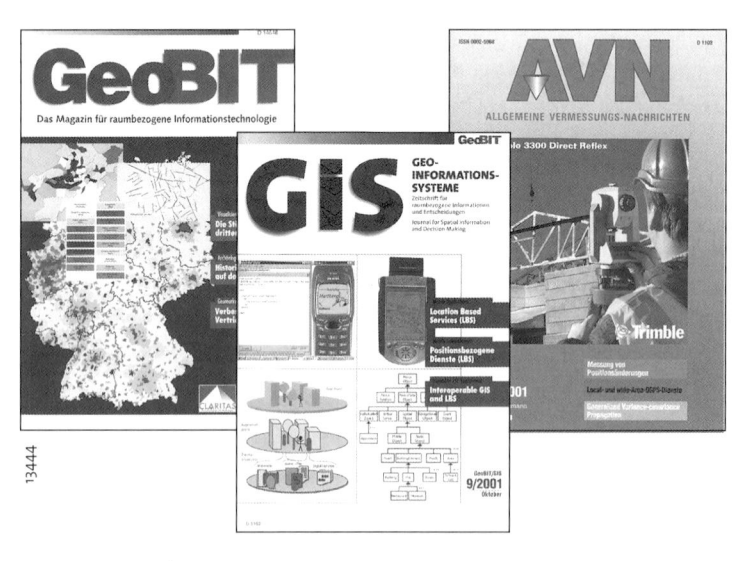

○ GeoBIT
○ GIS
○ AVN

Hüthig GmbH & Co. KG
Abonnementservice
Justus-von-Liebig-Str. 1
D-86899 Landsberg
Telefon: 0 8191/12 56 41
Telefax: 0 8191/12 51 03
aboservice@huethig.de
www.huethig.de

Hüthig
FACHMEDIEN

Name, Vorname

Firma

Straße/Postfach

PLZ, Ort

Tel., Fax, E-Mail